스피치와 프레젠테이션

SPEECH & PRESENTATION

김명혜

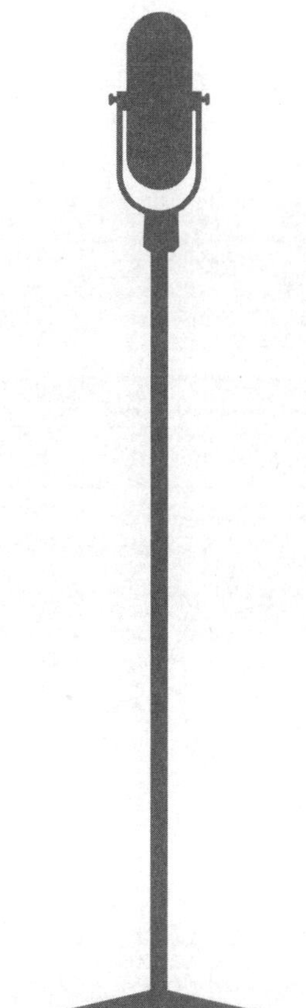

박영story

스피치와 프레젠테이션 저술에 즈음하여

2020년이면 대학교에서 학생들을 가르친 지 30년이 넘는다. 30년이라는 긴 세월 동안 많은 학생의 과제발표를 평가하면서 미국에서 배웠던 교육공학적 원칙이 제대로 지켜지지 않는다는 느낌을 저버릴 수 없었다. 그러다가 "스피치와 프레젠테이션"이라는 과목을 가르치게 되었다. 미국에서 발표 자료를 하나하나 정성껏 만들며 보냈던 유익한 학습 시간을 학생들과 공유할 수 있었기에 매우 생산적인 강의경험이었다.

"스피치와 프레젠테이션" 과목을 강의하는데 있어 가장 커다란 문제로 다가온 것은 바로 교재 선정이었다. 시중에 나와 있는 "스피치와 프레젠테이션"에 대한 책들은 주로 방송국 앵커들처럼 스피치를 직업으로 선택해야 하는 사람들을 위해서 저술된 것들이었다. 모두가 훌륭한 배경을 지닌 분들이 쓴 책들이었지만, 대학교 교재로 사용하기에는 취약점을 가지고 있었다. 특히 연설이나 발표에 영향을 미치는 이론적 배경에 대한 설명이 미흡하였다. 이러한 문제점을 보완하기 위해 본 저서를 집필하게 되었다.

본 저서는 크게 스피치와 프레젠테이션의 두 부분으로 나뉘어 있다. 1부에서는 스피치, 즉 연설에 필요한 언어적 분류, 커뮤니케이션에 대한 기조이론, 그리고 저자를 비롯한 대다수의 학생이 경험하는 연설불안과 이를 극복하기 위한 호흡법이나 발성법을 중점적으로 다루었다. 또한 생각에 언어라는 옷을 입히기 위한 수단으로 알려진 수사법은 본 저자가 개인적으로 무척 흥미를 가지고 집필한 부분이다. 비유법, 강조법, 변화법에 대한 예들이 무궁무진했지만, 이들 중에서 대학교재에 적합한 예들을 추려내느라 많은 시간을 보냈다.

스피치가 이론적이고 문학적인 측면을 강조한 것이라고 한다면, 2부에 소개된 프레젠테이션은 그야말로 실제 발표 현장에 적용할 수 있는 실용적인 이론이나 방법론에 기초한 내용이라고 할 수 있다. 특히 리허설은 연설불안을 없애기 위해 반드시 거쳐야 하는 과정인 만큼 아무리 강조해도 지나치지 않을 것이다. 애플사의 창립멤버이면서 췌장암으로 안타깝게 생을 마감한 스티브 잡스에 대한 일화는 리허설의 정석으로 알려져 있다. 초 단위로 수없이 반복된 그의 리허설로 부하직원들은 잡스를 돕느라 고통을 감내할 수밖에 없었지만, 그의 노력의 결과로 애플사에서 생산하는 모든 제품은 국제적인 상품이 되지 않았을까한다.

프레젠테이션을 위한 기조이론들에 대한 설명도 부족하지 않을 정도로 포함하였다. 특히 이중부호화 이론과 인지과부하 이론은 본 저자가 매우 중요하다고 생각하는 이론들이다. 이중부호화 이론은 한 가지 감각을 자극하는 정보보다 시각과 청각 모두를 자극하는 정보가 주어질 때 학습효과가 증폭된다는 이론을 말한다. 이중부호화이론에 의거하여 말로만 하던 청각적 스피치가 시각자료를 이용한 비주얼 프레젠테이션으로 발전했기 때문이다.

통상적으로 프레젠테이션 분석은 3P 분석으로 끝난다고 알려져 있다. 이에 영감을 받아 본 저자는 이를 7P 원칙으로 확대시켰다. 즉, 육하원칙 중에서 “누가” 부분을 발표자(presenter)와 청중(people)으로 나누어 칠하원칙으로 발전시킨 것이다. 자세한 내용은 본문을 참조하기 바란다.

많지 않은 저서이지만 늘 집필을 하고나면 스스로의 저술이 부끄럽고 부족하다는 생각에서 벗어나지 못하게 된다. 독자 여러분은 이러한 본 저자의 마음을 십분 이해하시고 본 저서에서 나타난 문제점에 대해서 가감 없는 피드백을 주시기 바란다. 마지막으로 본 저서가 프레젠테이션을 해야 하는 모든 사람에게 유익한 책이 되도록 많은 도움을 주신 박영story의 모든 분에게 가슴 깊은 곳에서 우러나오는 감사를 전한다.

2020년 2월

집필자 김 명 혜

차 례

PART 01 스피치

Chapter 01
스피치의 개념

Chapter 02
설득적 의사소통

Chapter 05
수사학

Chapter 06
원고작성의 유형

Chapter 07
원고작성의 3단계

PART 02 프레젠테이션

PART 01

스피치

Chapter 01

스피치의 개념

1 스피치의 정의

지금으로부터 2000년 전 고대 희랍시대에 살던 철학자 아리스토텔레스(Aristotle, 기원전 384~322)는 "인간은 사회적 동물이다"라고 주장하면서 사회적 맥락 속에서의 인간 활동을 중시하였다. 또한 요한복음 첫 구절은 "태초에 로고스(logos)가 계시니라"고 시작된다. 성서에 나오는 이 말은 "하나님"을 상징하는 뜻으로 쓰였지만, 원래 '로고스(logos)'의 어원은 고대 희랍어로 "말(word)"이었다. 후기 아테네 시대로 접어들면서 아리스토텔레스는 로고스를 에토스(ethos), 파토스(pathos)와 함께 수사적 연설(rhetoric speech)의 3요소로 소개하면서 로고스란 용어는 점차 "합리적 언사, 이성, 이성적인 법칙"으로 확대되었다. 그러다가 중세에 들어오면서 기독교가 유럽을 지배하게 되자 로고스는 종교적 언어로 탈바꿈되어 "신의 말씀, 신의 계시", 혹은 "신(God)" 그 자체로 변화된 것이다.

스피치란 연설가(speaker)의 "목소리(voice)"를 통해 청중과의 상호 커뮤니케이션을 위한 말하기로써, 주로 청각적 자극을 통해 정보가 제공되고 처리되는 과정을 말한다. 이에 반해, 2부에서 소개할 프레젠테이션(presentation)은 발표자(presenter)의 "목소리"를 통한 청각적 자극과 더불어 다양한 "시각자료(visual aide)"를 활용함으로서 시각과 청각을 통한 정보 제공을 강조한 개념이라고 할 수 있다. 이는 인간의 5감각 중 한 가지 감각을 자극하는 것보다 2가지 이상의 감각을 자극하는 것이 이해력이나 기억률을 증진시킨다는 인지심리학 이론에 기반한 것이다. 라디오 프로그램이나 이어폰을 통해 나오는 음악을 스피치라고 한다면, 텔레비전이나 비디오 등을 통한 영상자료는 시청각을 활용한 프레젠테이션이라고 할 수 있다.

영국 캠브리지학술내용사전에 의하면, 스피치란 크게 "단순히 단어를 말하는 행위"와 "공식적 대화"라는 두 가지로 분류된다. 먼저 "단어를 말하다(say words)"라는 의미에서의 스피치의 정의는 "말하는 능력(ability to talk)", "말하는 활동(activity of talking)", "말하는 방법(way a person talks)", 혹은 "대화 도중 사용되는 언어인 구어(language used when talking, or spoken language)" 등을 의미한다. 두 번째의 정의로는 "공식적 대화(formal talk)"의 의미를 가진 것으로, “특별한 상황이나 행사를 위해 많은 청중에게 주어지는 공식적인 대화(formal talk given to a large number of people on a special occasion)”라고 정의된다. 본 저서에서는 두 번째의 정의를 중심으로 스피치, 즉 연설의 다양한 측면을 살펴보기로 한다.

위의 정의에서 살펴본 바와 같이 스피치(speech)란 개념에는 “speak”, “say”, “talk”, “tell” 등과 같이 “말하다”라는 의미의 단어들이 많이 등장한다. 언어를 사용할 수 있는 능력은 만물의 영장인 인간만이 가지고 있는 특권이며, 한 나라의 언어란 그 나라의 문화를 반영한다고 알려져 있다. 한 나라의 언어 속에 유사한 의미를 가진 단어가 많다는 것은 그만큼 이 용어들이 그 나라 문화 속에서 차지하는 비중이 높거나 중요하게 다루어지고 있다는 것을 의미한다. 따라서 이러한 단어들이 어떠한 용법으로 사용되고 있는 지를 살펴보는 것이 중요할 것이다.

영어의 통사론, 혹은 문법이나 화용론에 의하면, “speech”란 동사 “speak”에서 온 명사로 대화내용의 길이, 성격, 준비의 유무와 관계없이 청중을 대상으로 하는 공식적 말하기(public speaking)에 사용되는 단어를 말한다. 이와 유사하게, “talk”란 “토크쇼(talk show)”처럼 듣는 사람의 존재, 즉 청중이나 시청자들이 존재하는 상황을 강조한 담화조의 이야기를 의미한다. 여기서 담화조란 이치에 맞는 주제를 청자와 격이 없는 분위기에서 주고받는 것을 의미한다. 이치에 맞지 않을 경우, 사람들은 “도대체 무슨 이야기를 하고 있는 겁니까?(What are you talking about?)”라는 반응을 보이기도 한다.

“Say”란 “Say a word!(한마디 하십시오!)”, “Say no!(싫다고 말해요!)”처럼 특정한 내용을 강조하는 것이 아니라 입으로 발음하여 내뱉는 “조음행위”를 강조할 때 사용한다. 따라서 말을 하는 행위를 표현하는 직접화법을 유도하는 동사가 된다. 예를 들어, “그는 나에게 말했다, ‘나는 당신을 사랑합니다.’(He said to me, ‘I love you.’)”와 같은 문장에 주로 사용한다.

“Tell”이라는 동사는 말을 매개체로 하는 의사소통에 있어 전달하고자 하는 “내용(content)”을 강조할 때 사용된다. 이러한 이유로 “tell”이란 동사는 말하는 내용과 말을 듣는 청자를 지칭하는 2개의 목적어를 갖는다. 예를 들어, “나에게 무언가 말해주세요.(Tell me something.)”라는 문장이나 “나는 당신에게 진실을 말해요.(I tell you the truth.)”처럼 말하는 내용(진실)을 전달하기 위해서는 이를 듣는 청자(you)가 지시되어져야 한다. 또한 “tell” 동사는 목적어가 있는 직접화법(say to someone)을 간접화법으로 변형시킬 때 등장하는 단어가 된다. 앞에 나온 직접화법 문장을 예를 들면, “그는 나에게 말했다, ‘나는 당신을 사랑합니다.’(He said to me, ‘I love you.’)”라는 문장은 “그는 그가 나를 사랑한다고 나에게 말했다.(He told me that he loved me.)”가 된다. 그 외 ‘talk’이 구어적 동사(spoken language)라고 한다면 ‘converse’는 ‘talk’의 문어적 동사(written language)로 쓰이는 격식체로, 특히 사상이나 의견의 교환을 나눌 때 사용하는 단어이다. ‘Conversation’이라는 명사는 ‘일상적인 대화’라는 뜻으로 많이 사용된다. 연설을 소개하기에 앞서 ‘말하기’나 ‘말하다’에 대한 문법적 활용도에 대해 간략하게 소개하였다. 보다 자세한 내용에 대해서는 독자들이 가지고 있는 영문법 책을 참조하여 유사한 의미로 사용되는 다양한 용어들 속에 감춰진 미묘한 차이를 찾아내는 즐거움도 함께 느끼기 바란다.

2 언어의 종류

기호학(semiology)의 분류에 따르면, 언어란 크게 대상언어(object language)와 메타언어(meta-language)로 구분된다. 대상언어란 특정한 대상을 단순하게 서술하기 위한 일차원적인 언어를 말한다. 이에 반해, 메타언어란 대상언어의 진위여부를 서술하기 위한 한 단계 높은 고차언어를 말한다. 메타언어는 고대 그리스 시대부터 문제시 되어오던 명제의 진위여부를 판명하기 위한 시도로 탄생되었다. 그 후 폴란드 철학자이자 논리학자인 타르스키(Alfred Tarski, 1901~1983)에 의해 공식적으로 소개되었다. 대상언어의 예로는 "태양은 동쪽에서 뜬다."는 말처럼 "태양"이라는 "대상"에 관한 1차원적인 단순한 서술을 들 수 있다. 이에 반해, 메타언어는 "태양이 동쪽에서 뜨는 것은 참이다."라는 말처럼 1차원적인 대상언어의 진위여부에 대해 언급하는 상위단계의 언어를 말한다. 메타언어의 속성 상 메타언어 속에는 항상 대상언어 전체를 포함한다. 따라서 메타언어는 대상언어보다 문장의 길이가 길고 상세하다. 대상언어와 메타언어는 위계적 계층을 이루고 있어서 한 단계의 메타언어는 더 높은 단계의 대상언어가 되며, 이러한 계층 고리는 무한대로 이어진다.

언어는 사용하는 매체에 의해 문자언어(written language), 음성언어(oral language, spoken language), 시각언어(visual language), 신체언어(body language)로 구성된다. 목소리로 전달되는 음성언어는 다시 주변언어, 혹은 준언어(paralanguage)에 의해 영향을 받는다. 준언어란 음성언어의 한 단계 높은 메타언어를 구성하는 구성요소를 말한다. 즉, 준언어는 음성언어로 전달되는 목소리의 고저(pitch), 강도(volume), 억양(intonation), 속도, 크기 등의 테크닉에 따라 의미가 달라지며, 의식적, 무의식적으로 감정이 전달되면서 뉘앙스(nuance)가 달라진다. 여기서 뉘앙스란 음성언어의 소리나 의미, 혹은 감정상의 미묘한 차이를 말한다.

음성언어가 목소리를 통해 전달되는 언어라고 한다면, 문자언어는 책이나 신문, 각종 문서(document)나 텍스트에 사용되는 언어를 말한다. 텍스트(text)란 한글이나 영문으로 쓰인 인쇄물(printed material)을 말한다. 문자언어와 음성언어의 가장 커다란 차이점은 덧없음(evanescence)이라고 할 수 있다. 즉, 문자언어는 한번 문서로 작성될 경우 영구히 보존되나, 음성언어는 말을 하는 순간 공기 중에 와해되어 사라져 버린다(voices dissolve into the air with evanescence). 영구히 보존되는 문자언어는 음성언어보다 문법이나 언어사용의 격식을 중시한다. 이에 반해 음성언어는 문법이나 격식체에 대한 영향을 덜 받는다.

시각언어란 시각자료가 전달하는 언어적 기능을 말한다. 일차적으로 시각언어는 색(color)

을 통해서 전달된다. 인간이 살아가는 모든 생활공간은 색으로 장식되어 있다. 색은 특정한 사물이나 사건, 현상에 대한 의미와 느낌을 전달해주는 언어적 역할을 한다. 즉, 인간은 하나의 특정한 색을 보면서 이와 연관된 사물이나 사건, 현상에 대한 시각적 인상을 떠올리게 된다. 이를 색의 연상 작용(association effect of color)이라고 한다. 색의 연상 작용을 통해 시각언어는 색과 관련된 의미를 전달하는 기능을 한다. 색의 연상 작용과 전달 기호로서의 기능이 사회적 관습으로 정착되면 특정한 색만이 갖는 상징적 의미가 부여된다. 이를 색의 상징화(symbolization of color)라고 한다. 예를 들어, 교통신호등에 그려진 빨강, 노랑, 초록색은 각각 정지, 정지 준비, 주행이라는 언어적 기호를 전달해주는 상징적 의미를 가지고 있다.

신체언어(kinesics)란 메시지나 신호(signal)를 전파하는데 영향을 미치는 비구두적 의사소통의 형태를 말한다. 구체적으로는 목소리, 안면표정(facial expressions), 시선접촉(eye contact), 자세(body posture), 제스처(gesture), 터치(haptics), 두 사람간의 물리적 거리(proxemics)나 공간의 이용(use of space) 등이 포함된다. 또한 비구두적 의사소통이란 대화를 하거나 청취할 때의 응시(gaze), 흘낏흘낏 쳐다보는 시선의 빈도(frequency of glances), 눈 깜박이는 비율(oculesics), 동공의 확장이나 수축(pupil dilation)과 같은 눈의 움직임, 대화에 걸리는 시간의 사용(chronemics), 행동(action), 자세 고정 양상(patterns of fixation) 등도 포함한다. 목소리에는 목소리의 질(quality), 속도(rate), 고저(pitch), 강세(loudness), 말하는 스타일(speaking style) 등이 포함되며, 리듬감(rhythm), 억양(intonation), 강세(stress)와 같은 운율 형태(prosodic features)가 포함된다. 이와 더불어 문자언어로 쓰인 텍스트 또한 비구두적 요소를 담고 있다. 즉, 문서가 친필(handwriting)로 작성되었는지의 유무나 단어들의 공간적 배열, 페이지의 배치도(layout) 등은 텍스트의 느낌을 다양하게 전달해 주는 비구두적 요소라고 할 수 있다.

비구두적 의사소통에서 가장 중요한 핵심은 개인들 간의 상호작용이라고 할 수 있다. 이러한 맥락에서의 비구두적 의사소통은 의사소통이 일어나는 환경적 조건(environmental condition), 의사소통을 하는 사람들의 신체적 특징(physical characteristics of the communicators), 상호작용이 이루어지고 있는 동안의 의사소통자의 행위(behaviors of communicators during interaction)의 3가지 원칙에 의해 영향을 받는다. 이 중에서 의사소통을 하는 사람들 간의 상호작용이 가장 중요하다고 할 수 있다.

비구두적 의사소통은 의식적, 무의식적인 부호화과정(encoding)과 해독과정(decoding)을 통해 전달된다. 부호화란 안면표정, 제스처, 자세 등과 같은 정보를 발생시키는 행위를 말한다(act of generating information such as facial expressions, gestures, and postures). 부호화를 위한 정보는 전 세계적으로 공통적이면서 보편적으로 사용되고 있는 신호(signal)를 바탕으로 일어나며, 해독은 메시지나 정보를 보낸 사람의 부호를 해석하는 과정을 말한다. 부호화를 위한 정보가 신호(signal)를 활용하는 반면, 해독을 위한 정보는 메시지를 받은 사람의 지식(knowledge)이 활용된다. 예를 들어 화자가 손가락 두 개를 치켜드는 신호를 보냈다면, 송신자는 과거지식과 경험에 비추어 "숫자 2"라는 신호로 해석한다. 특별히 손을 사용한 메시지 전달방법을 "비주얼 핸즈(visual hands)"라고 부른다. 비주얼 핸즈의 대표적인 사인으로는 두 손을 심장 모양으로 만들어 사랑을 표시하는 것이라고 할 수 있다.

비구두적 부호화 계열(nonverbal encoding sequence)은 안면 표정, 제스처, 자세, 목소리 톤을 포함하며, 접촉(touch), 신체운동과 같은 촉감적 자극(tactile stimulation) 등을 포함한다. 촉감적 자극의 예로는 상대방이 대화 도중에 가깝게 접근하거나 멀찌감치 물러나는 것을 들 수 있다. 해독과정은 상대방이 보낸 감각적 자극을 자신의 과거경험에 비추어 판단하는 과정을 말한다. 이때 두 사람의 문화적 배경이 중요한 역할을 담당한다. 예를 들어, 미국의 원주민인 인디언들은 비구두적 의사소통을 매우 중시하는 문화를 가지고 있다. 따라서 인디언들은 어린 시절부터 의사소통 수단에 있어 비구두적 언어의 중요성을 학습하는 것으로 알려져 있다. 인디언 문화에서는 비구두적 의사소통이 대인 상호작용의 일차적 수단으로서 뿐만이 아니라 사회적 가치를 전달해주는 수단임을 학습하게 되는 것이다.

미국 UCLA의 의사소통학과 교수인 메라비언(Albert Mehrabian, 1939~)은 상대방에 대한 인상이나 호감을 결정하는데 있어 비구두적 의사소통의 중요성을 간파한 인물이다. 그의 주장을 좀 더 구체적으로 살펴보면 다음과 같다.

1) 의사소통에서의 비구두적 언어의 중요성

메라비언(Albert Mehrabian. 1939~)은 대인 커뮤니케이션에 있어서 구두 언어(verbal language)와 비구두적 언어(nonverbal language)의 상대적 중요성을 간파한 인물로 유명하다. "7-38-55 법칙"이라고도 불리는 메라비언 법칙(Mehrabian's Law of Communication)을 통해 메라비언은 상대적으로 비구두적 언어의 의사소통 효과는 구두 언어를 훨씬 능가한다고 역설하였다. "7-38-55 법칙"을 등식으로 표현하면 다음과 같다:

$$100CP = 7W + 38V + 55B$$

여기서 "CP"란 "의사소통 파워(communication power)"의 약자이며, "W"는 "단어(word)"의 약자로, 입을 통해 표현되는 구두 언어나 입말을 의미한다. "V"는 "목소리(voice)"의 약자로 발표자 목소리의 음색이나 어조, 억양(tone of voice) 등을 나타내며, 마지막으로 "B"는 "신체언어(body language)"의 약자로 비구두적 언어를 말한다. 메라비언 법칙에 의하면, 전체 의사소통 파워는 7%의 단어와 38%의 목소리, 55%의 신체언어의 합으로 구성된다.

메라비언의 "7-38-55 법칙"은 1967년에 발표한 "모순된 의사소통의 부호해독(Decoding of Inconsistent Communications)"과 "2개의 채널을 통한 비구두적 의사소통으로부터의 태도의 추론(Inference of Attitudes from Nonverbal Communication in Two Channels)"이라는 두 개의 연구로부터 도출된 법칙이다. 이 두 실험은 모두 "좋아한다(dear) – 끔찍하다(terrible)" 등의 긍정적 의미와 부정적 의미를 짝으로 구성된 음성언어의 효과를 보기 위한 연구였다.

첫 번째 연구인 "모순된 의사소통의 부호해독"에서는 목소리 톤과 함께 단어의 의미론적 뜻(semantic meaning)의 상대적 중요도를 비교하였다. 연구 결과, 메라비언은 목소리의 톤이 의미론적 뜻보다는 훨씬 더 영향력이 있음을 발견하였다. 즉, 의미론적으로 관련이 있는 단어들이 말투나 목소리의 어조와 함께 주어졌을 때, 피실험자들은 단어의 의미론적 뜻보다는 목소리 톤에 의해 훨씬 더 강력한 영향력을 받는다는 것이다.

두 번째 실험에서는 실험참가자들에게 흑백사진을 제시하며 사진 상에 나타난 안면 표정(facial expression)을 보여주고, 녹음기를 통해 목소리를 들려주면서 의사소통의 상대적 효과를 측정하였다. 실험결과, 얼굴표정에서 나타난 비구두적 의사소통력과 목소리 톤을 통한 2가지 의사소통 채널의 상대적 기여도가 3 : 2로 나왔다. 메라비언은 이 두 실험결과를 합쳐서 "7 : 38 : 55"라는 비율을 산출해낸 것이었다.

메라비언에 의하면, 느낌이나 정서적 의미를 담은 메시지를 소통하는 경우, 음성언어, 목소리, 신체언어의 3요인은 서로 지지하고 돕는 기능을 한다고 주장하였다. 이를 "3요인의 일치성(congruence)"라고 한다. 만약 3요소가 서로 일치하지 않고 일관성이 없이 전달될 경우에는 메시지를 받는 수신자가 두 개의 다른 채널을 통해 두 개의 다른 방향으로 메시지가 전달되어 마치 두 개의 서로 다른 메시지를 받는 것과 같은 어려움에 봉착하게 된다고 강조하였다. 예를 들어, 말로는 "나는 당신과 아무런 문제가 없이 잘 지내고 있어요."라고 하면서 상대방과 시선접촉을 피하거나, 무언가 부자연스럽고 불안해하는 몸짓으로 몹시 폐쇄적인 신체언어를 사용하거나, "나는 당신을 좋아해요."라고 말을 하면서 팔짱을 낀 방어적인 제스처를 유지한다면 이러한 메시지를 전달받은 청자는 화자가 말한 음성언어와 신체언어 간의 불일치로 인해 "좋아한다"거나 "아무런 문제가 없다"는 말을 믿지 못하게 된다고 하였다. 따라서 정서에 대한 메시지를 신뢰감을 주며 전달하기 위해서는 3요소의 일관성을 유지하는 것의 중요성을 강조하였다. 이처럼 청자에게 신뢰감을 주고 화자의 선호도를 높일 수 있는 가장 중요한 요인은 "말"보다는 목소리 톤과 제스처라고 할 수 있다. 왜냐하면, 이 두 요소의 일치만으로도 의사소통의 효과를 93%(38%의 목소리 톤과 55%의 제스처)까지 높일 수 있기 때문이다. 따라서 7%의 음성언어가 효과를 발휘하기 위해서는 몸짓과 목소리가 음성언어와 일치된 방향으로 조화를 이루어야 한다.

메라비언의 법칙이 발표되자, 의사소통을 연구하는 사람들에게 엄청난 반향을 불러일으켰다. 특히 비구두적 언어의 중요성에 대한 메라비언의 간파는 그 후 신체언어의 연구에 불을 붙이는 도화선이 되었다. 그러나 한편으로는 비구두적 언어의 효과에 지나치게 높은 비율을 부여한 메라비언의 실험결과를 비판하는 목소리도 높았다. 메라비언의 법칙을 그대로 인정한다면, 그 어떠한 의사소통이라도 메시지의 의미는 언어나 말에 의해서가 아니라 비구두적 단서에 의해 전달된다고 해석할 수 있다. 이러한 오해는 메라비언이 실시했던 매우 구체적이고 단적인 실험결과를 지나치게 일반적이고 보편적인 법칙으로 확대 해석한 결과라고 할 수 있다. 메라비언도 자신의 법칙이 오해를 사는 이유는 자신의 연구목적을 잘못 해석했기 때문이라고 반박하였다. 메라비언은 자신이 주장한 "7-38-55 법칙"이란 "좋아하거나 싫어한다"는 감정(feeling)이나 태도(attitude)를 반영하는 실험에서 추출된 구두적, 비구두적 메시지의 상대적 중요성에 대해 규칙일 뿐이라고 강조하였다. 따라서 의사소통의 목적이 감정이나 태도의 표출 없이 객관적인 정보나 내용을 논리적으로만 전달하는 경우에는 자신의 등식을 적용할 수 없다고 조언하였다. 즉, 메라비언이 시행한 연구는 "좋아한다-싫어한다"와 같이 느낌이나 태도에 대한 의사소통만을 다룬 것이며, 목소리의 톤이나 신체언어의 불일치 역시 메시지 전달이 매우 애매모호한 상황(ambiguous situation)에 적용될 때만 효과를 갖는다는 것이다. 메라비언이 말하는 애매모호한 상황이란, 말로는 "나는 당신을 좋아해요."라고 하면서 팔짱을 낀 방어적인 제스처를 유지하는 것처럼, 구두로 표현한 말이 목소리 톤이나 신체언어와 일치되지 않는 상황(inconsistent of spoken words with the tone of voice or body language of the speaker)을 말한다. 따라서 메라비언의 연구결과는 실제 상황을 반영하는데 있어 다음과 같은 제한점을 갖는다. 첫째, 메라비언의 실험은 단 하나의 녹음테이프만을 사용하여 의미론적 판단을 도출하였기 때문에 이를 일반화하기에는 많은 제한점을 갖는다. 둘째, 두 개의 전혀 다른 연구결과를 바탕으로 각각의 연구결과에서 나온 숫자를 합산한 것 자체가 매우 부적절한 계산과정이라고 볼 수 있다. 셋째, 메라비언의 실험은 긍정적 정서와 부정적 정서를 내포하고 있는 의사소통만을 대상으로 이루어졌다는 점이다. 넷째, 메라비언의 연구는 여성 피실험자만을 대상으로 이루어진 것이기 때문에 남성을 포함한 모든 성인에게 일반화시킬 수 없다. 마지막으로, 신체언어를 구성하는 다양한 요인, 즉 자세(body posture)와 같은 비구두적 요인들을 연구에 포함시키지 않았기 때문에 이러한 요인들의 설명력을 파악할 수 없다.

그러나 메라비언 법칙은 의사소통의 영향력을 간단하면서도 이해하기 쉬운 등식으로 설명해 주었다는 점에서 높이 평가되고 있다. 따라서 비구두적 언어의 중요성을 설명하기 위한 법칙으로는 아직까지도 독보적인 위치를 고수하고 있는 것도 사실이다. 또한 메라비언의 법칙은 보다 더 현실적이고 자연스러운 연구 환경 내에서 구두적, 비구두적 시그널의 상대적 중요성을 파악하기 위한 연구를 자극하는 도화선이 되었다. 즉, 1968년 사람들의 신체 움직임과 태도와의 상관성을 파악하기 위한 메라비언의 연구는 추후 연구의 자극제가 되었다. 매러비언에 의하면, 사람의 신체움직임 중에서 머리를 뒤로 젖히고 자세를 확장시킨 몸의 움직임은 그 사람이 가지고 있는 자신감(pride)을 반영하며, 이완되고 개방적 자세를 보이는 것은 상대방을 좋아한다는 호의적인 태도를 반영한다고 하였다. 또한 정서적 이미지에 대한 긍정성(positivity)과 부정성(negativity)은 앞으로 몸을 구부리거나 뒤로 젖히는 자세를 통해 표현된다고 하였다.

메라비언의 이러한 실험결과는 1970년에 시행된 한 연구에서도 증명되었다. 즉, 피실험자들에게 비디오테이프를 보여주면서 화면 속에 나온 사람들의 지배적 태도(dominant attitude)와 복종적 태도(submissive attitude)를 분석하라는 연구결과, 자세를 포함한 모든 비구두적 단서가 언어적 단서보다 사람들의 지배적－복종적 태도를 결정하는데 4.3배나 더 많은 영향을 미친다는 사실이 발견되었다. 이를 지지하기 위한 또 다른 실험결과는 2003년 미국 스탠포드 대학교의 티덴스와 프레게일(Tiedens & Fragale)의 지배적 신체언어와 복종적 신체언어의 흉내(minicry)와 상보성(complementarity)에 대한 연구에서도 밝혀졌다. 티덴스와 프레게일의 연구에 의하면, 실험참가자들은 연구를 위해 훈련을 받은 실험공모자(confederate)와의 상호작용에서 실험공모자가 신체를 크게 벌리며 지배적 자세를 취하면 신체적 자세(postural stance)를 낮추는 복종적 태도를 보였으며, 실험공모자가 복종적 자세를 취하면서 자세를 오므리면 피실험자는 자세를 넓힌다는 사실을 발견하였다. 또한 이러한 영상을 본 다른 피실험자들은 실험공모자의 자세를 그대로 모방하는 사람들보다는 실험공모자와 상보적 상호작용, 즉 지배적 공모자에게는 복종적 자세를, 복종적 공모자에게는 지배적 자세를 보이는 사람들을 더 좋아하고 편안하게 느끼는 것으로 나타났다. 이러한 결과에 대해 연구팀은 지배적－복종적 차원의 상호작용을 편안하게 느끼는 이유는 본질적으로 수직적 위계로 이루어진 사회적 규범의 영향 때문이라고 설명하였다. 상보적 상호작용은 동물의 세계는 물론 인간세계를 지배하는 일종의 규범으로 여겨지고 있다. 따라서 상대방의 자세와 상보적 태도를 보이는 것은 단순한 흉내보다 상호관계의 온화함(warmth)을 더 많이 창출하게 된다고 강조하였다. 이와는 반대로 상대방의 지배적 행동을 그대로 흉내 내는 것은 지배자와의 유사성을 향한 무모한 분투를 의미하기 때문에 불편해 보이는 것이라고 하였다. 이처럼 단순하게 자세를 변화시키는 것에 의해서도 지배성과 복종성의 지각에 커다란 차이를 나타낸다고 할 수 있다. 즉, 상대방이 양손을 허리에 대고 팔꿈치를 양옆으로 편 채 다리를 벌리며 버티고 서있는 자세(arms or legs akimbo)를 취하면서 공간을 많이 차지하는 확장적 자세를 보이면, 사람들은 그를 지배적인 사람으로 지각하며, 반대로 팔다리를 움츠리거나 팔짱을 낀 채 신체를 위축시킨 자세를 보이면서 자신이 서있는 공간을 축소시키는 자세를 보이면 사람들을 그를 복종적인 사람으로 지각한다. 현실에서도 기업의 CEO나 높은 지위를 가지고 있는 권력자는 자세를 확장시킨 모습을 보이는 반면, 낮은 지위에 있는 부하직원들은 자세를 낮추고 움츠리는 것을 자주 발견할 수 있다. 이는 모두 자세를 통한 상보성의 결과라고 해석할 수 있다.

이와 같이 사람과 사람 간의 사회적 상호작용이란 감지하기 어려운 미묘한 행위(subtle behaviors)들로 가득 찬 상황이라고 할 수 있다. 상대방의 팔이나 안면근육의 아주 미세한 움직임조차도 사람들의 상호작용에 막강한 영향을 미친다는 사실을 정확히 판단하여 발표자는 자신의 비구두적 신체언어를 적절하게 조절할 수 있도록 해야 한다.

3 스피치의 기본 원칙(Phraseology)

1) 문장의 구성요소

연설가의 메시지가 문서로 작성이 되면 문서화가 된 글은 거의 영구적으로 남기 때문에 문어(written language)는 정확한 어휘와 문법에 맞춰서 작성되어야 한다. 이와는 반대로 구어(spoken language), 즉 말이란 한번 입 밖에 내면 공기 중으로 사라지기 때문에 연설가에 따라서는 자신의 뜻을 명쾌하고 정확하게 전달하기 위해 문법에 구애받지 않은 문장을 사용하기도 한다. 그러나 구어라고 하더라도 될 수 있는 한 문법에 맞는 단어를 활용하는 것이 중요하므로 본 저서에서는 한글과 영어의 문법에 대한 원칙을 간략하게 소개하도록 한다.

어법(phraseology)의 기본구성은 글자(letter), 단어(word), 구(phrase), 문장(sentence), 문단(paragraph), 에세이(essay)로 구성된다. 글자란 자음(consonant)과 모음(vowel)으로 구성되며 영어의 경우는 26개의 알파벳, 한글은 24개의 기본자음과 기본모음으로 구성된다. 한글은 기본자모와 더불어 2개 이상의 기본자모가 합성된 구조와 받침인 종성으로 분화된다.

단어란 두 개 이상의 글자가 조합된 것으로 명사, 동사, 형용사, 부사, 대명사, 전치사, 접속사, 감탄사 등의 품사를 구성하는 기본이 된다. 영어에 있어서는 "나"를 의미하는 "I"는 한 개의 글자로 이루어진 단어가 된다.

구(phrase)란 2개 이상의 단어로 구성되었으나 완전한 문장의 구성요소를 갖추지 못한 경우를 말한다. 구란 숙어(idiomatic expression)나 관용구를 구성하는 기본이 된다. 관용구란 일상생활에서 특정표현을 위해 고정적이며 지속적으로 사용되는 상설 구(standing phrase)를 말한다. 특히 대부분의 관용구에는 동사가 포함되어있기 때문에 저자는 영어를 잘 하고 싶어 하는 학생들에게 늘 "악마는 관용구에 있다"고 강조한다. 관용구를 많이 알고 있으면 작문에 드는 시간을 절약할 수 있기 때문이다. 예를 들어, '보살피다(take care of)'라는 관용구를 알고 있다면 여기에 주어만 명시하면 완전한 문장을 만들 수 있다. "우리 시어머니는 제 자녀들을 보살펴주고 계십니다."라거나 "간호사는 환자를 잘 보살피고 있다."는 문장을 위해서는 "시어머니"나 "간호사"라는 주어만 파악하면 된다. 따라서 "My mother-in-law takes good care of my children." 혹은 "Nurses take care of her patients."가 된다.

문장(sentence)은 완전한 문장이 되기 위한 형식, 즉 주어(subject)와 서술부(predicate)를 구성하는 4가지 문법적 요소가 적절한 순서(sentence order)로 나열된 것을 말한다. 영어에서는 주어 + 동사 + 보어나 목적어의 순으로 나열해야 하며, 한글의 경우는 주어 + 보어나 목적어 + 동사로 나열해야 완전한 문장이 된다. 문장을 형성하기 위해서는 영어의 경우, 첫 글자를 대문자로 시작해야 하며 문장 끝에는 문장이 종료된다는 것을 알리기 위한 마침표(period)가 문장의 종류에 알맞게 찍혀야 한다. 즉, 긍정문, 부정문, 명령문에는 마침표(.), 의문문에는 의문부호(?), 감탄문에는 느낌표(!) 등을 찍어야 한다.

문단이라는 뜻의 "paragraph"란 "~을 넘어서는, 초월하는"의 의미를 가진 "para-"와 "~을 쓴 것, 기록한 것, 그린 것"이라는 뜻을 가진 "-graph"가 조합된 단어로 3개에서 20개 정도의 문장이 모여 하나의 주제를 표현하기 위한 조합을 말한다. 하나의 문단에는 하나의 주제를 포함하여야 하며 한 문단이 끝난 후 새로운 문단을 시작할 경우에는 반드시 줄을 바꾸어 써야 한다.

마지막으로 에세이(essay)란 서론과 본론, 결론의 논리적인 구성으로 이루어진 완전한 문서(document)로 수필, 종설문, 논문 등이 포함된다. 하나의 문서는 대개 3개에서 5개 정도의 문단으로 구성된다.

2) 문장의 종류

문장은 복잡성에 따라 단문(simple sentence), 중문(compound sentence), 복문(complex sentence)의 3가지로 구분된다. 스피치와 프레젠테이션에 있어서 문장의 이해는 필수적이라고 할 수 있다. 연설가들 중에는 긴 문장을 선호하는 사람들이 많다. 문장이 길거나 복잡할수록 자신의 전문성이나 지식수준이 높아 보인다는 잘못된 인식 때문이다. 연설가의 기대와는 달리 복잡한 문장을 사용하게 되면 청중은 전달된 내용을 해석하고 이해하는데 어려움을 느끼게 된다. 따라서 자신의 연설문이 길다는 생각이 드는 경우에는 이를 단문으로 잘라보는 것이 중요하다. 긴 복문을 단문으로 자를 경우, 의외로 문장 사이의 연결이 되지 않는 경우를 발견하게 된다. 따라서 스피치나 프레젠테이션의 경우에는 복합문장을 단순문장으로 구분하여 간단명료하게 전달하도록 구성해야 훨씬 더 효과적이라고 할 수 있다.

단문이란 하나의 주어와 하나의 술부(동사구)로 구성된 문장을 말한다. 예를 들어 "저는 발표자입니다.(I am a presenter.)"라는 문장이나 "여러분은 청중입니다.(You are audience.)"라는 문장이 이에 속한다.

중문이란 하나의 문장이 두 개 이상의 독립된 문장으로 형성된 것을 말하며 이때, 각각의 문장은 등위접속사(compound conjunction)로 연결된다. 등위접속사란 각각의 문장이 동등한 비중을 갖도록 연결시켜주는 접속사로 "그리고(and)", "그러나(but)", "또는(or)" 등이 포함된다. 등위 접속사로 연결된 독립적 문장을 평행 문장(parallel sentence)이라고도 한다. 중문의 예로는 "저는 발표자이고 여러분은 청중입니다."라는 문장이나 "저는 수영을 좋아하지만 당신은 테니스를 좋아합니다.(I like swimming but you like tennis.)" 등을 들 수 있다. 여기서 "and"의 보다 격식적인 표현으로는 "moreover"이나 "furthermore" 등이 있으며 "but"의 격식체로는 "however"가 있다. 등위접속사에 얽힌 재미있는 경험담을 하나 소개하고자 한다. 교수들은 학문적 성장이나 승진을 위해서 끊임없이 연구를 해야 하고, 연구결과를 세계적으로 인증된 외국잡지에 개재해야 한다. 저자가 외국잡지에 개재하기위해 논문을 보내자 이를 평가한 평가자로부터 수정하라는 논평(comment)이 돌아왔다. 그의 말에 의하면 "however"이라는 역접 접속사는 절대로 새로운 문단의 초두에 들어가면 안 된다는 것이었다. 저자는 하나의 주제를 설명하고 난 후 그와 반대되는 내용을 새롭게 소개하기 위해 늘 문단 서두에 "However"로 시작하는 문장을 써왔던 것이었다. 미국에서 2년간이나 미국학부생들을 가르치면서 내심 영어에 대한 자부심을 가지고 있던 터에 미세하지만 중요한 내용을 지적받자 지식탐구의 길은 한없이 길다는 사실을 다시 한 번 깨닫게 되었다. 참고로 한글 맞춤법에서는 "그러나, 그리고, 더불어, 한편" 등의 접속어를 문단의 첫 글자로 사용할 수 있다. 그러나 이러한 접속사를 새로운 단락의 문두에 사용할 경우에는 문단 중간에 사용하는 문장에서처럼 쉼표(,)를 사용할 수 없다.

복문은 중문처럼 한 문장 안에 두 개 이상의 문장이 들어있는 것은 동일하나, 두 문장이 동일한 비중을 갖는 중문과는 달리, 하나의 주문장과 주문장에 종속된 종속문(subjunctive clause)으로 이루어진 문장을 말한다. 이때 두 문장을 연결해주는 접속사를 종속접속사(subjunctive conjunction)라고 한다. 특히 복문에 쓰이는 두 개의 문장을 완성된 문장(sentence)과 구분하기 위해 "절(clause)"이라는 단어를 사용한다. 종속 접속사에는 "~할 때(when), 만약에(if)", "~하는 동안에(while)", "~때문에(because)" 등이 있다. 예를 들어, "한국인이 사는 집에 들어갈 때는 신발을 벗어야 합니다.(You have to take off your shoes when you get in a Korean house.)"를 들 수 있다.

간단명료하며 짧은 문장은 감동적이면서 동시에 논리적인 스피치를 위한 기준이 된다. 이를 위한 원칙으로 "4C 원칙"이 있다. "4C 원칙"의 "4C"란 "concise, correct, clear, courteous"의 첫 자로 간결함, 정확도, 분명함, 예의바름을 강조한 원칙이라고 할 수 있다. 즉, 문장이란 간결하고 축약적(concise)이며, 정확하고 맞는(correct) 문장이어야 한다. 그리고 알아듣기 쉽고 분명하며(clear), 예의에 어긋나지 않는 문장(courteous)이어야 한다는 것을 의미한다. 이러한 이유로 간단명료하고 명쾌한 문장을 사용하기 위해서는 복문보다 단문을 사용하여 짧은 문장들을 논리적으로 이어나가는 것이 효과적이라고 할 수 있다. 자신의 생각과 지식을 정확하게 표현할 수 있는 어휘를 선택하고 어휘의 조직을 어법에 맞게 나열하며 조합하기 위해서도 지나치게 긴 문장이나 문법에 어긋나는 문장, 논리적이지 못한 문장들은 피해야 한다. 이와 더불어 연설가는 청중을 향해 정중한 문장(courteous sentence)을 사용해야 한다. 따라서 연설가는 격식체(formal language)와 비격식체(informal language)의 차이점을 충분히 숙지하여 스피치나 프레젠테이션이 실지로 일어나는 상황에 적합한 회화수준을 유지할 수 있어야 한다.

미국의 유명한 연설가이며 많은 사람들에게 스피치 기법을 전수한 카네기(Dale Carnegie, 1888~1955)는 청중의 주의력을 최고로 올리기 위한 방법으로 3인칭보다는 2인칭을 사용하는 것이 효과적이라고 강조하였다. 예를 들어, "'사람들의' 생활과 관계가 있습니다."라는 말보다

"'여러분'의 생활과 관계가 있습니다."라는 말이 훨씬 더 친근하게 다가온다. 여기서 한 걸음 더 나아간다면, 미국사회보다도 동족의식(we feeling)이 강한 한국에서는 2인칭보다는 1인칭의 복수 형태인 '우리'라는 용어를 사용하는 것이 더 효과적이다. 따라서 "'우리'의 생활과 관계가 있습니다."가 "'사람들의' 생활과 관계가 있습니다."보다 청중과의 연대감을 더욱 강하게 결집시키는 표현이라고 할 수 있다.

3) 스피치의 수준

1994년 "중급청취이해: 구어의 이해와 회상(Intermediate Listening Comprehension: Understanding and Recalling Spoken English)"이라는 유명한 책을 저술한 던켈(Patricia A. Dunkel)과 림(Phyllis Lim)은 그들의 책에서 영어의 언어사용에 대한 두 가지 수준(two levels of language usage)을 소개하였다. 언어사용의 두 가지 수준은 격식체(formal language)와 비격식체(informal language)로 구성된다. 한국이나 일본처럼 경어를 중시하는 나라에서는 격식체가 다시 최고 수준의 경어체(honorific form of speech)와 존댓말(polite speech)로 세분화되기도 한다. 경어체란 공적인 관계를 유지해야하는 연장자나 상사, 혹은 낯선 사람과의 최초 만남에서 주로 사용되는 존경어를 말한다. 존댓말이란 일상적인 비즈니스 관계나 친분이 없는 사람에게 사용하는 공손체를 말한다. 비격식체, 혹은 친밀체나 반말은 가까운 친구나 가족 구성원, 연소자에게 사용하는 회화체로 공식적인 연설에서는 절대로 사용해서는 안 된다. 일본어의 격식체는 경어, 존댓말과 더불어 자기 자신을 낮추어 말하는 겸양어(謙譲語, けんじょうご)가 포함되기도 한다.

격식어와 비격식어의 구분에서, 던켈과 림은 비격식체란 잘못된 어법을 표현하는 용어가 아니라고 강조하였다. 즉, 격식체와 비격식체는 모두 정확한 어법(correct form)으로 쓰인 것이며, 단지 사용되는 상황이 다를 뿐이라고 강조하였다. 즉, 격식체는 주로 뉴스를 전하는 아나운서(anchormen)나 처음 만나는 연장자, 회사의 고객, 강의나 연설, 혹은 발표와 같은 공식적인 석상에서 사용되는 언어유형을 말하며, 비격식체는 주로 가족, 친구, 회사동료 등 친밀한 관계를 가지고 있는 사람들 사이에서 격이 없이 나누는 대화체를 말한다. 미국 미네아폴리스(Minneapolis) 시에서 한국어를 가르치는 브라이스(J. Bryce)도 한국어의 회화수준(speech level)을 상대방에 대한 존경심(respect)이나 정중함(courtesy)의 공손한 표현(polite form)에 따라 높임말(raised speech)과 낮춤말(lowered speech)로 구분하였다. 브라이스에 의하면, 한글의 격식체는 공손한 회화(deferential speech)라고도 하는데, 공손함이란 경의를 표하기 위한 의미와 더불어 복종(respectful submission)이나 순종(yielding)의 의미도 내포하고 있다고 하였다.

격식체는 주로 교과서나 신문, 공적문서와 같은 각종 문서나 학교에서의 작문과제에서 쓰이는 언어유형을 말한다. 따라서 격식체는 자녀가 부모에게, 학생이 교수에게, 회사직원이 회사대표에게 하는 말처럼 사회적 지위가 낮은 사람이 높은 사람에게 사용하는 회화체를 말한다. 상황에 따라서는 가끔 자신보다 사회적 지위가 낮은 직원(lower rank)에게도 경의를 표현하기도 한다. 학생들이 학교에 제출해야 하는 작문과제는 반드시 격식체를 사용해야 한다. 다음의 예는 한때 뜨거운 사회적 이슈가 되었던 인물이 대학에 제출하고도 높은 점수를 받았던 보고서의 일부이다. 30년이 넘는 강의 경험을 가지고 있는 저자가 보더라도 아연실색할 정도의 맞춤법 오류, 비속어들이 난무하는 보고서라고 아니할 수 없다. 이를 전문 그대로 소개하면 다음과 같다. "말(horse) 중에는 해도해도 않되는 망할새끼들에게 쓰는 수법. 왠만하면 비추함", "흔히 고삐는 생명줄이라고 할만큼 ㅎ요하고 말에 움직임에 뜨라 부드럽게 다라가고, 1시간의 몸풀기후 시합이 시자괴는데 이때체력적ㅇ로 받쳐주지 못하면 시합을잘치르지못학됩니다."라고 쓰여 있다. 이처럼 해석하기도 힘들 정도로 많은 오타와 심지어는 욕설로 점철된 보고서를 저자는 한 번도 받아본 적이 없다.

친밀한 관계에서 사용하는 비격식체는 주로 개인적인 일기나 메모장, 친구에게 보내는 편지 등에 사용된다. 브라이스는 한글의 "~해라"체와 같은 비격식체는 자신의 지위와 동일하거나 낮은 신분의 사람에게 사용하는 회화체라고 소개하면서, 한국과 같이 동방예의지국인 나라에서는 어떠한 경우에 있어서도 상대방을 지나치게 하대(contemptuous)하는 언어를 사용해서는 안 된다고 강조하였다.

(1) 격식체와 비격식체의 차이점

앞에서 언급한 바와 같이 격식체와 비격식체는 모두 정확한 어법이며 단지 두 언어가 사용되는 상황이 다르다고 설명하였다. 보다 구체적으로 두 언어수준의 차이점을 살펴본다면, 두 가지 언어체계는 문장을 구성하는 단어의 총 숫자와 사용하는 어휘가 달라진다는데 있다. 보다 정중하고 공손한 표현을 위해 사용하는 단어가 많아지게 되는 것은 일반적인 현상이라고 할 수 있다. 이처럼 격식체는 비격식체에 비해 문장의 길이가 길어지게 된다. 예를 들어, "창문 좀 닫아줄래?(Close the window, please.)"라는 짧은 친밀체는 "죄송합니다만, 창문 좀 닫아주실 수 있겠습니까?(Excuse me, but would you mind closing the window?)"처럼 길어지게 된다. 저자가 일본어능력시험을 치루기 위해 공부하던 중 일본어의 경어 표현을 위해 동사 원형 하나가 한없이 길어지는 것을 경외심으로 외웠던 적이 있다. 그 문장은 바로 백화점 직원이 고객의 집으로 물건을 "배달해준다"는 "(とどける(届ける)"라는 4글자의 동사원형이었는데, 이를 최고의 경어체로 사용할 경우, "배달이 되도록 해주신다면 이를 받들어 모시겠습니다(おとどけにあがるようにさせていただきます)"라고 20글자로 늘어나게 된다.

격식체와 비격식체의 또 다른 차이점은 사용하는 어휘 자체가 달라진다는 것이다. 예를 들어, "경찰이 도둑을 잡았다"라는 영어 표현을 비격식체로 쓰면, "The cops bagged the crook."이 되고 이를 격식체로 바꾸면 "The police arrested the thief."가 된다. 여기서 "cop"은 "경찰(the police)"를, "bag"이란 동사는 "자루로 동물을 넣어서 포획하다"는 뜻의 동사로 이를 격식체로 쓰면 "arrest"가 된다. 또한 "crook"이란 "사기꾼"이라는 속어로 격식체의 "thief"에 해당한다. 이와 같이 격식체와 비격식체에서는 전혀 다른 어휘가 사용된다. "나는 축구에 미쳤어!(I am crazy about soccer!)"라는 말을 격식체로 바꾸면 "저는 축구를 정말 좋아합니다!(I really like soccer!)"가 된다. 저자는 최근에 젊은 사람들이 사용하는 친밀체를 들을 때마다 당황함을 감출 수 없게 되는데, 예를 들어, "~의 전화번호를 '따다'", "눈치를 '깠어'", "남친에게 '까였어'", "시간 있으면 커피 한잔 '때리자'" 등이 그것이다. 또한 TV에 나온 연사가 "구속영장을 '쳤다'"라는 말을 하거나 뜨거운 감자로 부상한 사람이 TV에 나와 진상을 밝히자 화면 밑에는 "찢었다!"라는 지면이 등장했다. 이렇듯 지나치게 강한 뜻을 내포하는 친밀체나 속어는 공식적인 연설 상황에서 사용해서는 안 된다. 따라서 연설이나 프레젠테이션을 준비하는 사람들은 격식체와 비격식체에 대한 충분한 이해를 바탕으로 언어를 선택해야 한다. 또한 성공적인 연설을 하기 위해서는 격식체와 비격식체의 두 가지 유형이 언제 어떠한 상황에서 유효적절하게 사용될 수 있는지를 파악하는 것도 중요하다.

4) 어휘력(Vocabulary)

밋밋하고 평범한 문장을 멋이 있고 맛깔 나는 표현으로 만들어 청중의 공감과 감동, 이해와 설득을 유도해내기 위해서는 풍부한 어휘력이 필요하게 된다. 어휘력이란 메시지를 정확하게 전달하기 위해 적절한 단어나 어휘를 선택할 수 있는 능력을 말한다.

타임지(Time)는 1923년 예일 대학교 동창생이었던 헤이든(Briton Hadden, 1898~1929)과 루스(Henry Robinson Luce, 1898~1967)에 의해 창립되어 현재는 세계에서 가장 많이 읽히는 주간 뉴스 잡지 중의 하나이다. 타임지의 기자들은 한번 사용한 단어는 두 번 다시 사용하지 않는 것으로 유명하다. 즉, 한번 나온 단어와 동일한 뜻을 가진 유사어(synonym)를 사용함으로서 풍부한 어휘를 소개하는 것이다. 이러한 이유로 영어를 공부하고자 하는 많은 한국 학생들은 어휘력을 향상시키고자 타임지를 읽으며, 저자도 미국 유학을 가기 전 사전을 찾아보며 타임지를 읽었던 기억이 생생하다.

고대 희랍의 위대한 철학자 아리스토텔레스(Aristotle, Aristotélēs, 기원전 384~322)는 어휘력을 "생각에 언어의 옷을 입히는 과정"이라고 하였다. 즉, 밋밋한 아이디어에 화려하지만 매력적인 언어의 옷을 입히는 과정은 설득적 프레젠테이션에 있어 가장 필수적인 능력이다. 왜냐하면 동일한 의미의 말이라도 어휘에 따라 느낌의 윤택함이나 색채가 달라지며 이에 따른 감동도 달라지기 때문이다. 청중에게 메시지를 효과적으로 전달하기 위해서는 일상적인 수준을 넘어서는 어휘력을 발휘할 수 있어야 한다. 그래야 전체적인 메시지가 진부하게 들리는 것을 방지할 수 있게 된다.

언어의 마술사라고 불리는 유명작가들은 풍부한 어휘력을 가지고 있다. 풍부한 어휘력을 갖기 위해서는 각고의 노력이 요구된다. 텔레비전에 출연한 한 작가의 말을 그대로 인용하자면, 자신은 글을 쓸 때 포털사이트의 사전을 열어놓고 유사어나 반대어(antonym)의 검색을 게을리 하지 않는다고 토로하였다. 이처럼 자신의 아이디어를 가장 잘 표현하기 위한 어휘를 고르고 다양한 언어의 옷을 입히기 위해서는 남다른 노력을 기울여야 한다. 앞에서 언급한 타임지의 기자들처럼 다채롭게 표현하려면 사전이나 명언집, 혹은 속담집(proverb) 등을 적절히 활용하여 어휘력을 보강해야 한다. 속담은 주로 구전을 통해 내려오는 일반화된 개념으로, 유사한 사건이나 행위를 대변해 주는 표현을 말한다. 또한 저명한 사람들이 표현한 글들을 모아놓은 명언집이나 격언집은 가르침을 일깨워 주는 말들로 불변의 진리뿐만이 아니라 삶에 적합한 해결책을 던져주는 암시적 의미를 내포하고 있다. 이러한 글들을 활용하면 스피치나 프레젠테이션의 핵심메시지를 간결하고 함축적으로 전달할 수 있게 된다. 일례로 "입에 쓴 약이 몸에 좋다."나 "예방은 치료보다 낫다.(Prevention is better than cure.)", 혹은 "1온스의 예방은 1파운드의 치료와 같다.(An ounce of prevention is worth a pound of cure.)"는 속담은 질병치료보다는 예방을 우선시해야 한다는 대중교육에 유효적절하게 사용할 수 있는 속담들이다. 여기서 1온스는 28.3gm, 1파운드는 453.6gm으로 1온스는 1파운드의 약 15분의 1의 소량을 말한다. 그 외에도, "건강은 재산", "하루 한 알의 사과는 의사를 멀리하게 한다.", "웃음은 최고의 치료(Laughter is the best medicine)", "일찍 자고 일찍 일어나는 것은 건강, 재산, 현명함을 만든다.(Early to bed & early to rise makes a man healthy, wealthy and wise.)", "입에 쓴 약이 몸에 좋다.(Bitter pills may have blessed effects.)", "훌륭한 의사란 독수리의 눈과 사자의 심장, 그리고 숙녀의 손을 가지고 있어야 한다.(A good surgeon has an eagle's eye, a lion's heart, and a lady's hand.)"나 "질병만을 다루는 의사는 소의(少醫), 환자를 다루는 의사는 중의(中醫), 인류를 다루는 의사는 대의(大醫)이다."라는 속담은 의사가 지녀야할 기본 소양과 히포크라테스와 슈바이처 박사의 정신을 대변해주는 좋은 명언들이라고 할 수 있다.

표어는 유명한 언어마술사만이 만들어낼 수 있는 것이 아니다. 일반인들도 조금의 창의성을 발휘한다면 얼마든지 재미있고 생생한 표어 개발이 가능하다. 저자의 여동생이 미국 유학을 가게 되었을 때의 일이다. 한국에 남아있던 제부는 동생의 실력을 굳게 믿으나, 단 한 가지, 잠이 많다는 점이 마음에 걸리기 시작하였다. 장고의 고민 끝에 제부는 매주 보내오던 편지 겉봉에 잠과 연관된 표어를 만들어 보내기 시작하였다. 이를 소개하면 다음과 같다.

"오는 잠 이겨내어 가는 세월 한탄 말자."
"오는 잠 참아내어 가족 상봉 앞당기자."
"편안한 잠 한숨 되고 참고 샌 밤 기쁨 된다."
"고통스런 밤샘 공부 기쁨으로 보상된다."
"안 본다고 푹 잔 잠 체중 늘어 들통 난다."
"자다 깬 전화 육성 상심하는 남편 마음."

"웃고 떠난 유학길 잠잤다간 울고 온다."

"버거 먹고 잠잤다간 언니 허리 두 배된다."

여기서 버거란 햄버거를 줄인 말이고 언니란 저자를 지칭하는 말이다. 일명 '잠 시리즈'로 부르며 버리기가 아까워 모아 두었던 것이었는데, 이 책을 쓰면서 인용되리라고는 꿈에도 생각지 못했다. 이 책을 읽는 독자들께서도 독창적인 표어 개발에 조금이라도 도움이 되었으면 하는 바램으로 적어보았다. 기타 유명한 명언으로는 미국 출생의 흑인목사로 흑인 해방을 위한 인권운동가였던 마틴 루터 킹 주니어(Martin Luther King, Jr., 1929~1968)가 외쳤던 "나에겐 꿈이 있어요!(I have a dream!)"라는 메시지를 들 수 있다. 이와 비슷한 맥락에서 저자가 어려운 미국생활을 할 때 정신적으로 많은 도움을 주었던 명언 하나를 소개하고자 한다. "상황이 힘들어지면 강인한 사람들만이 상황을 헤쳐 나갈 수 있게 된다!(When the going gets tough, the tough get going!)"는 표현이다.

4 스피치의 종류

스피치는 목적과 상황에 따라서 여러 가지로 분류된다. 스피치 목적에 따른 분류에는 정보제공스피치(informative speech), 설득스피치(persuasive speech), 격려스피치(encouragement speech), 유흥스피치(entertainment speech)가 포함되며, 상황에 따른 스피치로는 발표스피치(presentation), 사회자 중심의 진행스피치(MC-oriented speech), 참여스피치(participatory speech), 대화스피치(conversational speech)가 포함된다.

1) 스피치 목적에 따른 분류

(1) 정보제공스피치(Informative Speech)

정보제공스피치(informative speech)는 말 그대로 새로운 지식이나 정보를 전달하기 위한 목적으로 시행된다. 강의, 강연, 프레젠테이션, 각종 보고회 등이 정보제공스피치에 해당된다. 정보제공스피치와 설득스피치의 차이점에 있어서, 정보제공스피치는 주로 교육적인 목적으로 새로운 정보나 어려운 내용을 담고 있는 정보를 보다 쉽게 설명함으로써 지식의 확충을 기하는데 있다. 이와는 반대로, 설득적 스피치는 단순한 정보 제공을 넘어서 청중에게 영향력(influence)을 발휘하여 동의와 수용을 요구하기 위한 목적으로 사용된다. 따라서 설득적 스피치는 청중의 기존 신념이나 태도를 변화시키고 궁극적으로는 행동의 실천화를 꾀하기 위하여 시행된다.

(2) 설득스피치(Persuasive Speech)

설득스피치(persuasive speech)는 연설가의 의견이나 주장을 청중이 "따르게 하는 것"을 목적으로 주어진다. 일반적으로 "스피치"라고 불리는 대부분의 연설은 설득적 요소를 포함하고 있다. 따라서 선거철마다 후보자들이 선거구민들을 향해 자신의 선거공약을 강한 어조로 피력하거나, 면접상황에서 피면접자가 자신의 능력이나 자격을 설명하는 연설들은 모두 설득스피치의 일종이라고 할 수 있다.

(3) 격려스피치(Encouragement Speech)

격려스피치(encouragement speech)는 청중에게 활력과 영감을 불어넣어 주거나 동기부여를 자극하기 위한 목적으로 실행된다. 결혼식에서 신랑신부에게 들려주는 감동적인 주례사나 입학식이나 졸업식에서 젊은 학생들의 활기찬 미래를 지지하기 위해 진행하는 격려사를 격려스피치의 예로 들 수 있다.

(4) 유흥스피치(Entertainment Speech)

유흥스피치(entertainment speech)는 말 그대로 청중을 유쾌하고 즐겁게 만들기 위한 목적으로 시행된다. TV 예능프로그램이나 코미디 프로그램에서 출연자들이 하는 말이 유흥스피치에 해당한다. 연예인뿐 아니라 다양한 모임의 자리에서 분위기를 띄우기 위해 하는 스피치도 모두 유흥스피치에 속한다.

2) 스피치 상황에 따른 분류

(1) 발표스피치(Presentation)

발표스피치에는 대부분의 대학에서 시행하는 과제발표나 교수들의 학술대회, 혹은 새로운 제품을 소개하기 위한 기업에서의 스피치 활동이 속한다. 발표스피치를 위해서는 철저한 사전 준비와 계획이 선행되어야 하며, 청중의 관심과 집중력을 유지하기 위해서 뛰어난 발표기술이 요구된다. 애플컴퓨터사의 창립자인 잡스(Steve Jobs, 1955~2011)는 새로운 제품이 출시될 때마다 이를 홍보하기 위한 프레젠테이션을 직접 실행한 인물로 유명하다. 잡스는 그의 명연설을 위해 초 단위로 리허설을 한 것으로 알려져 있다. 완벽주의자로 알려진 잡스의 연설을 돕느라 부하직원들이 상당한 곤욕을 치른 것으로도 유명하다.

(2) 진행스피치(MC-Oriented Speech)

진행스피치(MC−oriented speech)는 토크쇼나 토론회와 같이 사회자(master of ceremonies:

MC)나 의장(chairperson)이 중심이 되어 진행된다. 이때 사회자나 의장은 토론이나 토크쇼에 참여한 연설가가 좀 더 편안한 분위기에서 발표할 수 있도록 분위기를 조성하고 독려하는 역할을 수행한다. 따라서 진행자는 참여자만큼이나 스피치가 일어나고 있는 상황에 대한 전반적인 사전지식과 준비가 필요하게 된다. 또한 돌발적인 상황에 유연한 대처기술이 요구되기도 한다. 매년 교수들이 참여하는 학술대회에서는 많은 연구자들이 1년간의 연구결과를 발표할 수 있도록 발표시간이 철저하게 제한되어있다. 이때 한 참여자가 스피치에 배정된 시간을 초과하면 그 뒤에 따라오는 모든 참여자들의 발표시간이 지연되며 학회는 언제 끝날지 모르는 상황으로 접어들게 된다. 저자의 경험에 의하면, 한 명의 교수가 정해진 시간을 지키지 않고 한없이 자신의 연구내용을 발표하자 의장이 아예 마이크를 꺼 버리는 일이 벌어졌다. 요즘에 와서는 TV 청문회에서 자주 보게 되는 광경이지만, 그 당시만 하더라도 교수들 사이에서는 발표 시간이 어느 정도 초과되더라도 이를 묵인해 주는 분위기가 있었던 시절이었다. 저자에게 있어서 마이크의 전류를 차단하는 진행자의 모습은 상당히 낯설어 보였으나, 의장에게는 원활한 진행을 위한 최선의 대처 방법이었던 것이었다. 진행스피치의 다른 예로는 사회자를 중심으로 진행되는 TV 프로그램을 들 수 있다. 이 경우에 있어서도 제한된 방송시간을 지키기 위해 사회자는 출연자의 말을 제지할 위트 있는 유연성이 필요하게 된다.

(3) 참여스피치(Participatory Speech)

앞에서 언급한 진행스피치가 사회자나 의장을 강조한 것이라면, 참여스피치는 토론의 참여자, 즉 패널리스트(penalist)를 강조한 형태라고 할 수 있다. 즉, 참여스피치는 사회자의 진행절차의 소개나 진행규칙에 따라 시행하는 자신의 스피치다. 발표스피치와 참여스피치의 차이점이라고 한다면, 참여스피치는 진행스피치에서처럼 연사가 준비한 내용을 의장의 간섭이 없이 처음부터 끝까지 발표하는 것이 아니라 사회자나 다른 패널리스트와의 상호작용에 의해 준비한 내용을 상황에 맞게 일부만 전달하거나, 준비하지 않은 내용에 대해서도 발표를 해야 한다는 점이다. 따라서 참여스피치에서는 다른 패널리스트와의 원활한 상호작용과 예측하지 못한 상황을 대비하여 충분한 식견과 대응방법을 가지고 있어야 한다.

(4) 대화스피치

대화스피치란 일상생활에서 가장 많이 발생하는 유형으로 두 사람 간의 일대일로 이루어지는 대인적 스피치(interpersonal speech)나 일대 소그룹 간에 시행된다. 일대일 대화스피치의 예로는 새로운 스마트폰이나 컴퓨터를 사고 싶은 자녀가 부모를 설득하는 것을 들 수 있으며, 일대 소그룹 대화스피치의 가장 비근한 예로는 취업을 위한 면접인터뷰를 들 수 있다. 면접상황에서는 면접관의 질문에 대해 지원자가 자신의 의견을 피력하고, 지원자의 답변에 대해 면접관들의 질문이 이어진다. 저자가 재직하고 있는 대학에서는 AI 면접(Artificial Intelligence interview)을 도입하는 등 최근 들어 취업을 위한 면접의 형태가 매우 다양하게 변화되고 있다. 이러한 상황변화에도 불구하고 대부분의 피면접자들이 유념해야 하는 세 가지 형태의 질문이 존재한다. 이는 지원자의 자격, 회사의 인지도에 대한 이해, 그리고 장래희망의 세 가지다. 이를 질문형식으로 설명하면, 지원자의 자격에 관해서는 “우리 회사가 당신을 채용해야 하는 이유는 무엇입니까?(Why does our company have to hire you?)”가 해당한다. 이 질문은 지원자가 해당회사에서 필요로 하는 자격(qualification)이나 능력을 가지고 있는지에 대한 여부를 파악하기 위한 것이다. 두 번째로 지원자가 해당회사에 대해 얼마나 알고 있는지를 묻는 대표적 질문으로는 “당신은 왜 이 회사를 지원하셨습니까?(Why do you apply for this job?)”를 들 수 있다. 마지막으로 장래희망에 대한 질문으로는 “5년 혹은 10년 후에 당신은 우리 회사의 어느 부서에서 일하고 있을 것이라고 생각하십니까?(In 5 or 10 years, where are you going to work?)”로 표현된다. 이 질문은 취업면접 현장에서 응시자가 가장 신중하게 답을 해야 하는 것으로, 면접관들은 이 질문에 대한 답변을 통해 지원자의 미래지향적인 태도를 평가하게 된다. 따라서 취업면접을 준비하는 모든 취업준비생들은 모든 취업면접에 통용되는 3가지의 기본적인 질문에 대해 충분히 준비를 함으로써 면접에 대비하는 것이 중요하다.

Chapter 02

설득적 의사소통(Persuasive Communication)

1 설득적 의사소통의 정의(Definition of Persuasive Communication)

설득(persuasion)이란 상대방의 생각을 자신의 관점(perspective)으로 전환시키거나 자신의 관점을 지지하고 따르게 하기 위해 영향력을 발휘하는 심리전이라고 할 수 있다. 사람들이 일상생활을 영위해나가는 과정에서 이루어지는 모든 대인 커뮤니케이션은 상대방을 설득하기 위한 목적을 갖는다. 예를 들어, 변호사들은 검사의 기소의견을 반박하거나 판사로부터 유리한 판결을 얻어내기 위해 변론이라는 이름의 설득작전을 펼친다. 의사들은 어려운 수술을 앞두고 망설이는 환자들에게 수술의 장점들을 나열하면서 설득한다. 기업의 모든 광고는 설득작전이 기반인 활동이라고 할 수 있다. 이처럼 사람들은 개인적인 목적을 달성하는 과정에서 상대방을 설득하거나 설득을 당하며 살아간다. 학생들은 용돈을 올려 받기 위해 부모를 설득하고, 부모는 채소를 먹지 않으려는 어린아이에게 채소를 먹이기 위해 설득작전을 펼친다. 회사에 다니는 사원들은 승진을 위해 상사를 설득하고, 옆집에 사는 주부는 이웃집과 공동구매를 하기 위해 해당 물품의 장점들을 나열하면서 이웃집 주부를 설득한다.

설득은 연설이나 프레젠테이션에서도 없어서는 안 될 성공전략이자 무기가 된다. 연설가나 발표자는 자신의 스피치나 프레젠테이션을 성공적으로 이끌기 위해 다양한 설득기법을 사용한다. 그러나 스피치나 프레젠테이션에서의 설득과정은 일상생활에서 이루어지는 심리전과는 달리 좀 더 논리적이고 과학적으로 접근을 해야 한다. 이를 위해서는 보다 과학적인 근거나 이론에 입각한 설득의 황금법칙이나 실전전략을 아는 것이 무엇보다 중요하다. 설득을 통해 이루어지는 사소한 생각과 행동의 변화만으로도 연설은 성공을 가져올 수 있기 때문이다.

미국 심리학회 사전(APA: American Psychology Association Dictionary)에서 규정한 설득적 의사소통의 사전적 정의는 다음과 같다. 설득적 의사소통이란 “대상자의 태도나 행동과정을 변화시키거나 고무시키기 위해 문서, 시각, 청각, 시청각 형태로 제공되는 정보”를 말한다. 설득이란 청중에게 영향력을 발휘하기 위한 목적으로 설득자의 아이디어를 합리적이고 논리적으로 제시하는 문학적 기술(literary technique)이라고도 정의한다. 설득은 단순히 청중을 설득하기 위한 논쟁의 사용을 의미하는 것이 아니라, 궁극적으로는 청중으로 하여금 특정한 행위를 수행하도록 이끄는 것까지 포함된다. 따라서 설득적 연설의 목적은 청중이 특정한 행동을 완수하도록 이끄는 것이라고 할 수 있다(to complete a particular action).

설득적 프레젠테이션의 첫걸음은 청중의 주목을 장악(grab attention of audience)하는 것이다. 한마디로 설득적 의사소통은 청중의 신념이나 행위를 동요시킬 수 있도록(sway a person's beliefs or actions) 고안되어야 한다. 따라서 설득적 프레젠테이션을 하고자 하는 연설가는 자신의 의견을 강력히 개진하기에 앞서 청중이 어떠한 생각과 의견을 가지고 있는지를 파악하는 것이 무엇보다도 중요하다. 계획적이고 의도적으로 청중의 주목을 장악하기 위해서는 강력한 실행(strong performance)을 위한 주제 보고서와 전달 욕구가 선행되어야 하며, 청중의 관심이나 흥미를 파악하여 청중 속으로 들어갈 수 있는 정서적 유대감을 형성할 수 있어야 한다.

2 설득적 의사소통의 분류

설득적 의사소통은 크게 개인적(intrapersonal), 대인적(interpersonal), 집단적(group), 대중적 설득의사소통(public persuasion)으로 구분된다.

1) 개인적 설득(Intrapersonal Persuasion)

개인적 설득(intrapersonal persuasion)이란 스스로에게 하는 내부적 독백(internal vocalization, self-talk)이나 성찰적 사고(reflective thinking)를 말한다. 즉, 개인적 설득과정이란 특정현상이나 사건에 대해 자신에게 확신(conviction)을 주기 위한 의사소통을 말한다. 예를 들어, 생전 처음 다이빙대에 섰을 때 "난 할 수 있어.(I can do it.)"라는 독백은 점프를 할 수 있다는 확신을 스스로에게 주기 위한 설득적 의사소통이라고 할 수 있으며, 스트레스나 공포를 경험한 상황에서 자신을 안정시키기 위한 독백도 개인적 설득과정이라고 할 수 있다.

2) 대인적 설득(Interpersonal Persuasion)

대인적 설득이란 설득하는 사람과 설득을 당하는 사람 간의 의사소통을 말한다. 이때 성공적인 설득을 위해서는 두 사람 간의 라포(rapport)가 충분히 형성되어야 한다. 대학생 자녀가 용돈을 올려 받기 위한 다양한 이유를 제시하면서 부모를 설득하는 경우에 있어서도 그 동안의 용돈 씀씀이에 대한 부모의 평가에 따라 부모를 설득하기 위한 전략의 성패가 달라진다.

3) 집단적 설득(Group Persuasion)

집단적 설득(group persuasion)이란 설득을 하는 사람이 자신과 밀접한 관계나 유대감을 가지고 있지 않은 불특정 다수를 대상으로 하는 의사소통을 말한다. 집단을 대상으로 하는 설득적 의사소통은 일반적으로 두 명 이상의 사람들이 모인 상황에서 일어난다. 집단적 설득과정은 대학생들이 과제발표를 위해 팀원들과 토론을 하는 과정이나 신입생 수련회에서 새로 입사한 사람들이 모여서 하는 논의활동 등을 예로 들을 수 있다. 이때 한 명이나 두 명의 설득자는 전체 집단을 향해 자신의 의견을 확신시키기 위해 다양한 전략을 사용한다.

대인 설득의사소통과 집단 설득의사소통의 차이점은 의사소통에 포함된 집단 구성원의 숫자라고 할 수 있다. 이때 사용하는 설득자료는 대화기법, 독해자료, 프레젠테이션 기술 등 대인 설득의사소통과 동일한 자료들이 사용될 수 있다.

4) 대중매체를 통한 설득(Public Persuasion)

마지막으로 대중매체를 통한 설득(public persuasion)이란 불특정 다수의 청중을 대상으로 다양한 매체를 통해 설득적 메시지를 전달하기 위한 대중 의사소통을 의미한다. 대중매체를 통한 설득적 의사소통에서는 메시지를 전달하는 메신저(person delivering the message)에게 초점이 주어지는 것이 특징이다. 이때에는 다양한 배경을 가진 불특정 다수를 대상으로 이들에게 설득적 영향력을 발휘하기 위해 각종 문서, 광고, 뉴스, 라디오 프로그램 등 다양한 매체가 사용된다.

3 설득적 의사소통의 기조이론(Basic Theory for Persuasion)

설득심리학의 가장 대표적인 이론으로는 미국 심리학자인 치알디니(Robert Beno Cialdini, 1945~)가 주장한 "6가지 영향력을 가진 설득 원칙(6 principles of influence)"을 들 수 있다. 설득을 위한 6가지 원칙은 치알디니가 1984년에 발표한 "영향력: 설득심리학(Influence: The Psychology of Persuasion)"과 2016년 발간한 "설득(Persuasion)"에서 소개한 이론이다. 이와 더불어 "설득을 위해 과학적으로 증명된 50가지 방법(Yes! 50 Scientifically Proven Ways to Be Persuasive)"과 "작지만 강력한: 작은 변화가 강력한 영향력을 촉발한다(The Small BIG: Small changes that spark a big influence)"는 그의 저서는 모두 뉴욕타임지와 포춘지(Fortune)가 선정한 베스트셀러들이다. 치알디니는 오바마 대통령과 힐러리 클린턴의 대통령 후보 시절 자문관으로 활동했으며, 2008년에는 한국에도 방문하여 설득심리학에 대한 강연을 하였다.

치알디니는 과거 60년 동안 진행되어온 설득에 관한 인지심리학의 연구결과들을 분석하여 설득의 6가지 원칙을 추출하였다. 따라서 치알디니가 종합한 원칙들은 엄격하게 통제된 실증적 연구 결과 밝혀낸 과학적 산물이라고 할 수 있다. 치알디니 스스로도 이를 두고 설득의 지름길로 가는 경험의 법칙(rule of thumb)이라고 강조하였다. 치알디니의 6가지 설득원칙에는 상호성(reciprocity), 희귀성(scarcity), 권위(authority), 일관성(consistency), 호감도(liking), 사회적 증거나 동의(social proof or social consensus)가 포함된다. 치알디니는 2016년 발간한 "설득(Persuasion)"에서 6개의 원칙에다 통합성(unity)이라는 원칙을 추가하여 모두 7가지 원칙으로 정리하였다. 통합성의 원칙이란 사람들은 타인과 자신을 동일시할수록 타인에 의해 설득을 당한다는 것이다. 치알디니가 주장한 6가지 설득원칙을 구체적으로 살펴보면 다음과 같다.

1) 상호성의 법칙(Principle of Reciprocity)

우리나라 속담에 "가는 말이 고와야 오는 말도 곱다."는 말이 있다. 외국 속담에는 "당신이 내 등을 긁어주면 나도 당신의 등을 긁어줄 것이다.(If you scratch my back, I will scratch yours.)"라는 말도 있다. 이는 모두 상호성의 법칙(principle of reciprocity)을 나타내는 표현이다. 상호성의 법칙이란 간단하게 말해서 "주고받음(give and take)의 법칙"이라고 할 수 있다. 즉, 남에게 받은 만큼 반드시 돌려줘야 한다는 사회적 규범을 따르려는 경향을 말한다.

상호성의 법칙에 의하면, 사람들은 선물, 행위, 서비스를 제공하면서 호의를 베푼 사람에게는 자신도 언젠가는 반드시 상대방의 호의를 갚아야 한다는 일종의 의무감(obligation)을 느낀다고 한다. 예를 들어, 친구가 파티에 당신을 초대해주었다면, 당신도 언젠가 당신이 주최한 파티에 그 친구를 초대해야한다는 일종의 의무감을 느끼게 된다. 많은 연구 결과, 자신이 싫어하는 사람이 선물을 주는 경우에도 그 사람에 대한 부정적 태도가 긍정적으로 변화하며, 관심이 전혀 없던 선물을 받아도 태도가 변한다는 사실들이 밝혀지면서, 상호성의 원칙은 설득을 위한 만국공통의 제1원칙이 되었다. 이러한 이유로 빚을 지고 있던 사람에게는 쉽게 설득이 되어 "예스"라는 말을 할 가능성이 높아지며 따라서 태도변화도 용이하게 이루어진다는 것이다.

상호성의 법칙은 식당에서 진행된 연구결과로부터 도출되었다. 한 식당에서 두 번 이상 방문한 고객에게 재방문에 대한 호의로 샴페인 한 병이나 작은 쿠키 상자를 제공하였다. 그러자 쿠키상자를 받아든 고객은 아무런 선물도 주지 않았던 다른 식당에 비해 종업원들에게 약 3% 더 많은 팁을 주는 것으로 나타났다. 이때 고객에게 주는 선물을 두 배로 증가시킬 경우, 팁도 두 배로 증가하는 것이 아니라 무려 4배(quadruple), 즉 14%나 증가하는 것으로 나타났다. 이보다 더 흥미로운 연구결과는 다음과 같은 상황에서 일어났다. 한 식당 종업원은 재방문을 해준 고객에게 감사의 표시로 작은 선물 하나를 주고 돌아서서 자기 자리로 가기 시작하였다. 그러다가 잠시 발길을 멈춘 종업원은 고개를 돌려 이렇게 말을 하였다. "당신처럼 고마우신 고객에게는 과자 한 봉지로는 불충분합니다. 그러니 과자 한 봉지를 더 드리겠습니다."라고 말이다. 식사를 끝낸 고객이 그 종업원에게 준 팁은 그야말로 천장을 뚫을 정도로 높았다(Tips go through the roof). 즉, 종업원이 기대했던 팁보다 무려 23%나 증가한 것이었다. 여기서 중요하게 작용한 핵심요인이 바로 상호성의 원칙이다. 종업원이 첫 번째로 준 선물은 재방문에 대한 고마움의 차원에서 제공한 것이지만, 두 번째의 선물은 종업원의 개인적인 마음과 호의(personalized goodwill)를 담은 것으로, 고객으로서는 예상하지 못했던 호의라는 점이다. 종업원의 개인적 호의를 받은 고객은 팁이라고 하는 개인적인 보상으로 되갚은 것이었다. 이처럼 상호성의 원칙이란 "호의는 호의를 낳는다."는 가장 간단명료하며 명명백백한 원칙을 말한다. 이에 대해 치알디니는 개인적인 호의가 사람들이 내리는 의사결정의 지름길을 제공해주는 원칙이라고 강조하였다.

상호성의 원칙과 유사한 심리적 기전으로 욕구 상보성(need complementarity)이라는 개념이 있다. 욕구 상보성이란 자신이 가지고 있지 못하는 것을 보완해 줄 수 있는 사람을 선호한다는 개념으로 타인에 의해 자신의 욕구를 충족하려는 기전을 말한다. 예를 들어, 말하기 좋아하는 사람은 자신의 말을 잘 들어주는 사람을 선호하거나, 권위적이고 지배적인 남자는 수동적이고 복종적인 여자를 아내로 삼고 싶어 하는 것 등을 들 수 있다.

연설이나 프레젠테이션에 있어서도 청중에게 영향력을 발휘하기 위해서는 설득의 제1원칙인 상호성의 법칙을 유효적절하게 활용할 수 있어야 한다. 즉, 연설가나 발표자는 청중이 받고 싶어 하는 것을 호의로 제공해야 한다. 이에 대해 남북전쟁의 치열한 전투가 벌어졌던 게티즈버그 연설(Gettysburg address)로 유명한 미국의 16대 대통령인 링컨(Abraham Lincoln, 1809~1865)은 "연설 내용의 3분의 2는 청중이 듣고 싶어 하는 내용으로 구성해야 하며, 연사가 말하고 싶은 내용은 1/3로 배당해야 한다."고 강조하였다. 이처럼 철저한 청중분석을 통해 청중이 알고 싶어 하는 관심사나 주제로 프레젠테이션의 윤곽을 결정한다면, 청중은 연설가에게 호의를 베푸는 의미에서 설득을 당하게 되며 프레젠테이션 또한 성공적으로 이루어질 수 있다.

2) 희귀성의 법칙(Principle of Scarcity)

설득에 영향을 미치는 두 번째 요인은 희귀성의 법칙(principle of scarcity)이다. 희귀성, 혹은 희소성의 법칙이란 사람들이 소유하지 못하거나 부족하다고 느끼는 물건, 혹은 대상에 대해 특별한 가치(value and worth people attached to things)를 부여하는 것을 말한다.

한국 속담에 "지겨운 장마 비도 그치면 섭섭하다"는 말이 있다. 이처럼 사람들은 세상에 널려있어 늘 경험할 수 있고 소유하기에 힘들지 않았던 것도 희소성을 띠게 되면 그 대상에 더 많은 가치를 부여하려는 본능을 가지고 있다. 예를 들어, 식료품 마트에서 "오늘이 세일기간의 마지막 날입니다."라거나 "한정수량으로 인해 한정된 시간에만 판매합니다."라는 광고를 할 경우, 이 물건들을 구매하기 위해 사람들이 몰려드는 현상을 들 수 있다. 유명한 가수가 갑

자기 은퇴를 하면서 잠적을 하면 음반 판매가 급증한다는 예나 전쟁설이 돌거나 홍수가 나면 생필품이 동이 나는 현상 등도 모두 희귀성의 원리에 의해 작동되는 인간심리라고 할 수 있다. 2003년 영국 브리티시 에어웨이회사(British Airways)에서는 매일 두 차례 런던－뉴욕 간을 운행하던 콩코드 항공기(Concorde)를 적자로 인해 더 이상 운영하지 않을 예정이라는 뉴스를 발표하였다. 이 뉴스가 발표되자마자 콩코드 항공기 좌석이 날개 돋친 듯이 팔려나가는 기현상이 일어났다. 여기서 중요한 점은 콩코드 이외에 브리티시 에어웨이의 정책이 바뀐 것은 아무 것도 없었으며, 콩코드 항공기가 다른 항공기보다 기항속도나 가격, 혹은 기내 서비스가 좋은 것도 아니었다. 단지 콩코드 항공기가 희소성을 가진 자원(scarce resource)으로 바뀌자 사람들은 콩코드 항공기를 더 원하게 된 것이었다.

희소성의 원칙은 상호성의 원칙 중 예외전략의 하나인 일명 "튕기기 전략(hard to get)", 혹은 "내숭떨기"라는 원리에서도 작용된다. 튕기기 전략이란 특정인물을 내심 좋아하면서도 일부러 무관심한 척 무시하는 행동을 말한다. 그러나 이러한 튕기기 전략의 이면에는 "나는 접근하기가 쉬운 상대가 아니다"는 희소성의 원칙이 작용한다. 이러한 희소성의 전략은 상대방을 안달 나게 만들며 접근에 대한 강한 동기유발을 자극하게 되는 것이다.

다른 사람들을 효과적으로 설득해야 하는 경우에는 희소성의 원칙을 사용하는 것이 매우 유효적절하다. 기업가들은 자사제품이 다른 제품보다 어떤 점에서 희귀하고 독특한지 알려주어야 하며, 연설가들은 자신의 연설 내용이 어떤 면에서 희소성을 가진 문제를 다루게 될 것인지를 알려주어야 한다. 기업가들은 자사제품만이 가지고 있는 장점을 어필하여 고객의 구매행위를 자극해야 하며, 연설가들은 청중이 연설가의 제안을 받아들이면 다른 사람들이 갖지 못하는 이득(benefit)을 얻게 될 것이라는 점을 강조해야 한다. 이때 연설로 인해 청중이 얻게 될 이득만을 강조하는 것은 설득의 충분조건이 되지 못한다. 더욱 설득적인 프레젠테이션을 위해, 청중이 얻을 수 있는 이득과 더불어 이를 행하지 않을 경우 잃을 수 있는 손실에 대해서도 명시해야 한다. 사람들은 자신이 잃게 될 손실을 회피하고자 하는 경향을 보이는데, 이를 님비현상(not－in－my backyard mentality: NIMBY), 혹은 손실기피현상이라고 한다.

님비현상은 이스라엘 출신 미국 경제 심리학자이자 2002년 노벨경제학상을 수상한 카너먼(Daniel Kahneman)과 그의 동료인 트발스키(Amos Tversky, 1937~1996)가 최초로 소개한 용어이다. 1979년 전망이론(prospect theory)을 개발한 카너먼과 트발스키에 의하면, 사람들은 위험에 직면한 상황에서 의사결정을 내려야 할 때 두 가지 선택을 하게 된다고 설명하였다. 이때 두 가지 선택은 합리적이거나 이성적인 판단에 의한 것이 아니라, 지극히 개인적인 목적을 성취하기 위해 서로 다른 두 가지 반응에 의해 내려진다는 것이다. 즉, 무언가 잃을 것 같은 상황에 접하게 되면 좀 더 커다란 대형 참사나 재난(disaster or catastrophe)을 피하기 위해 어쩔 수 없이 위험을 택하게 되지만(risk－taking), 이익을 보호할 수 있는 상황에서는 자신들이 이미 가지고 있는 것을 지키기 위해 손실을 기피(risk averse)하는 방향으로 내려진다는 것이다. 이러한 전망이론의 단적인 예가 핵발전소(nuclear power plant) 설치에 대한 사람들의 님비현상이라고 할 수 있다. 즉, 자신들이 살고 있던 지역사회에 핵발전소가 세워질 경우, 방사능 노출이나 핵무기의 부산물로 이어질 환경오염에 대한 부정적 의미가 의사결정을 위한 사고의 틀에 영향을 미치게 되고, 그 결과, 자신들의 재산을 보호하고자 위험을 회피하기 위한 지역사회 항거활동이 격렬해지는 것이라고 할 수 있다.

님비현상과 유사한 설득원칙으로 심리적 반발(psychological reactance)이라는 개념이 있다. 심리적 반발이란 특정방식으로 행동하려는 개인의 자유의사가 방해를 받거나 위협을 받을 경우 그것을 회복하려는 방향으로 반응하려는 인간심리를 말한다. 예를 들어, 청소년 관람불가 영화를 청소년들이 교사들 몰래 보려고 애쓰거나 "이 상품은 여성들만을 위한 것입니다. 남성들은 구입하지 마십시오!"라는 광고를 보고 자유의지가 방해를 받게 된 남성들의 판매량이 급증했다는 예를 들을 수 있다. 또한 공중목욕탕의 물 소비량을 줄이기 위해서는 "물을 절약합시다!"라는 광고대신 "마음대로 쓰십시오. 물은 고객을 위해 존재합니다!"라고 했을 경우 물 소비가 감소되었다는 보고서와 일맥상통하는 설득요법이다.

님비현상이나 심리적 반발기법은 자신이 소유하고 있던 것을 보호하기 위해 손실에 예민한 반응을 보이는 보편적인 인간 성향이라고 할 수 있다. 따라서 자신의 연설이 설득적이기를 바라는 연설가는 스피치에서 얻게 될 유일무이하고 고유한 이득을 강조하는 동시에 이를 취하지 않으면 잃게 될 사항에 대해서도 언급하는 것이 중요하다. 예를 들어 "이번 프레젠테이션을 통해 세금을 10% 줄일 수 있는 방법을 경험하세요!"라는 설명보다는 "이번 프레젠테이션을 통해 세금을 10% 줄일 수 있는 방법을 놓치지 마세요!"라는 메시지가 훨씬 더 설득적이다. 즉, 프레젠테이션을 듣지 않을 경우 세금을 10% 감소시킬 수 있는 방법을 가질 수 없다는 점을 어필할 경우 프레젠테이션의 설득효과는 증가하게 되는 것이다.

치알디니는 그의 저서에서 희귀성을 공략하기 위한 전법으로 "왜냐하면"이라는 전략과 단순함의 전략을 권유하였다. "왜냐하면"이라는 전략은 예일대학에서 심리학 박사학위를 취득한 후 1981년 하버드 대학교 역사상 최초로 여성 심리학과 종신교수가 된 랭거(Ellen Langer, 1947~)와 그녀의 연구팀에 의해 밝혀진 전략이다. 랭거는 부탁을 하거나 설득을 할 때 반드시 부탁 뒤에 숨은 합리적인 이유를 언급하는 것이 효과적이라고 강조하였다. "왜냐하면"이라는 단어를 사용할 경우, 그 뒤에 제시되는 합당한 이유 사이에 사람들이 살아오면서 지속적으로 강화된 연상관계가 존재하기 때문이라고 하였다. 따라서 금연에 대한 연설에서 "왜냐하면 그것은 청중 여러분의 건강증진에 도움이 되기 때문입니다"라는 표현을 한다면 보다 더 설득적인 소개가 될 수 있다. 이때 주의할 점은 합당한 이유를 지나치게 많이 댈 경우 청중의 기억능력을 감소시켜 오히려 설득효과가 낮아지게 된다는 점이다. 이는 단순함의 전략과도 일맥상통한 전법으로 지나치게 많은 장점과 독특성의 열거는 오히려 단점이 된다고 할 수 있다. 지나치게 많은 장점의 열거가 구매행동에 부정적으로 작용한다는 사실은 자동차에 대한 실험에 의해 밝혀졌다. 독일 맨하임대학교(University of Mannheim) 경제학자인 벵케(Michaela Wanke)는 그녀의 저서인 "소비자 행동에 대한 사회심리학(Social Psychology of Consumer Behavior)"에서 경영학과 학생들을 2집단으로 나눈 다음, 한 그룹에게는 "A라는 자동차의 장점은 10가지입니다"라는 소개와 함께 10가지의 장점을 나열하였고, 다른 집단에게는 "B라는 자동차의 장점은 단 한가지입니다"라는 광고를 보여주었다. 그 결과 A라는 자동차를 선호하던 학생들도 지나치게 많은 장점을 나열한 A 자동차보다는 단 한가지의 장점만을 강조한 B라는 자동차를 구매하겠다는 의향을 보인 것으로 나타났다. 이러한 원리가 바로 단순함의 원칙이다. 호주 출신의 뉴욕대학교 경영대학 교수인 알터(Adam L. Alter)와 미국 카네기멜론 대학교(Carnegie Mellon University)의 심리학 교수인 오펜하이머(Daniel M. Oppenheimer)의 연구에 의하면 사람들은 발음하기 어려운 단어나 이름보다는 발음이 쉬운 단어에 더 애착을 느낀다고 하였다. 이러한 심리적 경향 때문에 회사이름이나 주식종목도 쉬울수록 더 가치 있어 보이고 결과적으로 주가가 올라간다고 하였다. 이와 같이 설득을 위해서는 단순함의 위력을 무시해서는 안 된다. 또 다른 연구에서는 설득에 미치는 라임(rhyme), 즉 압운의 효과를 보고하였다. 1960년대 토마토케첩(tomato ketchup)으로 유명한 영국 하인즈 주식회사(Heinz Corporate)는 "매일 수많은 주부들이 통조림을 따지요. 빈즈 민즈 하인즈(Beanz Meanz Heinz)"라는 CM송으로 자사 케첩 광고를 시행하였다. 이 노래는 길거리를 지나가는 모든 사람들의 입에서 나올 정도로 호평을 받았는데, 이와 같이 라임을 맞춘 광고는 따라 부르기 쉽고 기억하기 쉬우며 따라서 대중들의 호감을 불러일으켜 높은 설득력을 가지게 된다. 또한 압운은 정보처리의 유창성을 높이는 특성으로 인해 압운이 없는 표현보다 인지과정에서 더 쉽게 처리되는 것으로도 알려져 있다.

연설가들은 자신의 박식함을 전달하기 위해 불필요하게 긴 단어나 전문용어, 혹은 기술적 용어를 사용하려는 경향이 있다. 그러나 이러한 용어들을 일반 청중이 이해하지 못할 경우에는 메시지의 설득력이 급감하게 되고 연설가의 신뢰도 또한 떨어지게 된다. 따라서 스피치나 프레젠테이션 이론에서는 연설의 주요 메시지를 라임을 맞춘 짧은 메시지로 조직하도록 권고하고 있다. 간단하고 이해하기 쉬우며 리듬감을 가진 압운의 킬러 메시지(killer message)를 구성함으로써 설득의 효과를 증가시킬 수 있다. 킬러 메시지에 대해서는 차후 내용의 수사학을 참조하기 바란다.

3) 권위의 법칙(Principle of Authority)

타인에게 영향력을 행사하기 위한 3번째 설득법칙은 권위(authority)를 활용한 기법이라고 할 수 있다. 권위의 법칙이란 전문가에게 의존하려는 사람들의 심리적 경향을 말한다. 사람들은 본능적으로 공신력이 있고 박식한 사람(credible, knowledgeable experts)의 말을 잘 따르려는 성향을 가지고 있다. 치알디니에 의하면 자기보다 높은 수준의 교육적 배경이나 경력을 가진 사람을 향해 일반인들이 갖는 존경심이나 복종의식은 자연발생적으로 일어나는 인간심리라고 하였다. 따라서 권위를 가진 사람들은 대중을 움직이는 영향력을 가지게 된다고 하였다. 권위에 대한 비근한 예가 바로 의사가 하는 말은 무엇이라도 믿으려는 환자들이다. 또한 경찰관이 지시를 내릴 경우에는 아무런 저항 없이 이를 따르려는 일반시민들도 권위에 의해 움직이는 사람들이라고 할 수 있다. 이외에도 자녀들은 권위를 가진 부모에게, 직장인은 경험이 풍부한 직장상사에게, 학생들은 학문적 전문성을 가지고 있는 교수에게, 대중들은 사회적 명망이나 존경을 받는 인물에게 경외심을 품으며 복종하게 된다. 따라서 의사가 아닌 물리치료사의 사무실 벽에 박사학위증을 걸어둘 경우, 환자들의 치료적 운동처방에 대한 응종률(adherence)이 높아지게 된다.

권위에 대한 설득적 효과는 수를 셀 수 없을 정도로 다양하다. 예를 들어 연구조사에 따라 다르지만, 불특정 다수에게 설문지를 보낼 경우 일반적인 설문지 회수율은 5% 내외에 불과하다는 것이 정설이다. 이때 설문지 커버편지에 연구자의 지위를 "XX대학 연구소의 OOO 박사"라고 소개했을 경우에는 설문지 회수율이 급증한다는 조사결과도 있다. 또한 평상복을 입은 낯선 사람보다는 제복(uniform)을 입은 낯선 사람에게는 자신의 주차요금징수기의 순서를 양보해준다는 연구결과도 있다. 이 모든 것이 권위의 법칙에 의한 설득작용이라고 할 수 있다.

그렇다면 어떻게 자신의 박식함과 신뢰감을 알릴 수 있을까? 아무리 훌륭한 배경을 가진 사람이라고 할지라도 잠재적 청중을 손수 찾아다니며 자신의 훌륭함과 고매함을 일일이 광고할 수는 없다. 이럴 경우, 치알디니는 자신의 주변사람들을 활용하라고 권유한다. 즉, 자신의 전문성이나 신뢰도를 잘 알고 있는 사람들을 주선해서 그 사람을 통해 자신의 전문성을 간접적으로 알리는 방법을 활용할 수 있다는 것이다. 이때 연설가를 소개하는 사람이 연설가와 연관성을 가진 직업의 소유자이거나 동종의 분야에서 함께 일하는 사람이라면 설득력이 높아지게 된다. 한 부동산 그룹의 연구결과, 고객들의 요청을 받을 당시 동료들에 대한 공신력과 전문성을 먼저 언급한 접수처 직원의 말에 의해 그들이 판매하고자 하는 부동산에 대한 평가는 물론 계약 건수가 기하급수적으로 증가했다는 사실이 관찰되었다. 즉, 부동산을 찾은 고객이 부동산 임대(letting)에 관심을 보이자, 이 접수처 직원은 "임대 말씀이신가요? 임대라면 A를 연결해드리겠습니다. A라는 분은 이 지역에서 부동산 임대에만 15년의 경험을 가지고 있어요." 라고 하자 이 말을 들은 고객은 임대는 물론, 자신이 소유하고 있던 부동산을 매매하고 싶다는 의향을 비쳤다. 그러자 이 직원은 "부동산 매매에 대해서는 B라는 직원이 전문입니다. 우리 회사의 영업부장이기도 한데, 그분은 이 분야에 20년이 넘는 경험을 가지고 있어요. B와 곧 연결 해드리겠습니다"라고 응답하였다. 전문가들을 꿰뚫고 있던 접수처 직원에 의해 모든 부동산 계약을 위한 약속율이 20% 이상 증가되었으며, 실질적인 계약율 또한 15%나 증가되었다. 이와 같이 설득 과학을 위한 아주 미세한 전략은 값으로 매길 수 없는 엄청난 결과를 발휘하게 되는 것이다.

보다 설득적인 프레젠테이션이 되기 위해서는 연사 자신의 사회적 명망이나 전문성과 더불어 자신이 인용하는 자료 또한 믿을만한 출처로부터 나와야 한다. 많은 연구 결과, 청중에게 믿을만한 자료, 전문연구자료, 수많은 사람들로부터 수집한 광범위한 자료, 여러 자료를 종합하여 만든 자료, 예상하지 못한 희귀한 자료 등을 제시하면 설득의 효과가 증가한다는 사실이 밝혀졌다. 특별히 통계자료에 능통한 청중이 아니라면 대부분의 청중은 신뢰도가 높은 자료에 이견을 달기 어렵게 되기 때문이다.

4) 일관성의 법칙(Principle of Consistency)

일관성의 법칙(principle of consistency)이란 인지조화이론(cognitive consonance theory)에 기반을 둔 원칙으로, 사람들은 자신의 인지적 일관성과 조화를 위해 동기유발이 되며 이로 인해 태도, 신념, 지각, 행동이 변한다는 원칙을 말한다. 즉, 대부분의 사람들은 자신들이 과거에 말했거나 행동을 취했던 일들과 일관성을 유지하기를 원한다는 것이다.

사람들의 인지적 일관성을 유지시키기 위한 설득은 성취 가능한 아주 작은 약속(commitment)들을 수락하게 만들면서 효과적으로 진행될 수 있다. 이에 대한 대표적인 연구가 바로 1966년 프리드만(Jonathan L. Freedman, 1954~)과 프레이져(Scott C. Fraser, 1943~)가 시행한 "문간에 발 들여놓기 기법(foot－in－the－door: FITD)"과 "면전에서 문 닫기 기법(door－in－the－face: DIFT)"에 대한 설득효과라고 할 수 있다. 프리드만과 프레이저는 "문간에 발 들여놓기 기법(FITD)"에 대한 첫 연구에서, 캘리포니아 주에 거주하는 주부들에게 전화를 걸어 가정에서 사용하고 있는 물품(household product)에 대해 몇 가지 질문에 응할 수 있는지를 물었다. 이를 수락한 주부들에게는 가정에서의 비누 사용에 대한 아주 간단한 8가지 질문을 하였다. 3일 후 다시 전화를 건 실험자들은 이번에는 부엌 선반이나 음식 저장고 등 가정용품에 대한 일람표를 작성하기 위한 조사에 응해줄 수 있는지를 물었다. 두 번째 조사를 위해서는 5~6명의 남자들이 가정을 방문하여 약 2시간에 걸친 조사가 이루어질 예정이라고 설명하였다. 실험결과, 대여섯 명의 장정들이 들이닥쳐 장장 2시간에 걸친 작업을 한다는 커다란 요청만을 들은 주부들이 이를 수락한 비율은 22.2%에 불과했으나, 여덟 가지 항목에 대한 간단한 설문을 수락한 주부들의 두 번째 요청에 대한 응종율은 52.8%로 무려 두 배가 넘었다. 이처럼 작은 요청으로 문간에 발을 들여놓게 되면 차기에 오는 커다란 요청도 쉽게 설득 할 수 있게 되는 것이다.

두 번째 "면전에서 문 닫기 기법(DIFT)"에 대한 연구를 위해, 연구자들은 각 가정을 방문하여 캘리포니아 주에서 시행하고 있는 안전한 운전 캠페인(Drive Safely campaign)을 위해 "주의 깊은 운전(Drive carefully)"이라고 쓰인 크고 흉측한 팻말을 집 앞 잔디밭에 세울 수 있는지를 물었다. 10일 후 다시 방문한 연구자들은 이번에는 엽서 크기만 한 종이에 쓰인 안전 캠페인 표지를 집 앞 창문에 부착할 수 있는지를 물었다. 연구 결과, 흉측한 팻말을 수락한 비율은 겨우 17%였으나, 흉측한 팻말은 거절했지만 두 번째의 작은 요청을 수락한 가정의 승낙율은 76%로 나타났다. 즉, 크고 부담스런 요청을 거부한 뒤 작은 요청을 받아들인 수락률은 대형표지판만을 수락한 집단보다 4배, 즉 400%나 증가한 것이었다. 이를 "면전에서 문 닫기 기법(door-in-the-face: DIFT)"이라고 한다. 면전에서 문 닫기란 수용하기 어려운 요청을 하게 되면 사람들은 요청자의 면전에서 문을 닫아 버린다는 은유적 표현에서 나온 기법을 말한다.

사람들은 수용하기 힘든 큰 요청은 거절하지만, 큰 요청을 한 다음 아주 작은 요청을 제시하면 작은 요청은 대부분 수용하는 것으로 나타났다. 한 대학에서도 이와 유사한 연구를 시행하였다. 즉, 박물관에서 2시간 안내봉사를 할 학생들을 뽑기 위해서 먼저 학생들에게 소년원에서 2년간 상담 봉사를 해달라고 요청하였다. 2년간의 봉사라는 부담스러운 요청에 거절의사를 보인 학생들 중에서 2시간의 안내봉사를 수락한 비율은 51%에 달했으나, 처음부터 2시간의 안내봉사만을 요청받은 학생들의 응종율은 17%로 나타났다. 면전에서 문 닫기 기법은 일상생활에서도 널리 활용될 수 있는 방법이다. 예를 들어, 친구에게 5만원을 빌리기 위해서는 처음부터 5만원을 빌려달라고 요청하는 것보다는 먼저 50만이라는 큰돈을 빌려달라고 요청한 후 작은 액수를 요청하는 것이 성공할 확률이 높아진다. 즉, 50만원이라는 큰돈이 없다고 발뺌을 하는 친구에게 "45만원은 다른 데서 빌렸으니 5만원만 꿔 달라."고 하면 십중팔구 작은 요청에 넘어오기 때문이다.

"면전에서 문 닫기 기법"이 활성화되는 기전에 대해 심리학자들은 상호성의 원리와 대비효과, 그리고 죄의식이라는 심리적 기전으로 설명한다. 상호성의 원리란 앞에서 언급한 바와 같이, 부담스러운 첫 요구를 거절했기 때문에 자신도 한 발 양보하여 작은 요청은 받아들여야 한다는 심리적 기제가 발동되는 것을 말하며, 대비효과란 부담스러운 첫 요구와 작은 요구를 비교하여 부담을 주지 않는 작은 요청은 받아들이게 되는 심리기제를 말한다. 마지막으로 사람들은 남의 요구를 거절할 경우, 미안함과 죄책감을 느끼게 되며, 미안함을 느끼고 있는 와중에 작은 요청이 제시되면 이를 쉽게 수긍하게 되는 것이다.

많은 연구를 통해 "문간에 발 들여놓기 기법"과 "면전에서 문 닫기 기법" 모두는 설득에 효과적인 것으로 나타났다. 특히 이 두 가지 기법은 안전한 운전 캠페인의 경우처럼 친 사회적 운동에 참여를 독려하는 요청(pro-social request)에 매우 효과적이라는 사실이 나타났다. 또한 "문간에 발 들여놓기 기법"과 "면전에서 문 닫기 기법" 모두는 면대면 요청은 물론 이메일을 통한 설득에도 효과성을 발휘하는 것으로 나타났다. 이처럼 일관성의 법칙을 유효적절하게 활용한다면 청중의 개별적인 활동은 물론 공공의 이익이 되는 활동에도 적극적인 참여를 독려할 수 있게 될 것이다.

5) 호감의 법칙(Principle of Liking)

한국의 속담에 "친구 따라 강남 간다."는 말이 있다. 인간은 자신이 좋아하는 사람의 행동을 관찰하고 이를 따라하려는 심리를 가지고 있다. 이를 호감의 법칙(principle of liking)이라고 한다. 호감의 법칙이란 매력적이거나 끌린다고 생각하는 사람을 따라 자신의 태도나 행동을 결정하려는 심리적 기전을 말한다. 이러한 이유로 십대들의 열광적인 호감을 가지고 있는 아이돌 가수가 사회적 물의를 빚었을 경우, 대중매체에서 퇴출시키는 것이라고 할 수 있다. 그렇지 않을 경우, 아이돌 가수의 나쁜 행동까지 따라할 가능성이 높아지기 때문이다.

치알디니는 "모방은 설득의 어머니"라고 강조하였다. 사람들은 자신들이 좋아하는 사람에게 "예스"라고 설득된다. 그렇다면 사람들은 어떠한 이유에서 특정인에게 끌리는 것일까? 이에 대해 치알디니는 유사성의 원리, 칭찬의 원리, 협동의 원리의 3가지 요인을 들었다. 즉, 사람들은 그들과 유사한 사람들을 좋아하며, 칭찬을 하는 사람을 좋아하며, 또한 공동의 목표 달성을 향해 협동심을 발휘하는 사람을 좋아한다는 것이다.

유사성의 원리란 "초록은 동색", 혹은 "가재는 게 편"이라는 속담으로 대변된다. 영어 속담에는 유유상종(類類相從), 즉 "같은 깃을 가진 새들은 같이 모여 있다(Birds of the same feather flock together)."는 말도 있다. 유유상종이란 처지나 배경, 환경, 태도, 종교, 나이, 인종, 사회계층 등이 유사한 사회적 부류끼리 무리를 지어 다닌다는 뜻으로 자신과 유사한 의견이나 태도를 가진 사람에게 더 끌리며 설득효과도 높아진다는 원칙을 말한다. 더 나아가 낯선 사람이라고 할지라도 자신과 유사한 태도를 가진 사람에게는 호감도가 증가하는 것으로 나타났다.

유사성의 원리는 온라인에서도 효과를 발휘하는 것으로 나타났다. 현대사회의 사회적 상호작용은 점차 거미줄처럼 얽혀 있는 온라인 네트워크 세상에서 진행되고 있다. 따라서 사회적 상호작용이나 의사결정도 온라인을 통해 이루어지는 경우가 다반사이다. 온라인에서도 호감의 법칙이 작용한다는 사실은 미국의 한 경영대학에서 실시한 온라인 협상(online negotiations) 연구를 통해 밝혀졌다. MBA 학생들로 구성된 한 집단에게는 "시간이 곧 돈입니다. 조속히 협상을 시작합시다.(Time is money. Get straight down to business.)"라는 말을 하도록 지시가 내려졌으며, 다른 집단에게는 "협상을 시작하기 전에 서로의 개인적인 정보를 나눕시다.(Before you begin negotiating, exchange some personal information with each other.)"라는 말과 더불어 협상에 돌입하기 전 상대방과의 유사성을 파악하기 위한 정보를 공유하도록 지시하였다. 실험결과, 협상을 조속히 시작한 집단의 협상률은 55%였으나, 유사성에 대한 정보를 공유한 후 협상에 들어간 집단의 동의율은 무려 90%를 보였다. 이 실험결과에서 보다시피 유사성의 원리란 매우 강력한 설득요인이 된다. 따라서 설득이나 영향력을 발휘하고자 하는 연설가는 연설을 시작하기 전 청중과의 유사성을 공유할 수 있는 내용들을 확인하고, 이를 스피치나 프레젠테이션에 활용해야 한다. 이 중에는 연설 당시 청중을 향해 진심에서 우러나오는 찬사(genuine compliment)의 말이나 청중의 반응에 진심을 다해 공감하는 공감능력이 포함된다. 또한 연설가는 자신이 하는 실수에 당황하지 말아야 한다. 연설가가 실수를 할 경우, 청중은 고매한 인격과 전문적인 지식을 가지고 있는 연설가도 일반인처럼 실수를 하는 사람이라는 인식을 통해 유사성에 대한 강력한 연결고리를 형성할 수 있기 때문이다. 따라서 현명한 연설가는 자신의 실수나 잘못을 정직하게 인정할 수 있어야 한다.

6) 사회적 동의의 법칙(Principle of Social Consensus)

마지막으로 설득이나 타인에 대한 영향력을 높이기 위한 설득기법에는 사회적 동의(social consensus)가 포함된다. 사람들은 자신의 행동을 결정하는 데 있어 불확실성을 느끼는 상황에서는 사회적으로 승인된 행동, 즉 많은 사람들이 하는 집단행동이나 활동을 그대로 모방하려는 경향을 보인다(look to the actions and behaviors of others to determine their own). 예를 들어, 한 호텔에서 고객이 한번 사용했던 타월이나 침대보를 퇴실할 때까지 계속적으로 재사용하도록 설득하기 위해 목욕탕 거울에 작은 카드를 부착하였다. 재사용에 대한 이유로는 환경보호(environmental protection) 때문이라는 설명을 첨부하였다. 그 결과 작은 카드를 이용한 설득요법은 환경보호라는 사회적 동의를 이끌어 내어 재사용율을 35%나 증가시켰다. 다른 호텔에서는 4박 5일 이상 투숙하는 고객들의 75%가 타월이나 침대보를 바꾸지 않는다는 사실을 알게 되었다. 이 호텔에서는 목욕탕 거울 밑에 작은 카드를 부착하면서 "저의 호텔을 이용하시는 고객 분들의 약 75%가 숙박기간 동안 타월을 재사용하고 있습니다. 고객 분께서도 이 점을 숙지하셔서 함께 동참해주시기 바랍니다(So please do so as well)."라는 내용을 적어놓았다. 그 결과 이 호텔의 타월 재사용률은 26%나 증가하였다.

치알디니는 설득에 영향을 미치는 6가지 요인들은 돈이 전혀 안 드는 아주 작은 행동이나 배려로 시작되지만, 이로 인한 설득의 효과는 돈으로 가름할 수 없을 정도의 강력한 결과를 양산한다고 강조하였다. 그리고 자신이 주장하는 설득 기법들은 단순한 직관이나 주관적인 경험에서 나온 것이 아니라 수 십 년간의 과학적, 실증적 연구의 결과를 응축한 일종의 과학적 비밀이라고 덧붙였다. 따라서 다른 사람들을 설득하고 그들의 마음을 움직이려고 시도하고자 하는 사람들은 엄밀하게 입증된 설득심리학의 원리에 입각하여 설득 행위를 조직해야 한다고 강조하였다.

치알디니의 설득심리학에 덧붙여 사람들을 설득하기 위한 가장 적절한 횟수에 대해 언급하면서 설득적 의사소통을 마무리 짓기로 한다. 설득을 위한 가장 적절한 횟수에 대해 미국 시카고대학교 심리학 교수이며 1992년 그의 동료인 번트슨(Gary Berntson)과 함께 사회신경과학(social neuroscience)을 창립한 카시오포(John Terrence Cacioppo, 1951~2018)는 "3회 법칙"을 주장하였다. 카시오포는 그의 연구에서 학생들에게 특정한 주제에 대해 1회에서 5회까지 상대학생을 설득하도록 요청하였다. 연구결과, 설득효과가 가장 높았던 것은 세 번째로 나타났다. 보다 흥미로운 사실은, 1회보다는 2, 3회의 설득이 상대방 학생들의 찬성을 유도해내는데 효과적이었으나, 네 번째부터는 설득의 효과가 감소하기 시작하여 다섯 번째에 이르러서는 설득을 당했던 학생들마저 자신의 의견을 철회하는 것으로 나타났다. 이러한 실험결과에 대해 카시오포는 "집요한 설득은 상대방의 반발을 사게 되어 실패에 이르게 만든다."고 해석하였다. 즉, 집요하게 설득을 한다고 해서 효과가 증폭되는 것이 아니라 오히려 역효과를 가져오게 된다는 것이다. 이처럼 설득의 횟수를 무작정 증가시킨다고 해서 설득의 효과가 증가하는 것은 아니다. 또한 아무리 중요하다고 하더라도 한 번의 강력한 설득방법보다는 세 번의 반복적인 과정을 통해 설득하는 것이 더 효과적이라고 할 수 있다. 인간은 조급하게 강요를 한다고 해서 쉽게 변하는 존재가 아니다. 한 번의 강력한 설득방법은 청중에게 강요를 당한다는 심리적인 스트레스를 안겨 주지만 세 번에 걸쳐 부드럽게 반복되는 설득은 행동의 변화를 서서히 그러나 강력하게 유도하게 된다.

"설득의 3회 법칙"은 사회 전반에서 적용되는 법칙이기도 하다. 예를 들어, 미국에서는 1994년부터 반폭력법의 일환으로 습관적인 범법자에 대해 삼진아웃제(three strikes law)를 실시하고 있다. 즉, 동일한 흉악범죄를 3회에 걸쳐 반복을 하게 되면 세 번째는 무기징역(life sentence)이라는 강력하고 높은 처벌조항을 피할 수 없게 된다. 즉, 세 번째에 가서는 더 이상 호의를 베풀지 않겠다는 권위에 대한 상징적 의미가 내포되어 있는 것이다. 작심삼일이란 굳게 먹은 마음이 사흘을 가지 못하면 그 결심은 영구적이지 못할 것이라는 판단 기준이 된다. 프레젠테이션의 구성도 서론, 본론, 결론의 세 부분으로 정리하면 자신의 생각을 보다 더 조직적이고 논리적으로 전달할 수 있으며, 청중의 입장에서도 받아들이기가 쉬워진다. 처음과 중간, 끝의 세 부분을 합치면 모든 것을 통합한다는 의미를 갖기 때문이다. 한국의 모든 대학은 결석에 대한 삼진아웃제를 적용하고 있다. 저자도 지각에 대한 삼진아웃제를 실시하고 있다. 즉, 처음으로 지각을 한 경우에는 지각하지 말라는 경고와 함께 지각을 만회할 기회를 제공한다. 2번째로 지각을 하는 경우에는 첫 번째 경고를 잊어버렸을 가능성을 참작하여 또 한 번의 경고를 한다. 그럼에도 불구하고 3번째로 지각을 할 경우에는 더 이상 경고메시지를 주지 않고 지각처리를 한다. 왜냐하면 세 번째로 지각을 한다는 것은 교통체증이나 단순히 교수의 경고를 망각했을 가능성을 넘어서 출석의 중요성이나 시간엄수라는 사회적 규범에 대한 기본적인 학업태도가 형성되지 않았거나 교수의 경고를 무시하려는 불경함이 느껴지기 때문이다. 이처럼 "3"이라는 숫자는 개연성과 우연성을 넘어서 필연성과 완전함을 심어주는 횟수라고 할 수 있다. 한 두 번의 결과는 우연의 일치로 일어날 가능성을 가지고 있으므로 보다 공평한 기회를 제공해주기 위해서는 세 번을 통과해야 하며, 세 번에 걸쳐 일어난 결과는 모든 사람들에게 공평하다는 느낌을 전달해준다.

결론적으로 설득적 프레젠테이션은 설명적 연설과는 달리 청중을 장악하여 영향력을 행사하는 활동이라고 할 수 있다. 이를 위해서는 청중의 관심, 의견, 태도, 행동을 흔들어 동요시키며 심장에 불을 지를 수 있는 스피치 능력과 이를 뒷받침해주는 강력한 메시지가 필요하다. 치알디니는 설득적 의사소통을 위한 법칙으로 상호성의 원칙, 희귀성의 법칙, 권위에 대한 이해, 일관성의 유지, 호감도의 법칙, 청중의 사회적 동의를 이끌어 낼 수 있는 전략, 그리고 통합성의 원칙 등 7가지를 권고하였다. 이러한 과학적 원칙에 의거하여 설득을 위한 메시지를 창조적으로 조직하고 청중에게 쉽게 전달할 수 있는 발표기술을 제공한다면 스피치의 설득적 효과를 극대화시킬 수 있을 것이다.

Chapter 03

커뮤니케이션 이론

1 커뮤니케이션의 정의

의사소통, 즉 커뮤니케이션(communication)이란 “같이 이야기하다, 대담하다, 상담하다”라는 의미를 갖는 ‘communicare’에서 온 용어로 “송신자와 수신자 사이의 정보의 전환”, 혹은 “개인을 포함한 집단 간의 의미전달”, “상호 이해된 표기나 기호학적 규칙을 사용하여 개인이나 다른 집단에게 내용을 전달하는 행위”라고 정의된다. 즉, 커뮤니케이션이란 의사나 정보를 가진 사람이 이를 받아들이는 타인에게 전달하는 모든 언어적, 비언어적 행위과정을 말한다. 또한 커뮤니케이션이란 시공간을 초월하여 다양한 기술적, 자연적 수단으로 정보와 의미를 교환하는 유목적적 활동(purposeful activity of exchanging information and meaning)을 말한다. 크랙(Robert T. Craig, 1999)은 “의사소통이란 타인과의 상호작용으로 자신의 심리적 기전, 상태, 특징 등을 행위로 표현하거나, 상호작용을 하고, 서로에게 영향력(influence)을 발휘하는 과정을 통해 광범위한 인지적, 정서적, 행동적 효과를 산출하는 과정”이라고 정의하였다.

대인의사소통(interpersonal communication)이란 두 사람 이상 간의 정보교환 과정을 의미한다. 이 장에서는 의사소통과정을 이해하기 위한 3가지 기조이론들을 쉐넌(Claude Elwood Shannon, 1916~2001)과 위버(Warren Weaver, 1894~1978)의 쉐넌-위버 커뮤니케이션 이론(Shannon-Weaver theory of communication), 슈람(Wilbur Lang Schramm, 1907~1987)의 의사소통 모형(Schramm's model of communication), 벌로(David Kenneth Berlo, 1929~1996)의 SMCR 모형(SMCR model of communication: Sender - Message - Channel - Receiver model)을 중심으로 살펴보도록 한다.

2 커뮤니케이션에 대한 기조이론

1) 쉐넌-위버의 커뮤니케이션 모형(Shannon-Weaver Model of Communication)

"모든 모델의 어머니(mother of all models)"라고 불리는 쉐넌–위버 커뮤니케이션 모형(Shannon–Weaver model of communication)은 정보통신이론의 창시자로 불리는 쉐넌(Claude Elwood Shannon, 1916~2001)과 그의 동료인 위버(Warren Weaver, 1894~1978)가 1948년 최초로 소개한 모형이다. 쉐넌–위버 모형은 미국 벨 전화연구소에서 발행하는 벨 체제기술저널(Bell System Technical Journal)에 1948년 발표한 "커뮤니케이션의 수학적 이론(A mathematical theory of communication)"을 통해 최초로 알려졌다. 쉐넌은 1876년 세계 최초로 전화를 발명한 벨(Alexander Graham Bell, 1847~1922)의 이름을 딴 미국 벨 전화연구소에서 재직하다가 MIT(Massachusetts Institute of Technology) 교수로 전직한 인물이다.

쉐넌–위버의 초기 의사소통 모형은 전화통화 상에서의 기술적 커뮤니케이션 과정을 설명하기 위한 일종의 수학적 모형이었다. 후에 쉐넌–위버는 자신들의 이론을 모든 종류의 커뮤니케이션으로 확장시킴으로써 인간은 물론 기계적 커뮤니케이션을 망라하는 "모든 모델의 어머니"로 불리게 되었다.

쉐넌–위버의 초기 의사소통 모형은 정보원(송신기: information source, sender), 부호 변환기(transmitter, encoder), 채널(channel), 부호 해독기(decoder), 목적지(receiver, destination)의 5가지 구성요소들로 이루어졌으나 후에 6번째의 요소인 잡음(noise)을 포함시켰다. 커뮤니케이션 모형에 잡음을 포함시킨 의도는 전화통화(telephonic communication) 상에서 발생하는 잡음을 최소화하여 통화능력을 극대화시키기 위한 목적에서였다. 쉐넌–위버의 초기 의사소통 모형을 구성하는 5가지 구성요소를 구체적으로 살펴보면 다음과 같다.

(1) 정보원, 또는 송신기(Information source or Sender)

정보원(information source or sender)이란 메시지를 생성하고 채널을 선택하며 메시지를 보내는 사람이나 기계를 말한다.

(2) 부호 변환기(Transmitter or Encoder)

부호 변환기(transmitter or encoder)란 정보원으로부터 송출된 메시지를 해석이 용이한 부호로 변환하는 기계나 사람을 말한다. 원래의 모형에서 정의한 부호 변환기는 메시지를 신호(signal)나 이진 데이터(binary data)로 전환시키는 기계 자체나 전환에 사용된 기계를 의미하였다.

(3) 채널(Channel)

채널(channel)이란 메시지를 보내기 위한 매체(medium used to send message)를 말한다.

(4) 부호 해독기(Decoder)

부호해독기(decoder)란 송신자나 정보원이 송출한 신호나 이진 데이터를 메시지로 다시 전환하여 메시지를 해석하는 기계나 사람을 말한다.

(5) 목적지(Receiver or Destination)

목적지(destination)란 메시지가 최종적으로 도달하는 장소나 수신자를 말한다. 수신자는 메시지에 따라 회환(feedback)을 제공하기도 한다.

(6) 잡음(Noise)

잡음(noise)이란 원활한 커뮤니케이션을 방해하는 모든 요인들을 포괄한다. 즉, 잡음이란 커뮤니케이션 과정을 방해하는 물리적, 환경적 소음뿐만 아니라 커뮤니케이션을 주고받는 사람들의 신체적, 심리적, 인지적 방해요인까지도 포함한다. 의사소통과정에 잡음이 발생하면 수신자는 송신자가 전달하는 커뮤니케이션 내용을 왜곡해서 해석하게 된다. 예를 들어, 송신자가 전화나 전보 등 기술적 채널을 통해 메시지를 전달할 경우, 전화기 상의 잡음이나 송신자의 목소리, 혹은 전보기계 상의 문자 탈락 등에 의해 메시지가 잘못 해석됨으로 인해 커뮤니케이션의 문제가 발생하게 된다.

이를 좀 더 개념화하기 위해 쉐넌과 위버는 커뮤니케이션 과정에서 일어날 수 있는 잡음 상의 문제를 3가지로 정리하였다. 이에는 채널 상에서 일어날 수 있는 기계적인 문제(mechanical problem), 송신자가 전송한 메시지의 의미가 수신자에게 다르게 전달되는 의미상의 문제(semantic problem), 메시지가 수신자에게 도달하여 발생시키는 효과성의 문제(effectiveness problem)가 포함된다.

쉐넌-위버의 커뮤니케이션 모형을 인체에 적용하면 인간의 뇌(brain)는 송신자가 되며, 입(mouth)은 전달하려는 메시지를 특정언어로 부호화하는 부호변환기가 된다. 공기(air)는 메시지를 전달하기 위한 채널에 해당하며 청자의 귀(ear)는 수신기가 된다. 이때 수신자의 뇌는 부호해독기인 동시에 수신자 자체가 된다. 공기를 채널로 사용하는 환경에서는 각종 물리적 잡음이 끼어들게 된다. 예를 들어, 한 회사원이 새로운 제품을 출시하기 위한 미팅에 대해 시간과 장소를 적은 문자메시지를 동료에게 보냈으나 동료는 전송 중 잡음으로 인해 시간을 제외한 메시지를 받게 되는 경우가 발생할 수 있다. 여기서 송신자는 전체 메시지를 보낸 비즈니스맨이 된다. 이때 부호변환기는 전화국(telephone network company)이 되며 채널은 휴대폰을 사용하는 모바일 네트워크(mobile network)가 된다. 소음은 전화접속 장애로 인해 분실된 메시지(missing text due to disruption)가 되며 부호해독기는 휴대폰(mobile phone)이 된다. 그리고 휴대폰 메시지를 받은 동료는 수신자가 된다. 여기서 소음은 전송 에러를 말한다. 이 상황에서 송신자인 회사원은 동료인 수신자의 피드백에 의해서만 자신이 보낸 전체 메시지가 불완전하게 전달되었음을 파악할 수 있다. 이러한 이유로 송신자와 수신자 간의 긴밀한 피드백의 교환은 커뮤니케이션을 완성하기 위한 필수불가결한 요인라고 할 수 있다.

앞에서도 언급한 바와 같이, 쉐넌-위버의 커뮤니케이션 모형은 원래 기계적인 효율성을 높이기 위해 개발되었으나 점차 대인커뮤니케이션에도 유효적절하게 적용시킬 수 있는 모형으로 받아들여졌다. 따라서 쉐넌-위버의 모형은 많은 사람들의 관심사가 되었으며 그런 만큼 이들의 모형이 갖는 문제점에 대한 지적도 높아졌다. 우선, 쉐넌-위버의 모형은 송신자를 가장 중요한 요인으로 강조한다. 이에 반해 수신자는 기득권을 쥔 송신자에 비해 수동적인 역할만을 하게 된다는 비판이 대두되었다. 송신자가 핵심요인으로 강조되고 있는 모형에서는 피드백 또한 중요하게 다루어지지 않았다는 비판이 제기되었다. 이중에서도 쉐넌-위버의 모형에 대한 가장 커다란 비판은 인간을 대상으로 하는 대인의사소통이란 기계적 효율성을 높이기 위한 수학적 경로보다는 훨씬 더 복잡한 요소들로 이루어졌다는 사실을 간과했다는 지적이었다. 이러한 비판에도 불구하고 쉐넌-위버의 의사소통 모형은 쌍방향 의사소통 과정(two-way process)과 소음이라는 개념을 최초로 소개함으로써 커뮤니케이션 이론 개발의 기본적인 개념틀을 제공하게 되었으며 그 후 의사소통 모형의 발전적 이론들의 출현을 자극하는 도화선이 되었다.

2) 슈람의 의사소통 모형(Schramm's Model of Communication)

대중커뮤니케이션의 권위자인 슈람(Wilbur Lang Schramm, 1907~1987)은 1954년 쉐넌-위버의 모형을 근거로 커뮤니케이션 모형을 개발하였다. 이를 슈람의 의사소통모형(Schramm's model of communication)이라고 한다.

슈람의 모형은 크게 메시지, 부호변환자, 부호해독자로 구성되며 피드백 요소가 강조된 모형이다. 슈람의 커뮤니케이션 모델이 쉐넌-위버의 모형과 다른 점은 메시지의 흐름에 따라 부호변환자가 다시 부호해독자가 되며, 부호해독자는 다시 부호변환자가 되는 회전식 모형(revolving model)을 강조한 점이라고 할 수 있다. 회전식 모형에서 중추적인 역할을 하는 것이 바로 피드백으로, 최초의 메시지를 조직한 사람은 메시지를 전달받은 사람과의 지속적인 피드백 과정을 거쳐 의사소통을 완성하게 되는 것이다.

슈람은 부호변환자의 생각을 메시지로 전환함으로써 메시지 내용을 생성시키는 부호화 과정(encoding process)과 전달된 메시지를 해독하는 부호해독과정(decoding process)을 가장 핵심적인 구성요인이라고 강조하였다. 슈람에 의하면, 생각이나 정보란 이를 가장 적절하게 표현할 수 있는 말이나 언어로 전환되어 다른 사람에게 전달될 때까지는 무용지물이라고 하였다. 부호화(encoding)는 생각을 내용으로 전환함으로써 커뮤니케이션 과정을 개시(initiate)하는 중요한 역할을 담당한다. 정보가 수신자에게 도착하면 수신자의 일차적인 목적은 송신자가 전달하고자 하는 의도를 정확히 파악하는 것이라고 할 수 있다. 이처럼 수신자가 송신자가 보낸 부호를 해독하고 메시지를 이해하기 전까지 메시지는 무용지물이 된다. 따라서 부호화과정과 부호해독과정은 커뮤니케이션에 있어 정보의 흐름을 결정하는 가장 중요한 두 가지의 요인이 되며 슈람의 커뮤니케이션 모형은 이러한 요인들을 중심으로 회전(revolve)하게 된다.

슈람은 또한 커뮤니케이션이란 송신자가 수신자의 피드백을 받을 때까지 미완성의 단계에 머문다고 강조하였다. 만약 한 특정인이 자신의 생각을 공유하려고 시도했으나 상대방이 아무런 반응을 보이지 않는다면, 커뮤니케이션이 완성되었다고 보기 어려워진다. 예를 들어, 한 친구가 다른 친구에게 "같이 영화 보러 안 갈래?(Will you accompany me for a movie?)"라고 했음에도 불구하고 그 말을 들은 친구가 침묵을 지킨 채 아무런 반응을 보이지 않는다면 커뮤니케이션은 완결되었다고 할 수 없다. 만약 같이 보러가자고 한 영화가 자신이 보고 싶은 영화가 아닐 경우에는 그러한 의향을 담은 피드백을 상대방에게 전달해야만 커뮤니케이션 과정이 끝나게 된다.

슈람은 정보가 수신자에게 전달될 경우에 수신자는 송신자가 원하는 내용과 정확히 일치하는 방향으로 메시지를 받았는지에 대한 피드백을 반드시 제공해야 할 "책임(responsibility)"을 가지고 있다고 강조하였다. 만약에 동일한 내용의 메시지를 받는데 장애가 있거나 불분명할 경우에는 반드시 송신자와 함께 이러한 의구심을 해결해야 한다. 이러한 이유로 커뮤니케이션 과정이란 송신자에서 수신자로, 수신자는 부호해독을 한 후 송신자에게 피드백을 통해 자신의 반응을 전달하는 회전과정(revolving process)이라고 강조하였다.

슈람은 또한 개인의 지식, 경험, 문화적 배경은 커뮤니케이션에 있어서 매우 중요한 역할을 담당한다. 슈람은 이를 경험의 장(field of experience)이라고 표현하였다. 송신자와 수신자의 경험의 장은 서로 다르며, 따라서 동일한 메시지라고 하더라도 문화, 종교, 지식적 배경에 따라 다르게 해석된다. 예를 들어, 대저택의 주인은 인후통으로 목이 아파오자 뜨거운 초콜릿 커피 한잔(a cup of hot chocolate coffee)이 마시고 싶었다. 주인이 하인에게 "인후통이 심하니 따뜻한 마실 것 좀 가져다주시오.(Please bring something hot for me to drink as I am suffering from sore throat.)"라고 했을 때 하인이 이를 자기 나름대로 해석하여 미지근한 물 한잔(a glass of lukewarm water)을 가지고 왔다면, 이는 메시지에 대한 서로 다른 해석으로 인해 벌어진 상황이라고 할 수 있다. 여기서 메시지의 오역은 주인이나 하인의 잘못이 아니라 서로가 처한 배경의 차이로 인해 발생한 해석의 불일치라고 할 수 있다.

메시지는 크게 외현적 의미(denotative meaning)의 메시지와 함축적 의미(connotative meaning)의 메시지로 구분된다. 외현적 의미를 가진 메시지란 송신자나 수신자 모두 잘못 해석될 가능성이 없는 명료한 메시지를 말하며, 함축적 의미의 메시지란 송신자의 비구두적 신체언어 등을 수신자가 해석하는 과정에서 왜곡되기 쉬운 메시지를 말한다. 예를 들어, 같은 사무실에서 일하는 동료 한 사람이 다른 동료에게 "자꾸 지각을 해서 안 되겠어. 알람시계 하나만 사다줘.(I get late for my office, please buy me a clock.)"라고 하자, 동료는 마트에 들러 알람시계를 사서 지각을 원하지 않은 동료에게 선물로 주었고, 그 후로는 지각을 하지 않게 되었다고 하자. 이 경우에 있어서 '알람시계'라는 물건은 해석 상 왜곡될 요인을 전혀 가지고 있지 않은 메시지라고 할 수 있다. 왜냐하면 어느 누구라도 알람시계를 손목시계와 혼동을 하거나, 혹은 다른 형태의 시계와 혼동할 가능성이 매우 희박하기 때문이다. 따라서 부탁을 받은 동료가 아닌 다른 사람이 마트에 갔다고 하더라도 알람시계를 구매하는 데는 하등의 어려움이 없게 된다. 이처럼 송신자가 보낸 메시지를 모든 사람들이 동일하게 받아들일 수 있는 명확한 메시지를 외현적 의미를 가진 메시지라고 부른다. 따라서 외현적 의미를 가진 메시지가 송신자와 수신자 간에 잘못 해석될 가능성은 거의 없게 된다.

알람시계에 대한 다른 경우를 하나 더 살펴보기로 하자. 이번에는 시계를 사러 마트에 간 동료가 지각하지 않기를 원하는 동료를 위해 탁상시계 두 개를 구매하였다. 시계 두 개란 자신의 동료가 지각을 하지 않기를 바라는 진심어린 염려가 담긴 동료의 감성지수(emotional quotient)를 상징하는 것이라고 할 수 있다. 즉, 지각을 한 동료의 얼굴이 지나치게 수심에 차 있다거나 늦잠을 통제하기가 어려울 정도로 힘들다는 표정을 읽은 동료가 알람시계 하나로는 깊은 잠에서 깨어나기가 어려울 것이라는 염려와 판단에 의해 두 개의 알람시계를 사다 준 것이다. 이처럼 정서적 요소에 의해 영향을 받는 메시지를 함축적 의미가 있는 메시지라고 한다. 함축적 의미의 메시지는 외현적 메시지와는 달리 송신자의 신체언어, 제스처, 안면 표정 등에 의해 왜곡되기 쉽다.

3) 벌로의 SMCR 모형(Sender-Message-Channel-Receiver Model)

미국 일리노이 주립대학의 총장을 역임한 벌로(David Kenneth Berlo, 1929~1996)는 1960년 쉐넌-위버 모형을 기반으로 SMCR 모형을 개발하였다. SMCR 모형은 송신자(sender), 메시지(message), 채널(channel), 수신자(receiver)의 첫 자를 딴 명칭이다. 벌로는 그의 모형에서 부호화(encoding)와 부호해독(decoding)은 송신자가 메시지를 보내기 전이나 수신자가 메시지를 받기 전에 발생된다고 강조하였다. 벌로의 SMCR 모형을 구성하는 4가지 요소는 각각 다시 커뮤니케이션 기술(communication skill), 태도(attitude), 지식(knowledge), 사회체제(social system), 문화적 배경(cultural background) 등의 하위요소들에 의해 영향을 받는다. 커뮤니케이션을 결정하는 4가지 요소를 소개하면 다음과 같다.

(1) S: 송신자(Sender)

송신자(sender)는 메시지의 원천, 혹은 메시지를 만드는 사람을 일컫는다. 송신자는 자신이 고안한 메시지를 수신자에게 보낸다. 이때 송신자와 수신자 간의 의사소통은 다음과 같은 요인들에 의해 영향을 받게 된다.

① 커뮤니케이션 기술(Communication Skill)

커뮤니케이션 기술(communication skill)이란 다양한 종류의 정보를 주고 받을 때 사용하는 개인의 능력을 말한다(abilities you use when giving and receiving different kinds of information). 구체적으로 커뮤니케이션 기술에는 청취력(listening), 화술(speaking), 문장력(writing), 독해력(reading)은 물론 관찰력(observing)을 포함한다.

커뮤니케이션 기술은 커뮤니케이션 효과에 직접적인 영향을 미치는 요인이라고 할 수 있다. 따라서 송신자가 훌륭한 커뮤니케이션 기술을 가지고 있다면, 그렇지 않은 사람보다 메시지 전달이 보다 더 효과적으로 이루어질 수 있다. 이와는 반대로 수신자가 의사소통 능력이 부족하여 메시지를 정확히 파악하지 못할 경우에는 송신자가 아무리 훌륭한 메시지가 전달하였다고 하더라도 메시지의 해석이 제대로 이루어지기 어려워진다.

② 태도(Attitude)

벌러는 의사소통에 있어 송신자와 수신자의 태도(attitude)는 메시지의 효과를 창출하는데 매우 중요한 역할을 한다고 강조하였다. 송신자와 수신자의 태도는 환경적 요소와 더불어 메시지의 의미와 효과를 변화시키는 요소라고 할 수 있다. 왜냐하면 태도란 행동을 결정짓는 "마음의 방아쇠"이며 속마음을 나타내는 "언어의 씨앗"이기 때문이다.

태도를 의미하는 "attitude"라는 단어는 라틴어의 "aptus"에서 온 말로, "적합성 또는 알맞음"을 의미한다. 즉, 태도란 겉으로 드러나는 외현적 행동의 원인이 되는 생각으로, 특정대상에 대해 긍정적이거나 부정적인 평가를 내리기 위한 주관적 감정을 말한다. 미국 남가주대학교 교수인 베팅하우스(Erwin P. Bettinghaus)와 코디(Michael J. Cody)는 1987년 발표한 "설득적 의사소통(Persuasive Communication)"에서 "태도란 사람들이 사물에 대해 좋거나 싫다고 느끼는 감정"이라고 정의를 내렸으며, 벰(Daryl J. Bem, 1970)은 "사물이나 사람, 또는 특정이슈에 대해 일반적이거나 지속적으로 갖는 긍정적 혹은 부정적 감정"으로 정의하였다. 이와 같이 태도란 특정현상이나 인물에 대해 호의적 또는 비호의적, 긍정적 또는 부정적, 찬성이나 반대의 감정으로 평가하는 경향성, 혹은 정신적 중재 작용이라고 할 수 있다.

태도는 의견(opinion), 신념(belief), 습관(habit), 가치관(value)이라는 개념과 혼용되어 사용하는 경우가 많으나 엄밀한 의미에서 이러한 개념들은 태도와 차이점을 갖는다. 예를 들어, 의견이란 단순히 특정사물이나 사람에 대해 주관적으로 갖는 인지적 판단이나 생각을 말하나, 태도는 특정현상에 대한 인지적 판단보다는 좋고 나쁘다는 감정적 요소를 함축하는 개념이다. 신념이란 무언가가 존재하고 있다거나 진실일 것이라고 믿는 주관적 확신을 말한다. 습관은 태도와 마찬가지로 다양한 경험을 통해 후천적으로 학습되는 지속성을 가지고 있으나, 태도가 행동이나 습관형성의 원인이 되는 정서적 평가라고 한다면, 습관은 규칙화된 행동 패턴만을 강조하는 개념이다. 마지막으로 가치관이란 사람들이 추구하고자 하는 궁극적 목표이자 이상으로서, 신념이나 태도가 복합적이고 전체적으로 작용하여 형성된 광범위하고 일반적인 개념체계를 말한다. 따라서 태도는 다양한 조건이나 상황에 따라 변화하지만, 가치관은 한번 형성이 되면 좀처럼 변하지 않는 일관성을 보인다. 의견, 신념, 태도, 습관, 가치관 등에 대한 예를 하나 들어보면, "인간은 오직 교육을 통해서만 인간이 된다."고 강조한 칸트의 지론을 하나의 "의견"이라고 한다면, 오랜 교육경험에 비추어 "인간은 오직 교육을 통해서만 인간이 되므로 인간에게 적절한 교육을 제공하는 것이 '진리'라고 믿는다."는 교육에 대한 "신념"이라고 할 수 있다. 한편 공교육이 사멸하고 사교육이 팽배해지는 현 교육제도에 대해 "현 교육제도는 잘못되었다."고 정서적 판단을 내린다면, 이는 교육제도를 향한 비호의적이며 부정적인 "태도"라고 할 수 있다. 한 걸음 더 나아가 "그럼에도 불구하고 모든 사람들은 평등하게 교육을 받아야 할 권리가 있다."는 굳건한 신념과 태도로 일관한다면, 이는 교육에 대한 보편적인 "가치관"을 가지고 있는 것이라고 할 수 있다.

태도란 선천적으로 가지고 태어나는 것이 아니라 다양한 경험에 의해 후천적으로 학습된다. 태도는 주로 사회적 평가나 통념에 의한 명시적 학습(explicit learning)을 통해 습득하게 된다. 명시적 학습이란 함축적 학습(implicit learning)과 반대되는 개념으로, 학습자가 학습목적을 달성하기 위해 의식적이며 의도적으로 노력을 하는 것을 말한다. 이와는 대조적으로, 함축적 학습이란 의식적이거나 계획적인 인식이 없이도 자동반사적으로 획득되는 지식이나 기술을 말한다. 따라서 작동기억을 자극하여 주어진 정보에 주의집중하고 이를 기억하기 위해 암기하는 것을 명시적 학습이라고 한다면, 걷기처럼 아무런 의식이 없이 습득된 기술은 함축적 학습이라고 할 수 있다.

태도는 행위의 동기가 되고, 행동은 개인의 가치관을 표현하는 방법이 된다. 또한 태도는 타인에게 받아들여지고 싶은 기원과 집단 구성원으로서의 정체성을 획득하며, 사회적 일체감을 형성하기 위한 기능을 발휘한다. 이에 대해 카츠(Daniel Katz, 1960)는 태도란 자아방어적 기능(ego defense), 가치표현적 기능(value expression), 지식적 기능(knowledge), 적응적 기능(adjustment)의 4가지 기능을 갖는다고 설명하였다. 자아방어적 기능이란 자신이나 외부 세계에 대한 불유쾌한 사실로부터 자신을 보호하기 위해 특정한 태도를 취하게 되는 경향을 말하며, 가치표현적 기능이란 자신에게 중요하다고 느끼는 가치나 자아 이미지를 반영하는 태도를 취함으로써 만족감을 주는 기능을 말한다. 지식적 기능이란 태도를 통해 외부세계에 대한 정보나 사건들을 조직하고 이해하는 기능을 말하며, 적응적 기능이란 보상을 최대화하고 처벌을 최소화하기 위해 특정태도를 취하려는 기능을 말한다. 이때 태도에 대한 4가지 기능은 다양한 동기근거(motivational basis)에 따라 발현되거나 수정되는데, 자아방어적 기능은 주로 위협이나 혐오감, 억압된 충동, 권위를 가지고 있는 사람에 의한 조언 등에 의해 변하며, 태도의 변화나 수정은 이러한 부정적 요소들을 제거하거나 자기통찰력(self-insight)에 대한 느낌을 통해 이루어지게 된다고 하였다. 이와 동일한 맥락에서 가치표현적 태도 또한 개인의 가치관과 연관된 단서에 의해 발현되거나 자기이미지(self-image)를 회복하기 위한 욕구에 의해 발동한다. 따라서 가치표현적 태도 변화는 자아개념에 대한 새롭거나 수정된 신념의 적합성을 보임으로서 변하게 된다. 이때 작용하는 일차적인 기전이 바로 세뇌작용(brain washing)이다. 세뇌작용은 그동안 낡은 가치들을 지지하고 있던 모든 환경적 요소들을 통제하기 위해 작동한다. 이와 같이 태도의 변화는 관련 태도와 연관된 모든 신념이나 감정을 변화시키는 일반화과정(generalization)이라고 할 수 있다. 성인들은 자신이 가지고 있던 신념체계나 느낌을 최소한의 일반화를 통해 변화시킬 수 있다. 예를 들어, 투표에서 자신이 지지하지 않던 반대당 후보에게 투표를 하는 것은 개인이 가지고 있던 정당 정체감에 그리 큰 영향을 미치지 않고도 할 수 있는 행동이다. 또 다른 예로는 평소에는 어른에 대한 공경심에 그리 커다란 가치를 부여하지 않았던 남자도 자기가 좋아하는 여성과 데이트를 할 경우에는 노인에게 버스좌석을 양보해주게 된다. 또한 아무리 교통정체가 심하다고 하더라도 경적(klaxon)을 울리는 행위는 교통질서를 방해하는 나쁜 행동이라는 신념을 가지고 있던 사람도 서류마감시간이나 면접시간이 임박해오면 경적을 울리는 '나쁜' 행위를 하게 된다.

스피치나 프레젠테이션에 있어 발표자가 공략할 부분은 상황적 맥락에 따라 영향을 받는 청중의 태도라고 할 수 있다. 따라서 성공적인 스피치나 프레젠테이션을 위해서는 청중의 태도를 보다 긍정적으로 변화시키기 위한 다양한 전략을 세워야 할 것이다.

③ 지식(Knowledge)

지식(knowledge)의 사전적 정의는 "지각, 발견, 학습에 의한 교육이나 경험을 통해 획득한 특정사실, 정보, 서술, 기술에 대한 친숙함, 인식, 이해(familiarity, awareness, understanding of facts, information, descriptions, or skills that is acquired through experience or education by perceiving, discovering, or learning)"라고 한다.

의사소통에 있어서 송신자나 수신자의 지식수준은 메시지를 효과적으로 창출하고 해석하는 데 지대한 영향을 미치게 된다. 예를 들어, 메시지를 창출하는 송신자가 자신이 익숙하게 알고 있는 전문적 지식이나 내용을 중심으로 메시지를 조직할 경우에는 구성이나 전달에 있어서 효과성이 높아진다. 이와 마찬가지로 수신자의 지식체계가 송신자와 같은 전문분야의 사람들이거나 일반적으로 높은 지식수준을 가지고 있을 경우, 송신자의 메시지를 해석하는 데 용이해진다.

④ 사회체제(Social System)

사회체제(social system)란 사회조직을 좀 더 안정된 집단으로 만들기 위한 공식적인 구조로, 개인, 집단, 조직 사이에 존재하는 응집력을 한데 모으는 일종의 정형화된 관계망(patterned network)이라고 할 수 있다. 사람들은 일정한 사회체제 속에서 그들의 역할과 기능을 수행하게 된다. 사회체제는 또한 사회구성원이 가져야 할 사회적 가치, 신념은 물론 사회질서를 유지하기 위한 각종 규칙과 법률들로 구성되어있다. 의사소통에 있어 메시지가 전달되는 다양한 사회적 변인들과 상황은 송신자가 메시지를 소통하는 방법에 지대한 영향을 미치게 된다.

⑤ 문화(Culture)

"풍요와 개방의 나라 미국, 멋과 맛의 나라 프랑스, 근검과 질서의 나라 독일, 노래와 낭만의 나라 이탈리아, 청결과 친절의 나라 일본, 정열과 자유의 나라 브라질"이라는 표현은 각 나라의 문화적 이미지를 함축적으로 표현한 말이다. 이처럼 문화(culture)란 동일집단이나 사회 속에서 살고 있는 구성원들의 행동양식, 규범, 지식, 신념, 습관, 문화적 관습, 예술, 법률 등을 총망라하는 포괄적 용어(umbrella term)이다. 한 문화권 내에서 살고 있는 구성원들은 사회화과정(socialization)을 통해 그들만의 독특한 행동양식과 문화적 규범을 학습한다. 문화적 규범이란 사회집단 내에서 수용 가능한 행위를 성문화한 것으로 행동, 언어, 처신, 심지어는 복장 등을 위한 가이드라인과 기대수준에 대한 본보기를 제공한다.

미국의 인류학자인 홀(Edward T. Hall, 1914~2009)은 각 문화에서의 의사소통 형태를 고맥락문화(high-contextual culture)와 저맥락문화(low-contextual culture)로 구분하였다. 저맥락문화권에서는 단순명료하고 정확하며 명시적인 의사소통에 높은 가치를 두고, 메시지를 액면 그대로 받아들이려는 경향을 보인다. 또한 반복적인 설명은 메시지의 내용을 명확하게 전달하기 위한 방법으로 높이 평가된다. 이와는 반대로, 고맥락문화에서는 세련되고 미묘한 의미를 내포하는 중의적 의사소통이 이상적인 것으로 평가된다. 따라서 고맥락문화에 사는 사람들은 자신의 의도를 넌지시 내포한 메시지로 해석의 여지를 남겨두는 경우가 많기 때문에 "행간을 읽는 것(read between the lines)"이 무엇보다도 중요한 관건이 된다. 일반적으로 프랑스인들은 미국인들보다 의사소통은 고맥락적이고 암시적으로 하지만 비판은 직접적으로 하는 민족으로 알려져 있다.

하나의 문화권 속에서 사는 사람들도 자신들만의 하위문화(subculture)를 형성한다. 각 집단이 속한 하위문화를 이해하는 것은 의사소통에 있어 매우 중요한 요인이 된다. 예를 들어, 용맹스러움(valor)과 충성심(loyalty)이란 늘 전쟁이라는 갈등의 연속 상에서 승전고를 울려야 하는 군인들에게 가장 이상적으로 받아들여지는 행동양식이라고 할 수 있다. 또한 국민의 권익과 봉사를 최우선으로 하는 정치인들에게는 청렴결백(righteousness)을 가장 본질적인 문화행동으로 받아들인다. 한국이라는 커다란 문화권 내에 존재하고 있는 다양한 하위문화체제를 이해하는 것은 스피치나 프레젠테이션을 통해 청중과 의사소통을 해야 하는 연설가에게 매우 중요한 요인이 된다.

의사소통에 있어 문화적 차이 또한 메시지의 창출과 해석에 지대한 영향을 미치게 된다. 문화적 다양성은 때로 해석 상 혼란을 초래한다. 이러한 이유로 특정문화에서는 지극히 정상적으로 수용되는 메시지도 다른 문화권에서는 매우 모욕적이며 불쾌하게 받아들여질 수 있다. 이에 대한 단적인 예를 들자면, 미국인들은 공식석상에서도 이름(first name)을 부르며 의견을 제시하는 것이 일상적이다. 그러나 중국인들처럼 아랫사람은 윗사람을 따르고 순종하며 윗사람은 아랫사람을 보호하는 유교적 계급사회를 중시하는 문화에서 상관의 이름을 부르는 관습은 허용되지 않는다. 이와는 반대로, 고정된 사회계급이란 개인의 자유를 말살하는 비인간적 체제라고 배우고 자란 사람에게 중국문화권은 매우 불편한 체제로 보여 진다. 이처럼 사람들은 사회체계나 문화라는 다양한 렌즈를 통해 타인의 행동을 해석하고 이해하게 된다. 그러므로 서로간의 문화적 차이점을 다양성이라는 최대의 장점으로 바꾸기 위해서는 자신만의 문화적 특성만을 내세우지 말고 문화적 배경이 다른 사람들의 행동양식을 폭넓게 이해하려는 개방적인 태도가 요구된다. 따라서 진정한 의사소통을 하기 위해서는 자신이 가지고 있는 선입견이나 고정관념을 버리고 상대방의 문화를 존중하고 흡수하려는 적극적인 태도가 필요하게 된다.

(2) M: 메시지(Message)

메시지(message)란 송신자가 수신자에게 보낸 것으로 음성 목소리의 형태를 띠거나 문서화된 텍스트, 비디오, 시청각 자료가 될 수 있다. 메시지에 영향을 미치는 핵심 요소는 내용(content), 구성요소(element), 처리(treatment), 구조(structure), 부호(code)가 포함된다. 내용이란 하나의 메시지에 포함된 전체적인 아이디어(whole idea)를 말하며, 구성요소란 제스처, 상징(sign), 언어 등과 같이 내용에 부수적으로 따라오는 비구두적 요소들을 말한다. 처리란 송신자가 보낸 메시지를 수신자가 전달받는 방법이나 수신자가 송신자에게 보내는 피드백의 전달방식을 말한다. 구조란 메시지의 구조를 지칭하는데, 메시지의 구조란 메시지가 배열되고 조직되는 방법을 말한다. 마지막으로 부호란 메시지가 보내지는 형태(form)로써 이에는 언어, 텍스트, 시각적 자료 등이 포함된다.

(3) C: 채널(Channel)

채널(channel)이란 메시지를 보내기 위해 사용되는 매체(medium used to send the message)를 말한다. 메스커뮤니케이션 형태의 의사소통에 있어서는 텔레비전이나 라디오 같은 매스컴이 주요채널로 사용되며, 전화나 인터넷 등과 같은 정보기술(information technology)을 활용한 기계들도 채널로 사용될 수 있다.

이에 반해 대인커뮤니케이션에 있어서의 채널은 인간의 시각, 청각, 후각, 미각, 촉각의 5 감각기관이 해당된다. 인간의 5감은 외부로부터 들어온 메시지를 해석하기 위한 일차적인 기관이 된다. 광선은 눈으로만 지각되며, 소리는 귀로만 지각되는 것처럼 외부환경으로부터 들어오는 자극의 종류에 따라 이를 받아들이는 감각기관은 서로 다르다. 그러나 감각을 받아들이고 처리하는 경로는 모든 감각기관이 동일하다. 즉, 물리적 환경으로부터 망막을 통해 들어온 시각적 자극이나 미뢰를 통해서 들어온 물리적 에너지는 감각기관의 수용기(receptor)를 거치면서 전기적 신호로 전환된다. 전기적 신호는 다시 들신경(afferent nerve)에 의해 대뇌피질의 특정 감각중추(sensorium)를 자극하게 된다. 이처럼 감각기관을 통해 입력된 물리적 정보를 뇌중추에서의 판단과정을 거쳐 심리적 정보로 전환시키는 것을 지각(perception)이라고 한다. 지각은 넓은 뜻으로 인지(cognition)와 동일한 개념으로, 단순히 자극을 받아들이는 감각(sensation)과는 달리 뇌로 전달된 감각자극을 해석하는 총체적인 사고과정을 말한다. 사람들은 감각기관을 통해 들어온 사물의 의미를 과거기억이나 학습경험, 문화사회적 사고를 바탕으로 지각하여 파악하고 해석한다. 5감각에 대한 설명을 세분화하면 다음과 같다.

① 청력(Hearing)

인간의 귀는 언어적 표현으로 전달된 상대방의 메시지를 받아들이는 유일한 감각기관이다. 사람들은 귀를 통해 들어온 메시지를 그대로 받아들이는 것이 아니라 자신의 다양한 욕구나 가치, 선행경험, 환경적 요인 등에 의해 다르게 지각하며 지각된 결과에 따라 자신의 행동을 조절하게 된다.

청각(hearing)은 크게 소리의 강도나 높이에 의해 영향을 받는다. 소리의 강도, 즉 크기(loudness)를 측정하는 단위는 데시벨(decibel)이며 소리의 높이(pitch)는 헤르츠(hertz)로 측정을 한다. 사람들의 일상적인 대화의 강도는 약 50~60dB이며 조용한 도서관에서의 작은 속삭임은 약 30dB, 시끄러운 식당은 70dB, 제트기가 이륙 시 발생하는 소음은 140dB이다. 140dB 이상의 소음에 지속적으로 노출될 경우에는 영구적인 청각 손실을 입을 수 있다.

소리의 높이에 있어 인간은 20Hz에서 2만Hz까지의 순음을 탐지할 수 있으며 이를 가청주파수(audible frequency)라고 한다. 500사이클/초의 순음을 저주파 음이라고 하며 5,000Hz 이상의 주파수를 가진 음파를 고주파 음이라고 한다. 일반적으로 사람들은 높은 주파수의 소리보다 중간 정도의 주파수에 더 민감하게 반응하며 가청주파수의 양 끝에 있는 소리는 둔감하다. 왜냐하면 1,000Hz 부근의 소리는 절대역치, 즉 소리를 구분해낼 수 있는 최소한의 소리가 가장 적기 때문에 이러한 주파수의 소리에 민감도가 높아지게 되는 것이다. 또한 사람이 지각하는 소리의 크기는 머리의 소리차양효과에 의해서도 다르게 지각된다. 이러한 이유로 오른 쪽에서 들려오는 소리는 오른쪽 귀에 먼저 도달한 뒤 왼쪽 귀로 전달되기 때문에 오른쪽 귀에서 좀 더 강하게 들린다. 따라서 이러한 시간차와 머리차양효과를 이용하여 소리의 진원지가 어디에 있는지 구별해낼 수 있게 된다.

② 시각(Seeing)

시각(seeing)은 의사소통에 있어서 상대방의 움직임에 대한 정보를 수집하게 된다. 많은 연구를 통해, 말이나 음성언어는 의사소통을 위한 일차적인 수단이 되지만, 의사소통의 효과에 이보다 더 지대한 영향을 끼치는 것은 비구두적 신체언어(nonverbal body language)라는 사실이 밝혀졌다. 연구에 따라 다르지만, 일반적으로 비구두적 신체언어가 의사소통에 미치는 영향력은 60%에서 80%에 이른다. 앞서 언급한 바, "7−38−55 법칙"을 주장한 메러비안(Albert Mehrabian, 1939~)에 의하면 송신자의 말(word)은 전체 의사소통 파워의 7%를 차지하나 목소리의 톤은 38%, 제스처, 안면표정, 몸의 움직임 등 신체언어는 55%를 차지한다는 실험결과를 발표하였다.

이처럼 의사소통에 중대한 영향을 미치는 신체언어는 시각기관을 통해 들어오게 된다. 인간의 눈은 신체의 어느 감각기관보다도 뇌와 가장 가깝게 위치하고 있다. 이러한 이유로 시각은 모든 감각기관 중에서 가장 고차원적으로 분화되었으며, 지각 형성에도 가장 강력한 영향력을 발휘한다. 인간은 물리적 환경에 존재하는 모든 빛 에너지를 지각할 수 없다. 태양광선이나 백색광을 연속적인 전자기 스펙트럼(electromagnetic spectrum)으로 통과시키면 파장이 짧은 감마선에서부터 긴 파장인 라디오파(6~8km)까지의 상당히 넓은 범위의 광선이 나타난다. 이 중에서 인간의 눈으로 지각할 수 있는 광선은 자외선과 적외선의 중간파장인 가시광선(visible ray)뿐이다. 가시광선은 파장이 380nm~400nm인 보라색에서 700nm~780nm까지의 빨간색을 말한다. 여기서 나노미터란 10억분의 1m 수치를 말한다. 가시광선을 프리즘으로 통과시키면 빨강, 주황, 노랑, 초록, 파랑, 남색, 보라의 7가지 색으로 굴절된 빛의 스펙트럼 밴드(spectrum band)가 형성된다. 이 중에서 파장이 짧은 보라, 남색, 파란 색은 차가운 색으로, 파장이 긴 빨강, 주황, 노란색은 따뜻한 색으로 지각한다.

③ 후각(Smelling)

인간은 후각(smelling)을 통해서도 냄새와 관련된 다양한 정보를 수집하여 상황에 대한 판단을 하게 된다. 냄새란 특정물질에서 분리되어 공기 중을 부유하는 냄새분자로부터 생성된다. 인간의 후각체계는 생존을 위한 원시적인 감각기관이라고 할 수 있다. 특정장소에서 나는 냄새는 그 곳이 안전한 곳인지 아니면 빠져나와야 할 위험한 곳인지를 판단하는 일차적인 정보가 된다. 예를 들어, 크레졸이나 포름알데히드와 같은 냄새는 자신이 서 있는 곳이 병원이라는 정보를 알려주며, 의사소통을 하는 장소에서 심한 가스냄새나 화학약품 냄새가 진동할 경우에는 속히 그 곳을 빠져나오라는 후각적 신호가 된다. 후각은 가장 원시적인 감각기관인 만큼 다른 감각기관과는 달리 냄새를 맡기 위한 수용체가 비강 내에 아무런 보호 장치도 없이 그대로 노출되어 있으며 뇌로 가는 직접경로 또한 많이 가지고 있다. 즉, 콧구멍 속에 위치한 후각수용기의 섬모는 공기 중의 냄새분자와 접촉하자마자 곧바로 전기적 신호로 전환된다. 또한 콧속에서 변환된 전기적 신호는 신경세포의 시냅스를 경유하지 않고 뇌와 직접 연결된다.

④ 미각(Tasting)

인간의 미각(tasting) 역시 메시지가 전달되는 과정에서의 많은 정보를 받아들인다. 미각을 자극하기 위해서는 타액에 녹을 수 있는 물질이어야 한다. 타액에 녹아야 미뢰(taste bud)에 분포한 미각 수용기를 자극할 수 있기 때문이다. 미뢰란 혀의 유두라고 불리는 돌출된 구조로 미각수용기가 밀집되어 있는 곳을 말한다. 침에 용해된 음식이 미각수용기와 접촉하게 되면 전기적 신호가 발생한다. 전기신호로 전환된 미각 정보는 혀, 입천장, 후두, 인두 등에 분포된 약 1만여 개의 미각세포를 거쳐 미각 중추로 올라가게 된다. 한 개의 미뢰에는 약 20~30여개의 미각수용체가 있으며 미각수용체는 30일마다 재생된다. 그러나 감기가 들면 입맛이 없어지는 것처럼 영양상태가 불량해지거나 나이가 들어 노령이 될 수록 미각 수용기의 숫자가 감소된다.

혀의 미뢰는 단맛, 쓴맛, 짠맛, 신맛의 4가지 맛을 감지해낼 수 있다. 단맛과 짠맛은 혀 첨단 끝에서 가장 민감하게 감지되며, 쓴맛은 연구개 부위에서, 신맛은 혀의 가장자리에서 가장 민감하게 감지된다. 그러나 혀의 중앙은 맛에 둔감한 영역으로 알려져 있다. 따라서 어린 아이에게 쓴 약을 먹일 때는 혀의 중앙에 올려놓은 후 삼키도록 하는 것이 좋다. 또한 쓴맛은 미각을 느낄 때까지의 시간이 오래 걸리고 맛에 대한 느낌도 오랫동안 지속되는 특징을 가지고 있다. 커피에 설탕을 넣는 것처럼 쓴맛의 뒷맛을 없애는 데는 단맛을 소량 첨가하는 것이 효과적이다. 또한 쓴맛은 온도에 따라 감지되는 맛의 강도가 달라지는데, 10℃ 정도의 온도에서 가장 강한 쓴 맛을 느끼기 때문에 한약과 같이 쓴 약은 10℃ 이상의 온도로 마시는 것이 좋다.

⑤ 접촉(Touching)

의사소통은 송신자와 수신자가 서로 악수를 하면서 인사하거나, 상대방의 등을 가볍게 치면서 친근함을 표시하는 비구두적 접촉(nonverbal touching)을 포함한다.

(4) R: 수신자(Receiver)

수신자(receiver)란 송신자가 보낸 메시지를 받는 사람을 말한다. SMCR 모델에서는 수신자의 사고방식이나 의사소통 기술, 지식, 태도, 문화사회적 요인 등이 송신자와 일치해야만 효과적인 의사소통이 이루어진다고 강조하였다. 송신자가 보낸 메시지는 수신자에게 동일한 내용으로 전달되어야 하는데, 이때 송신자와 수신자가 동일하거나 유사한 배경을 가지고 있지 않으면 송신자가 의도한대로 메시지의 효과가 발생하기 어려워진다.

벌러의 SMCR 모형이 학계에 소개되자 이 모형이 갖는 취약점에 대한 비판이 대두되었다. 우선, 벌러의 SMCR 모형은 직선상의 모형으로 개발되었기 때문에 의사소통의 순환원리나 쌍방향 과정이 간과되었다는 지적을 받았다. 이와 더불어 커뮤니케이션의 방해요인인 소음이나 피드백에 대한 언급이 불충분하여 의사소통에 관한 효과를 측정하는데 어려움이 있다는 점도 지적되었다. 이중에서 SMCR 모형의 가장 커다란 취약점으로는 송신자와 수신자 간의 차이점에 대한 언급이 전혀 없다는 점이었다. 일반적으로 대인 커뮤니케이션이나 공식적인 연설에 있어 연설가와 청중은 전혀 다른 입장에서 메시지를 주고받는다. 따라서 송신자가 창출한 메시지는 전적으로 수신자 자신이 원하는 방향으로 해독하고 받아들이게 된다. 그렇기 때문에 송신자와 수신자가 가지고 있는 다양한 배경에 대한 효과성이 언급되어져야 한다. 연설을 준비하는 사람들 중에는 자신이 생각해도 탁월할 정도로 주제선정이 뛰어났으며, 충분한 시간을 두고 연습에 연습을 거듭한 결과, 매우 성공적으로 스피치를 끝냈다고 자화자찬을 하는 경우가 있다. 그러나 연설가가 설정한 주제가 청중의 관점이나 선호도에서 벗어난 것이라면 연설가가 의도한 방향과는 정반대의 역효과를 가져오게 된다. 한술 더 떠서, 청중 중에는 자신의 의사와는 관계없이 연설에 동원된 사람들도 있게 된다. 이러한 청중은 연설가가 아무리 열정적으로 스피치를 한다고 해도 이를 받아들일 자세가 되어있지 않으며, 그 결과, 메시지는 연설가의 의도대로 전달되지 않는다. 또한 청중의 관심이나 태도, 가치관과 반하는 메시지를 전달하게 된다면 더 심각한 역효과도 일어날 수 있게 된다. 인간은 자신과 관련된 이야기가 아니면 흥미를 느끼지 못하는 경우가 많다. 이처럼 사람들은 자신의 욕구나 소망에 의해 판단을 하는 경향이 있다. 따라서 연설가의 스피치 욕구와 청중의 수용욕구는 다를 수밖에 없으며, 청중의 욕구를 정확하게 공략하지 못한 메시지의 효과는 급감하게 된다. 이러한 측면에서 송신자와 수신자의 유사점만을 강조한 것은 SMCR 모형의 가장 커다란 취약점이라고 할 수 있다.

Chapter 04

연설불안(Speech Anxiety)

1 연설불안의 개요

새 학기가 시작되는 3월 첫 주, 강의실로 들어선 생경한 얼굴의 교수가 갑자기 학생들에게 특정주제를 던져주며 학생을 무작위로 지정하여 "3분 스피치"를 시킨다고 상상해보자. 새 학기가 시작되어 별다른 준비 없이 가벼운 마음으로 강의실에 도착한 학생들은 주제에 대한 사전 지식도 없을뿐더러 처음 보는 교수와 학생들 앞에서 스피치를 해야 한다는 사실에 그야말로 공황장애에 빠지기 직전의 심리상태가 될 것이다. "3분 스피치"라는 말을 듣는 순간부터 갑자기 호흡과 심박 수가 증가하고, 수업 전에 먹었던 음식이 위에서 요동을 치며, 막상 자기 이름이 호명이 되어 앞에 나서면 갑자기 앞이 깜깜해지면서 무슨 이야기를 해야 할지 몰라 쩔쩔매게 될 것이다. 이것이 바로 연설불안에서 오는 신체적 증상들이다. 신체적 증상들보다 학생들이 더 심각하게 느끼는 것은 처음 보는 교수와 학생들에게 당황하는 모습을 보이게 되면 첫인상은 물론 신뢰감이 급감할 것이라는 심리적 불안감이라고 할 수 있다.

1912년부터 대중연설에 대한 훈련과정을 개설한 미국의 저명한 저자인 카네기(Dale Carnegie, 1888~1955)는 1962년 저술한 "효과적인 연설을 하기 위한 빠르고 쉬운 방법(The quick and easy way to effective speaking)"에서 카네기 강좌를 수강한 대부분의 기업가들로부터 놀랍지만 유사한 연설불안 경험을 들었다고 회고하였다. 미국을 대표하는 기업인들은 "연설을 하라는 지명이 떨어지자 두려움이 엄습하고, 남의 이목이 의식되어 생각을 정리할 수도 주의 집중을 할 수도 없었으며, 연설내용도 모두 다 잊어버렸습니다.(When I am called upon the stand up and speak, I become so self-conscious, so frightened that I can't think clearly, can't concentrate, can't remember what I intended to say.)"라고 토로하였다. 그러면서 이들은 카네기 훈련과정을 통해 "대중연설에 대한 자신감을 회복하고 냉정을 유지하면서 즉각적으로 생각을 정리하고 결단을 내리기를 희망합니다. 또한 제 생각을 좀 더 논리적인 순서로 정리하여 설득력 있게 연설하기를 바랍니다."는 희망을 표명했다고도 회고하였다. 미국을 대표하는 기업가들이 토로한 연설불안은 스피치나 프레젠테이션을 한 번이라도 경험한 대다수의 사람들이라면 겪는 연설불안과 일맥상통하는 진술이기도 하다.

놀랍게도 미국 사람들에게 있어 연설불안은 죽음에 대한 공포보다도 더 두려운 것으로 나타났다. 미국 위스콘신 대학교(University of Wisconsin–Madison)의 루카스(Stephen E. Lucas) 교수가 2005년도 미국인들을 대상으로 시행한 "대중연설에 대한 공포인지조사연구"에서 조사대상자의 40%가 대중연설을 가장 두려워한다고 답했으며, 이 수치는 28%를 차지한 죽음(death)에 대한 공포를 상회하는 높은 수치였다. 미국의 유명한 코미디언이자 자신의 이름을 내건 시트 컴 "사인펠(Seinfeld)"로 대중의 인기를 얻고 있는 사인펠(Jerry Seinfeld, 1954~)은 이러한 통계수치에 대해, "일반 미국인들이 느끼는 가장 커다란 공포가 연설불안이라는 기사를 읽었습니다. 더 흥미로운 점은 2위가 죽음이라는 사실입니다. 이를 일반인들에게 적용하면, 장례식에 참석한 많은 조문객들 앞에서 애도사를 하느니 차라리 관에 누워있는 것이 나을 것이라는 말과 동일하다는 생각이 듭니다."라고 희극적으로 비유하기도 하였다.

미국 캘리포니아 주 오렌지 시에 위치한 채프만 대학교에서는 2014년부터 매년 미국인들의 공포조사(Chapman University's Survey on American Fears)를 시행해오고 있다. 채프만 대학교의 베더(Christopher Bader), 데이(L. Edward Day), 골든(Ann Gordon) 교수가 2014년 성인 1,573명을 대상으로 한 첫 조사에서도 연설불안은 다른 모든 공포를 제치고 1위로 나타났다. 전체 대상자의 29%가 가장 두렵게 느껴지는 요소로 연설불안을 선택했으며, 이는 익사에 대한 공포증(23%)이나 좀비(13%)나 고스트(ghost, 12%) 등과 같은 귀신에 대한 공포보다도 높게 나타났다.

그 다음 해인 2015년도부터 채프만 대학 연구팀이 공포의 주원인을 범죄(crime), 정부(government), 자연재해(disasters), 개인적 불안(personal anxieties), 최첨단 기술(technology) 등 모두 88항목으로 확장하여 조사하는 바람에 연설불안에 대한 비율이 상대적으로 낮아졌다. 그럼에도 불구하고 연설불안은 개인불안항목에서 가장 높은 비율을 보였다. 즉, 1,541명의 성인 중 28.4%가 연설불안을 제1공포로 꼽았으며, 이는 개인의 미래(personal future)에 대한 공포항목 중 죽음(21.9%)이나 외로움(loneliness, 22.0%)보다도 더 높은 것으로 나타났다. 참고로 2018년 가장 높게 나타난 공포는 전체 대상자의 74%가 정부 공무원들의 부패를 들었으며, 2위는 해양 오염으로 62%, 3위는 노후자금 부족으로 57%를 차지하였다.

연설불안, 혹은 무대공포증에 대한 문제는 일반인들뿐 만이 아니라 늘 대중 앞에 나서야 하는 전문직업인들에게 제일 무섭게 다가오는 불안증이기도 하다. 교직종사자들은 물론, 연예인이나 방송종사자들, 정치인들, 그리고 프레젠테이션이 기업의 사활을 건 전략으로 활용되는 비즈니스 종사자들도 연설불안에 있어서는 예외가 아니다. 예를 들어, 역사상 가장 위대한 대중연설가로 알려진 링컨 미국대통령이나 미국 간호사이면서 산아제한(birth control)이라는 개념을 대중화시키기 위해 전 세계를 돌아다니며 뛰어난 연설로 각광을 받았던 생어(Margaret Higgins Sanger, 1879~1966), 영국수상인 처칠(Winston Churchill, 1874~1965), 잡스(Steve Jobs, 1955~2011) 모두는 연설불안에 시달렸던 인물들로 알려져 있다. 좀 더 역사를 거슬러 올라가면 로마시대 가장 위대한 문장가이며 웅변가였던 키케로(Marcus Tullius Cicero, 106BC~43BC)조차도

"연설을 시작할 때마다 얼굴이 창백해지고 사지와 영혼이 덜덜 떨린다."고 고백한 바 있다.

2 연설불안의 정의(Definition of Speech Anxiety)

연설불안(speech anxiety)의 사전적 정의는 "대중연설이나 일반적인 연설에 대한 심리적 공포(the fear of public speaking or of speaking in general)"라고 내려진다. 미국 테네시 대학교 의사소통학과(The University of Tennessee Knoxville, School of Communication Studies) 교수진에 의하면, 연설불안이란 "대중연설을 하기 전이나 도중, 혹은 연설이 끝난 후에 경험하는 긴장감, 공포감, 염려 등의 느낌(feelings of nervousness, dread, and concern that people experience before, during, or after public speaking)"이라고 정의하였다.

의사소통 연구로 유명한 맥크로스키(James C. McCroskey, 1936~)와 드와이어(Karen Kangas Dwyer)는 연설불안을 보다 광의의 학문적 개념인 의사소통불안증(communication apprehension: CA)으로 설명하였다. 참고로 드와이어 여교수는 미국 네브라스카 대학교 의사소통학과 교수로 1998년 최고의 교수 상(Excellence in Teaching Award)을 수상했으며, 같은 해 "나는 연설불안을 정복했다(iConquer Speech Anxiety)"는 지침서를 발간한 인물이기도 하다. 이들에 의하면, 의사소통불안증이란 "실질적이거나 예견된 의사소통 행위에 의해 도화선이 되어 발생하는 공포나 불안감(fear or anxiety triggered by real or anticipated communication act)"을 말하며, 반드시 수많은 청중 앞에서나 무대에서의 퍼포먼스로 인한 불안감만을 의미하는 것은 아니라고 정의하였다. 그러나 일반적으로 연설불안이란 사회적 공포(social phobia)나 사회적 불안질환(social anxiety disorder)의 하부범주에 속하는 것으로 주로 많은 청중을 대상으로 연설을 할 때 일어나는 대중연설에 대한 불안증(public speaking anxiety)을 말한다. 대중연설불안을 가지고 있는 사람들은 사회적 공포의 다른 증상들은 보이지 않는 것이 특징이다. 예를 들어, 낯선 사람과 일대일로 만나 대화를 나누는 경우에는 별다른 불안 증세를 보이지 않으나, 집단을 대상으로 하는 스피치에서는 심한 공포를 느끼는 경우를 말한다.

일반인들에게 카메라 울렁증(camera nausea), 혹은 무대공포증(stage fright)이라고 알려진 연설불안은 의학적으로는 발언공포증(glossophobia), 언어공포증, 말하기공포증(lalophobia)으로 표현된다. 말하기공포증을 의미하는 "lalophobia"란 고대 희랍어인 "말하다(to speak)"라는 뜻의 "lalein"에서 온 말로, "언어, 혹은 언어기관"을 의미하는 "lalo-"와 "공포(fear)"나 "몹시 두려운 무서움(dread)"을 의미하는 "-phobos"의 합성어이다. 발언공포증을 나타내는 "glossophobia"란 고대 희랍어의 "혀(tongue)"를 의미하는 "glōssa"와 "공포(phobos)"가 합성된 용어이다. 이 장에서는 대중연설불안이나 의사소통불안증을 연설불안으로 통칭해서 부르기로 한다.

일반적으로 사람들은 "공포(fear)"와 "불안(anxiety)"이라는 개념을 혼용해서 사용하고 있으나 원인(etiology)에 있어서는 커다란 차이점을 갖는다. 미국 정신질환 진단통계매뉴얼(Diagnostic and Statistical Manual of Mental Disorders)에 의하면, 공포란 대부분의 사람들이 이해할 만한 실제적 위협(real threat)이나 이러한 위협이 목전에 임박했다는 지각에서 오는 정서적 반응을 말한다. 이와는 반대로, 불안은 명확하게 정의되지 않은 위협(poorly defined threat)이나 이러한 위협이 미래에 닥쳐올 것이라는 예견(anticipation of future threat)에서 오는 정서 상태를 말한다. 예를 들어, 강의실에 거대한 멧돼지 한 마리가 뛰어 들어왔다면, 이는 누가 봐도 합당한 수준의 공포(reasonable fear)라고 할 수 있다. 그러나 독이 전혀 없으며 사람을 해치지 못하는 작은 거미 한 마리가 강의실에 들어온 것을 보고 한 학생이 놀라서 고함을 질렀다면, 이는 그 학생만이 가지고 있는 곤충공포(entomophobia)로 인한 불안 증세라고 할 수 있다. 이처럼 곤충공포와 같은 혐오증(phobia)은 불안증의 일종으로, 실제적인 위험요인(danger)을 가지고 있지 않는 특정물체나 현상, 상황, 장소, 혹은 살아 움직이는 생물체에 대한 비합리적이며 극단적인 두려움을 말한다. 혐오증은 주로 공포를 느끼는 대상에 따라 명칭이 붙여지는데, 이때 사람들이 느끼는 공포는 자연적이며 정상적인 공포증상보다 훨씬 더 심각한 것으로 알려져 있다. 대표적인 공포증으로는 고소공포증(acrophobia), 광장공포증(agoraphobia), 세균공포증(microbiophobia), 그리고 애플사의 경영주였던 잡스(Steve Jobs, 1955~2011)가 앓았다고 전해지는 단추공포증(koumpounophobia)을 들 수 있다. “koumpounophobia”란 고대 희랍어의 “단추로 꽉 잠그다(button up)”라는 뜻의 “koumpi”에서 온 말이다. 단추공포증은 주로 어린 시절 단추를 삼켰던 외상경험(traumatic experience)이 고착화되어 성인이 되어서도 단추를 삼킬 것 같다는 공포심을 갖는 경우를 말한다. 또한 단추공포증을 가지고 있는 사람들은 세균공포증도 함께 가지고 있는 경우가 많아, 단추를 더러운 물건이라고 느껴서 이를 피하게 된다. 잡스도 단추가 있는 옷을 극심하게 싫어하여 언제나 터틀넥과 터치스크린(touch screen)만을 고집한 것으로 알려져 있다.

불안증이란 모든 사람들이 이해할 만한 실제적 위협이 아니라, 불명확한 위협에 대한 불안한 정서반응이다. 말하기공포증, 혹은 발언공포증을 연설불안이라고 명명하는 이유도 바로 여기에 있다. 즉, 연설로 인해 실제적인 위험에 빠지는 일은 발생하지 않는다. 그럼에도 불구하고 사람들은 연설이나 발표에 대해 극심한 불안 증세를 보인다. 연설에 대한 불안이 극심해지면 향후 연설기회나 이와 연관된 직업을 피하게 되고 나아가서는 모든 사람들과의 접촉이나 대화를 꺼리는 대인기피증세로 발전할 수 있게 된다. 의학적으로는 선택적 무언증(selective mutism)이나 완전 함묵증(total mutism)이라는 연설질병(speech disorder)으로까지 발전하여 세상과 완전히 격리된 상태로까지 진전될 수 있다. 이렇듯 연설공포증을 극복하지 않을 경우에는 매우 심각한 상태로 이행될 수 있으므로 적절한 대처와 관리방법을 습득하는 것이 무엇보다도 중요하다. 일반적으로 연설불안 자체로는 그 어떠한 구체적 질환도 일으키지 않으며 단지 비특이적 반응(non-specific response)만을 나타낼 뿐이다. 여기서 비특이적 반응이란 일종의 선천적 신체 방어 작용으로, 원인균의 종류와 관계없이 모든 사람들에게 공통적으로 나타나는 증상들을 말한다.

연설불안은 치료가 가능하며 적절한 대응방법에 의해 극복 가능한 심리상태라고 할 수 있다. 따라서 연설불안에 대한 생리적 기전과 비특이적 증상, 그리고 관리방법을 충분히 이해한다면 연설불안으로 오는 심리적 흥분상태를 성공적인 스피치 역량을 발휘하기 위한 일종의 자극과 도전으로 받아들일 수 있을 것이다. “피할 수 없으면 즐기라.”는 말처럼, 대중연설의 기회를 많은 사람들 앞에서 자신의 기량을 펼칠 수 있는 좋은 기회로 삼는다면 성공적인 발표경험을 갖게 될 것이며, 성공적인 결과는 긍정적 자아개념의 향상으로 이어질 것이다. 실제로 명연설가로 이름난 사람들은 대중연설을 하기 전 느끼는 약간의 심리적 스트레스를 최고의 연설을 위한 기회로 승화시키는 사람들이라고 알려져 있다. 연설불안을 극복하기 위해서는 연설불안의 원인과 기전, 신체적·인지적·심리적 증상에 대한 철저한 연구와 분석을 통해 대처법을 강구하는 것이 무엇보다도 중요하다고 할 것이다.

3 연설불안의 원인과 기전(Etiology & Mechanism of Speech Anxiety)

연설불안을 극복하기 위해서는 우선 연설불안이 무엇인지에 대한 이해가 정확히 선행되어야 한다. 미국 오마하 주(Omaha State) 대중연설 핵심프로그램의 책임자로 16년 간 종사해온 드와이어(Karen Kangas Dwyer, 1998) 교수도 연설불안을 정복하기를 원하는 학생들에게 무엇보다도 중요한 것은 연설불안의 원인과 특징을 이해하는 것이라고 강조하였다. 이처럼 연설불안을 극복하기 위한 계획을 세우기 위해서는 연설불안의 다양한 증상을 이해하는 것이 우선되어야 할 것이다.

대중연설불안은 많은 사람들 앞에서 연설을 하는 것에 대한 쑥스러움이나 난처함에 대한 공포(fear of embarrassment)를 말한다. 주로 대중 앞에서 실수를 할지 모른다는 공포(fear of making mistakes)나 연설을 망쳐버릴지도 모른다는 공포(fear or messing up), 혹은 단순히 청중에 의해 판단이나 평가를 받는다는 점을 공포로 받아들인다는 데서 유래된다. 이러한 불안이나 공포 증상은 주로 과거에 스피치 현장에서 실수를 한 경험이 있거나 부정적인 청중의 평가를 받았던 나쁜 경험에 의해 악화되는 것이 일반적이다. 맥크로스키 또한 의사소통불안증은 주로 청중으로부터의 평가나 자아상(self-image)에 의해 발생한다고 강조하였다. 연설불안의 원인은 크게 성격적, 인지적, 심리적 기전에 의해 발생한다. 이를 구체적으로 살펴보면 다음과 같다.

1) 연설불안의 성격적 기질 원인(Trait Anxiety)

미국의 의사소통 전문가인 맥크로스키(James C. McCroskey, 1936~)는 연설불안의 원인을 개인의 성격적 기질(trait)로 인한 것이라고 설명하였다. 맥크로스키는 의사소통생리학(communibiology)에 대한 연구를 통해서 행동에 영향을 미치는 선천적인 신경생물학적 구조요인(inborn, neurobiological structures on behavior)이 의사소통불안증에 매우 높은 취약성(higher vulnerability)을 유발한다고 주장하였다. 의사소통생리학이란 의사소통 행위를 신경학적 토대로 설명하기 위한 연구 분야를 말한다. 의사소통생리학에서는 의사소통 능력의 발달을 유전적 측면(nature side)과 환경적 측면(nurture side)으로 나누어 연구한다. 맥크로스키는 의사소통 능력의 개발에 있어 유전적 요인은 80%, 문화적, 상황적, 환경적 자극은 20%에 불과하다고 주장하여 학습경험과 같은 환경적 요인보다는 유전적 요인이 훨씬 더 커다란 영향을 미친다고 주장하였다. 이 의견에 반대하는 사람들은 동일한 성격적 기질을 가지고 있는 사람들 중에서도 의사소통 행위의 동일성을 보이지 않는 사람이 있다는 연구결과는 그동안 많이 보고되어왔다고 반박하였다. 이와 더불어, 20%라는 환경적 요인도 적절한 연습과 관리를 한다면 의사소통불안증을 향상시킬 수 있는 가능성의 수치라고 비판하였다.

맥크로스키는 연설불안의 유전적, 환경적 원인을 크게 4가지로 세분화하였다. 유전적 요인으로는 성격적 특질불안(trait anxiety)을 들었으며, 환경적 요인은 다시 맥락불안(context anxiety), 청중불안(audience anxiety), 상황불안(situation anxiety)으로 구분하였다. 앞에서 언급한 바와 같이, 성격적 기질로 인한 특질불안은 대중연설이 이루어지는 상황이나 청중, 혹은 사회적·문화적 맥락과는 무관한 불안증을 말한다. 특히 의사소통불안증에 높은 취약성을 가진 사람들은 일상적 행위인 의사소통의 상황에 노출되는 것을 극도로 꺼리는 경향을 보이기도 한다.

환경적 요인 중 맥락불안은 대중연설불안증의 가장 중요한 원인으로, 연설을 해야 하는 구체적, 상황적 맥락이 도화선(trigger)이 되어 의사소통불안증이 유발되는 것을 말한다. 즉, 친한 친구와의 대화에서는 아무런 불안증을 보이지 않던 사람도 급우들 앞에서나 소집단 토의, 회의 등에서는 심한 불안 증세를 보이는 경우를 말한다.

청중불안이란 청중이 불안의 원인이 되는 경우를 말한다. 청중불안을 가지고 있는 사람들 중에는 자신과 친분이 많은 사람들 앞에서는 자신만만하나, 이방인들 앞에만 서면 불안 증세를 보이거나, 역으로 낯선 이들 앞에서는 당당하나 친분이 있는 사람들 앞에서는 불안증상을 보이는 경우로 나뉜다. 예를 들어, 평소에는 학우들 앞이나 교사 앞에서 발표를 잘 하다가도 부모님들을 모시고 하는 학부형 참관수업에는 매우 긴장하는 경우를 들 수 있다. 연설초기에 낯선 청중으로 인해 불안 증세를 보이는 사람들에게는 점차 이들에 대해 친숙함을 느끼도록 하는 훈련을 통해 연설불안 증세를 감소시킬 수 있다. 학부형 참관수업에서 불안을 느끼는 학생의 경우, 학급발표 전 집에서 부모를 청중으로 충분한 연습을 거친다면 불안증을 해소할 수 있게 된다.

마지막으로 상황불안이란 청중불안과 맥락불안이 특수하게 조합된 상황에서 오는 불안증을 말한다. 맞선장소에서 처음 보는 상대방과 첫 데이트를 하는 경우, 높은 수준의 의사소통불안 증세를 보이는 것을 예로 들 수 있다. 이때 데이트 상대, 즉 상대방에 대한 강한 정서적 반응과 더불어 평소와는 다른 데이트 장소가 특수하게 조합되어 스트레스 수준이 높아지고 그 결과, 의사소통장애가 일어나게 되는 것이다.

2) 연설불안의 인지적 기전(Cognitive Aspects of Speaking Anxiety)

연설불안을 일으키는 인지적 기전(cognitive aspects of public speaking anxiety)은 지식의 투명성이론(theory of illusion of transparency)으로 설명할 수 있다. 지식의 투명성이란 관찰자의 투명성 망상(observer's illusion of transparency), 혹은 비대칭적 통찰력에 대한 망상(illusion of asymmetric insight)이라고도 불리며, 자신이 가지고 있는 지식이나 정신 상태를 청중도 훤히 꿰뚫고 있을 것이라는 과대평가경향(tendency to overestimate the degree to which the personal mental state is known by others)을 말한다. 자신이 알고 있는 지식을 청중도 모두 알고 있거나 청중에게 훤히 비쳐 보일 것 같다는 연설가의 인지적 편견은 연설을 실패로 이끄는 요인이 된다. 실제로 대부분의 스피치에서 연설가가 전달하고자 하는 내용에 대해 꿰뚫고 있는 청중은 거의 없다. 따라서 지식의 투명성에 대한 망상을 떨쳐버린다면, 연설불안은 크게 감소될 것이며 자신감 있는 연설을 실행할 수 있을 것이다.

3) 연설불안의 심리적 기전

연설불안은 많은 심리적 반응을 유발한다. 예를 들어, 미국 테네시 대학교(University of Tennessee) 의사소통학과에서 과거 대중연설 과목을 수강했던 학생들을 대상으로 시행한 연구 결과에 따르면, 학생들은 주로 자기 자신이나 청중, 연설장소와 관련된 심리적 반응을 보인 것으로 나타났다. 이를 좀 더 구체적으로 살펴보면, 자기 자신에 대한 공포는 실패나 통제력을 소실할 것 같은 불안감, 긴장한 모습(looking nervous)을 보이지 않을까 하는 공포, 연설문을 망각하지 않을까 하는 공포(forgetting speech) 등이 포함되며, 청중에 대한 공포에는 적대적 청중(hostile audience)과 그에 수반되어 나타나는 청중의 경멸과 조롱(humiliation), 거부에 대한 공포(fear of rejection) 등을 포함한다. 연설 장소에 대한 공포로는 조명이나 스포트라이트에 대한 공포(fear of the spotlight) 등이 포함된다.

연설불안을 일으키는 심리적 요인의 가장 기본적인 핵심은 타인에 의한 비호의적 평가에 대한 불안증(The bottom line is fear of unfavorable evaluation by others)이라고 할 수 있다. 발표 중 실수를 할 경우 청중에게 멍청한 사람으로 인식되어 창피를 당하거나 굴욕감을 느낄 것 같다는 느낌이나 아무도 자신의 발표에 대해 관심을 보이지 않을 것 같다는 심리적 요인이 가중되면 남들의 주목을 받는 중심에 서야 하는 발표 상황을 점차 회피하게 된다. 테네시대학교 연구팀에 의하면, 연설불안의 심리적 요인은 주로 초등학교나 중고등학교 시절에 겪었던 굴욕적인 경험을 가진 사람들에게서 많이 나타난다고 하였다.

다른 한편으로 연설불안은 자신이 하는 모든 일은 완벽해야 한다는 생각을 가진 사람들에게서 많이 나타난다. 완벽주의(perfectionism)란 놀랍게도 자존감(self－esteem)이 낮은 사람들에게서 발견되는 심리적 성향이라고 알려져 있다. 오스트리아의 저명한 심리학자인 아들러(Alfred Adler, 1870~1937)에 의하면 우월감(superiority complex)은 열등감(inferiority complex)의 동전의 양면과 같은 것이라고 하였다. 즉, 우월감이란 열등감을 극복하기 위한 무의식적 보상과정으로, 우월감을 통해 열등감을 보상받기 위한 시도가 과도해질 경우 다양한 심리적 문제가 유발된다고 강조하였다. 완벽주의를 지향하는 사람들은 스스로가 자신의 가치를 판단하고 평가하는 내적인 통제소재(internal locus of control)보다는 자신을 바라보고 평가하는 타인에 의한 외적인 통제소재(external locus of control)를 중시하는 경향을 보인다. 통제소재(locus of control)는 1954년 로터(Jilian B. Rotter)에 의해 최초로 소개된 개념으로, 크게 내적통제소재와 외적통제소재로 구분된다. 높은 내적통제소재를 가진 사람은 특정사건이나 문제의 원인을 자신의 내부에서 찾거나 자신의 행동으로부터 비롯되었다고 평가한다. 문제의 원인을 자기내부에서 찾기 때문에 사건의 해결도 스스로 찾으려고 노력한다. 또한 성공이나 실패는 자신의 노력 여하에 달려 있다고 생각하기 때문에 성공을 위한 노력을 게을리 하지 않으며, 실패를 거듭하지 않기 위한 행동통제가 탁월하다. 반면에, 내적통제소재가 낮거나 외적통제소재가 높은 사람들은 모든 문제의 원인을 타인에게 전가하거나 운(luck)이나 우연으로 치부하는 경향을 보인다. 또한 남을 통해서 자신의 가치가 평가되므로 우월감을 나타내기 위해서 타인을 지배하거나 영향력을 행사하려고 노력한다.

낮은 자존감을 가진 사람들은 어린 시절부터 잘못 형성된 인지 도식을 발달시킨 결과라고 알려져 있다. 이를 역기능적 인지 도식(dysfuctional self－schemata)이라고 하는데, 이는 우울증의 아버지로 불리는 미국의 심리학자인 벡(Aaron Beck, 1921~)이 소개한 개념이다. 벡에 의하면, 어릴 적부터 습관적으로 형성된 경직된 역기능적 사고체계를 가진 사람들은 자신이 하는 일을 성공적으로 마무리해야만 타인에게 인정을 받을 수 있다고 생각한다. 타인의 도움을 받아야 하는 과제수행 과정에 있어서도 남에게 도움을 요청하는 것은 나약함의 표시라는 잘못된 생각으로 혼자서 해결하려고 시도하다가 실패를 거듭하게 된다. 이와 유사한 맥락에서 완벽주의를 지향하는 사람들도 남의 도움 없이 혼자서 모든 발표준비를 하려고 시도하며, 발표가 끝난 뒤 청중으로부터 부정적 지적을 받는 경우에는 이를 과도하게 받아들여 "절반의 실패란 전체적 실패"라는 좌절감에 빠지게 된다. 이러한 비현실적인 압박감이 연설불안을 가중시키는 요인이 되는 것이다.

현실적으로 완벽한 사람은 이 세상에 존재하지 않는다. 모든 사람들은 정도의 차이는 있지만, 실수를 저지르며 산다. 이 세상에서 단 한 번의 실수나 잘못이 없이 퍼포먼스를 완벽하게 마무리하는 사람들은 존재하지 않는다. 따라서 근거 없는 공포에 사로잡히기보다는 "실패는 성공의 어머니"라는 명언을 교훈삼아 실수를 통해 성공으로 가는 지름길을 학습하는 것이 무엇보다도 중요하다. 더불어 소수의 청중이 부정적 지적을 했다고 해서 이를 전체의 실패라고 여기는 것은 지나친 일반화의 오류라고 할 수 있다. 그렇기 때문에 완벽주의를 지향하는 사람들은 자신의 비합리적인 생각으로부터 벗어나려는 노력을 경주해야 한다.

태티크(Jason Teteak)는 2019년 "대중연설의 10가지 핵심공포(Top 10 Fears of Public Speaking)"라는 온라인 보고서에서 성공적인 삶을 원하는 현대인이 갖는 가장 핵심적인 공포로 실패에 대한 공포와 성공에 대한 공포를 들었다. 태티크에 의하면, 성공지향주의 사회 속에서 살고 있는 사람들이 실패에 대한 경험을 하게 되면 그야말로 아무 일도 못할 정도의 심리적 마비증상을 보이게 되며, 심하면 공황장애를 겪게 된다고 하였다. 심리적 마비증상이 심해지면 장래에도 실패를 거듭할 것이라는 공포감에 도전을 하기보다는 회피하려는 방어기제를 강화시키게 된다고도 하였다.

성공에 대한 공포는 실패에 대한 공포와 밀접한 연관을 가지고 있으나 실패보다는 성공에 더 많은 요인들이 복합적으로 작용하기 때문에 실패에 대한 공포보다 훨씬 더 심각한 잠재의식적 공포(subconscious fear)를 야기시킨다고 강조하였다. 일반적으로 인간은 자신에게 친밀한 상황에서 편안함을 느낀다. 그러나 무언가를 성공적으로 달성하기 위해서는 자신에게 친밀하지 않은 미지의 영역(uncharted territory)을 개척해야 한다. 또한 성공을 하기 위해서는 타인들로부터의 무수한 질책과 사찰의 대상이 된다. 이때 사람들은 새로운 압력과 요구가 물밀듯이 들이닥치는 미지의 상황에 내던져졌다는 느낌을 받게 된다. 겨우 성공의 문턱에 다다랐다고 느끼는 순간에 성공의 걸림돌이 되는 아주 작고 미세한 일 하나가 잘못될 경우에는 이를 해결하기 위해 모든 에너지를 쏟아 부어야 하지만, 생각처럼 아이디어가 떠오르지 않는다. 그 결과, 성공으로 향하던 시도들을 점차 지연시키게 되며 위험을 무릅쓰려는 도전의식보다는 회피경향을 보이게 된다. 태티크는 이러한 현상들이 모두 성공에 대한 전형적인 공포 증상들이라고 하였다.

대중연설의 경우도 마찬가지다. 성공에 대한 지나친 공포를 가지고 있는 사람들은 대중연설에서 발생할 수 있는 작은 실수도 용납 하지 못한 채 자신의 연설을 감동적이거나 성공적인 결과로 받아들이지 못하게 된다. 심지어는 자신 스스로가 청중의 입장에 서서 자기 자신을 냉혹하게 비판하고 자신과의 논쟁을 일삼게 된다.

성공과 실패에 대한 공포 이외에 태티크가 언급한 10가지 핵심공포를 소개하자면, 대인공포(fear of people), 부적절함(inadequacy), 리더십(leadership), 경쟁(competition), 창피함(humiliation), 판매(selling), 허무함(futility), 자신(self)에 대한 공포를 포함한다. 태티크는 10가지 핵심공포의 근본적인 원인으로 낮은 자존감(self-esteem)과 비현실적으로 높은 자기기대감, 비합리적인 완벽주의(perfectionism)를 들었다. 결론적으로 태티크는 이러한 다양한 심리적 공포심에 사로잡혀 자기 앞에 펼쳐진 거대한 가능성의 기회(big open door)를 간과해서는 안 된다고 조언하였다. 10가지 심각한 공포들도 긍정적인 태도와 마인드 컨트롤, 적절한 훈련, 충분한 연습을 통해서 대부분 극복할 수 있다는 긍정적인 조언도 아끼지 않았다. 이처럼 불필요한 공포로 인해 연설이라는 퍼포먼스를 방해받지 않는 것이 진정한 연설가의 자질이 된다고 할 수 있다.

결론적으로 스피치 능력이란 현대를 살아가는 모든 사람들에게 요구되는 필수적인 의사소통 역량이라고 할 수 있다. 연설 기회는 실패경험과 더불어 부담으로 작용하지만, 실패라는 부정적이고 비현실적이며 자기 비난적 생각의 함정에 빠지기보다는 삶의 재적응 기회로 삼아 건강한 자아인식과 최적의 정신 상태를 유지하는 것이 무엇보다도 중요하다. 이를 위해서는 경직된 사고나 완벽주의로 지나치게 비현실적인 기대감을 갖거나, 한마디의 부정적 평가를 과도하게 받아들여 자기 비난적 생각의 오류에 빠지지 않는 것이 중요하다. 무엇보다도 연설불안이란 대부분의 사람들이 죽음보다도 더 공포로 받아들인다는 사실을 상기한다면 자기만의 연설불안에서 해방될 수 있을 것이다.

4 연설불안의 증상(Symptoms of Speech Anxiety)

불안 증상의 근원은 주로 심인성으로 발생하지만, 이러한 심리적 원인은 인체의 생리적 기전을 자극하여 매우 다양한 신체반응을 야기한다. 즉, 사람이 불안을 느끼게 되면 심박동수가 증가(rapid heartbeat)하고, 호흡이 가빠지며(increased breathing), 얼굴이 빨개지고(flushing), 입이 말라온다(dry mouth). 연설을 하는 내내 목소리가 떨리면서 요동치거나(shaky voice and fluctuation), 손이 차고 축축해진다(cold clammy hands). 심하게 땀이 나기도 한다(excessive perspiration). 불안을 조절하지 못하면 점차 두통(headache)과 어지러움증(dizziness)이 동반되고, 목소리뿐만이 아니라 온몸이 떨리고 흔들리며(trembling and shaking), 속이 메스꺼워 울렁거리게 된다. 특히 극도의 긴장을 할 경우, 마치 "위 속에 나비들이 날아다니는 것 같다(stomach butterflies)"는 위장장애(upset stomach)를 경험하기도 한다. 이는 작은 위 속 공간에서 수많은 나비들이 휘젓고 날아다니는 것처럼 메스꺼움과 구역질이 나는 현상을 표현한 것이다.

이러한 극심한 증상들은 "연설"이라는 현상을 하나의 "스트레스 원(stressor)"으로 받아들여 일어나는 자율신경계의 활성화 과정이라고 할 수 있다. "스트레스 원"이란 인체의 항상성을 위협하는 모든 환경적, 심리적 자극을 포함한다. 예를 들어, 질병은 물론, 혹한이나 폭염처럼 정상체온을 유지할 수 없는 기온변화, 부모의 이혼이나 사망, 상사의 꾸지람, 해고 등은 모두 스트레스를 유발하는 환경적 스트레스 원에 해당한다. 남들 앞에서 발표를 해야 한다는 스피치나 프레젠테이션은 극심한 스트레스 반응을 유도하는 스트레스 원이라고 할 수 있다. 스트레스 원이 신경에너지를 자극하면 인체는 스트레스 반응(stress response)이라고 하는 일련의 생리적 과정을 거치게 된다. 이를 좀 더 구체적으로 살펴보면 다음과 같다.

인간의 신경조직은 크게 중추신경(central nervous system)과 말초신경(peripheral nervous system)으로 나뉜다. 말초신경은 다시 체신경계(somatic nervous system)와 자율신경계(autonomic nervous system)로 구분된다. 체신경계란 사람들이 의식적으로 통제할 수 있는 팔이나 다리근육처럼 수의적 근육(voluntary muscle)을 조절하는 신경계를 말한다. 이와는 반대로 자율신경계는 심장이나 소화기계, 혹은 폐나 기관지 운동처럼 인간이 조절할 수 없는 불수의근(involuntary muscle)으로 이루어진 장기들을 조절하는 말초 신경계를 말한다. 예를 들어, 심장은 사람들의 의지와는 달리 성인의 경우, 1분에 약 72회를 움직이는 불수의근으로 구성되어있다.

자율신경계는 다시 교감신경계(sympathetic nerve system)와 부교감신경계(parasympathetic nerve system)로 나뉜다. 하나의 내장 기관에는 교감신경과 부교감신경 한 쌍이 분포되어 있으며 이 두 신경은 서로 길항작용(antagonism)을 한다. 즉, 교감신경계는 질병이나 스트레스와 같이 위기상황이 초래되었을 때 활성화되어 투쟁－얼어붙기－도피 반응(fight－freeze－flight response)을 유도하나 부교감신경계는 투쟁－도피 반응이 끝난 후 에너지를 재충전하기 위한 휴식과 안정반응(rest and relaxation)을 유도한다. 또한 부교감신경은 중추신경계로부터 나온 한 개의 뉴런(neuron)이 내장기관에 분포하므로 표적기관에만 영향을 미치는 반면, 자율신경계는 중추 신경계로부터 2개의 뉴런이 나와 여러 개의 뉴런과 시냅스를 이룬 후 각 내장기관에 분포하기 때문에 교감신경이 자극을 받으면 여러 기관이 동시에 반응을 나타내게 되는 것이다.

교감신경은 긴장, 흥분, 놀람 등 갑작스런 환경변화나 실제적, 혹은 상상적 위협에 대응하기 위한 신경으로, 교감신경이 흥분하면 앞에서 기술한 모든 증상, 즉 심장박동과 혈압, 호흡수와 속도의 증가, 동공확장, 발한 등의 신체적 변화가 일어나게 된다. 각성과민증(hyperarousal)이라고 불리는 이러한 반응을 미국 하버드대학교의 의사인 캐넌(Walter Bradford Cannon, 1871~1945)은 투쟁－도피 반응(fight－or－flight response)이라고 불렀으며, 헝가리 출신의 캐나다 내분비학자이며 스트레스라는 용어를 의학계에 처음으로 소개한 바 있는 셀리에(János Hugo Bruno Hans Selye, 1907~1982)는 일반적응증후군(GAS: general adaptation syndrome)이라고 불렀다. 일반적응증후군이란 스트레스 사건을 경험한 모든 사람들에게서 공통적으로 나타나는 자동적이고 본능적인 생리신경계의 적응과정을 말한다. 셀리에는 이를 투쟁－얼어붙기－도피 반응(fight－freeze－flight response)이라는 신체대처반응으로 확장하였다.

캐넌은 동물실험을 통해서, 위협을 받은 동물들은 자율신경계 중 교감신경계가 활성화되어 투쟁이나 도피(fighting or fleeing) 반응이 일어난다고 설명하였다. 이를 좀 더 구체적으로 설명하자면, 교감신경계가 활성화되면 교감신경계는 심장과 근육에 직접적인 작용을 개시하는 동시에 부신피질(adrenal cortex)을 자극하여 코르티솔(cortisol)이라고 하는 호르몬을 분비시킨다. 이러한 이유로 코르티솔을 스트레스 호르몬이라고 부른다. 교감신경계는 또한 부신수질(adrenal medulla)을 자극하여 에피네프린(epinephrine)과 노르에피네프린(norepinephrine)을 분비시킨다. 에피네프린과 노르에피네프린은 시상하부(hypothalamus)와 뇌하수체(pituitary gland)의 피드백 기전에 의해 분비된다. 에피네프린은 아드레날린(adrenalin)과 동일한 뜻을 갖는 의학용어이다. 부신은 신장의 위쪽에 위치한 내분비 장기이다. "Adrenaline"이란 "부신(adrenal gland)"에서 분비되는 호르몬이라는 뜻이다. "Epinephrine"이란 '위에'라는 뜻의 접두사인 "epi－"와 "신장(kidney)"이라는 뜻의 '－nephrine'의 합성어로 "신장 위에 위치한 부신에서 분비되는 호르몬"이라는 뜻이다.

혈류로 방출된 에피네프린과 노르에피네프린은 교감신경섬유가 심장에 효과적으로 작용하는 것을 돕기 위해 심장에 분포되어 있는 베타 수용체를 자극한다. 그 결과, 증강된 혈류는 보다 많은 혈액이 뇌와 근육으로 보내지도록 하기 위해 심박동수와 혈압을 높이고 호흡수를 증가시키는 것이다. 스트레스를 받으면 많은 사람들이 과도한 각성상태(hyperarousal)가 되는데, 이 또한 에피네프린과 노르에피네프린의 작용으로 일어나는 반응이다.

투쟁－도피 반응이 일어나는 동안 발생하는 생리적 변화는 투쟁과정에서 필요로 되는 내구력(strength)과 도피를 위한 속도(speed)를 활성화시키기 위한 신체방어기전이라고 할 수 있다. 예를 들어, 혈압과 맥박, 심박동수와 호흡수가 상승하는 이유는 신체가 위기에 대응하는데 필요한 혈액순환을 원활히 하기 위한 즉각적이면서도 본능적인 생리적 반응이라고 할 수 있다. 또한 자율신경계는 근육 이외에 장기에 분포된 혈관들을 수축시킴으로써 더욱 많은 혈류가 근육으로 집중되도록 하는데, 이는 만일의 경우 도망가는데 필요한 근육의 강도와 속도를 높이기 위한 본능적인 반응이라고 할 수 있다. 이와 더불어, 도피나 달리기에 불필요한 소화기관으로 가는 혈류는 차단된다. 따라서 공포 시에는 식욕이 떨어지고 음식을 먹어도 소화불량 증세가 나타나게 되는 것이다.

우리의 뇌는 포도당(glucose)만을 에너지원으로 사용하는 기관이다. 위기상황에 직면하여 투쟁할 것인지 도피할 것인지를 판단하기 위해서는 무엇보다도 뇌가 원활하게 돌아가야 한다. 따라서 인체는 일반적인 신체 에너지는 물론 사고와 판단의 중추기관인 뇌에 보다 많은 에너지를 조달하기 위해 포도당 재합성 작업을 활발하게 진행한다. 이를 해당작용(glycogenolysis)이라고 한다. 이때 관여하는 호르몬이 부신피질에서 분비되는 코르티솔이다. 코르티솔은 간에 저장되어 있던 다당류인 당원(glycogen)을 위기상황의 에너지로 쓰이는 단당류인 포도당(glucose)으로 전환시키기 위한 해당작용을 가속화시킨다. 이와 더불어 근육에 저장되어있던 단백질과 지방도 포도당으로 충당하기 위해 에너지원으로 동원한다. 간에서 포도당 합성이 활발하게 이루어지면서 혈액 속 포도당 성분, 즉 혈당(blood sugar)도 함께 증가한다. 따라서 스트레스가 오랜 기간 만성적으로 지속될 경우, 지속적인 포도당합성으로 인해 혈당치가 높아져 당뇨병(diabetes mellitus)이 발생한다.

또한 교통사고와 같이 출혈이 동반된 상황에 대비하여 혈액응고과정(blood coagulation process)이 촉진된다. 이는 상해로 인한 출혈방지와 출혈로 인해 중요부위로 가는 혈류감소를 방지하기 위한 자율신경계 반응이다. 긴장을 할 경우에는 근육 긴장도가 증가함으로써 온 몸이 떨리거나 심하게 수축되는 증상을 경험하는데, 이 또한 근육의 내구력을 갖추기 위한 자율신경계의 준비 자세라고 할 수 있다.

이와 더불어 위기상황을 좀 더 정확히 파악하고 사건에 집중하기 위해 동공이 확장되나 위기상황에 부적절한 눈물샘은 위축된다. 외분비샘의 활성화로 인해 땀 분비가 증가되는 반면에, 타액과 점액의 분비는 감소되어 입이 바싹바싹 마르게 된다. 또한 피부조직의 진피(dermis)에 분포되어있는 모낭 샘을 자극하여 피부의 털이 서고 소름이 끼치는 정서반응을 유발시킨다.

불안을 조절하지 못하고 자율신경계가 지속적으로 자극을 받으면 두뇌로 가는 혈류가 감소되어 두통(headache)과 어지러움증(dizziness)을 동반하게 되고 심하면 졸도(faint)를 하게 된다. 졸도(syncope)란 뇌로 가는 혈류와 산소 공급이 차단되어 일어나는 현상을 말한다. 연설불안이라고 하는 정서적 공포로 인해 과다호흡증상(hyperventilation)이 일어나거나 연설불안 증세가 있는 상태에서 직립 상태로 서 있을 경우에도 뇌로 가는 혈류가 감소되어 졸도가 일어날 수 있다. 뇌로 가는 혈류가 감소되면 기억력에도 영향을 미치게 되어, 연설내용을 잊어버리게 된다. 이러한 경우, 청중이 자신의 연설에 대해 준비부족이라는 혹평을 내릴 것이 두려워져 허둥지둥 마무리 짓는 경우가 발생하기도 하는데, 이를 도피반응이라고 한다.

투쟁–얼어붙기–도피 반응이 성공적으로 마무리되어 교감신경계의 각성상태가 끝나면 에너지 회복을 위해 부교감 신경계가 활성화된다. 부교감 신경계가 활성화되면 소화기관으로 가는 혈액량이 증가되어 소화 작용이 정상으로 돌아온다. 이를 휴식과 안정 반응(calm–and–connect response)이라고 한다. 이때 충분한 식사와 신체적 안정을 하게 되면 스트레스에서 회복될 수 있다. 이와는 반대로 스트레스를 적절히 대처하지 못할 경우에는 소진현상(burn–out)이 유발된다. 소진현상이란 스트레스에 대처하기 위해 인체의 모든 에너지를 고갈될 때까지 사용하여 정상적인 기능을 할 수 없는 상태를 말한다. 소진상태가 되면 모든 생리적 반응이 정상범주 이하로 떨어지고 면역력이 감퇴된다. 그 결과, 감기와 같은 가벼운 상기도질환에 자주 걸리게 되며 체중감소가 나타난다. 소진상태가 장기간 지속되어 인체 에너지가 모두 고갈되면 알로스타 부하(allostatic load)라고 하는 심각한 상태에 이르게 된다. 알로스타 부하현상이 일어나면 지속적인 혈관수축현상으로 인해 고혈압과 같은 각종 허혈성 심장질환(ischemia)이나 협심증(angina pectoris), 심근경색(myocardial infarction)과 같은 관상동맥질환(CHD: coronary heart disease)이 발생하게 된다. 또한 장기간에 걸친 포도당 재합성으로 당뇨병이 발생하게 되고, 장기적인 스트레스로 인해 신경성 위궤양(peptic ulcer) 등 다양한 합병증이 생기게 된다.

결론적으로 연설불안으로 오는 신체적 증상들은 모든 사람들이 경험하는 일종의 정상적 생리반응이므로 이러한 증상들이 순식간에 사라지거나 완전히 없어질 수 있다고 기대하지 않는 것이 중요하다. 그러나 한편으로는 연설불안 증세란 시간이 지남에 따라 점차적으로 약해진다는 인식을 통해 물 흐르듯 자신의 정서 상태를 조절해나간다면 연설불안을 통제할 수 있을 것이다.

보다 중요한 점은 연설불안(speech anxiety)은 연설흥분(speech excitement)으로 전환이 가능하다는 점이다. 앞에서 불안이란 자율신경계가 활성화된 심리적 각성상태라고 설명하였다. 사람이 흥분(excitement)을 하게 되면 불안할 때와 동일한 자율신경계 반응이 일어난다. 즉, 즐겁고 흥분되는 상황에서도 교감신경계의 활성화로 아드레날린이 솟구쳐 뿜어져 나오게 되며 이로 인해 심장이 뛰고 호흡수가 증가한다. 이처럼 불안과 흥분이 동일한 신경계의 각성상태라는 말은 연설불안을 연설흥분으로 전환이 가능하다는 말과 일맥상통한다.

5 연설불안 자가진단법(Self-Directed Diagnosis for Speech Anxiety)

연설불안에 대한 관리법을 소개하기 전에 자신이 가지고 있는 연설불안 정도가 얼마나 심각한지에 대한 평가를 해보는 것이 중요하다고 할 수 있다. 다양한 연설불안 자가진단 방법 중 간단하게 측정할 수 있는 자가진단표를 한 가지 소개하자면 다음과 같다. 이 자가진단표는 연설불안을 측정하기 위하 10개 항목으로 구성되어있다. 각각의 항목을 0점, 즉 "전혀 동의하지 않음"에서 3점, 즉 "전적으로 동의함"까지의 척도(Likert-type scale) 상에서 점수를 매긴 다음 총점을 계산하여 이에 대한 분석을 하면 된다.

연설불안 자가진단표

1. 스피치를 해야 한다는 것을 아는 순간부터 불안해지기 시작한다.
2. 스피치를 어떻게 해야 할지 몰라서 안절부절 하게 된다.
3. 스피치를 하기 전날 불안이 고조된다.
4. 스피치를 하기 전날 잠을 제대로 이룰 수 없다.
5. 청중이 나를 멍청하거나 이상한 사람으로 생각할까봐 걱정된다.
6. 스피치 당일 아침에 극도로 긴장이 된다.
7. 스피치를 실행해야 한다는 사실을 긍정적으로 생각하기 어렵다.
8. 긴장감에 의한 신체증상이 다른 사람보다 더 심각하다고 생각한다.
9. 스피치를 하는 동안 긴장이 되어 기절할 것 같다.
10. 스피치가 끝난 후에도 여전히 걱정이 된다.

각 항목에 대한 측정 결과, 0~5점은 연설불안이 거의 없는 상태를 의미한다. 6~15점은 중간정도의 연설불안, 16~25점은 연설불안의 상태가 중증도의 상태를 말한다. 26점 이상이면 매우 심한 연설불안 상태라고 진단할 수 있다. 이러한 자가진단을 통해 자신의 연설불안 상태를 분석했다면, 다음은 연설불안을 통제하기 위한 메타인지능력(meta-cognitive ability)을 측정해보도록 한다.

1) 메타인지와 연설불안(Metacognition and Speech Anxiety)

연설불안의 정도는 사람들의 메타인지능력과 반비례한다고 알려져 있다. 즉, 메타인지능력이 높을수록 연설불안은 감소하게 된다.

메타인지(metacognition)는 초인지, 혹은 상위인지라고도 불리며, 고대 희랍의 철학자인 아리스토텔레스(Aristotle, 기원전 384~기원전 322)가 최초로 소개한 개념이다. 메타인지에서 "meta-"는 위치나 상태의 변화를 나타내는 접두사로, "~위에, ~을 넘어서(above, on top of, beyond)"라는 뜻을 갖는다. 따라서 초인지란 "인지 위의 인지(cognition above cognition)"라는 사전적 정의를 갖는다. 같은 맥락에서 메타인지란 "인지에 관한 인지(cognition about cognition)", "사고에 대한 사고(thinking about thinking)", 혹은 "아는 것에 대해 아는 것(knowing about knowing)"이라고 정의된다. 즉, 초인지란 자신이 알고 있는 것이 무엇인지를 아는 한 단계 더 높은 사고기술(higher-order thinking skills)이라고 할 수 있다. 쉽게 말해서, 자신이 그동안 습득해놓은 지식들을 대형도서관에 비치되어있는 서적들에 비유한다면, 메타인지란 도서관에 비치되어있는 수많은 책 중에서 자신이 필요로 하는 책 "하나"를 골라낼 수 있는 능력이라고 할 수 있다. 메타인지력이 높은 사람들은 수많은 기억장소에 저장되어 있는 정보를 상황에 맞게 활용하고 평가하는 판단능력이 뛰어나다. 예를 들어, 하루 종일 책상에 붙어 앉아 공부를 했음에도 불구하고 시험성적이 낮다는 말을 들어본 적이 있을 것이다. 이와는 반대로 2시간 동안 집중적으로 공부한 학생이 24시간을 책상에 앉아 있던 학생보다 더 높은 성적을 올렸다는 말도 들어본 적이 있을 것이다. 이 두 학생의 근본적인 차이는 메타인지력에 있다고 할 수 있다. 메타인지는 공부해야할 지식의 양을 어떻게 조직하여 얼마만큼의 시간 동안 집중하면 소기의 성과를 거둘 수 있는가에 대한 주관적인 판단능력이라고 할 수 있다. 이처럼 메타인지는 공부기술, 기억능력, 학습을 모니터링 하는 능력 등을 포함하며 크게 인지에 대한 지식(knowledge about cognition)과 자신의 인지구조를 조절할 수 있는 통제능력(regulation of cognition)으로 나뉜다.

인지에 대한 지식, 즉 메타인지적 지식은 다시 내용지식(content knowledge), 과제지식(task knowledge), 전략적지식(strategic knowledge)으로 구분된다. 내용지식은 서술적 지식(declarative knowledge)이라고도 불리는데, 예를 들어, 학급에서 특정주제가 과제로 주어질 경우, 이를 해결하기 위해서는 자신이 가지고 있는 지식체계 중에서 어떠한 지식을 활용해야 하는지를 판단해야 하는 것처럼 자기 스스로의 역량(capability)을 이해하는 것을 의미한다. 여기서 주의할 점은 개인이 가지고 있는 초인지 지식이 모두 정확(accurate)하지 않을 수 있다는 사실이다. 사람에 따라서는 자신이 가지고 있는 전반적인 지식이 충분함에도 불구하고 부족하다는 초인지적 판단을 하는 경우가 있는가 하면, 실제로는 남들보다 열등한 퍼포먼스를 보였음에도 불구하고 퍼포먼스에 대한 자신의 초인지 능력이 남들보다 뛰어나다고 판단하는 경우를 들 수 있다.

과제지식이란 절차적 지식(procedural knowledge)이라고도 하는데, 이는 특정과제의 어려움의 정도를 과제의 내용, 기간, 형태 등과 관련하여 지각하는 것을 말한다. 과제지식에 대한 초인지 판단력도 상황에 따라 정확하지 않을 수 있다는 점에 주의를 기울여야 한다. 즉, 사람에 따라서는 실제로는 남들보다 과제수행이 떨어짐에도 불구하고 남들보다 더 뛰어나며 쉬운 방법으로 과제수행을 할 수 있다고 자만하는 경우가 있는 반면, 과제 수행력이 충분함에도 불구하고 수행에 필요한 자신감을 평가절하 하는 사람들도 있게 된다.

마지막으로 전략적지식이란 조건적 지식(conditional knowledge)이라고도 불리며, 이는 정보나 지식을 습득하기 위한 전략 사용에 대한 능력을 말한다. 일반적으로 초등학교 상위단계에 들어서야만 전략지식에 대한 초인지 능력이 개발되는 것으로 알려져 있다.

다음에 소개할 메타인지능력 자가검사는 연설불안을 타개하기 위한 두 가지 초인지 범위, 즉 인지에 대한 지식과 인지구조의 통제능력을 기반으로 내용지식, 과제지식, 전략적지식의 3가지 인지지식을 중심으로 구성되었다. 이와 더불어 연설불안이 야기하는 정서적 상태를 분석하기 위한 항목이 첨가되었다. 구체적으로는 내용지식(문제지식) 5항목, 전략지식 4항목, 자기통제력 6항목, 정서통제 4항목 등 총 19항목으로 구성되어있다. 각 항목은 심각도에 따라 1점, 즉 "전혀 동의하지 않음"에서 5점, 즉 "전적으로 동의함"까지의 척도(Likert-type scale)로 측정한다. 따라서 각 항목에 대해 가장 적절하다고 생각하는 점수를 매긴 다음 총점을 합계하면 된다. 총 19항목을 최대 5점으로 표시한 경우, 검사자가 받을 수 있는 총점은 95점이 된다. 이를 바탕으로 자신의 스피치 능력을 평가하면 된다.

연설불안에 대한 메타인지능력 검사

A. 문제지식

1. 나는 스피치를 위한 내용을 메모하거나 기록한다.
2. 나는 스피치 주제에 대한 충분한 정보를 수집한다.
3. 나는 스피치 내용의 요지를 정리할 수 있다.
4. 나는 스피치할 때 이전의 경험이나 사전지식을 활용한다.
5. 나는 연설 상황에서 청중에게 적합한 존칭법을 사용할 수 있다.

B. 전략지식

6. 나는 스피치를 향상시키려는 뚜렷한 목표를 가지고 있다.
7. 나는 스피치를 잘 할 수 있는 방법을 찾으려고 노력한다.

8. 나는 스피치 능력을 발전시키기 위해 여러 가지 방법을 사용해본 적이 있다.
9. 나는 스피치 연습을 위한 계획을 하며 준비시간을 마련한다.

C. 자기통제

10. 나는 돌발 상황에서 순발력 있게 주제를 전환시킬 수 있다.
11. 나는 스피치 도중 상황에 맞게 연설내용을 조절할 수 있다.
12. 나는 떨지 않고 자연스럽게 말할 수 있다.
13. 나는 원고가 있어도 가급적 청중을 보고 말하려고 노력한다.
14. 나는 청중의 반응을 민감하게 파악하는 편이다.
15. 나는 스피치 할 내용을 잘 기억한다.

D. 감정조절

16. 나는 스피치 할 때 마음을 가다듬고 집중한다.
17. 나는 스피치를 할 때 "잘 할 수 있다"는 생각을 한다.
18. 나는 스피치가 계획한 목표대로 진행되는지 파악한다.
19. 나는 스피치 중간 중간에 논리적으로 말하고 있는지 점검한다.

채점 결과는 다음과 같은 계급간격으로 구분된다.

1. 80점 이상: 이 점수대에 해당하는 사람들은 스피치의 달인(expert)이라고 불릴 정도로 스피치에 대한 초인지 능력이 뛰어나다고 할 수 있다. 이 점수대에 해당되는 사람들은 어떠한 상황에서도 완벽한 스피치를 실행할 수 있으며, 청중과의 교감도 훌륭하게 유지할 수 있다.

2. 70~79점: 이 점수대에 해당되는 사람들은 아나운서 수준의 연설가라고 할 수 있다. 따라서 돌발변수가 생긴다고 하더라도 당황하지 않으며 기지를 발휘하여 문제 상황을 해결할 수 있으며 안정감을 유지하면서 연설을 이어나갈 수 있다. 저자가 예전에 읽었던 자서전 중에 백지연(1964~) 아나운서가 썼던 책이 있다. 그 책에서 백지연은 자신이 아나운서로 합격된 이유로 면접 도중 천장에 달려있던 조명이 떨어졌음에도 불구하고 이에 놀라지 않고 대답을 이어나갔기 때문인 것 같다고 서술한 적이 있다. 이처럼 예기치 않은 돌발 상황에도 적절히 대응할 수 있는 것은 뛰어난 초인지적 능력의 결과라고 할 수 있다. 백지연 아나운서는 1987년 방송국에 입사한 지 5개월 만에 9시 뉴스데스크의 메인 여자 앵커로 선발되는 전무후무한 기록을 남기기도 하였다.

3. 60~69점: 이 점수대에 해당하는 사람들은 대학생 수준의 초인지 능력을 가지고 있다고 할 수 있다. 즉, 대학생들처럼 철저한 준비를 한다면 아나운서 수준으로 올라갈 수 있

는 가능성을 가지고 있다고 할 수 있다. 또한 이 점수대를 가진 사람들은 예기치 못한 상황에서 당황하더라도 대체로 무난히 넘길 수 있는 역량을 가지고 있다고 볼 수 있다.

4. 50~59점: 이 점수대에 해당하는 사람들은 일반인 수준의 초인지 능력을 가지고 있다고 할 수 있다. 따라서 스피치를 준비하는데 많은 시간이 소요되며, 연설 상황에서 예기치 못한 일이 발생하면 즉흥조의 연설로 전환하지 못하고 준비된 원고에 의존하려는 경향을 가지고 있다고 할 수 있다.

5. 40~49점: 이 점수대에 해당하는 사람들은 스피치 경험이 부족한 청소년 수준의 초인지 능력을 가지고 있기 때문에 보다 집중적이고 체계적인 훈련이 요구된다고 할 수 있다. 대체적으로 연설 상황에서 준비한 원고를 보면서 읽게 되며 예기치 못한 상황이 일어나면 스피치가 단절되기도 한다.

6. 39점 이하: 이 점수대에 해당하는 사람들은 스피치를 통제할 수 있는 초인지 능력이 전혀 개발되지 않은 부류로 스피치에 대한 장애를 가지고 있다고 볼 수 있다. 즉, 스피치를 실행하는 것 자체를 꺼리게 되거나 스피치를 하고자 하는 의지 자체가 부족하여 연설 상황에 대한 회피반응을 보이게 된다고 할 수 있다.

결론적으로 스피치를 위한 인지적 능력을 갖추고 있다고 하더라도 인지능력의 한 단계 더 높은 초인지 능력이 적절하게 발달되지 않을 경우 성공적인 연설을 기대하기가 어려워진다. 메타인지능력은 자신에 대해 객관적으로 파악할 수 있는 한 단계 더 높은 또 다른 자아라고 할 수 있다. 따라서 거울에 비친 자신을 바라본다는 태도로 자신이 가진 초인지 능력을 정확하게 관찰하는 능력이 필요하게 된다.

6 연설불안 관리법(Management of Speech Anxiety)

일반적으로 연설불안은 시간의 흐름에 따라 4단계에 걸쳐 강도나 심각도의 차이를 보인다. 첫 번째 단계는 연설을 준비하는 과정에서 일어나는 불안으로, 대부분의 사람들은 이때부터 긴장감이 높아지기 시작한다. 가장 최고도의 불안을 느끼는 단계는 스피치를 실행하기 직전에 일어난다. 아마도 이 책을 읽는 사람들 중에서 스피치나 프레젠테이션을 한번이라도 해본 경험이 있는 사람이라면 무대에 나서기 "직전"에 엄습해오던 공포감이나 긴장감을 잊을 수 없을 것이다. 저자의 학생 중의 한 사람은 발표를 시작하면서 "제 심장이 1m 밖으로 튀어나온 것 같다"는 표현을 한 적이 있다. 30년 강의 경험으로 이제는 어느 정도 연설불안에서 자유로워졌다고 생각한 저자도 영어로 개막 인사를 해야 하는 국제행사 전 극도로 활성화된 자율신경계의 반응으로 인해 온종일 심장박동수를 의식해야 했던 아찔한 경험을 가지고 있다. 그러나 이러한 최고도의 긴장감도 연설을 진행하면서 연설 상황에 적응하게 되면 점차 감소한다. 연설이 순조롭게 진행되어 마지막 단계인 종료시점에 가서는 거의 모든 긴장감에서 벗어나 홀가분한 심리상태가 된다.

스트레스에 반응하는 자율신경계 증상들은 연설자 자신이 조절할 수 없는 불수의적 반응으로 위협에 대한 심각도(severity)가 증가할수록 투쟁-도피 반응의 강도(intensity)도 증가한다. 그렇다고 해서 스트레스를 인류공통의 자동적이고 본능적인 신경계반응으로만 이해한다면, 연설불안에 대한 대처법 또한 모든 인류에게 공통적으로 적용시킬 수 있는 신경계 저감 방법만을 고려해야 할 것이다. 그러나 많은 연구결과, 스트레스 원을 어떻게 인지하는가에 따라 사람들의 투쟁-도피 반응의 강도가 달라진다고 알려져 있다. 이와 같이 스트레스 상황에 대한 인식과 대처행동에 개인차를 보이는 것을 스트레스 대처행동(coping behavior)이라고 한다.

스트레스 대처행동이라는 개념은 미국 버클리대학교 심리학과 교수인 라자루스(Richard S. Lazarus, 1922~2002)와 캘리포니아 대학교 의과대학 교수인 포크만(Susan Folkman)이 최초로 소개한 것이다. 라자루스는 스트레스가 긍정적 또는 부정적으로 작용하는 것은 개인의 인지적 평가에 따라 달라진다고 하였다. 즉, 동일한 정도의 스트레스 원을 어떻게 평가하는가에 따라 극심한 반응을 보일 수도 있고, 도전을 위한 긍정적 자극으로 받아들일 수도 있다는 것이다.

라자루스와 포크만은 스트레스 대처행동에 대해 문제집중형 대처방법(problem-focused coping)과 정서집중형 대처방법(emotion-focused coping)의 두 가지를 제시하였다. 문제집중형 대처방법이란 스트레스를 정서적 반응으로 간주하기 보다는 해결해야 할 문제로 인식하는 대처법을 말한다. 따라서 문제집중형 대처방법에서는 스트레스의 원인을 분석하고 이를 극복하기 위한 해결책을 강구하는 등 스트레스 상황을 객관적이고 논리적으로 접근하는 인지과정을 중시한다. 문제집중형 대처방법을 사용하는 사람들은 그렇지 않은 사람들보다 정신적, 신체적 건강문제를 적게 호소하며 극도의 자극 속에서도 자신의 정서 상태를 보다 효과적으로 조절하는 것으로 나타났다.

미국 필라델피아에 있는 드렉셀대학교 의과대학 교수인 네즈(Arthur Nezu) 등은 2006년도에 문제집중형 대처방법의 구체적인 단계를 설명하기 위해 "ADAPT 방법"을 제안하였다. "ADAPT"는 태도(attitude), 문제의 정의(define), 대안책 강구(alternative), 미래에 대한 예측(predict), 시도(try)를 나타내는 용어의 첫 자로 구성된 두음어이다. "ADAPT 절차"에 따르면, 스트레스 상황을 해결하기 위해서 가장 중요한 것은 스트레스를 도전적 과제나 문제로 받아들이려는 적극적이고 긍정적인 "태도"라고 할 수 있다. 그런 다음, 스트레스를 유발하는 문제를 보다 객관적으로 "정의"하는 것이 중요하며, 문제의 정의를 통해 해결해야할 현실적인 목표를 설정하는 것이 중요하다고 하겠다. "대안책" 단계에서는 확산적 사고(divergent thinking)를 통해 다양한 해결책을 강구해보고 미래에 벌어질 스트레스 상황을 "예측"하면서 계획한 대안 책을 "시도"해보는 절차를 따라야 한다. 시도 단계에서는 자신이 선택한 해결책과 시도 결과에 대한 철저한 평가과정이 요구된다고 하겠다.

문제집중형 대처방법을 적극적 대처방법이라고 한다면 정서집중형 대처방법은 소극적 대처방법이라고 할 수 있다. 정서집중형 대처방법이란 스트레스를 유발하는 문제를 객관적이고 논리적으로 분석하기보다는 스트레스에 수반된 부정적 정서(negative emotion)만을 극복하기 위한 대처법을 말한다. 정서집중형 대처법을 사용하는 사람들은 스트레스 상황을 해소하기 위해 다양한 방법들을 동원한다. 이를 두 가지로 요약하면 크게 인지전략(cognitive strategy)과 행동전략(behavioral strategy)으로 나뉜다. 이 두 가지 전략은 모두 긍정적 효과와 부정적 효과를 가지고 있다.

인지전략은 방어기전(defense mechanism)을 사용하여 스트레스를 유발시키는 상황을 자신에게 유리한 쪽으로 해석하거나 합리화시키려는 정서적 대처방법을 말한다. 예를 들어, 연설이 제대로 실행이 되지 않은 이유는 자신이 무언가 잘못해서가 아니라 청중의 수준이 낮아서라거나, 시설이 좋지 않아 시청각 장비나 마이크 성능이 나쁜 탓으로 돌리려는 것을 들 수 있다. 본능적으로 인간은 불안상황을 기피하려는 경향을 가지고 있다. 이러한 이유로 사람들은 자아개념을 위협하는 심리적 갈등이나 불안으로부터 자신을 보호하기 위해 다양한 방어기제를 사용한다. 특히 이성적이고 직접적인 방법으로는 불안통제가 어려울 때 자아를 붕괴의 위험에서 보호하기 위해 방어기제를 사용하게 된다. 그러나 연설불안 상황을 객관적이고 명확하게 판단하기 전에 방어기전부터 사용하게 되면 자신의 퍼포먼스에 대한 정확한 평가를 내리지 못하게 된다. 그 결과, 연설 상황을 지속적으로 왜곡하거나 거부하게 되어 종국에는 모든 연설 상황을 기피하는 상황으로까지 발전할 수 있게 된다.

행동전략이란 스트레스 상황이 일어날 때마다 격렬한 운동이나 산책, 명상 등 긍정적인 방법에 몰두하거나, 술이나 약물 등 부정적 전략에 의존하는 행동전략을 말한다. 스트레스 상황을 효과적으로 해결하기 위한 또 다른 긍정적 행동전략으로는 가족이나 친구로부터 사회적 지지를 받아 부정적 감정을 공유하는 것을 들 수 있다. 많은 연구를 통해, 가족으로부터 정서적 지지를 받고 자란 사람들은 스트레스를 유발하는 외상이나 사건 후에도 침착함을 유지하며 면역계 기능도 정상적으로 유지하여 건강에 대한 회복도 빠른 것으로 나타났다. 페네베이커(James Penebaker)는 2007년 발표한 연구에서 정서적 지지를 얻을 수 없는 사람들에게 일기나 블로그, SNS(social network service)을 활용한 글쓰기를 장려하였다. 페네베이커는 50명의 건강한 대학생을 두 집단에 무작위로 배정하였다. 한 집단에게는 인생에서 겪었던 경험 중 가장 충격적인 사건에 대해 4일간 20분씩 일기쓰기를 지시하고, 다른 집단에게는 동일 기간 동안 사소하고 일상적인 주제에 대한 일기쓰기를 지시한 다음, 실험 시작 전과 끝난 직후, 실험 종료 6주 후에 혈액을 채취하여 면역기능을 측정하였다. 연구 결과, 충격적 경험을 밖으로 표출한 집단이 일상사를 적었던 대조군보다 면역기능이 향상된 것으로 나타났다. 이러한 실험결과에 대해 퍼너베이커는 고통스런 감정을 밖으로 표출하는 과정에서 사람들은 스트레스 상황에 대한 의미를 다시 한 번 성찰해보게 되며, 글을 쓰는 과정에서 부정적 정서의 완화는 물론 효과적인 대처방법을 스스로 터득하게 된다고 해석하였다.

결론적으로 연설과 같은 스트레스 유발상황에 있어서 스트레스 원을 어떻게 인지하는가에 따라 투쟁-도피 반응이나 스트레스를 저감시키기 위한 행동이 달라진다고 할 수 있다. 따라서 스트레스과정에 대한 충분한 이해와 생물학적 반응을 예측한다면 투쟁-도피 반응을 감소시키기 위한 행동전략을 세울 수 있으며, 결론적으로 성공적인 연설을 할 수 있을 것이다. 효과적인 연설을 위한 전략적인 방법으로는 스트레스를 극복할 수 있다는 강인한 자신감(self-confidence)과 호소력 있는 메시지의 준비, 실행에 앞서 충분한 연습 등이 포함된다. 이러한 과정을 통해 성공적인 연설 경험을 축적하게 되면 스피치에 대한 자아효능감(self-efficacy)을 견고히 할 수 있을 것이다.

스트레스를 관리하기 위한 방법은 크게 행동요법(behavioral therapy)과 인지요법(cognitive therapy)으로 구분된다. 인지요법은 1961년 개발된 이래 세계적으로 가장 많이 사용되고 있는 벡 우울증검사(Beck Depression Inventory)의 개발자인 벡(Aaron T. Beck, 1921~)이 개발한 인지행동치료(cognitive-behavioral therapy: CBT)가 대표적이며, 행동요법은 행동주의 학습이론에 근거하여 부적응 행동을 소거시키고 적응적 행동을 강화시키는 실험적 방법들을 총칭한다. 대표적인 행동요법에는 계통적 탈감작요법(systematic desensitization therapy)을 활용한 이완요법(relaxation technique)과 바이오피드백치료법(biofeedback therapy) 등을 들 수 있다. 이 외에도 긍정적 자기 독백 방법(positive self-talk method)이나 긍정적 이미지 트레이닝 등을 통해서도 연설불안을 감소시킬 수 있다. 긍정적 자기 독백 방법은 공포를 주는 메시지를 보다 더 긍정적인 내용으로 전환시키는 방법을 말한다. 다양한 방법 중에서 스피치를 준비하는 사람들이 의료인이나 상담치료자의 도움이 없이도 혼자서 훈련할 수 있는 이완요법에 대해 집중적으로 알아보기로 한다.

1) 탈감작이완요법(Relaxation Technique based on Desensitization)

앞서서 연설불안(speech anxiety)은 연설흥분(speech excitement)으로 전환이 가능하다고 강조하였다. 또한 불안이 교감신경계를 자극하는 원인이라면 이완은 부교감신경계를 자극해주는 활동이라고 하였다. 따라서 이완요법은 흥분된 상태에서 교감신경을 억누르고 부교감신경계를 활성화시킴으로써 신체적, 심리적 안정을 유도하는 방법을 말한다.

이완요법은 월프(Joseph Wolpe, 1915~1997)가 개발한 체계적 둔감법(systematic desensitization)을 활용한 행동요법(Behavior Therapy)을 말한다. 행동요법이란 객관적으로 관찰할 수 있고 측정이 가능한 행동을 치료대상으로 하며, 증상과 문제행동을 자극과 반응의 연합으로 다루는 요법을 말한다.

탈감작요법(desensitization therapy)이라고도 불리는 체계적 둔감법은 월프가 남아프리카 군대에서 군의관으로 재직하던 시절, 외상 후 스트레스 장애(post-traumatic stress disorder)의 일종인 전쟁신경증(war neurosis)을 앓고 있던 군인들을 치료하기 위해 사용한 방법이다. 월프가 활동하던 당시에는 프로이트(Sigmund Freud, 1856~1939)의 정신분석학이 정신의학계를 지배하고 있던 시기였다. 그러나 장기적인 치료과정 동안 기억하고 싶지 않은 잔인하고 충격적인 전쟁경험을 지속적으로 들추어내야 하는 정신분석기법은 군인들의 불안증만 가속시킬 뿐 치료에 전혀 효과적이지 않았다. 문제의 원인만을 집중적으로 밝히려는 정신분석학에서 벗어나기 위해 월프는 행동주의의 시조인 소련의 파블로프(Ivan Petrovich Pavlov, 1849~1936)와 미국의 왓슨(John Broadus Watson, 1878~1958)이 주장한 고전적 조건화 이론(classical conditioning)을 기초로, 불안증세를 보이는 현재행동에 집중하여 이를 이완작용과 조건화시키는데 성공하였다. 파블로프와 왓슨의 주장처럼, 월프는 특정자극에 대한 정서적 반응의 학습이 가능하다면, 이러한 특정반응을 소멸시키는 학습 또한 가능할 것이라는 가정 하에 환자들을 치료하였다. 이미 학습된 반응을 역으로 재학습시키는 방법을 탈조건화(deconditioning)라고 한다. 월프는 전쟁이라는 불유쾌한 경험을 유쾌한 경험과 연합시킴으로써 불유쾌한 경험의 탈조건화 요법을 시행하였으며, 이를 위해 근육이완법을 사용하였다. 월프의 탈감작요법은 환자들에게 충분한 근육이완법을 연습시킨 후 불안을 야기한 자극을 떠올려 이완반응과 연합시키는 것이었다. 월프는 탈감작요법을 사용하여 정신분석치료보다도 훨씬 짧은 기간에 군인들의 불안증을 치료할 수 있게 되었다.

사람들은 불안과 이완을 동시에 할 수 없다(People cannot be both relaxed and anxious at the same time). 월프의 탈감작 행동치료요법도 "근육의 수축반응과 이완반응은 동시에 일어날 수 없다"는 원리를 핵심가정으로 시행되었다. 이를 상호억제반응의 원리(principle of reciprocal inhibition)라고 한다. 즉, 불안이나 공포, 긴장과 연관된 근육수축반응은 이와 길항작용(antagonism)을 하는 근육이완반응과 동시에 일어날 수 없다. 따라서 탈감작 행동치료요법은 서로 병존할 수 없는 2가지 반응을 통해 부적응 반응을 억제시키는 것을 목적으로 한다. 월프에 의하면, 근육의 수축과 이완은 동시에 올 수 없으므로 수축을 유발시키는 긴장상황에서 이완훈련을 충분히 시키게 되면 긴장상황의 탈조건화(deconditioning)가 형성된다고 주장하였다.

탈감작요법의 구체적 절차는 다음과 같다. 우선, 근육의 긴장은 불안을 야기한 심리적 원인으로 인해 발생하는 신체반응이므로 근육을 이완시키면 불안이 봉쇄(block)된다는 가정 하에 환자에게 근육이완법을 훈련시켰다. 이를 위해 월프는 제이콥슨(Edmund Jacobson, 1888~1983)이 개발한 점진적 근육이완법(progressive muscle relaxation)을 수정하여 사용하였다. 점진적 근육이완법이란 미국 하버드대학교 생리학자이며 정신과 의사였던 제이콥슨이 20년간의 연구결과를 집약하여 1929년에 발표한 "점진적 이완법(Progressive Relaxation)"에서 소개된 방법이다. 월프는 이를 도입하여 자신의 이완요법에 걸리는 시간을 단축하였다. 근육이완훈련을 위해서는 먼저 심부근육(deep muscle)의 긴장을 모니터하면서 동시에 이완훈련을 제공하였다. 심부근육이란 코어근육(core muscle)이라고 알려진 근육으로 주위의 표면근육들(superficial muscle)과

융합하는 고유의 근육(true, intrinsic muscle)을 말한다. 심부근육의 이완이 학습되고 나면 하체에서부터 시작하여 상체로 이동하면서 모든 신체근육의 긴장-이완 과정을 점진적으로 되풀이하였다. 이러한 과정을 통해 환자들은 긴장하던 상태와 이완 후의 변화를 자각하게 되었다.

근육이완 훈련이 완전히 학습된 후, 환자들은 불안위계목록(anxiety hierarchy list)을 작성하는 단계로 이행하였다. 이 단계에서 환자들은 불안을 야기한 구체적 장면이나 자극적 요인(anxiety-producing stimulus)을 10개 내지 15개로 요약하여 이를 목록화하였다. 그런 다음, 불안을 야기 시키는 상황에 대한 환자의 주관적인 강도(intensity)에 따라 우선순위(priority)를 설정하였다. 그 다음, 환자들은 탈감작 요법의 실행단계로 이행하여 우선순위가 가장 낮은 불안상황을 떠올리게 되고, 불안을 느끼면 이를 소멸시키기 위한 근육이완훈련을 하게 되었다. 이러한 과정을 반복하면서 한 단계씩 높은 강도의 불안위계수준으로 올라간 후 탈감작요법의 마지막 단계에서는 불안목록에 쓰인 과거경험에 대한 이미지훈련이 아니라 유사한 불안상황을 접하게 되는 실제상황에서의 이완훈련을 하는 현실적응훈련을 거치게 되었다.

탈감작 요법에서 주의할 사항은 특정단계에서 이완훈련의 효과가 나타나지 않은 채 불안반응을 보일 경우에는 그 단계의 훈련과정을 즉시 멈추고 안정을 취하게 해야 한다는 점이다. 충분히 안정을 취한 다음에는 불안반응을 보였던 바로 전 단계부터 훈련과정을 다시 시작한다.

체계적 둔감법의 절차를 요약하면 다음과 같다.

(1) 심부근육에서 표면근육까지 충분한 이완훈련을 시행한다.
(2) 불안을 야기한 사건이나 자극적 요인들을 정도가 가장 약한 것에서부터 강한 순서로 우선순위를 설정하여 나열한 불안위계목록을 작성한다.
(3) 가장 낮은 불안상황을 회상하면서 동시에 완벽한 이완상태를 유지한다.
(4) 불안 상태를 보이기 시작하면 생각을 멈춘 후 충분한 안정을 취한다.
(5) 이완 상태가 회복되면 한 단계 낮은 불안장면을 떠올리게 한다.
(6) 다시 불안 상태를 보이면 생각을 멈추고 안정을 취한다.
(7) 이완상태는 호흡과 근육 모두 안정을 취하게끔 하는 것이므로 몸과 마음을 편안하게 유지하도록 도와준다.
(8) 과거기억에 대한 이미지훈련이 완수되면 실제상황에서의 불안퇴치훈련을 단행한다.

연설불안을 가지고 있는 사람들도 월프의 탈감작 행동치료요법을 활용할 수 있다. 이를 위해서는 과거 연설경험에서 겪었던 부정적인 긴장상황을 목록화하여 이완훈련과 함께 탈조건화를 학습한다. 탈조건화를 위한 근육이완운동은 의자에 앉아서 하거나 바닥에 누워서도 할 수 있다. 바닥에 누워서 할 때는 신체를 조이는 의복이나 벨트를 느슨하게 풀어야 하며, 방안 조명도 지나치게 밝은 것보다는 은은하게 조절해 주는 것이 중요하다.

이 이외에도 연설을 준비하는 과정에서 극도로 활성화되는 교감신경계 작용을 완화하고 부교감신경계를 자극하는 방법에는 요가나 명상, 마사지와 같이 근육을 이완시키는 방법과 충분한 수면, 균형 잡힌 식사로 최적의 신체 상태를 유지하는 것 등을 들 수 있다. 또한 자신만의 스트레스 프리 존(free zone)을 만들어보는 것도 불안 감소에 효과적이다. 반신욕이나 독서 등을 할 수 있는 조용한 공간을 확보함으로써 다른 사람들의 방해를 받지 않으면서 잡념 없이 몰두할 수 있다면 연설불안 해소에도 많은 도움이 될 수 있을 것이다.

이와는 반대로 웃음요법을 통해 적당한 수준으로 교감신경계를 향상시킬 수도 있다. 앞에서 연설불안은 연설흥분으로 전환이 가능하다고 하였다. 사람들은 즐거운 일로 흥분을 하게 되면 웃음이 나오게 된다. 웃음(laughter)이 많은 질병에 긍정적으로 작용한다는 사실은 과학적 연구로도 이미 증명이 된 사실이다. 이러한 이유로 웃음을 만병통치약(Laughter is the best medicine)이라고 부른다. 한번 웃을 때마다 약 45분간의 이완효과(relaxation effect)를 보이며 혈액순환이 2배 이상 증가되고 면역력도 향상되는 것으로 알려져 있다. 또한 한번 웃을 때마다 15개의 얼굴근육이 움직이며, 파안대소의 경우, 목근육과 어깨근육도 함께 움직이게 되어 훌륭한 상체운동이 된다. 웃음은 근육운동만 자극하는 것이 아니라 내장기관도 활발하게 움직인다. 심호흡계가 활성화되어 호흡이 약간 빨라지고, 혈압과 심장박동이 감소되어 전신의 혈액순환이 안정적으로 흐르게 된다. 또한 웃음은 뇌에서 베타 엔돌핀(beta-endorphin)이라고 불리는 천연진통물질을 분비하도록 촉진한다. 이러한 이유로 관절염과 같이 통증이 심한 질병을 가진 사람들이 많이 웃게 되면 인체가 생산하는 엔돌핀의 강력한 진통효과로 통증이 감소된다는 연구결과도 있다.

2) 발표 직전에 할 수 있는 이완요법

앞에서 언급한 바와 같이, 연설불안은 발표 순서를 기다리고 있는 순간에 가장 높아진다. 월프의 이완훈련은 스피치나 프레젠테이션을 준비하는 과정에서 충분한 시간을 두고 반복적으로 활용해볼 수 있는 방법이다. 이와 더불어, 스피치나 프레젠테이션이 실제로 실행되는 날, 발표 순서를 기다리면서 할 수 있는 근육이완방법도 있다. 다음에 소개할 방법은 발표장 좌석에 앉아 발표 순서를 기다리는 동안 근육의 긴장도를 완화시킬 수 있는 방법이다. 이 방법은 옆에 앉아있는 사람이 눈치 채지 못하도록 조용히 시행할 수 있다는 장점을 가지고 있다. 충분한 이완과정을 한 후 무대에 오르게 되면 긴장이 완화되어 편안하고 안정된 상태로 연설을 끝낼 수 있으며, 뇌기능도 적정수준으로 유지되어 연설문에 대한 망각도 방지할 수 있다. 발표 직전에 할 수 있는 근육이완방법의 일반적인 절차는 다음과 같다.

(1) 관객석 의자에 앉은 상태에서 허리를 펴고 곧은 자세로 앉는다. 허리를 편 직립자세

는 폐를 충분히 확장시키는데 있어 필수적인 자세라고 할 수 있다. 근육을 수축할 때는 숨을 들이마시며 근육을 이완시킬 때는 숨을 내쉰다.

(2) 편안한 마음으로 긴장을 푼 다음, 숨을 들이 마시며 발가락을 앞으로 뻗어 발과 발가락을 강하게 조였다가 숨을 내쉬면서 일순간에 이완시킨다. 이때 수축과정은 자각을 할 정도로 강하게 수축하기 위해 5~7초간 천천히 진행하나 이완과정은 일순간에 털어버리듯 풀어주는 것이 중요하다.

(3) 그 다음 발에서 정강이 쪽으로 올라와 흡기와 더불어 정강이를 강하게 수축했다가 호기와 더불어 일순간에 이완한다. 그 후 호흡을 조정하면서 대퇴근육을 수축한 후 일시에 이완한다. 앉아 있는 상태이므로 대퇴근육을 의자 밑면에 강하게 밀어붙이듯 수축한다.

(4) 하체 운동이 완료된 후에는 흡기와 더불어 배를 의자 등 쪽으로 힘껏 잡아당긴 후 호기와 더불어 일시에 이완시키는 복부 운동을 한다.

(5) 그 다음, 호흡작용과 함께 양 어깨를 등 쪽으로 힘껏 젖혀 등 근육을 긴장시킨 후 이완시킨다. 이때 옆 사람이 눈치 채지 못할 정도로 양 어깨를 위쪽 방향으로 올려 수축을 했다가 내리면서 이완시키는 것도 도움이 된다.

(6) 팔걸이가 있는 좌석에 앉아있을 경우에는 팔을 팔걸이에 편안하게 놓은 채 흡기와 함께 주먹을 쥐듯이 팔걸이를 힘차게 잡은 다음 이완시킨다. 팔걸이가 없는 경우에는 강하게 주먹을 쥔 다음 호기와 함께 주먹을 편다. 그런 다음 팔꿈치 아래 부위인 하완을 팔걸이 바닥을 향해 강하게 수축시킨 후 이완시킨다. 팔 운동의 마지막은 상완 운동이다. 하완과 상완 수축운동은 팔뚝 근육이 떨릴 때까지 힘껏 수축했다가 일시에 푸는 것이 중요하다.

(7) 몸통의 수축－이완 운동이 끝난 다음에는 목과 턱에 대한 이완훈련을 시행한다. 우선, 턱을 가슴 쪽으로 구부려 충분히 신장을 시킨 후 풀어준다. 청중석에 앉은 옆 사람이 눈치 채지 못하도록 목을 상하좌우로 해주는 것도 효과적이다.

(8) 목과 턱의 운동이 끝나면 얼굴 근육을 풀어준다. 얼굴근육은 스피치를 하기 위해 가장 중요한 근육이므로 충분히 시행하는 것이 좋다. 앞이마, 눈, 코, 입 등 얼굴 전체의 근육을 힘껏 찡그렸다가 풀어주는 운동을 실행한다.

이러한 이완 과정은 각 근육마다 2~4회 정도 점진적으로 시행하며, 이완이 되지 않는다는 느낌이 있을 경우에는 발표 순서를 고려하면서 횟수를 늘린다. 또한 근육이완과정은 발끝에서 머리 방향으로 진행되지만, 이완이 충분히 이루어지지 않을 경우에는 전 단계로 돌아가 긴장－이완 운동을 반복할 수 있다. 위의 이완훈련은 저자가 박사학위 논문주제로 연설불안을 설정하고 나서 미국에서 배운 이완훈련방법으로 아직까지도 실행하고 있는 매우 효과적인 방법이다.

3) 발표 직전에 할 수 있는 심호흡(Deep Breathing)

연설 상황이 실제로 벌어지는 현장에서 무대에 오르기 전 응용할 수 있는 방법에는 이완요법과 더불어 심호흡방법(deep breathing)이 있다. 청중 앞에 서기 전 20~30초 간 심호흡을 하게 되면 뇌에 충분한 산소가 공급되어 맑은 정신으로 무대에 오를 수 있다. 이때 심호흡은 반드시 천천히 시행해야 한다. 심호흡을 천천히 하게 되면 부교감 신경이 자극되어 심박동수가 감소되고 심신의 안정감을 갖게 된다. 그러나 심호흡을 빨리하게 되면 과호흡증후군(hyperventilation syndrome)이 유발될 수 있다.

사람들은 긴장을 하면 호흡이 과도하게 빨라진다. 과호흡을 하게 되면 인체의 공기순환작용에 장애가 일어나게 된다. 이를 과호흡증후군, 혹은 과환기증후군(hyperventilation syndrome)이라고 한다. 과호흡증후군이란 동맥혈 내 이산화탄소 분압이 정상범주인 37~43mmHg 미만으로 떨어지는 현상을 말한다. 인체가 정상적인 호흡을 통해 산소를 받아들이고 이산화탄소를 배출시키기 위해서는 동맥혈 속 이산화탄소 농도를 37~43mmHg 범위로 유지해야 한다. 그러나 연설불안으로 긴장한 상태에서 과도하게 호흡을 하게 되면 체내에 있던 이산화탄소가 과도하게 배출되어 동맥혈의 이산화탄소 농도가 정상 범위 아래로 떨어지게 된다. 혈중 이산화탄소가 저하되면 저탄산혈증(hypocapnia)과 알카리혈증(alkalemia)으로 인해 뇌혈관의 수축이 일어나게 된다. 그 결과, 현기증, 어지러움, 시각장애, 호흡곤란, 팔다리 감각마비와 경련 등 다양한 증상을 나타내게 되며, 심하면 실신에까지 이르게 된다. 특히, 저혈압을 가지고 있거나 저산소혈증이나 폐렴, 폐부종, 천식 등 기조질환을 가지고 있는 경우, 심각한 합병증으로 진전될 수 있기 때문에 과호흡이 되지 않도록 조심해야 한다.

4) 이미지 트레이닝(Image Training)

연설불안을 감소시키기 위한 이미지 트레이닝 방법(image training)은 2000년도에 버더버(Verderber)의 실험결과 소개된 개념이다. 버더버는 운동선수들의 기량을 향상시키기 위한 방법을 연구하기 위해 야구선수들을 3집단으로 분류하였다. 제1집단의 야구선수들에게는 파울 볼의 비율을 줄이기 위한 연습을 실제로 연습하도록 지시했으며, 2집단은 파울 볼을 방지하기 위한 연습을 상상으로만 하도록 요청하였다. 제3집단은 대조군으로 아무런 처치를 하지 않았다. 실험결과, 예상했던 대로 타구연습을 실제로 한 집단의 기량이 가장 많이 향상되었다. 그러나 놀랍게도 연습장면을 상상으로만 했던 집단도 실제로 연습을 한 집단에 못지않은 기량을 나타내었다. 이러한 실험결과에 대해 버더버는 상상력의 위력을 감안하여 실제적 연습과 병행한다면 더 한층 강력한 시너지 효과를 낼 수 있다고 조언하였다. 이미지 트레이닝 효과를 연설불안에 적용한 실험결과들도 보고되고 있다. 즉, 열성적으로 스피치하는 장면을 상상하거나, 성공적으로 끝마친 뒤 당당한 걸음으로 무대를 내려오는 상상을 많이 할수록 실제상황에서 부정적인 생각을 훨씬 덜 한다는 결과가 보고되기도 하였다. 이미지 트레이닝을 위한 절차는 다음과 같다.

(1) 조용한 곳에서 자리를 잡은 후 스피치 실행과정을 처음부터 끝까지 마음속으로 상상해본다.
(2) 청중 속에 자리를 잡고 앉아 자신이 스피치하는 장면을 관찰한다고 상상해본다.
(3) 자신감에 찬 모습으로 청중 앞에 서서 열정적인 제스처로 연설을 하기 시작하며, 중간중간에 중요한 단어는 강세를 주고, 청중의 관심을 유도하기 위한 부분에서는 잠시 말을 멈추는 등 매우 유능한 연사의 모습을 상상해본다.
(4) 청중이 미소를 띤 채 고개를 끄덕이면서 흥미롭게 자기의 말을 경청하고 있다는 것을 상상해본다.
(5) 스피치를 끝낸 후 청중과 마지막으로 시선접촉을 하고 연설문을 정리해서 발표장을 유유히 떠나는 모습을 상상해본다.
(6) 마지막으로 다시 청중의 무리 속으로 돌아와 스피치를 성공적으로 끝마친 자신에게 열화와 같은 찬사를 보내는 모습을 상상해본다.

5) 자기암시법(Autosuggestion Method)

자기암시법(autosuggestion)이란 1922년 프랑스 약사인 쿠에(Emile Coué de la Châtaigneraie, 1857~1926)가 "의식적인 자기암시를 통한 자기정복(Self mastery through conscious autosuggestion)"이라는 저서에서 위약효과(placebo effect)와 함께 소개한 개념이다. 쿠에에 의하면, 인간의 심리 상태는 마음먹기에 따라 강력한 치료도구가 될 수 있다. 왜냐하면 인간의 뇌는 가짜 약(fake medicine)을 실제 치료약으로 인정하여 실제 약만큼의 치료효과를 가져올 수 있기 때문이다. 이를 위약효과라고 한다. "위약(placebo)"이란 단어는 라틴어로 "나는 즐거워질 것이다.(I will please.)"라는 뜻으로 4세기 경 성서를 라틴어로 번역한 성 제롬(Saint Jerome, 347?–420?)에 의해서 최초로 소개되었다. 그 후 위약효과는 18세기 후반에 들어와 의학계로 도입되면서 많은 논쟁을 불러일으키는 개념이 되었다. 실제로 효과도 없으면서 환자들에게 치료효과를 가장하는 것은 의학윤리를 기만하는 행위라는 이유에서였다. 그러다가 1882년에서 1910년 사이에 트로이에서 약제상을 운영하던 프랑스 약사인 쿠에는 그의 약방을 찾는 환자들에게서 우연히 '위약효과'를 발견하게 되었다. 그 후 쿠에는 매 약제마다 아주 작은 긍정적인 메모지를 적어 환자들에게 건넸으며, 이 약제를 받은 환자들은 좋아질 것이라는 쿠에의 말과 약에 대한 믿음, 그리고 "나을 수 있다."는 확신으로 실제로 많은 호전을 보이게 된 것이었다.

쿠에는 "의식적인 자기암시를 통한 자기정복"에서 "나는 날마다 모든 면에서 점점 더 좋아지고 있다."는 말을 하루에 20번씩 할 경우, 놀랄 정도의 긍정적인 변화를 경험한다고 강조하였다. 쿠에는 자기암시를 "인간의 정신과 육체에 미치는 상상력의 위력"이라고 정의하였다. 자기암시를 하기 위해서는 특정관념을 지속적이고 반복적으로 주입함으로써 행동을 위한 긍정적인 의지나 신념을 변화시켜야 한다. 이렇게 함으로써 자기암시는 긍정적이며 유목적적인 행동을 위한 의지를 작동시키는 동기유발의 기회를 제공한다. 연설불안에 있어서도 '나는 연설불안으로부터 날마다 점점 더 나아지고 있다!'는 말을 하루에 20회 정도 마음속으로 외치면서 자기암시를 한다면 연설불안을 극복하기 위한 긍정적 변화를 느낄 수 있을 것이다.

쿠에의 "의식적인 자기암시를 통한 자기정복"은 수십 년 간 프랑스 의학계의 비웃음과 조롱 섞인 비난으로 외면당해오던 서적이었다. 그러다가 점차 무의식의 본질을 중시하던 수많은 지지자들에 의해 큰 반향을 일으키게 되었으며, 현재는 매우 강력한 자기암시요법의 표준으로 간주되고 있다. 의학계에서도 "위약효과라는 거짓말로 인해 의학적 피해가 발생했다는 사례는 이제까지 한 건도 보고된 바가 없다. 따라서 위약효과는 치료를 위해 필수불가결한 속임수(necessary deception)라고 할 수 있다"는 연구결과를 통해 다양한 분야에서 활용되고 있다. 하버드대학교 의과대학에서 위약효과를 집중적으로 연구하는 캡척(Ted Kaptchuk) 교수에 의하면, "위약효과는 인간의 뇌와 신체를 연결하는 강력한 연상 작용을 통해 긍정적인 사고 이상의 효과를 보인다."고 강조하였다.

마지막으로 연설불안을 위협적인 경험이라고 생각하는 사람들은 "토스트 정복자(Toastmasters)"라고 불리는 스피치 그룹에 합류하여 보다 나은 연설 기술을 개발할 수도 있다. 원래 "건배를 제안하는 사람"이라는 뜻의 "Toastermasters"는 1924년에 미국에서 창설되어 세계적인 네트워크를 구축한 비영리 국제교육단체이다. 이 단체는 2019년 현재 세계 143개국에서 16,800개의 클럽을 운영하며 35만 명이 넘는 회원들에게 대중연설과 리더십 기술을 가르치고 있다. 이 단체의 목적은 자신감을 구축함으로써 연설불안을 퇴치하기 위한 것으로 집단구성원들의 건설적인 비판과 적극적인 참여, 연설에 필요한 기술습득을 독려한다.

결론적으로, 연설불안은 연설흥분으로 전환시킬 수 있는 긍정적인 신체반응이다. 불안으로 인한 신체증상들은 순식간에 없어지는 것은 아니지만 반드시 극복할 수 있는 대처방법들이 존재한다. 따라서 "나는 연설이라는 도전을 받아들일 수 있는 자신감을 가지고 있다"는 강력한 메시지를 신경계에 전달하면서 이에 대한 충분한 사전 준비를 계획하고 실행해 보는 것이 중요하다. 즉, 긍정적 이미지 트레이닝을 통해 연설과정을 시각화하면서 시뮬레이션을 해 보고 성공적으로 완수한 자신에 대한 아낌없는 찬사를 보내는 태도를 형성하는 것이 중요하다고 할 수 있다. 마지막으로 연설불안을 감소시키기 위해 테네시대학교 의사소통학과 연구팀이 소개한 "UMP 전략"을 소개하기로 한다. "UMP"란 "연설불안을 이해한다.(Understand speech anxiety.)", "신체적, 정서적 반응을 관리한다.(Manage physical and emotional responses.)", "불안반응에 효과적으로 대처할 활동을 계획한다.(Plan a course of action to effectively deal with those responses.)"는 문장의 첫 자를 딴 두음어이다. 이처럼 자기 자신의 스피치 능력에 대해 긍정적인 태도로 자신이 가장 잘 알고 있는 주제를 선택하여 현실적인 발표 목표를 세움으로써 연설 불안은 크게 감소될 수 있을 것이다. 또한 청중을 자신의 연설을 가혹하게 평가하려는 두려운 존재가 아니라 자신의 연설을 지지해주는 사람들로 간주하는 태도도 중요하다.

Chapter 05

수사학(Rhetoric)

1 수사학의 정의(Definition of Rhetoric)

고대 희랍의 철학자인 아리스토텔레스(Aristotle, 기원전 384~322)는 수사학(rhetoric)에 대한 학문적 기초를 최초로 체계화한 인물로서 수사학의 아버지(Father of Rhetoric)로 불린다. 설득화법의 정수라고 불리는 "rhetoric"이라는 단어는 "비유적 표현(figure of speech)", 혹은 "미사여구(euphuistic phrase)"이라는 말에서 유래된 것으로 "rhetor"라는 단어는 "대중연설가(public speaker)"를 뜻한다.

"인간은 사회적 동물이다"라고 강조한 아리스토텔레스는 총 3권으로 이루어진 그의 저서 "수사학(Rhetoric)"에서 "수사학이란 법률가나 의회 정치인, 혹은 저명한 연사들에게 주어진 연설 현장에서 설득의 수단을 활용할 수 있는 능력(the faculty of observing in any given case the available means of persuasion)"으로 정의하면서 수사학이란 "논리학과 윤리학의 조합(a combination of the science of logic and of the ethical branch)"이라고 강조하였다.

캠브리지 사전에서는 수사학을 "효과적이며 설득력 있는 표현을 위한 언어 사용의 예술이자 과학(Art and study of using language effectively and persuasively)", 혹은 "언어를 효과적으로 사용하기 위한 방법을 연구하는 학문(Study of the way of using language effectively)"이라고 정의하였다. 이처럼 수사학이란 "청중에게 효과적으로 정보를 제공하고 설득하며 동기유발을 위한 목적으로 말이나 문장을 매력적이고 아름답게 표현하는 일, 또는 기술"이라고 할 수 있다. 수사법을 강조하는 단어 하나를 들자면 "설득(persuasion)"이라고 할 수 있다. 즉, 수사학이란 남을 설득하기 위해 생각에 언어의 옷을 입혀 이를 사용하는 언어의 기술이라고 축약할 수 있다.

2 수사학의 역사

수사학은 고대 희랍의 철학자들에 의해 사용되어오던 화술의 하나로 무구한 역사를 지닌 학문이라고 할 수 있다. 고대 그리스인들은 전통적으로 사유의 명증성을 중시하여 "말"과 논변에 대해 강한 신뢰감을 가지고 있던 민족이었다. 따라서 말에 의해 설득이 되는 변론을 매우 자연스럽게 받아들였으며, 수사학을 효과적인 담론과 변론을 위한 '언어행위의 기술'로 사용하였다. 또한 경쟁을 좋아하던 그리스인들은 정치적 논변을 기본으로 하는 민주정을 사회구조 속으로 토착화시켰으며, 이러한 사회분위기 속에서 수사학은 독창적인 학문으로 발전할 수 있었다. 실제로 그리스 민주정을 이끈 주축은 소피스트(sophist)라고 불리던 일군의 교사집단이었다. 소피스트란 원래 '지혜'를 의미하는 'sophia'와 '사람'을 의미하는 어미인 '-ist'가 조합된 말로, '모든 것을 아는 사람,' 즉 '현자'를 뜻한다. 그러나 아테네의 소피스트란 페르시아 전쟁의 패전국인 이오니아 사람들 중에서 그리스 본토로 이주해온 노예국의 외국인 교사들을 지칭하는 용어로 전락되었다. 따라서 소피스트란 소크라테스(Socrates, 기원전 470~399)나 플라톤(Platon, 기원전 429~기원전 348)처럼 아테네 출신의 진정한 현자들과 구분하기 위해 붙여진 이름이었다. 소피스트들은 학생들의 수요에 따라 그때그때 수업료를 받고 수업을 진행하던 떠돌이 직업교사였지만, 서양철학의 방향을 자연주의에서 인간주의 철학으로 발전시키는데 상당한 기여를 한 전환기적 계몽사상가들이기도 하다. 그러나 시간이 지나면서 점차 순수한 학문 전수보다는 허영심에 가득 찬 궤변으로 인기와 명성, 재물의 축적에만 사로잡히게 되면서 소크라테스와 같은 철학자들의 강력한 비판의 대상이 되었다. 소피스트들은 정계에 입문하여 입신양명과 출세를 원하던 수많은 아테네 청년들에게 정치적 성공을 위해서는 상대방을 비난하기 위한 중상모략도 서슴지 않아야 한다는 거짓된 신념을 심어주었다. 소피스트들에 의하면, 일반 대중들은 우둔해서 연사가 특정한 현상에 대한 의견을 보편적인 진리로 표현하면 이를 쉽게 받아들이며, 이때 훌륭한 수사적 표현을 사용하는 연사에게는 존경심도 품게 되므로 정치가는 연설에 능통해야 한다고 가르쳤던 것이다.

개인의 영달과 명예에 눈이 멀어 아테네의 젊은이들에게 수사학이라는 미명 하에 궤변을 가르치던 소피스트들의 행태에 대해 소크라테스는 "수사학이란 교묘한 말솜씨로 사람의 마음을 나쁜 길로 홀리는 속임수"라고 비판하였다. 소크라테스가 사형선고를 받고 독약을 마시던 순간까지 8년간을 제자로 있었던 플라톤 역시 수사학이란 청중의 흥미만을 겨냥한 말의 장식 수단에 불과한 공허한 기술이며 말초쾌락적인 흥밋거리만을 강조하는 궤변술이라고 비난하였다. 플라톤은 소피스트들이 양성하는 수사학자란 불의를 행한 사람들을 구제하기 위한 악인들이라며 쾌락이나 불의에 봉사하는 아첨행위인 수사학은 결코 학문적 대상이 될 수 없다고 비난하였다. 따라서 수사학은 변호사나 정치가에게 필요할지 모르나 철학자에게는 필요하지 않는 기술이라고 주장하면서 수사학과 철학을 철저히 분리시켰다.

1) 수사학과 변증론

아리스토텔레스는 수사학에 대한 플라톤과 소피스트들의 입장에서 벗어나 보다 긍정적인 학문으로 방향을 전환시킨 인물이다. 아리스토텔레스는 그의 저서인 "수사학(Rhetoric)"에서 "수사학이란 단지 말의 치장술뿐만이 아니라 논리학의 기초가 되는 변증론(dialectics)과 쌍벽을 이루는 사고의 학문이며 지식체계"라고 주장하였다. 그러면서 아리스토텔레스는 변증론과 수사학의 차이점에 대해 다음과 같이 설명하였다. 우선, 변증론은 주로 2명의 토론자 간의 질문과 대답으로 구성된 토론과정으로 이루어지나, 수사학은 한 명의 연설가와 다수의 청중으로 구성된 상황에서 이루어지기 때문에 장문의 연설을 할 때 매우 효과적인 언어기술이라고 설명하였다. 변증론은 주로 귀납법이나 연역법이라는 논증방법에 기초하는 논거술을 사용하지만, 수사학은 예증이나 상식추론을 기반으로 전개되며 이때 설득을 위해서는 논리적 수단이 무제한적으로 활용될 수 있다고 하였다. 변증론은 또한 연설의 표현방식에 가치를 부여하지 않으나, 수사학은 표현방식에 가장 커다란 가치를 부여한다고 하였다. 변증론이 비판적이고 통제적이며 조절적 기능을 갖는 반면, 수사학은 생산적이며 구성적인 경향을 갖는다고도 하였다. 이와 더불어, 변증론은 철학적 지식추구의 수단이기 때문에 지식을 추구하는 방법론에 대한 검증기술을 포함하나, 수사학은 주로 법정연설, 정치연설, 과시연설 등 실용적 목적을 위해 봉사하는 도구라고 하였다. 따라서 수사학은 연설을 위한 수사학적 내용과 더불어 연사의 인간적인 신뢰, 청중의 정서나 감정까지도 설득 수단에 넣지 않으면 안 된다고 강조하였다. 이것이 바로 아리스토텔레스가 주장하는 3가지의 설득적 논리 수단이다. 아리스토텔레스는 설득적 수사법의 3요소를 로고스(logos), 에토스(ethos), 파토스(pathos)라고 명명했으며, 로고스가 수사적 내용이라고 한다면 에토스는 연사의 인간적 신뢰도, 파토스는 청중의 정서라고 강조하였다. 설득적 수사법의 3요소라고도 불리는 에토스, 로고스, 파토스를 구체적으로 살펴보면 다음과 같다.

3 수사학적 삼각형(Rhetorical Triangle)

아리스토텔레스는 그의 저서인 "수사학"을 통해 소피스트들이 수사학이 필요한 사태나 상황과는 무관하게 파토스(pathos)적 요소, 즉 청중의 감정이나 정서에만 호소하는 논변을 통해 사실을 왜곡시키고 청중의 판단을 흐리게 한다고 비판하였다. 이러한 문제점을 타개하기 위해 아리스토텔레스는 수사학을 구성하는 3가지 요인을 수사학적 삼각형(rhetorical triangle)으로 도식화하였다. 수사학적 삼각형은 수사학을 논리적이며 철학적으로 정립하기 위한 학문적 모형이라고 할 수 있다. 수사학적 삼각형에는 에토스(ethos), 파토스(pathos), 로고스(logos)가 포함된다. 에토스가 연사를 대표하는 개념이라면, 파토스는 청중, 로고스는 메시지를 대표하는 개념이라고 할 수 있다.

1) 에토스(Ethos)

앞에서 언급한 바와 같이, 에토스(ethos)는 연사(speaker)에 대한 조건을 의미한다. 에토스란 고대 희랍어에서 온 용어로, 원래는 하나의 지역사회, 국가, 혹은 이념을 특징짓기 위한 신념이나 이상(beliefs or ideals)을 서술하는 "성격(character)"이라는 뜻을 갖고 있었다. 즉, 에토스의 원뜻은 도덕성(morality)이나 윤리(ethics)를 강조한 "집단정신"이나 "기풍"을 의미하는 것이었으나 아리스토텔레스가 에토스를 그의 수사학에 도입하면서 설득적 수사학을 전달하는 연사의 조건이 되었다.

수사학에서의 에토스란 연설가의 신뢰도나 윤리의식에 영향을 미치는 모든 특성, 즉 성품, 권위, 명성, 전문성, 선한 의지(goodwill)는 물론 호의와 친밀감을 보이는 행동, 외모, 표정, 제스처 등의 조건을 포함한다. 스피치가 청중에게 설득적으로 다가가기 위해서는 우선적으로 연설자가 청중이 신뢰할 만한 사람(trustworthy speaker)이라는 사실을 확신시켜주어야 한다. 왜냐하면 청중은 연설가가 신뢰를 할 수 있는가에 따라 연설가의 의도를 다르게 판단하기 때문이다. 이러한 이유로 아리스토텔레스는 "훌륭한 연설가는 그의 성품을 통해 청중에게 신뢰감을 심어주어야 한다. 이에 덧붙여 훌륭한 연설가는 인간의 감정과 정서에 대한 이해의 폭이 넓어야 하며, 수사학적 연설의 기술은 물론 상식적인 지식에 대해서도 정통해야 한다."고 간파하였다. 이를 아리스토텔레스는 이상적인 연설가가 되기 위한 3가지 구성요건이라고 하였다. 즉, 이상적인 연설가는 특정분파의 편협한 전문지식이 아니라 모든 영역을 두루 꿰뚫어보고 분별할 수 있는 지적 안목과 식견(intellectual insight)을 가지고 있어야 한다. 두 번째로는 연사 자신이 속해있는 공동체에 대한 강한 의무감(sense of obligation)을 지니고 있어야 한다. 마지막으로 이상적인 연사란 전달하고자 하는 주제와 주어진 상황을 정확히 파악하여 이에 따라 연설을 효율적으로 조절할 수 있는 능력의 소유자여야 한다.

아리스토텔레스는 세 가지 설득수단 중 가장 핵심적인 요소가 바로 에토스, 즉 연설가라고 강조하였다. 더불어 성공적인 설득은 에토스 60%, 파토스 30%, 로고스 10%에 의해 결정되므로 설득적 수사법은 에토스, 파토스, 로고스 순으로 접근해야 한다고 강조하였다.

설득적 연설을 위한 필요조건을 메시지의 내용, 즉 로고스라고 한다면, 충분조건은 연설가의 존재감(being presentable)이라고 할 수 있다. 따라서 설득적 연설을 위한 필요충분조건을 만족시키기 위해서는 연설가의 강렬한 존재감, 즉 에토스로 인해 완성되는 것이라고 할 수 있다. 다른 말로 하면, 연설가가 기계적으로 연설문을 읽어내려 가기만 한다면, 청중의 파토스를 움직일 수 없다. 마치 책을 읽듯이 단조롭고 기계적으로 연설을 하려면 차라리 팸플릿이나 책자 등을 배부하는 것이 낫다. 이와 같이 메시지의 내용을 이성적 요소라고 한다면, 연설가의 존재감은 메시지에 생명력을 불어 넣어주는 감성적 측면이라고 할 수 있다.

아리스토텔레스가 에토스, 파토스, 로고스의 비율을 6-3-1로 제시한 이유도 스피치는 연설가의 신뢰도와 윤리의식으로 장착된 에토스를 기반으로 청중이 수용할 수 있는 열린 마음 상태인 열정적인 파토스가 형성이 되어야만 논리적이고 이성적으로 구성된 로고스를 효과적으로 제공할 있다는 것을 강조한 것이라고 할 수 있다. 여기서 로고스가 단 10%를 차지한다고 해서 로고스의 중요성이 평가 절하되는 것이 아니다. 그만큼 연설가와 청중 간의 감정적 공감대나 신뢰도가 중요하다는 것을 강조한 표현이라고 할 수 있다.

2) 파토스(Pathos)

페이소스라고도 불리는 파토스(pathos)란 "청중"의 심리상태나 정서상태를 의미한다. 원래 파토스란 "열정이나 고통이 매우 심한 상태"를 의미하는 희랍어였으나, 연설이나 문학작품, 혹은 연극에 인용되면서 청중의 측면에서 연설을 들으며 경험하는 특정한 정서, 즉 사랑이나 공포, 동정심, 분노, 연민 등을 의미하는 용어로 확대되었다. 예를 들어, 불우이웃돕기 모금활동을 위해 구세군 냄비를 설치하거나 빈곤 속에서도 희망을 잃지 않는 사람들의 동영상 자료들을 보여주는 것은 불우이웃에 대한 공감과 연민의 감정을 강조한 파토스적 프레젠테이션이라고 할 수 있다. 파토스가 중요한 이유는 청중의 정서나 감정 상태에 따라 연설가에 대한 호감이나 내용의 이해도가 상반되기 때문이다. 예를 들어, 청중이 연설가에 대해 호감을 느끼고 즐거운 정서로 메시지를 받아들이는 경우는 적의와 고통으로 받아들이는 경우와는 전혀 다른 결과를 양산한다. 따라서 연설가는 청중에게 신뢰감과 우호감을 줄 수 있는 인격을 소유하고 있어야 하며, 긍정적인 정서와 감동을 주는 화술이나 표현방식을 개발해야 한다.

파토스란 로고스와 대조적인 용어라고 할 수 있다. 로고스가 주로 논리적이고 이성적인 내용의 전달이라고 한다면, 파토스는 논리나 합리적 추론과는 별도로 전달되는 내용적 차원이라고 할 수 있다. 이러한 이유로 많은 연설가들은 사랑이나 공포, 동정심이나 분노 등의 강력한 정서적 요소들을 사용하여 청중의 열정적 반응을 유도하려고 노력한다.

미국의 44대 대통령으로서 최초의 흑인 대통령이었던 오바마(Barack Hussein Obama II, 1961~)는 후보시절 미국국민들을 하나로 묶는 응집력과 애국심을 불러일으킨 명연설가로 알려져 있다. 오바마는 "변화란 기다린다고 오는 것이 아니다. 우리가 바라는 변화는 바로 우리 자신이다"라는 연설로 미국국민들이 바라는 "변화"와 "희망"을 "우리"라는 킬러 메시지와 결부시켰다. 동시에 오바마는 미국 국민들의 죄책감을 자극하는 파토스적 연설을 한 인물로도 유명하다.

오바마가 활용한 파토스적 연설기법은 "물질적 추구에 대한 오류(snob appeal fallacy)"라고 불린다. 여기서 "snob appeal"이란 고가의 외제 물건이나 희귀물품 등을 구매하고 싶어 하는 물질만능의 속물근성을 말하며, "fallacy"란 그러한 생각이 잘못되었다는 인식 상의 착오를 지적한 것이라고 할 수 있다.

오바마는 대통령 후보연설에서, "미국이라는 나라는 평생 일밖에 모르며 살아오던 오하이오 주의 한 여성이 정년퇴임을 며칠 앞 둔 어느 날 재앙에 가까울 정도로 몹쓸 병에 걸렸다는 사실을 발견한 것보다는 훨씬 괜찮은 나라라고 할 수 있습니다. 미국이라는 나라는 인디애나주에 사는 한 남성이 부도에 직면하여 20년간을 자신의 분신처럼 사용했던 모든 중장비 기계들을 처분하여 중국으로 팔아넘겨야 하는 처절한 상황보다는 좀 더 나은 나라라고 할 수 있습니다. 미국이라는 나라는 전쟁에 참여했던 참전용사들이 거리로 내쫓기고, 많은 가족들이 빈곤의 구렁텅이에서 헤매고 있으며, 많은 도시들이 눈앞에서 침몰하고 있는 것을 수수방관하는 나라들보다는 훨씬 더 동정심을 발휘하는 나라라고 할 수 있습니다."라고 연설하였다. 오바마의 이러한 정서적 연설(emotional speech)은 부와 물질적 축적만을 삶의 최고의 가치로 삼으며 나만 잘 먹고 잘 살면 된다는 이기주의의 팽대로 빈곤과 질병, 경제적 파탄으로 사멸되어가는 주위 사람들을 외면해온 미국인들의 죄의식(sense of guilt)을 건드린 훌륭한 파토스적 연설이라고 평가되었다.

3) 로고스(Logos)

로고스는 스피치에 있어 "메시지", 혹은 아이디어나 언어적 측면을 강조한 요소이다. 로고스는 원래 "말(word), 스피치(speech), 이성(reason), 담론(discourse), 간청(plea), 의견(opinion), 기대(expectation)" 등 다양한 의미를 갖는 고대 희랍어로 논리(logic)라는 뜻의 기원이 되는 단어이다. 따라서 로고스라고 하면 청중에게 전달하고자 하는 목적과 전망을 확인시키기 위한 논리(logic), 추리(reasoning), 합리성(rationality)을 함축하는 용어라고 할 수 있다. 아리스토텔레스는 그의 저서 "수사학"에서 로고스를 "합리적인 담론(reasoned discourse)"이라고 정의하였다. 즉, 로고스란 청중에게 명확한 증거를 제공하고 설득의 방법들을 발견하기 위한 이성적이고 논리적인 메시지의 본질이라고 할 수 있다. 아리스토텔레스는 로고스란 화려한 언변이나 말의 기술이 아니라 논리적인 방법으로 청중을 설득하기 위한 이성적인 능력이라고 강조하였다. 즉, 수사학이란 논리학에 바탕을 둔 설득의 화술로, 감성보다는 이성의 산물이라고 할 수 있다. 아리스토텔레스는 그의 저서 "수사학"에서 논증의 힘으로 증명하는 수단인 로고스(logos), 즉 특정한 말이 설득력을 갖기 위해서는 말 자체의 자명함이 다른 말에 의해 증명되어야 하며, 또한 설득당하는 누군가가 있어야 한다고 강조하였다. 이와 같이 아리스토텔레스에 의해 최초로 학문적 체계를 확립한 수사학은 그 후 서구사회의 수사적 전통을 잇는 기본적인 준거 틀로 자리 잡게 되었다.

4 수사법의 분류(Classification of Rhetoric)

수사법(rhetoric)이란 원래 고대 그리스의 민주정치에서의 변론을 위한 웅변술을 뜻하던 라틴어에서 기원한 용어였으나 현재는 문장을 아름답게 표현하기 위한 기교의 형식, 혹은 작문상의 기법으로 발전하게 되었다.

수사법은 크게 비유법(figure of speech), 강조법(emphasis), 변화법(rhetoric of change)으로 구분된다. 비유법은 표현하려는 대상이나 현상을 그와 유사한 다른 사물에 빗대어 표현함으로써 대상에 대한 인상을 눈에 보이듯이 뚜렷하고 구체적이며 분명하게 나타내기 위한 수사법을 말한다. 강조법은 표현하려는 대상을 보다 강력하고 인상 깊게 전달하기 위해 암시와 상상을 증폭시키는 수사법을 말한다. 마지막으로 변화법이란 표현하고자 하는 문장들을 서로 조화롭게 어울리도록 구성하여 문장과 문장 사이의 균형감이나 안정감을 주기 위한 수사법을 말한다. 비유법, 강조법, 변화법은 다시 다양한 수사학적 표현으로 세분화된다.

1) 비유법(Figure of Speech)

비유법(figure of speech)은 표현하고자 하는 관념, 대상, 내용을 참신하고 생동감 있게 표현하기 위해 청중이 알기 쉬운 대상이나 유사한 내용에 빗대어 표현하는 수사기법을 말한다. 표현하고자 하는 관념을 원관념이라고 하고 비유하기 위한 관념을 보조관념이라고 한다면, 비유법은 원관념을 표현하기 위해 보조관념을 차용하는 수사법을 말한다. 이때 비유법에서는 대부분 원관념을 겉으로 드러내는 것이 일반적이나, 때에 따라서는 보조관념만 겉으로 드러내기도 한다.

비유법의 원리는 유사성의 원리와 인접성의 원리로 구성된다. 유사성의 원리란 원관념과 보조 관념의 유사점을 활용하여 두 관념을 연결시키는 것을 말하며, 인접성의 원리란 역사, 문헌, 시사문제, 유행하는 문화 등에서 차용할 수 있는 보조관념을 원관념과 직접적으로 연결 짓거나 넌지시 언급하여 참조하는 표현방식을 말한다.

예를 들어, “온실(greenhouse)로 들어가자 마치 에덴동산(Garden of Eden)에 들어온 것 같은 착각을 일으켰다.”거나 “그녀는 클레오파트라처럼 생겼다.(She looks like Cleopatra.)”는 비유법은 현대에 살고 있는 한 여자의 아름다움이나 매력, 재치(beauty, charm, wit)를 클레오파트라라는 역사적인 인물에 비유한 표현이라고 할 수 있다.

비유법을 사용할 때는 다음과 같은 사항을 고려해야 한다. 첫째, 비유법을 포함한 모든 수사적 표현은 글의 목적에 적합하게 사용해야 한다. 또한 지나치게 상투적이거나 참신함을 잃은 낡은 비유는 사용하지 않는 것이 좋다. 일상생활에서 흔히 쓰여 참신함을 잃은 상투적인 표현을 사은유(死隱喩), 즉 죽은 은유라고 한다. 사은유의 예로는 “내 마음은 호수”, “시간은 금이다.", "달덩이 같은 여자", "유수와 같은 세월", "칠흑 같은 어둠" 등을 들 수 있다. 또한 억지로 꾸민 것 같은 비유도 지양해야 한다. 예를 들어, "사과같이 붉은 미소"나 "검푸른 머리단 같은 바다"와 같은 비유는 지나치게 과장된 표현이라고 할 수 있다. 이러한 비유법은 특히 논설문이나 기사문, 보고문처럼 사실을 기반으로 전개해야 하는 문서에 활용해서는 안 된다.

비유법은 다시 직유법, 은유법, 활유법, 의인법, 의성법, 의태법, 대유법, 풍유법, 중의법, 우화법, 상징법 등으로 세분화된다.

(1) 직유법(Simile)

직유법(simile)은 원관념을 원관념과 유사한 보조관념에 직접적이며 표면적으로 연결 짓는 표현방법을 말한다. 직유법은 수사적 표현 중에서 가장 기본적이며 초보적인 비유방식이라고 할 수 있다. 직유법은 "~처럼", "~ 같이", "~인 양", "~듯"의 형식을 빌려 표현하며, 영어로는 "A is like B"나 "A is as~as B"처럼 동급의 비교 표현이 이에 해당한다.

직유법의 예로는 카네기(Dale Carnegie, 1988~1955)의 "효과적인 연설을 위한 빠르고 쉬운 방법"이라는 저서에서 인용된 딜러(N. Richard Diller)의 표현을 들 수 있다. 딜러는 "이야기의 유형, 분량, 분위기(talk, the type of talk, the moment of talk, and the atmosphere for such talk)는 커뮤니케이션 조직을 살아 움직이게 하는 혈액(the very life blood)과 같다"는 표현을 하였다. 딜러는 "오늘날의 연설(Today's Speech)"을 집필한 저자로, 이야기의 흐름을 혈액의 흐름으로 직유함으로써 이야기의 살아 움직이는 생동감을 강조하였다.

직유법의 또 다른 예로는 "그는 여우처럼 교활하다", "구름에 달 가듯이 가는 나그네"를 들 수 있다. 서정주 시인의 "국화 옆에서"에서 나오는 "그립고 아쉬움에 가슴 조이던 멀고 먼 젊음의 뒤안길에서 이제는 돌아와 거울 앞에 선 내 누님같이 생긴 꽃이여"에서 '내 누님같이 생긴 꽃'을 들 수 있다. "다양한 색깔의 물고기들이 마치 무지개와 같다(Many-colored fishes are like a rainbow)"는 표현은 가지각색의 물고기를 무지개로 표현한 직유법이며, "상혁이는 경준이만큼 똑똑하다(상중 is as smart as 경준)"라는 표현은 두 사람의 능력이 동일하다는 뜻을 강조한 동급 표현이다. 요즘 핫이슈가 되고 있는 악플에 대해 "악플은 자신의 스트레스를 특정 인물에게 배출하기 위한 '배설구와 같다'"는 표현도 직유법에 속한다고 할 수 있다.

(2) 은유법(Metaphor)

은유법(metaphor)은 원관념과 보조관념 간의 유사성에 의한 대치(substitution)라고 할 수 있다. 은유법은 원관념과 보조관념을 직접 드러내어 비교하는 직유법보다 한 단계 더 세련된 표현방법이라고 할 수 있다. 직유법이 '~처럼'과 같은 연결어(connective word)를 사용하는 표현법이라고 한다면, 은유법은 연결어를 사용하지 않고 원관념과 보조관념을 주어와 술부로 직접 연결하는 표현법을 말한다. 즉, "A는 B이다(A is B)", 혹은 "A의 B(A of B)"라는 표현법을 말한다. 예를 들어, 직유법을 사용한 “호수 같은 내 마음”을 은유법으로 바꾸면 “내 마음은 호수”가 된다. “철수는 걸어 다니는 백과사전이다.”라는 표현은 “철수는 백과사전처럼 모든 부문에 능통하다.”는 직유적 표현을 은유화한 것이다. 즉, 철수의 뛰어난 지적능력이나 암기력을 그것과 공통점을 가지고 있는 백과사전에 빗대어 표현함으로써 지적 능력의 뛰어남을 보다 선명하게 표현한 것이다. 그 외에도, “책은 마음의 양식”, “스마트폰은 현대인의 동반자” 등이 은유법에 해당한다.

또한 예상 밖의 상이한 두 개념을 비교(comparing the qualities of two unlike things to achieve a creative effect)함으로써 창조적인 효과나 이색적인 분위기를 자아내기도 한다. 예를 들어, “그녀의 마음은 금이며 그녀의 머릿결은 실크이다.(Her heart is gold and her hair is silk.)”라는 표현에서 마음을 금으로 비유하거나 머릿결을 실크로 비유한 것은 순수한 마음이나 부드러운 머릿결의 질감을 강조하기 위한 예상 밖의 은유라고 할 수 있다. 팝송 중에도 “금과 같은 마음(Heart of Gold)”이나 “당신은 나의 태양(You are my sunshine)”이라는 은유적 제목이 있다. “그 트럭은 괴물이다.(The truck is monster.)”라고 한다면 이는 트럭의 크기와 힘을 나타내는 은유법이라고 할 수 있다. “시간의 언저리는 인생의 로터리”라거나 “귀 밑에 해묵은 서리”는 백발을 암시적으로 표현한 은유라고 할 수 있다. 또한 시인 김동인(1900~1951)의 “문을 닫아도 들어오는 월광(月光), 가슴을 닫아도 스며드는 사랑! 사랑은 월광이런가, 월광은 사랑이런가?”라는 시도 사랑을 은은한 달빛으로 표현한 은유적 수사법이라고 할 수 있다.

(3) 활유법과 의인법(Prosopopoeia)

활유법은 무생물을 생물처럼, 감정이 없는 비정물을 감정이 있는 유정물로 표현하는 방법을 말한다. 활유법은 의인법보다 더 넓은 의미를 가지며, 활유적 표현 대상에 사람의 ‘인격’이나 인간의 ‘자질(human quality)’을 부여한 경우를 의인법(personification, prosopopoeia)이라고 한다.

활유법의 예로는 “컴퓨터 바이러스”를 들 수 있다. “컴퓨터 바이러스”는 포코니에(Gilles Fauconnier, 1944~)와 터너(Mark Turner, 1954~)의 공저인 “인간의 사고방식: 개념적 혼성과 상상력의 수수께끼(The Way We Think: Conceptual Blending and the Mind's Hidden Complexities)”라는 책에서 개념적 혼성 이론(conceptual blending theory)의 예가 된 수사법이다. 포코니에와 터너는 사람들이 창조적으로 개발한 모든 수사적 표현은 개념적 혼성과정에 의해 일어나는 것이라고 주장하면서 바이러스라는 생물학적 개념을 컴퓨터라는 무생물의 기계에 접목하여 “컴퓨터 바이러스”라는 말이 창조된 것이라고 하였다. 여기서 “컴퓨터 바이러스”라는 개념은 ‘컴퓨터’라는 사물의 성격이나 특징을 ‘바이러스에 감염될 수 있는’ 상황과 혼성해야 이해할 수 있는 표현이다. 이와 같은 맥락으로 “컴퓨터가 바이러스에 감염되어 바이러스 백신으로 컴퓨터를 치료했다.”는 표현은 컴퓨터라는 광물질의 기계를 인체에 비유한 활유적 표현이라고 할 수 있다. 포코니에와 터너가 주장한 개념적 혼성이론이란 원래 은유법과 같은 언어학적 영역에서 출발하였으나 그 후 철학, 심리학, 사회학, 인류학 등 다양한 분야에 도입되어 인간의 모든 사고와 상상력을 설명하는 핵심이론으로 발전하였다.

활유법은 또한 표현하고자 하는 대상에 감정을 이입하기 위해 사용되는 수사법이기도 하다. 예를 들어, "훨훨훨 깃을 치는 청산이 좋아라."는 시조나 "나를 에워싸는 산", "울음 우는 바다", "목마른 대지", "잠자는 바다"라는 표현을 예로 들을 수 있다. 저자가 매우 선호하는 시 중에서 섬 시인으로 불리는 이생진(1929~)의 "술에 취한 바다"라는 시가 있다. 그 시의 한 구절을 소개하자면, "나는 내말을 하고 바다는 제 말만 하며, 술은 내가 마시는데, 취하긴 바다가 취하고, 성산포에서는 바다가 술에 더 약하다."라는 표현이 나온다. 으르렁거리듯 포효하는 파도를 마치 술에 취해 휘청거리는 인간의 모습으로 묘사하면서 바다와 함께 술을 마시는 감정이입을 표현한 훌륭한 활유적 표현이라고 할 수 있다.

의인법은 인간이 아닌 생물이나 무생물을 "인간"처럼 표현하거나 인간의 "인격성"이나 "자질"을 부여하는 수사법이라고 하였다. 아리스토텔레스가 말한 "생각에 언어의 옷을 입혀라."는 표현은 생각을 옷을 입은 살아있는 사람처럼 표현한 생동적인 표현이며, "연기가 내 코를 잡았다.(The smoke grabbed hold of my nose.)"거나 "파란 신호등불이 나에게 건너가라고 소리쳤다.(The green light shouted at me to go.)"는 표현, 혹은 "유리로 지은 집에 꽃의 가족들이 웃으며 살고 있다.", "바람도 햇볕도 숨을 죽이네.", "연꽃을 만나고 가는 바람", "가을빛과 함께 길거리에 서서", "밝게 미소 짓는 해님", "소복을 입은 백화가 한결같이 슬프게 서 있다."라는 표현들은 모두 사람이 아닌 대상을 살아있는 사람처럼 의인화한 표현이다. 그 외, "내 바이퍼(Viper)는 나의 샤론스톤이다."라는 표현은 "내 스포츠카는 도로에서 가장 섹시한 자동차이다."라는 뜻으로, 자동차를 가장 섹시한 상징으로 불리는 여배우로 의인화한 문장이다. 여기서 바이퍼란 미국의 스포츠카 브랜드인 닷지(Dodge) 회사에서 생산한 스포츠카를 말한다.

(4) 의성법(Onomatopoeia)

의성법(onomatopoeia)이란 성유법(聲諭法)이라고도 하며, 사물의 소리를 그대로 묘사해서 표현하는 수사법을 말한다. 의성법의 장점은 전달하고자 하는 내용을 소리로 표현함으로써 보다 실감나는 분위기를 창출할 수 있다는 점이다. 특히 인체에서 나는 소리는 매우 다양하게 표현할 수 있다. 예를 들어, "심장이 두근두근", "배에서 꾸룩꾸룩 소리가 났다.", "밥을 꾸역꾸역 먹으니 끄윽 하고 트림이 나왔다.", "밥을 오물오물 씹는다.", "사과를 아삭아삭 씹었다.", "아기가 쌕쌕 잠을 잔다.", "비행기를 타고 높이 올라가니 귀가 멍멍했다." 등이 있다. 또한 "통통 튀는 말솜씨", "비가 주룩주룩, 추적추적 내렸다.", "천둥번개가 우르릉 쾅쾅", "개울물이 졸졸졸 길섶으로 흘러간다.", "트럭이 덜커덩덜커덩 소리를 내며 달렸다.", "선반에 있던 책들이 쿵하고 떨어지자 옆에 있던 물건들도 우당탕 떨어졌다.", "둥기둥 줄이 울면 초가삼간 달이 뜨고", "닭이 꼬꼬댁 꼬꼬, 꾀꼬리는 꾀꼴꾀꼴, 참새는 짹짹.", "학교종이 땡땡땡 어서 모이자.", "물방울이 똑똑 떨어졌다.", "비둘기기 구구구구 운다."는 표현을 들 수 있다.

(5) 의태법(Mimesis)

의성법이 "소리"를 본 딴 표현이라고 한다면 의태법(mimesis)은 사물의 "행동", "모양", "양태"를 흉내 내 상징적으로 표현하는 수사법을 말한다. 일반적으로 의성어와 의태법은 언어학적으로 동일한 구성과 기능을 가지고 있기 때문에 이 둘을 정확히 분류하는 것이 쉽지 않다. 문법적으로는 의성어와 의태법 모두 형태변화에는 영향을 주지 못하며 단지 용언을 수식하는 부사어의 기능을 갖는다.

의태법도 인체의 모양을 흉내 내는 것에 많이 사용하는데, 사람이 걷는 모습을 "어슬렁어슬렁, 어기적어기적, 뒤뚱뒤뚱, 뒤룩뒤룩, 비틀비틀, 엉금엉금, 휘청휘청 거리며 걷는다."는 표현으로 묘사할 수 있으며, "심장이 쫄깃쫄깃 죄어오며 머리가 어질어질, 지끈지끈 아프다.", "다리근육이 욱신욱신하고 온 몸에 이가 스멀스멀 기어 다니는 듯하다.", "이상한 감정이 부글부글 피어오른다.", "아기가 방긋방긋, 엄마는 헤롱헤롱 거리며 웃는다." 등을 들 수 있다. 그 외, "물고기가 요리조리 헤엄을 친다.", "탱글탱글한 식감", "두둥실 두리둥실 배 떠나간다.", "하늘에서 별이 반짝반짝 빛나고", "단풍이 울긋불긋", "모닥불이 이글이글 타 오른다.", "토실토실 살찐 열매가 주렁주렁 달려 있었다."라는 예를 들 수 있다.

(6) 대유법(Synecdoche)

대유법(synecdoche)이란 원관념에서 연상되는 일부분으로 전체를 표현하는 방법이며 제유법과 환유법으로 세분화된다.

① 제유법(synecdoche)

제유법은 사물의 일부분으로 사물 전체를 표현하거나, 사물의 집합을 이루는 한 가지 구성요소로 집합전체를 표현하는 수사법을 말한다. "빼앗긴 들에도 봄은 오는가?"라는 표현에서 '들'은 국토를 구성하는 일부분이나 이 시에서는 국토 전부를 대표하는 것으로 쓰였다. "빵만으로 살 수 없다."는 표현에서 '빵'은 음식의 일부분이나 이 표현에서는 식량 전체를 대신하는 표현으로 사용되었다. 즉, "인간의 삶이란 자유가 없이 식욕만을 충족시키는 음식만으로는 살 수 없다."는 것을 강조한 표현이라고 할 수 있다. "흰 쌀밥에 고깃국"이라는 표현도 부자들이 먹는 음식을 대변해주는 제유법이라고 할 수 있다. 또한 "그는 약주를 잘 마신다."는 표현에서 '약주'는 다양한 술의 한 종류로 술꾼을 의미하는 제유법이며, "요람에서 무덤까지"란 표현은 신생아의 침대를 출생에 빗대고 무덤을 죽음으로 표현한 제유라고 할 수 있다.

② 환유법

제유법이 전체를 구성하는 '일부분'으로 전체를 나타내는 수사법이라고 한다면, 환유법은 원관념의 '속성'이나 '특징'을 가지고 있는 다른 낱말을 빌려서 원관념을 빗대어 표현하는 수사법을 말한다. 즉 은유법이 원관념과 보조관념 사이의 유사성에 의한 대치(substitution)라고 한다면 환유법은 두 관념 사이의 인접성에 의한 연결(contexture)이라고 할 수 있다. 따라서 제유법에서는 문장에 나타난 부분과 전체의 속성이 동일하나, 환유법에서는 부분과 전체의 속성이 다르다는 특성을 갖는다.

환유법의 예로는 "펜은 칼보다 강하다.(The pen is mightier than the sword.)"는 표현을 들 수 있다. 여기서 '펜'이란 사고나 글, 언론, 저술, 문학, 정보의 속성을 말하며, '칼'은 무력이나 폭력을 상징한다. 따라서 이성적 생각과 폭력적 무력이라는 전혀 다른 두 가지 속성을 비교하면서 글의 강력한 영향력을 강조한 환유 표현이라고 할 수 있다. "나를 바지저고리로 아느냐?"라는 표현에서도 "주관이나 능력이 전혀 없는 사람이나 촌사람"을 속되게 이르는 '바지저고리'와 전혀 다른 속성을 가진 "뛰어난 능력자"인 '나'의 속성을 비교한 환유 표현이라고 할 수 있다. 또한 "금테가 짚신을 깔본다."는 표현에서 '금테'는 '멋진 신사'를 상징하며 '짚신'은 '시골뜨기'를 환유하는 표현이며, "개똥도 약에 쓰려면 없다"는 표현도 속성이 전혀 다른 '개똥'과 '약'을 비교하면서 "개의 대변처럼 어디서나 '흔히 볼 수 있는 것'을 '귀한 약'과 환유한 표현이다. 환유법의 또 다른 예로는 "간호사는 백의의 천사다.", "한국민족은 백의민족이다."라는 표현을 들 수 있다. 여기서 간호사와 천사는 전혀 다른 속성을 가지고 있는 대상이지만, 남을 돕고 봉사하는 측면에서는 천사의 속성을 가지고 있다는 것을 강조한 환유표현이며, '흰옷'은 태양과 하늘, 빛, 자연을 숭배하며 감정을 숨기는 순수함을 상징하는 색으로 사용되었다.

(7) 풍유법(Allegory)

풍유법(allegory)이란 비꼬아 말하고자 하는 원관념을 숨긴 채 재치 있고 풍자적인 보조관념으로 원관념을 간접적으로 드러내는 수사법을 말한다. 풍유법은 주로 유명한 속담이나 격언, 혹은 풍자시나 풍자소설에 많이 쓰인다. 예를 들어, "망둥이가 뛰니까 꼴뚜기도 뛴다."는 속담은 자신의 처지나 분수는 생각하지 않고 잘난 사람을 무모하게 따라하려는 어리석음을 이르는 풍유 표현이다. "오비이락(烏飛梨落)"이라는 표현은 "까마귀 날자 배 떨어진다."는 뜻으로 아무런 의도 없이 했던 일이 공교롭게도 다른 일과 때를 같이 발생함으로써 마치 두 개의 행위 간에 관계가 있는 것과 같은 혐의나 의심을 받는 억울하고 난처한 상황에서 쓰는 표현이다.

풍유법은 다음에 소개할 경구법과 인용되는 문구에 있어 차이점을 갖는다. 즉, 풍유법은 주로 속담이나 격언을 이용하여 특정현상을 비꼬거나 조롱을 하기 위한 비유법이라고 한다면, 경구법은 금언(金言)이나 경구(驚句)를 이용하여 진리를 제시하기 위한 변화법의 일종을 말한다. 여기서 경구란 진리나 삶에 대한 느낌이나 사상을 놀라울 정도로 간결하고 날카롭게 표현한 시구(詩句)를 말하며, 금언이란 삶에 본보기가 될 만한 귀중한 내용을 짤막한 어구로 표현한 것으로 추론이나 증명을 필요로 하지 않는 일종의 보편적 선언문을 말한다. "이마에 땀을 흘리지 않는 자는 식탁에 앉을 수 없다."는 표현은 경구에 해당하며, "예부터 큰 부자는 하늘이 점지해주나, 작은 부자는 부지런함에 달렸다"는 표현은 금언에 해당한다.

(8) 중의법

중의법은 자신의 숨은 뜻을 전달하거나 유머로 표현하기 위해 한 단어에 두 가지 이상의 뜻을 의도적으로 곁들어 표현(using words that have more than one meaning)함으로써, 언어의 단조로움을 피하고 중복된 의미를 은연중에 표현하고자 사용하는 수사법을 말한다.

중의법의 예로는 "청산리 벽계수야 수이감을 자랑마라. 일도 창해(滄海)하면 돌아오기 어려우니, 명월(明月)이 만공산(滿空山)하니 쉬어 간들 어떠리!"라는 시조를 들 수 있다. 이 시조는 조선시대 성리학 이론의 시조로 알려진 서경덕(徐敬德), 박연폭포와 함께 송도삼절로 불리던 조선 명기 황진이가 지은 '청산리 벽계수야'의 한 구절이다. 여기서 "벽계수"란 "물빛이 맑아 푸르게 보이는 시냇물"을 뜻하면서 동시에 세종대왕의 17번째 아들인 영해군의 손자를 의미하는 중의어이고, "명월"은 "밝은 달"을 의미하면서 "황진이 자신"을 나타내는 중의어이기도 하다. 황진이는 벽계수를 향해 끊임없는 구애를 펼쳤음에도 불구하고 청산리 벽계수처럼 의연함을 잃지 않는 그의 참모습에 깊은 존경심을 가졌다고 알려져 있다.

중의법은 또한 동음이의어를 가진 두 단어를 사용한 말장난(pun)에 많이 활용된다. 영문의 예를 들면 "그는 그가 가지고 있는 말 때문에 악몽을 꾼 적이 있는데, 그의 말은 기사작위를 받은 암컷이었다.(He once had a very bad dream about his horse. It was a knight mare.)"라는 표현을 들 수 있다. 여기서 'knight mare'는 '기사작위를 받은 암컷 말'을 의미하지만 발음상으로는 '악몽'이라는 뜻의 'nightmare'와 동음이의어이다.

(9) 우화법(Fable)

우화법(fable)도 의인법처럼 동식물을 "인간화"하는 수사법을 말한다. 그러나 의인법은 조롱이나 풍자의 의도로 사용되지 않는 반면 우화법이란 주로 조롱이나 풍자의 의도로 사용된다. 우화법은 이솝(Aesop, 기원전 6세기)이 쓴 이솝우화(Aesop's Fables)에서 주로 사용되는 표현법을 말한다. 이솝은 고대 그리스 시대 사모스에 살던 인물로 노예 신분에서 자유인이 된 사람이었다. 이솝은 자유인이 된 후 유럽 각지를 돌아다니며 지혜와 풍자, 재치와 위트가 번뜩이는 많은 우화를 소개하였다. 이솝우화는 주로 동물들을 주인공으로 한 짧은 내용으로 구성되어 있으며, 동물들의 행동을 통해 세상을 살아가는데 필요한 처세술과 교훈을 주는 내용으로 구성되어 있다. 가장 대표적인 이솝우화로는 "여우와 신포도(The fox and the sour grapes)"를 들 수 있다.

(10) 상징법(Symbolization)

상징법(symbolization)이란 원관념의 뜻을 완전히 숨긴 채 보조관념만으로 사물이나 대상, 관념 등을 암시하는 표현법을 말한다. 상징법은 주로 치욕적이고 암울했던 일제점령기에 살았던 수많은 문인들이 독립과 민족자존에 대한 열망과 민족 계몽을 일깨우기 위해 사용한 기법이기도 하다. 예를 들어, 이육사(1904~1944)의 "광야"라는 시에는 "지금 눈 내리고 매화향기 홀로 아득하니"라는 내용이 나온다. 이 시에서 일제치하의 암울하고 추운 시기를 '겨울의 눈'으로, 광복의 염원을 이른 봄에 꽃이 피는 '매화향기'로 상징하였다.

2) 강조법(Emphasis)

강조법(emphasis)은 표현하고자 하는 원관념의 뜻을 더욱 더 강력하고 절실하게 표현하기 위한 수사법을 말한다. 강조법의 종류에는 과장법, 영탄법, 반복법, 열거법, 점층법, 점강법, 억양법, 대조법, 미화법, 연쇄법, 현재법, 명령법 등이 포함된다.

(1) 과장법(Hyperbole)

과장법(hyperbole)이란 주로 유머감각을 살려 특정사건이나 현상을 실제보다 크게 부풀려 과장되게 표현하는 방법(big exaggeration with humor)을 말한다. 과장법은 다시 향대과장과 향소과장으로 구분된다. 향대과장이란 어떤 사물이나 사실을 실제보다 더 크게 표현하는 것을 말하며, 향소과장은 실제보다 작게 표현하는 방식을 말한다. 과장법을 사용하는 데 있어서 지나치게 과장을 할 경우에는 청중의 공감이나 신뢰성을 얻기 어려우므로 주의 깊게 사용해야 한다.

과장법이나 향대과장의 예로는 "나는 지금 너무 배가 고파서 소 한 마리라도 먹어치울 수 있다.(I am so hungry, I could eat a cow.)"거나 "그의 스트레스의 무게는 1톤이나 되었다.(His stress weighed a ton.)", "달콤하면서도 시큼털털한 사과 주스가 내 입안에 홍수처럼 밀려왔다.(The sweet yet tart taste of the apple juice flooded my mouth.)", "톡 쏘는 것과 같은 솔잎 향이 대기를 채웠다.(The sharp aroma of pine needles filled the air.)"는 표현을 예로 들을 수 있다. 그 외, "삼백 예순 날 하냥 섭섭해 우옵내다." "통곡도 다 못 하여 하늘은 멍들어도", "이제는 아득한 산꼭대기에 겨우 싸래기 만큼이나 햇볕이 남아 있어."라는 표현 등을 들 수 있다. 여기서 "싸래기"란 표준어인 "싸라기"의 방언으로 "쌀의 부스러진 조각"을 말한다. 그 외에 "키가 장승만하다."거나 "하나의 슬픔이 태어나기 위해서는 적어도 1억 년의 시간이 필요하다."는 예를 들 수 있다.

향소과장의 예로는 "간이 콩알만 해졌다."는 표현이나 "쥐꼬리 같은 월급에 비해 지출은 쥐 잡는 고양이만하다."는 표현을 들 수 있다.

(2) 영탄법(Exclamation)

영탄법(exclamation)이란 기쁨, 슬픔, 분노, 감동 등의 감정을 그대로 드러내어 표현하는 방법으로 느낌표와 같은 문장부호가 함께 사용되어 강조의 의미를 극대화한다. 예를 들어 "내 누님같이 생긴 꽃이여!" "오!, 유쾌한 새 손님이여!" "부르다가 내가 죽을 이름이여!" 등을 들 수 있다.

(3) 반복법(Repetition)

반복법(repetition)은 동일한 음절을 반복적으로 나열하기 위해 동일어나 유사어를 되풀이하여 강조하는 표현방식을 말한다. 다른 수사적 표현법과 마찬가지로 반복법의 사용에는 주의를 요한다. 지나친 반복은 청중에게 거부감을 주어 신뢰감을 잃어버리기 쉽기 때문이다. 고전적인 반복법의 예로는 조선 중엽 만들어진 "악장가사"에 나오는 청산별곡의 후렴구인 "얄리얄리 얄라셩 얄라리 얄라"나 "살어리 살어리랏다. 멀위랑 다래랑 먹고 청산에 살어리랏다."라는 예를 들 수 있다. 또한 "옛날, 옛날, 한 옛날에"라고 시작하는 구전동화나 "달빛이 싫어, 달빛이 싫어, 눈물 같은 골짜기에 달밤이 싫어. 아무도 없는 뜰에 달밤이 나는 싫어."라는 표현도 반복법을 활용한 표현이다. 이 외에도 고대 그리스의 유명한 웅변가였던 데모스테네스(Demosthenes, 기원전 384~기원전 322)가 스피치에 있어서 가장 중요한 3가지에 대해 "전달, 전달, 전달"이라고 강조한 것이나 "설득적 의사소통에 있어 가장 중요한 것은 리허설, 리허설, 리허설이라고 할 수 있다."는 표현도 반복법을 사용한 강조표현이라고 할 수 있다.

(4) 열거법(Enumeration)

열거법(enumeration)이란 문장 성분상 유사한 성질이나 같은 계열, 비슷한 낱말, 어구 등을 늘어놓는 표현을 말한다. 예를 들어, "우리의 국토는 우리의 역사이며, 철학이며, 시이며, 정신입니다."라거나, "좋은 외과의사란 독수리의 눈, 사자의 심장, 숙녀의 손을 가진 사람이다!(A good surgeon has an eagle's eye, a lion's heart, and a lady's hands!)", "설득적 연설이나 프레젠테이션을 하기 위해서는 알리기, 웃기기, 울리기를 적절히 활용해야 한다."는 표현은 열거법을 활용한 표현법이라고 할 수 있다. 또한 로마 공화정 말기 유명한 정치인이자 장군인 카이사르(Gaius Iulius Caesar, 기원전 100~기원전 44)가 기원전 47년 로마 내전에서 승리한 후 "왔노라, 보았노라, 이겼노라!(Venire, Videre, Vincere!)"라고 외친 표현도 자신의 군사적 우월감과 승리의 기쁨을 열거법적으로 표현한 것이라고 할 수 있다. 또한 "풍요와 개방의 나라 미국, 멋과 맛의 나라 프랑스, 노래와 낭만의 나라 이탈리아, 근검절약과 질서의 나라 독일, 정열과 자유의 나라 브라질, 청결과 친절의 나라 일본"이라는 서두를 꺼내며 "그렇다면 한국을 대표하는 이미지는 무엇일까요?"라는 질문을 던지면서 연설의 서두를 시작했다면, 이는 열거법을 활용한 훌륭한 시작이라고 할 수 있다.

(5) 점층법(Climax, Gradation)

점층법(climax, gradation)은 의미, 중요성, 정서적 긴장도에 있어 작고 약하며 좁은 것에서부터 크고 강하며 넓은 현상으로 점차적으로 확대하여 표현하는 방법(arrangement of the homogeneous parts of one sentence, which secures a gradual increase in significance, importance, or emotional tension in the utterance)을 말한다. 점층법은 독자나 청중의 감흥을 점차적으로 고조시키는 효과적인 설득적 수사법이라고 할 수 있다. 예를 들어, "여기는 사랑스런 도시였으며, 아름다운 도시였으며, 공정한 도시였으며, 진정한 보석의 도시였다.(It was a lovely city, a beautiful city, a fair city, a veritable gem of a city.)"는 표현이나 "신록은 먼저 나의 머리를 씻고, 나의 마음의 모든 구석구석을 하나하나 씻어낸다."를 들을 수 있다. 또한 "질병만을 다루는 의사를 소의(少醫)라고 한다면 환자만을 다루는 의사를 중의(中醫), 인류 전체를 다루는 의사를 대의(大醫)"라는 표현은 "소의는 치병(小醫)만을 하는 의사이며, 중의는 치인(中醫)만을 고려하는 의사이나 대의는 치국(大醫)을 할 수 있는 의사"라는 뜻의 점층적 표현이라고 할 수 있다.

(6) 점강법(Anticlimax)

점강법(anticlimax)은 점층법과 대조적인 표현법으로 크고 강하고 넓은 현상에서 작고 약하거나 좁은 현상으로 점차적으로 축소시켜 표현하는 방법을 말한다. "숲에서 나무로, 나무에서 풀잎으로"라는 표현이나 "기쁨의 속삭임이 하늘과 땅, 나무와 나무, 풀잎과 풀잎 사이에서 은밀히 수수되고"를 예로 들을 수 있다.

(7) 억양법(Modulation)

억양법(modulation)이란 문장의 강도나 위력에 기복을 주는 표현으로 대상을 추켜세우는 표현을 먼저 한 후 낮추거나, 반대로 낮춘 표현으로 시작했다가 추켜올리는 표현을 말한다. 이때, 전달하고자 하는 본래의 원관념은 문장 말미에 두는 것이 일반적이다. 예를 들어 "네 아무리 기골이 장대하고 위풍이 있다 하나 언변이 없고 의사가 부족하니"라는 예에서 강조하고자 하는 내용은 스피치 능력의 부족이라고 할 수 있다. "그 양반 몰골은 흉악하지만 문자 속은 기특하오."라는 표현은 학문의 깊이는 겉으로 드러난 외양과는 별개라는 뜻을 함유하고 있다. 더불어 "허우대는 멀쩡한데 하는 일은 꼭 바보 같다."는 표현에서 '허우대'란 외양으로 드러난 크고 보기 좋은 체격을 말한다. 따라서 이 표현도 사람의 능력은 외양만으로 평가하면 안 된다는 강력한 메시지를 전달하는 억양법이라고 할 수 있다.

(8) 대조법(Syncrisis)

대조법(syncrisis)은 상반되는 두 가지 사물의 차이점을 조명함으로써 각각의 의미를 강조하는 수사법을 말한다. 즉, 비교법이 유사한 사물이나 의미를 연관 지어 원관념의 의미를 강화시키기 위한 표현이라고 한다면, 대조법은 두 사물을 비교 목적으로만 나열하는 것을 말한다. 예를 들어, "고전주의가 객관적이고 정적이라고 한다면, 낭만주의는 동적이며 주관적인 표현양식이다."라는 표현이나 "통계학에서 타당도를 정확도라고 한다면, 신뢰도는 정밀도라고 할 수 있다.", "중세철학에서 아우구스티누스를 교부철학의 아버지로 본다면, 토마스 아퀴나스는 스콜라철학의 대부라고 할 수 있다."라는 표현을 들 수 있다. 나도향은 "그믐달"이라는 시에서 "보름달은 모든 영화와 숭배를 받는 여왕과 같은 이미지이나 그믐달은 애인을 잃고 쫓겨남을 당한 공주와 같다."고 표현하였다. 이와 같이 대조법은 두 개의 개념을 대조적인 의미를 사용하여 각각의 개념을 모두 강조하고 싶을 때 사용된다.

(9) 미화법(Euphemism)

미화법(euphemism)은 완곡어법이라고도 하며, 추하거나 흉측스러운 사물이나 현상을 아름답게, 평범한 것을 뛰어나게, 불완전한 것을 완전하게, 혹은 상대방이 들어서 모욕적이거나 불쾌한 표현을 유화적이고 덜 모욕적인 내용으로 표현하는 방법을 말한다. 예를 들어, "천하의 위선자가 아니면 이만한 무장공자(無腸公子)도 없을 성싶다."는 표현에서 "무장공자"란 원래 "창자가 없는 동물인 게(crab)"를 의미하는 정상적인 사자성어이지만, 이 문장에서는 기개나 담력이 없는 사람을 놀리기 위한 표현으로 쓰였다. 또한 도둑놈(thief or burglar)이라는 부정적인 표현을 "양상군자(梁上君子)"라고 높여 부르기도 하는데, "양상군자"란 원래 후한서에 나오는 말로 "들보 위의 군자"라는 뜻으로 "집안 대들보 위로 들어온 도둑"을 미화적으로 표현한 말이다. 또한 변소를 일컫는 "화장실"이란 "화장을 고치는 방"으로 미화한 표현이며, "거지"를 "거리의 천사"라고 하는 것도 모두 미화법의 예라고 할 수 있다.

완곡어법은 비단 단어들뿐만 아니라 문장 전체를 미사여구로 수사하기도 한다. 예를 들어, "당신은 위쪽(머리 방향)이 조금 얇아지고 있네요.(You are becoming a little thin on top.)"라고 한다면, 이는 "대머리(bald)"를 완곡하게 표현하는 것을 말하며, "우리가 당신을 떠나도록 하겠습니다.(We are letting you go.)"라는 표현은 "해고(fire)"를 의미한다. 또한 "우리 회사는 정신적으로 도전을 받는 사람은 채용하지 않습니다.(We don't hire mentally challenged people.)"라고 했다면, 이는 "바보 같은 사람(stupid)"은 채용을 하지 않겠다는 뜻을 완곡하게 둘러서 표현한 것이라고 할 수 있다. 또한 직장상사가 거짓말을 일삼는 부하직원을 향해 "당신은 사실을 재배치하는 경향이 있는 것 같습니다.(You have a tendency to rearrange the facts.)"라고 불쾌하지 않게 둘러서 표현할 수도 있다.

(10) 연쇄법

연쇄법은 일종의 끝말잇기(word chain)처럼 말꼬리를 계속 이어가면서 나열하는 표현방식을 말한다. 즉, 연쇄법은 앞 어구의 끝과 같은 말로 뒤의 어구가 시작된다. 연쇄법으로 가장 잘 알려진 예로는 "원숭이 똥구멍은 빨개, 빨간 것은 사과, 사과는 맛있어, 맛있는 건 바나나, 바나나는 길어, 길으면 기차, 기차는 빨라, 빠른 것은 비행기, 비행기는 높아, 높은 것은 백두산"으로 연결되며 마지막에는 백두산 노래가 연결되는 노래를 들 수 있다. 이 외에도 "고인도 날 못보고, 나도 고인을 못 뵈었다."라는 표현을 예로 들 수 있다.

(11) 현재법

현재법은 시제를 변형시키는 수사법으로 과거나 미래의 일을 현재에 일어나는 일처럼 표현하면서 생동감을 주는 표현방식을 말한다. 예를 들어 "보살들이 영겁의 명상에 잠긴 석가여래를 둘러선다. 아무도 말하지 않는다. 그때마다 뻐꾹새가 운다."는 것을 예로 들 수 있다. 또한 이순신이 임종을 하면서 했던 "나의 죽음을 아무에게도 알리지 말라."는 표현도 역사적 시공간을 초월한 현재적 표현이라고 할 수 있다.

(12) 명령법

명령법이란 일반적인 평서문을 명령형으로 바꾸어서 표현하는 수사법을 말한다. 명령법은 주로 선전광고문이나 격문(檄文)에 사용된다. 격문이란 특정사건이나 광고, 혹은 군병을 모집하기 위해 많은 사람들에게 알리기 위한 글을 말한다. 예를 들어, "싸워라, 이겨라, 건아들이여!"라는 글이나, "당신의 간장, 이 한일의 약으로 지키시오.", "숲속에 자라는 풀들을 보라!", "보게나, 저 외로운 하일랜드 아가씨를!"이라는 표현을 예로 들을 수 있다. 또한 "날 좀 보소! 날 좀 보소! 동지섣달 꽃 본 듯이 날 좀 보소!"라는 표현도 명령문을 사용한 수사법이라고 할 수 있다.

3) 변화법

변화법이란 표현의 단조로움이나 지루함을 없애고 극적인 효과를 주기 위해 새롭고 매력적인 표현으로 대치시키는 표현방식을 말한다. 변화법은 다시 반어법, 역설법, 대구법, 설의법, 도치법, 인용법, 생략법, 비약법, 돈강법, 돈호법, 문답법 등으로 세분화된다.

(1) 반어법(Irony)

반어법(irony)을 의미하는 "irony"란 원래 "은폐하다"라는 뜻을 가진 고대 희랍어인 "eironeia"에서 온 말로, "표면적 진술과 실제의 발화 의도가 다르다."라는 뜻을 의미한다. 반어법은 소크라테스 시대부터 인식의 한 방법으로 활용되어 오다가 수사학의 표현방식으로 발전하게 되었다.

반어법은 표현하고자 하는 의도와 정반대의 표현을 통해 극적인 효과를 거두기 위한 표현 방법을 말한다. 반어법은 또한 가치의 반전을 주도한다. 이를 다른 말로 표현하자면, 수사적 표현에 나타나는 의미와 숨은 의미를 서로 상반되게 표현함으로써 원관념의 가치나 의미를 강조하는 방식을 말한다.

비유법이 유사성의 원칙에 의해 표현되는 것이라고 한다면, 반어법은 유사성을 부정하는 표현이라고 할 수 있다. 다음에 나오는 역설법은 반어법의 하위범주에 속하는 변화법이라고 할 수 있다.

문학적 개념에서의 반어법은 언어적 반어법(verbal irony), 극적 반어법(dramatic irony), 상황적 반어법(situational irony)으로 구분된다. 극적 반어법이란 등장인물은 깨닫지 못하지만 관객은 아는 경우를 말하며, 상황적 반어법이란 예상했던 상황과 반대의 결과가 만들어지는 것으로 특정한 결과를 의도하였지만 생각했던 것과는 다른 방식으로 나타나는 일이 종종 벌어지는 일상생활에서 가장 많이 사용되는 방식이다. 이중 연설에 있어서 사용되는 언어적 반어법은 외형적으로 드러나는 말과 의도된 뜻이 다르게 표현되는 것으로 누군가가 잘못한 경우, "자알 한다!"라고 비꼬는 표현이 이에 해당한다.

(2) 역설법(Paradox)

역설법(paradox)은 겉으로 얼핏 보기에는 불합리한 듯 보이나 면밀히 고찰해 보면 진실임을 깨닫게 되는 진술을 사용한 수사적 기법을 말한다. 즉, 역설법이란 겉으로 보기에는 모순된 말이지만, 그 속에 진리를 담고 있는 표현을 말한다. 표면적으로는 불합리한 표현처럼 보이나 면밀하게 성찰해보면 그 속에 진리를 내포하고 있는 단어들을 조합한다고 해서 모순형용, 혹은 모순어법(oxymoron)이라고도 한다. 모순어법이나 역설법은 양립할 수 없는 두 단어를 의도적으로 연관시켜서 그 뜻을 강조한다. 예를 들어, "소리 없는 아우성"이라는 표현에서, "아우성"은 소리를 내지 않고는 불가능하다. 이처럼 언뜻 보기에는 양립할 수 없는 모순된 표현이지만 이를 듣는 청중은 전체적인 맥락을 통해 고함을 치고 싶으나 그럴 수 없는 상황적 의미를 이해하게 된다. 모순어법이나 역설법을 사용하게 되면 청중은 서로 모순이 되는 문장의 참 뜻을 파악하기 위해 연설가의 표현을 한 번 더 생각하게 된다. 예를 들어, 존 던의 종교시 "내 가슴을 때려 주소서."의 끝 부분에서 "생명을 얻고자 하는 자는 생명을 잃어야 한다."는 표현처럼 모순어법을 통한 표현은 강렬한 감동과 여운을 주는 수사적 표현이라고 할 수 있다.

반어법과 역설법은 그 차이점에 있어 애매모호한 경우가 많다. 이러한 경우에는 구태여 반어법과 역설법을 구분하지 않고 사용하는 것이 통념이다. 구태여 역설법과 반어법의 차이점을 따지자면, 반어법은 "자알 한다."와 같이 외형적으로 표출된 문장이 합리적이며 적절한 내용을 담고 있으면서도 숨겨진 의미와는 어의 상 반대의미를 내포한 표현이라고 한다면, 역설법은 말 그대로 외형적으로 표현된 문장 자체가 비합리적인 경우를 말한다. 그러나 청중은 양립될 수 없는 모순된 문장임에도 불구하고 숨겨진 의미를 추론할 수 있으며, 따라서 모순된 두 단어가 표현하고자 하는 의미를 참 뜻으로 받아들일 수 있게 된다. 이를 줄여서 "모순되는 결론을 낳는 참된 추론"이라고 한다. 다른 말로 역설법이란 "모순된 표현을 통해 부정하기 힘든 추론 과정을 거쳐서 받아들이기 힘든 결론에 도달하는 것"이라고 할 수 있다. 예를 들어, "치솟는 물가를 걱정하며 즐겁게 세상을 개탄하고"라는 표현은 김광규의 "희미한 옛사랑의 그림자"라는 글에서 나오는 표현이다. 여기서 "즐겁게"는 "우울하게"를 강조하는 반어적 표현이다. 따라서 도저히 즐거울 수 없는 잔혹한 현실에 대해서는 눈을 감은 채 억지로라도 세상의 잘못을 받아들이려고 하는 역설적 표현이라고 할 수 있다. "아직은 암회색 스모그가 그래도 맑고 희고, 폐수가 너무 깨끗한 까닭에, 숨을 쉴 수가 없어 움직이지 못하고 눈만 뜬 채 잠들어 있는지 몰라."라는 표현은 김기택이 쓴 "바퀴벌레는 진화 중"이라는 글에서 나오는 표현이다. 여기서 "암회색"은 "맑고 흰 색", "폐수"는 "너무 깨끗한 물"과 반어법적 의미를 가진 표현들이다. 반면 전체적으로는 환경오염이 더 심각하게 되면 그로 인해 인간문명 자체가 존립할 수 없는 상태가 올 수도 있다는 경고의 역설적 표현이 되기도 한다.

또 다른 역설법의 예로는 한용운의 시 "님의 침묵"에서 나오는 구절인 "아아, 님은 갔지마는 나는 님을 보내지 아니하였습니다. 나는 향기로운 님의 말소리에 귀먹고 꽃다운 님의 얼굴에 눈멀었습니다."라는 표현을 들 수 있다. 그 외, "정작으로 고와서 서러워라.", "차가운 햇살", "나는 아직 기다리고 있을 테요. 찬란한 슬픔의 봄을!", "어린이는 어른의 아버지"와 같은 격언도 모두 역설법에 속한다.

저자가 학생 시절 좋아했던 시 중에는 미국 태생의 영국 시인이며 1948년 노벨문학상을 수상한 엘리엇(Thomas Stearns Eliot, 1888~1965)이 1922년에 출간한 "황무지(The Waste Land)"라는 시가 있다. 수천만 명의 목숨을 앗아간 제1차 세계대전(1914~1918) 직후 전쟁의 참혹함과 전쟁을 일으킨 인간의 탐욕을 '생명이 깃들지 못하는 문명'으로 표현한 황무지의 한 구절을 인용하면 다음과 같다.

> 4월은 가장 잔인한 달(April is the cruelest month)
> 죽은 땅에서 라일락을 키워내고
> 기억과 욕망을 뒤섞고
> 봄비로 잠든 뿌리를 뒤흔든다.
> 겨울은 따뜻했었다.
> 대지를 망각의 눈으로 덮어주고
> 가냘픈 목숨을 마른 구근으로 먹여 살려 주었다.

일반적으로 만물이 소생하는 4월은 희망과 생동감, 생명력, 젊음과 청춘을 대표하는 상징적인 달이다. 4월은 기나긴 동면에서 동물들이 기지개를 펴고, 사람들도 계절 우울증(seasonal depression)에서 벗어나 새로운 희망을 얘기하는 달이다. 그러나 엘리엇은 죽음과 황폐함을 극복하고 언 땅을 뚫고 나오는 놀라운 생명력의 강인함을 "잔인함"이라고 표현하였다. 또한 겨울을 가냘픈 목숨을 먹여 살려주는 비축식량과 세상의 더러움과 고통을 씻어주는 눈 덮인 대지가 있는 "따뜻한" 계절이라고 역설적으로 찬양하였다. 삶의 목적과 의욕을 잃은 사람들이 세상의 괴로움을 잊기에는 깊은 동면에 들 수 있는 겨울만큼 좋은 계절이 없으며, 이러한 맥락에서 인간의 나태함을 깨우는 4월의 봄은 잔인하기 그지없는 계절임에 틀림없다. 그럼에도 불구하고 엘리엇의 황무지를 읽는 사람들은 그의 역설적 비유를 통해 무기력한 동면에서 깨어나 새로운 희망과 생명력을 되찾아야 한다는 강렬한 삶의 교훈을 깨닫게 된다.

(3) 대구법(Antithesis)

대구법(antithesis, 對句法)은 주로 표어(slogan)에 많이 쓰이는 수사법으로 앞 문장과 뒤 문장의 비슷한 구절을 나란히 늘어놓은 겹문장을 사용하여 병행의 미와 대립의 미를 함께 전달하는 변화법을 말한다. 대구법은 특히 음절과 가락이 비슷한 라임(rhyme)을 맞춰서 표현함으로써 문장의 리듬감(rhythm)을 강조한다.

대구법은 강조법의 하나인 반복법과 차이를 갖는다. 반복법은 고대 그리스의 유명한 웅변가였던 데모스테네스(Demosthenes, 기원전 384~기원전 322)가 "스피치의 3가지 핵심은 전달, 전달, 전달"이라고 강조한 것처럼 똑같은 음절이나 어구를 반복적으로 사용하는 수사법을 말하나, 대구법은 비슷한 가락을 라임에 맞춰 반복적으로 사용하는 변화법을 말한다.

대구법은 또한 대조법과도 차이점을 나타낸다. 대조법은 내용상 서로 상대적이고 상반되는 내용으로 짝을 지어 "각각의 차이"를 부각하는 강조법이라고 한다면, 대구법은 형태나 구조상 비슷한 내용의 문장을 상응시켜 쉽게 전달하기 위한 변화법의 일종이라고 할 수 있다.

대구법의 예를 들자면, "호랑이는 죽어서 가죽을 남기고, 사람은 죽어서 이름을 남긴다." "예술은 짧고, 인생은 길다." "흥정은 붙이고, 싸움은 말려라." "이성은 투명하되 얼음과 같으며, 지혜는 날카로우나 갑 속에 든 칼과 같다.", "남자는 배, 여자는 항구", "산은 푸르고 물은 맑다." 등을 들 수 있다. 또한 "결혼은 경험이 부족해서 하고, 이혼은 인내가 부족해서 하며, 재혼은 기억력이 부족해서 한다."거나 "혼자 있으면 외롭고, 같이 있으면 괴롭다.", 혹은 "여행은 나이가 들어 다리가 떨릴 때가 아니라 가슴이 떨릴 때 가야한다." 등을 들 수 있다.

(4) 설의법(Questioning)

설의법(questioning)은 문답법이라고도 불리며, 권유나 변론, 혹은 상대방을 공격하기 위해 평서문을 질문형식으로 바꾸어 표현하는 수사법을 말한다. 설의법에 사용되는 질문은 청중이 익히 알고 있는 사실을 묻는 형식을 취하나 청중의 대답을 필요로 하지는 않는다. 즉, 설의법이란 대다수의 청중이 이미 알고 있는 분명하고 일상적인 사실을 되짚어서 물어보는 표현법으로 주로 감탄을 강조하기 위해 사용된다. 예를 들어, "이 또한 얼마나 아름다운 일입니까?"라는 표현은 "예, 아름답습니다."라거나 "아니요. 아름답지 않습니다."는 대답을 요하는 표현이 아니라 "너무나 아름답다!"는 감탄의 표현이다. 다른 예로는 6.25의 노래 중 일부인 "아아 잊으랴? 어찌 우리 이 날을!"이라는 내용이나 "이러는 네가 인간이냐?" 등을 들 수 있다. 또 다른 예로는 "술의 해독이 이와 같거늘 어찌 술꾼을 지혜 있는 사람이라고 할 수 있겠는가?"라는 표현이나 "어머니 이 밤이 너무도 길지 않습니까?"라는 표현을 예로 들 수 있다.

(5) 도치법(Inversion)

도치법(inversion)이란 표현상의 단조로움을 피하고 재미를 더하기 위해 일반적인 문장의 어순을 바꾸어서 표현하는 수사법을 말한다. 일반적으로 문장은 주어 뒤에 술어가 오지만 도치법에서는 술어가 먼저 나오는 것이 특징이다. 도치법을 사용하여 술어를 앞에 표현하면 청중은 뒤에 올 내용에 대한 궁금증을 더하게 되며, 따라서 청중의 긴장감을 고조시키는 효과를 갖는다. 도치법의 예로는 "열렸다, 너를 향한 문이", "기다리다 지쳤다, 나를 바라보지 않는 너에게", "마시자, 술을." "불태우자, 금요일에" 등을 들 수 있다.

시인 유치환이 쓴 "깃발"의 한 구절인 "아, 누구인가! 이렇게 슬프고도 애달픈 마음을 맨 처음 공중에 달 줄을 안 그는"이나 김영랑이 쓴 "모란이 피기까지는"의 한 구절에서 "나는 아직 기다리고 있을 테요. 찬란한 슬픔의 봄을"이라는 표현을 들 수 있다. 그 외에도 "가거라, 어서", "보고 싶어요, 붉은 산이, 그리고 흰옷이", "참 섭섭해요. 여름내 계실 것 같이 말씀 들었더니"라는 표현을 들 수 있다. 영어문장에서도 도치법은 강조를 위한 중요한 표현으로 간주된다. 이를 소개하자면, "Here comes the train(기차가 들어온다)"를 들 수 있다. 이 문장을 정상적인 문장구조로 다시 쓰면 "The train comes here."가 된다.

(6) 인용법(Citation)

인용법(citation)은 자신의 주장에 대한 신뢰도를 높이고 내용의 충실도를 기하기 위해 저명인사의 말이나 주장, 의견 등을 빌려 쓰거나 격언이나 고사성어, 속담 등을 인용하는 방법을 말한다. 인용법은 타인의 말을 원문 그대로 인용하는 직접인용법과 내용만을 간접적으로 차용해서 인용하는 간접인용법으로 구성된다. 직접인용법은 병인법이라고도 하며 간접인용법은 암인법이라고도 불린다. 인용법의 예로는 쇼펜하우어(1788~1860)의 말을 인용한 "육체적으로 위대한 사람은 거리가 멀수록 작아 보이고, 정신적으로 위대한 사람은 거리가 멀수록 커 보인다."라는 표현이나 "도스토예프스키는 "카라마조프가의 형제들"에서 다음과 같이 말했다. '이 지상의 모든 생물들은 무엇보다도 먼저 그 삶을 사랑하지 않으면 안된다.'고 말이다"라는 표현을 들 수 있다. 또한 "옛날부터 '시는 자연의 모방이다'이라 일컬어 왔고, 또한 '연극은 인생을 거울에 비추어 보이는 일'이라고 말해 왔다."라는 글을 들 수 있다.

(7) 생략법(Ellipsis)

생략법(ellipsis)이란 함축성 있는 표현과 문장의 압축미, 혹은 여운을 주기 위해 불필요한 부분을 생략하거나 특징만을 간결하게 뽑아내어 독자의 상상력이나 추리력을 자극하는 표현 방식을 말한다. 예를 들어, 소설가 이효석(李孝石, 1907~1942)의 시 "돈(豚)"에서 "캄캄하던 눈앞이 차차 밝아지며 거물거물 움직이는 것이 보이고, 귀가 뚫리며 요란한 음향이 전신을 쓸어 없앨 듯이 우렁차게 들렸다."라는 표현 뒤에 "우레 소리, 바다 소리가, 바퀴 소리가."라는 표현이 나온다. 여기서 우레소리, 바다소리, 바퀴소리 뒤에는 "들렸다"라는 표현이 모두 생략되었다.

(8) 비약법

비약법은 평탄한 순서로 서술되던 내용이 갑자기 시공간적인 순서나 방향을 무시하며 급격한 변화나 반전을 꾀하는 표현기법을 말한다. 소설에 있어서는 급반전을 꾀하거나, 시의 이미지 변화를 유도할 때, 혹은 사람들의 잠재의식의 변화 등을 표현하는데 효과적으로 사용될 수 있다. 예를 들어, "흐느적거리는 금붕어의 유영은 나른한 졸음을 가져온다. 아, 종군하고 싶다."라는 표현이나 "전주, 밤안개가 짙은 동짓달, 자욱한 안개 속, 그리고 이슬비, 늘어선 간판들 주위만이 희미하게 밝다. 한 사람이 길을 걷다 포도 위에 쓰러진다. 주위는 갑자기 더 고요해진다. 죽고 싶다."는 표현에서 "한 사람이 포도 위에 쓰러진다."는 문장과 "죽고 싶다."는 문장 사이에는 많은 내용들의 의미상 비약이 일어나고 있다. 또한 "어둡다. 요란하다. 우레 소리, 번갯불, 바람은 천지를 쓸어가란 건가. 구름은 우주를 뭉개 버리란 건가. 파도소리, 저 파도소리, 절벽을 물어뜯는 저놈의 파도소리, 수십 길 절벽을 뛰어 넘어 이 집을 쓸어 가려는 듯, 차라리 쓸어 가 버려라, 집까지 섬까지 한 묶음을 삼켜 버려라."라는 표현도 비약적 표현의 예라고 할 수 있다.

(9) 돈강법(Bathos)

돈강법(bathos)이란 숭고하거나 엄숙하고 심각한 내용을 먼저 제시하여 청중의 심리를 긴장시켜 나가다가 갑자기 예상 밖의 평범하거나 비속한 결론을 제시함으로써 긴장감을 깨뜨리고 엉뚱한 결말에 도달하기 위한 수사학적 기법을 말한다. 주로 감정의 절정에서 전혀 다른 어조로 내용이나 결말이 바뀌면서 내용의 의미를 급감시키는 특성을 갖는다. 예를 들어, "일개 사단의 병력이 투입되었다. 비행기의 편대가 하늘을 뒤덮었다. 그리하여 그 날의 연습은 시작되었다. 배나 타 볼까, 저무는 부여는 점점 어두워 간다."는 표현이나, "이 영화는 대작이다. 독특한 세계관, 거물 배우의 기용, 세트의 호화로움, 화제성, 그 어느 것 하나 불평을 할 수 없을 정도로 굉장하다. 스토리가 몹시 치졸하다는 것을 제외하고는"이라는 영화평도 돈강법을 사용한 표현이라고 할 수 있다.

(10) 돈호법(Apostrophe)

돈호법(apostrophe)란 사람이나 사물의 이름을 불러 청중의 주의를 환기시키는 수사법으로 이때 부를 수 있는 이름에는 실제로 존재하지 않는 것도 활용할 수 있다. 예를 들어, "신이시여!", "님이시여!", 혹은 "청산아!" 등의 표현이나 "어머니, 당신은 그 먼 나라를 아십니까?", "얘야, 촛불을 끄렴, 이제 우리 먼 나라로 다시 긴 여행을 떠나야 하지 않겠니?"라는 표현을 들 수 있다.

(11) 문답법

문답법은 연설가 스스로가 묻고 대답하는 수사학적 표현을 말한다. 예를 들어, "이 강이 어느 강인가? 압록이라 불리는 강인가?"라는 표현이나, 키르케고르가 스스로에게 문답을 한 "시인이란 무엇이냐? 그 가슴속에 생각한 고뇌를 간직하고, 그러면서도 눈물과 탄식을 마치 아름다운 음악인 양 말하는 입술을 가진 불행한 인간인 것이다."를 들 수 있다.

이상과 같이 수사법적 표현기법을 비유법, 강조법, 변화법으로 구분하여 살펴보았다. 수사법이란 평범할 수 있는 연설문을 보다 미적이고 아름답게 수식할 수 있는 기교의 형식이라고 하였다. 스피치나 프레젠테이션을 준비하는 사람들도 생각에 언어라는 아름다운 옷을 입히는 과정을 통해 자신의 연설문을 보다 아름답게 표현하려는 노력을 경주해야 할 것이다.

Chapter 06

원고작성의 유형

1 개요

평소에 글쓰기를 생활화하지 않았던 사람에게 스피치나 프레젠테이션의 원고를 작성하는 일은 매우 어렵고 난감한 일로 받아들여진다. 그러나 원고작성에도 일련의 절차와 방법이 있다는 사실을 인식한다면 원고작성에 대한 부담이 조금은 덜어질 것이다. 일반적으로 원고작성은 구상단계(conception stage), 표현단계(expression stage), 수정단계(revision stage)의 세 가지 단계를 거치게 된다.

구상단계란 아이디어나 생각의 결과를 체계적으로 조직하는 단계를 말한다. 스피치나 프레젠테이션에 대한 아이디어나 생각이 정리되었으면 가장 좋은 주제를 결정한 후 이를 체계적으로 조직한다. 이때 자신의 생각을 기록해두는 것이 좋으며, 메모를 한 내용을 기반으로 마인드 맵핑(mind mapping) 기법을 사용하면 원고의 전체적인 윤곽과 뼈대를 구성하는데 많은 도움이 된다. 표현단계는 자료와 생각을 문자로 구체화하는 단계를 말한다. 이때 자기의 생각을 자신의 언어로 표현하는 것이 무엇보다도 중요하게 된다. 이렇게 작성된 원고도 끊임없이 수정단계를 거치지 않으면 훌륭한 원고를 완성시킬 수 없다. 수정단계란 문제점을 발견하고 개선하는 단계를 말한다. 새로운 주제의 스피치나 프레젠테이션을 위해서는 아이디어를 조직하기 위한 방법이 필요하게 된다. 이중에서 마인드맵(mind map)은 저자도 활용하고 있는 효과적인 아이디어 조직방법이라고 할 수 있다.

2 마인드맵(Mind Map)

마인드맵(mind mapping) 기법은 영국 출신의 교육 컨설턴트(consultant)인 부잔(Tony Buzan, 1942~2019)이 1974년부터 영국 BBC TV의 "당신의 뇌를 사용하라(Use Your Head)"는 시리즈에 출연하면서 최초로 소개한 도해방법이다. 부잔에 의하면, 마인드맵은 인간의 신경세포인 뉴런(neuron)처럼 중심체를 가지고 있는 일종의 이차원적 노트필기 기술(two-dimensional note-taking technique)이라고 하였다. 마인드맵은 중앙의 특정주제를 중심으로 이와 관련된 모든 지식을 한 눈에 볼 수 있는 지도이기 때문에 이와 유사한 다른 모든 방법들 중에서 가장 효과적이라고 강조하였다. 참고로 마인드맵과 유사한 개념으로는 거미줄 도해(spider diagram), 스프레이 도표(spray diagrams), 개념지도(concept map), 햇살 도표(sunburst chart 또는 ring chart) 등이 있다. 개념지도(concept map)는 주요개념을 위쪽 방향에서 아래쪽 방향으로 나열하는 도표를 말하며, 햇살도표는 태양빛이 반사되어 나오는 것처럼 중앙의 태양으로부터 방사형으로 개념들을 소개하는 도표를 말한다. 부잔에 의하면, 개념지도를 만들다보면 단어의 과부하(overloaded with words)가 종종 발생하여 종국에 가서는 다루기 힘들 정도로 거추장스러운 도표가 될 수 있다고 비판하였다.

마인드맵을 작성하기 위한 과정은 다음과 같다. 우선, 종이 한 장을 꺼내 놓고 이를 마음의 지도(mind map)이라고 가정한다. 종이의 가장 중앙에 둥근 원을 그린 후 그 곳에 발표하고자 하는 주제나 중심 아이디어(central idea)를 써 넣는다. 그런 다음 주제와 관련된 소주제들을 일종의 거미줄이나 나뭇가지(main branch)처럼 중심 원과 연결시키는 방식이다. 중심 아이디어에서 최초로 뻗어 나온 나뭇가지를 핵심키워드(keyword)라고 부른다. 그런 다음 각각의 핵심키워드 주변에 작은 나뭇가지 형태로 원을 그리면서 새로운 연합을 사용하여 아이디어를 점차 확장한다. 이때 부잔은 주제의 중요도에 따라 색깔을 달리하는 것이 중요하다고 강조하였다. 그 이유는 색이 없는 마인드맵은 마치 흑백으로 점철된 자연 속 나무숲을 걸어가는 것과 같으나 색깔에 따라 중요도를 달리하면 마치 컬러풀하고 파워풀한 숲을 걷는 것과 같아지기 때문이라고 설명하였다.

"한 장의 그림은 천 마디의 말과 같은 가치를 지닌다.(A picture is worth a thousand words.)"는 말처럼 많은 연구에서 인간의 뇌는 이미지, 상징, 연합을 사용할 때 최적의 기능을 하는 것으로 나타났다. 이러한 의미에서 컬러풀하게 작성된 마인드맵은 프레젠테이션을 위한 원고작성에 매우 효과적으로 활용될 수 있는 방법이라고 할 수 있다. 왜냐하면 이 방법을 사용함으로써 뇌의 기능과 완벽하게 일치하는 방식으로 정보를 연결하고 최적의 뇌 용량을 활용하여 최적의 문제해결방법을 창의적으로 찾아낼 수 있도록 돕기 때문이다.

가장 중앙에 위치한 중심 아이디어에서 방사형으로 뻗어나가는 마인드맵은 주제에 대한 구조를 선명하게 나타내주는 한 장의 지도가 된다. 예를 들어 특정회사에 면접을 가기 전 마인드맵을 만든다면, 중심원에는 자신의 이름과 자신을 가장 잘 나타내줄 킬러메시지(killer message)가 들어간다. 중심원에 킬러메시지를 써넣은 다음 방사형으로 뻗어나간 첫 가지에는 자신의 성격, 성장과정, 학창시절, 지원동기, 좌우명, 취업 5년 후 포부 등 5~6개의 원이 연결된다. 이들이 바로 자기 자신을 대표하는 핵심키워드가 되는 것이다. 그 후 각각의 키워드 원을 중심으로 다시 소주제를 작성한다. 예를 들어, 중국과의 수출을 주로 하는 회사인 경우에는 '취업 5년 후 포부' 원 주위에 중국어 공부, 중국시장 진출 희망, 실전 마케팅, 위기관리 등의 작은 원을 그려나가는 방식이다. 이처럼 브레인스토밍 과정을 통해 거미줄 위에 원들을 작성한 후 제한된 시간 내에 발표할 가장 핵심적인 내용만을 간추리기 위해 관련성이 희박한 내용을 하나씩 제거해가는 과정을 반복하다 보면 자신이 발표할 내용의 윤곽이 선명해진다.

부잔에 의하면, 마인드맵은 실질적인 지식의 개요를 한 눈에 볼 수 있으며 전반적인 구조의 연관성을 명료화시키는 방법이기 때문에 프레젠테이션은 물론, 복잡한 과제나 프로젝트의 기획, 비즈니스 회의나 브레인스토밍을 요구하는 다양한 작업에 유용하게 쓰일 수 있다고 강조하였다.

3 원고작성의 단계

원고작성은 자신이 발표하고자 하는 주제를 논리적으로 전개하기 위한 방향으로 준비되어야 한다. 원고작성을 위한 방법 중 가장 일반적인 구성법이 연설내용을 단계적으로 구성하는 것이다. 단계식 구성법이란 글 전체를 세부적인 하부내용으로 구분하여 조직하기 위한 기본적인 틀을 말한다. 단계식 구성법에는 크게 2단계, 3단계, 4단계, 5단계 구성법이 포함된다.

1) 2단계 구성법(Two-Stage Composition)

2단계 구성법(two-stage composition)이란 주로 짧은 글에 활용되는 기법으로 전체적인 원고를 문제제기와 해결책, 본질적 특성과 구체적 속성 등으로 이분화하여 제시하는 형태를 말한다. 이를 좀 더 구체화하면 2단계 구성법에는 인과적 구성법(cause-and-effect composition), 연역적 구성법(deductive composition), 귀납적 구성법(inductive composition) 등을 포함한다.

인과적 구성법이란 전체 원고를 원인과 결과로 이분하는 형태를 말하며, 연역적 구성이란 보편적 진리나 대명제로부터 필연적으로 일어날 구체적 사례들을 소개하는 방법을 말한다. 연역적 구성법과는 반대로 귀납적 구성법은 개연적으로 일어난 많은 사실들을 종합하여 하나의 보편적이며 종합적인 일반화(generalization)로 귀결하는 방식을 말한다. 2단계 구성법도 이를 소개하기 위한 서론을 포함시키게 되면 3단계 구성법이 된다.

2) 3단계 구성법(Three-Stage Composition)

3단계 구성법(three-stage composition)은 원고작성을 위한 가장 보편적인 구성법으로 서론, 본론, 결론의 형식을 갖는다. 역사적으로 3단계 구성법은 고대 철학의 정수이자 논증법의 근간을 이루어 온 3단 논법, 즉 대전제, 소전제, 결론에서 유래하였다. 그 후 르네상스를 거쳐 17세기에 들어 과학혁명의 시대를 맞게 되면서 모든 과학적 사고의 방법론은 가설, 조사, 검증의 3단계 구성법으로 표현되었다. 또한 19세기 독일의 빛나는 이상주의(idealism)를 구현한 헤겔(Georg Wilhelm Friedrich Hegel, 1770~1831)의 변증법적 절차(Dialectics)는 정-반-합의 3단계 순서로 진행된다. 헤겔은 변증법을 인식뿐만 아니라 존재에 관한 논리의 모순을 통해 진리를 찾는 철학적 접근법이라고 정의하였다. 정, 반, 합의 과정은 또한 정립(these) – 반정립(antithese) – 종합(synthese)의 3단계라고도 불린다. 정립이란 테제, 혹은 정명제라고도 불리는 제1원칙으로 본래의 정리된 하나의 주장, 추상적 명제, 혹은 오성적 규정을 말한다. 정립단계란 암암리에 모순이 내포되어 있지만, 모순을 인식하지 못하거나 밖으로 발현되기 전 단계를 말한다. 반정립단계란 정립단계에서 잠재적으로 내포되어 있던 모순적 면모가 밖으로 드러나는 단계를 말한다. 즉, 반정립단계란 내적 모순으로 낳은 대립명제로 부정적인 이성적 규정을 말한다. 이 세상의 모든 현상들이 필연적으로 내포하고 있는 모순적 면모로 인해 반명제는 다시 모순에 부딪히게 되며 이로 인해 다음 단계로 전개해 나갈 수밖에 없게 된다. 이를 합명제, 혹은 신테제(synthese: synthesis)라고 한다. 합명제란 안티테제를 부정함으로서 합의 단계에 이른 명제를 말하며 정명제를 부정한 안티테제를 다시 부정하게 되므로 '부정의 부정'이라고도 불린다. 즉, 정과 반의 두 개의 규정이 모두 부정되면서 동시에 인정되어 통일에 이르는 단계를 말한다. 헤겔은 이러한 과정을 "지양", 즉 "아우프헤벤(aufheben)"이라고 설명하였다. 지양(aufheben)이란 독일어는 "보존하다", "보관하다"라는 뜻과 함께 "폐지하다", "폐기하다"라는 상반된 뜻을 동시에 가지고 있는 용어를 말한다. 헤겔은 "지양"이라는 단어가 자신의 신테제에 대한 사변적 성격을 가장 정확하게 표현해 준다고 하였다. 헤겔의 변증법적 논리에서 가장 중요한 점은 종합단계에 이르렀다고 해서 진리 발견의 마지막 궁극적 단계에 도달한 것이 아니라는 점이다. 즉, 합명제가 내포하고 있는 모순적 한계로 인해 합명제는 다시 새로운 정명제가 되며, 이러한 절차는 끊임없이 순환된다. 따라서 세계역사나 인간정신은 모든 사물에 숨은 최고의 본질인 절대정신, 즉 진리에 도달할 때까지 영원히 순환운동을 지속하게 되는 것이라고 하였다.

현대에 들어와서도 3단계 구성법은 작성하고자 하는 글의 유형에 따라 다양한 이름으로 불린다. 예를 들어, 설명적인 글은 도입, 전개, 정리단계로 구분되며, 서사적인 글은 발단, 전개, 결말 또는 대단원의 단계로 구성되기도 한다. 시간적 분류를 강조하는 글은 단기, 중기, 장기로 구분되며, 귀납적 과정을 중시하는 논문은 사례, 일반화, 결론으로, 연역적 과정을 중시하는 글은 가설, 조사, 검증의 단계로 구성된다. 문제해결을 중심으로 하는 글은 핵심문제, 목표, 전략의 3단계 절차로 구성되며, 직접적인 행위 유도를 위한 단계법으로는 계획(plan), 실행(do), 결과관찰(see)이라는 과정을 활용하기도 한다. 이와 더불어 논리적인 글이나 연설문은 대부분 취지, 개요, 세부안의 순서대로 열거된다. 이를 보다 일반적인 용어로 표현하면 서론, 본론, 결론이 된다. 서론, 본론, 결론의 3단계 구성법은 다음 장에서 자세히 다루도록 한다.

3) 4단계 구성법

4단계나 5단계 구성법은 3단계 구성법을 토대로 이를 응용하거나 확대시킨 구성법을 말한다. 즉, 4단계 구성법은 3단계 구성법을 다시 세분화하여 기, 승, 전, 결이나 발단, 전개, 절정, 결말의 단계로 분류하는 것을 말한다. 발단, 전개, 절정, 결말의 4단계 구성법은 글의 내용을 일관성있게 전개해나가다가 예기치 않은 반전의 고비를 제공함으로써 변화의 효과를 극대화시키는 기법을 말한다.

4단계 구성법의 시조는 고대 희랍의 철학자인 아리스토텔레스라고 할 수 있다. 아리스토텔레스는 그의 저서 "수사학(Rhetoric)"에서 머리말, 진술부, 논증부, 맺음말로 4단계 배열법을 소개하였다. 이 중 머리말에서는 청중을 유혹하기 위한 일화나 감동을 주기 위한 소개문이 포함되어야 하며, 진술부에서는 토론을 하기 위한 논제가 제기되어야 한다고 강조하였다. 논증부에서는 자신이 주장하고자 하는 논점과 논점을 증명하기 위한 증거(evidence)들을 논리적으로 제시하는 것은 물론, 청중의 의견에 반론을 제기하기 위한 주장이 포함되어 있어야 한다고 강조하였다. 마지막으로 맺음말에는 연사가 주장한 주제를 다시 한 번 강조하면서 결론을 맺어야 한다고 설명하였다.

독일 심리학자이며 기억에 대한 개척자적 실험연구로 "망각곡선(forgetting curve)"과 "에빙하우스 착시효과(Ebbinghaus optical illusion)"를 소개한 인물로 유명한 에빙하우스(Hermann Ebbinghaus, 1850~1909)는 1885년 망각곡선을 소개한 "기억: 실험심리학에의 기여(Memory: A Contribution to Experimental Psychology)"라는 연구보고서에서 연구결과를 제시하는 방법을 놀라울 정도로 조직적이며 명확한 4단 배열법으로 소개하였다. 즉, 개요(introduction), 연구방법(methods), 연구결과(results), 토의(discussion section)로 구성한 그의 4단 배열법은 그 후 모든 학술연구보고서나 논문을 쓰는 표준틀이 되었다.

4) 5단계 구성법

5단계 구성법은 주로 소설이나 희곡, 신문의 논설문 등에서 사용되는 구성법으로 발단, 전개, 위기, 절정, 대단원의 다섯 단계로 구성된다. 소설의 경우, 4단계 구성법의 절정단계 바로 직전에 위기단계를 삽입하거나, 희곡의 경우, 절정단계와 결말단계 사이에 하강단계를 삽입하기도 한다. 신문의 논설문에서 쓰이는 5단구성법에서는 화제에 주의를 집중시키는 단계, 흥미를 느낀 독자가 제시된 문제에 이끌리는 단계, 대두된 문제의 해결법을 제시하는 단계, 해결법을 구체화하고 효율성을 실증하는 단계, 독자의 결심을 촉구하여 행동으로 유도하는 단계로 구성된다.

(1) 키케로의 설득적 연설을 위한 5단계 구성법

아리스토텔레스의 수사학을 위한 4단 배열법은 로마시대로 들어오면서 5단 배열법으로 확장되었다. 로마의 대 문장가이자 철학자인 키케로(Marcus Tullius Cicero, 기원전 106~기원전 43)는 그의 젊은 시절 저술한 "착상에 관하여(De Inventione)"라는 책에서 설득적 수사학을 위한

5가지의 일반적 기준(5 cannons of rhetoric in designing persuasive speech)에 대한 기본 틀을 제공하였다. 수사학을 위한 일반적 기준에는 독창성(invention), 배열(arrangement), 문체(style), 기억(memory), 전달(delivery)이 포함된다. 5가지 수사적 기준은 원래 대중연설을 위해 고안된 것이지만 모든 작문의 초안 작성이나 재작문(prewriting, drafting, rewriting) 등에도 적용할 수 있는 기준이기도 하다.

① 독창성(Invention)

독창성의 발견단계(invention phase)는 기발하고 독창적인 아이디어를 개발해내는 과정을 말한다. 미국 MIT에서 뇌와 인지과학을 공부하고 현재는 뉴욕대학의 심리학과 교수로 재직하고 있는 마커스(Gary Marcus, 1970~)는 2008년 발간된 "클루지: 인간 정신의 무계획적인 구축(Kluge: The haphazard construction of the human mind)"이라는 책에서 창의성을 생각의 재조합이라고 정의하였다. 창의(ingenuity)와 창조(creation)는 동일한 의미로 혼용되고 있지만, 미묘한 차이점을 가지고 있는 개념들이다. 이 두 개의 개념적 차이점을 간략히 소개하자면, 창조(creation)란 일반적으로 무에서 유를 만들어내는 것을 의미하나, 창의(ingenuity)란 기존에 가지고 있던 지식구조를 재조직, 재조합, 재구성하여 새롭고 기발한 '발상'이나 '독창적인 표현'을 만들어내는 것을 말한다. 따라서 창의적 생각이란 아무 것도 없는 무에서 유를 창조하는 것이 아니라, 개인이 이미 가지고 있던 기존 지식체계를 바탕으로 이를 새로운 관점에서 바라보는 것이다. 따라서 창의성의 재료는 기존의 사고체계에 저장되어 있던 기억의 산물이 된다. 이에 대해 마커스는 "클루지(kluge, kludge)"라는 개념을 소개하면서 인간정신의 특성을 진화과정의 산물로 설명하였다. 클루지란 독일어로 "영리한"이라는 뜻의 "클루그(klug)"에서 유래된 말로, "임시로 급히 짜 맞추기", "임시방편으로 사용하기(jury rig)"의 동의어이기도 하다. 원래 클루지란 용어는 공학자들이 주로 쓰던 용어로, "결코 완벽하지 않은 엉성한 해결책"을 가리키는 통속적 표현이었다. 그 후 인지과정에 있어 어떤 문제에 대해 서툴거나 세련되지 않지만, 놀라울 만큼 효과적인 해결책(unsophisticated but fairly effective solution to a problem)을 뜻하는 용어로 전환되었다. 마커스는 인간의 정신구조도 논리적이고 이성적으로 설계된 기관이라기보다는 서툴게 짜 맞춰진 불완전한 "클루지"이며, 이는 혹독한 환경 속에서 생존하기 위한 진화과정의 결과라고 강조하였다. 마커스의 클루지에 의한 창의적 해결책 예시를 하나 소개하고자 한다. 때는 바야흐로 1970년 4월 아폴로 우주선 13호에서 벌어진 일이다. 13호 달착륙선에서 갑자기 이산화탄소 여과기가 고장 나는 비상사태가 발생하였다. 여과기를 즉시 고치지 못하면 승무원들은 모두가 지구로 돌아오지 못하고 죽을 수도 있는 심각한 상황이었다. 우주비행 관제소의 공학자 스마일리(Ed Smylie)는 승무원들과의 교신을 통해 "우주 캡슐 안에 '무언가 쓸모 있는 것들'이 있을 터이니 이것들을 가지고 여과기 수리를 할 수 있는지 중론을 모아보라"고 조언하였다. 그 결과, 승무원들은 우주선 안에 있던 비닐봉지와 마분지 상자, 절연 테이프, 양

말 한 짝을 이용하여 훌륭한 여과기 대용품을 만들었으며 이는 클루지를 이용한 비과학적이지만 최선책의 하나로 인용되고 있다.

창의성 단계에서 아이디어를 수집하는 방법으로는 주로 브레인스토밍(brainstorming)이나 프리라이팅(prewriting)을 들 수 있다. 브레인스토밍은 자신의 머릿속에서 가감 없이 자연발생적으로 떠오르는 생각(popping up ideas)을 모두 적어보는 기법을 말한다. 프리라이팅도 문법이나 스펠링의 실수는 고려하지 않은 상태에서 아무 주제나 자유롭게 써보는 것을 의미한다. 이러한 과정을 통해 연설가는 스피치의 목적에 맞는 개념이나 어휘, 논증방법, 배경이론 선택에 대한 가장 최적의 아이디어를 창의적으로 발견할 수 있게 되는 것이다.

딜러(N. Richard Diller)는 그의 저서 "오늘날의 연설(Today's Speech)"에서 "이야기, 이야기의 유형, 이야기하는 순간, 이야기를 하는 분위기는 산업체의 의사전달 조직을 살아 움직이게 하는 혈액(blood)과도 같다"고 강조하였다. 딜러가 강조한 것은 기업조직 내에서의 의사소통 유형이지만, 그의 표현은 모든 스피치나 프레젠테이션에도 적용이 가능하다. 즉, 청중에게 전달되는 메시지는 스피치의 생명을 유지시키는 혈액과도 같다. 따라서 스피치나 프레젠테이션의 첫 단계는 주제와 관련된 내용을 얼마나 창의적으로 생각해 낼 수 있는가 하는 점이라고 할 수 있다. 아이디어의 개발과 착상과정은 스피치의 목적과 핵심 메시지를 선택하고 이를 뒷받침할 수 있는 세부 아이디어를 개발하는 과정이 포함된다. 이때 성공적인 스피치를 위한 가장 중요한 기준은 청중에 대한 분석이라고 할 수 있다. 왜냐하면 주제와 목적을 정하고 자료를 모으고 주장과 근거를 개발하는 것은 청중분석의 결과에 따라 달라지기 때문이다. 청중분석에 대해서는 제2부에서 구체적으로 다루도록 한다.

② 배열(Arrangement)

배열(arrangement)이란 아이디어의 착상과정에서 발견한 내용을 스피치의 목적에 맞도록 순서를 결정하고 배치하는 것을 말한다(decide how to order the material in a text). 일반적으로 배열과정은 실질적인 글쓰기의 전 단계(prewriting stage)로 개요서(outline)의 뼈대를 구성하는 것이라고 할 수 있다.

아리스토텔레스는 그의 저서 "수사학 3권"에서 설득력을 높이기 위해서는 논증을 위한 증거(evidence)들을 적절히 배열하는 것이 매우 중요하다고 강조하였다. 증거란 "무엇이(what)" 청중을 설득되도록 만드는가에 대한 내용적 측면이라고 한다면, 배열은 "어떻게 전달하는가(how to deliver)"에 대한 연출이라고 강조하였다. 이때 다양한 수사학적 방법이 동원되어야 청중이 이해하기 쉬우면서도 흥미를 가질 수 있다고 강조하였다.

메시지의 내용을 배열할 때는 서론, 본론, 결론 등 일정한 패턴으로 내용을 배열하는 것이 중요하다. 본론에 들어갈 하부주제들은 "첫 번째, 두 번째, 세 번째" 등으로 제시되어야 일목요연하게 내용을 배치할 수 있다. 한국 대외경제정책연구원 지식정보실 학술출판팀에서 출간한 원고작성지침에 의하면 보고서의 내용을 제시하는 기호체계는 다음과 같이 통일되어 있다. 우선 제1장으로 소개되는 보고서의 경우는 1. 가. 1) 가) (1) (가) ① ㉮의 순으로 제시해야 하며 영문보고서의 기호체계는 Ⅰ. 1. A. 1) A) a. 순으로 제시해야한다고 설명하였다.

남의 말을 인용하기 위해서는 따옴표가 사용되는데, 따옴표에는 큰따옴표("")와 작은따옴표('')가 포함된다. 큰따옴표는 대화내용을 적을 때나 남의 말이나 문장을 직접 인용할 때, 혹은 특별어구(phrase)를 소개할 때 사용된다. 또한 영문으로 된 논문의 제목은 큰따옴표로 표시해야 한다. 예를 들어, 법조인들이 농담처럼 이야기 하는 사법절차의 3가지 단계를 소개하면 다음과 같다. 즉, "네 죄를 네가 알렸다!", "이실 직고하렸다.", "매우 쳐라!"라고 대화내용을 표기하거나, 기상청은 "올 여름은 대단히 더울 것"이라는 표현처럼 완전한 문장은 아니지만, 중요한 포인트만을 강조한 어구를 인용할 때 사용된다. 이에 비해 작은따옴표는 큰따옴표 안에서 다른 말을 인용할 때나 마음속으로 하는 말을 표현할 때 사용한다. 예를 들어, "내가 꿈에서 막 깨어나는 순간, '이제 정신이 드세요?'라고 간호사가 말을 했다"라는 것을 들 수 있다.

③ 문체(Style)

문체란 원고에 사용하기 위한 실제적인 단어(actual words)를 제시하는 단계를 말한다. 원고작성에 있어 문체는 초안단계(drafting stage)에서 재작성 단계에 걸쳐 반복적으로 수정된다.

문체의 표현단계는 전달하고자 하는 메시지 내용을 일정한 패턴으로 배열한 후 이를 실제적인 단어(actual words)로 표현하는 단계를 말한다. 아리스토텔레스는 배열이 설득적 증거들을 전달하기 위한 연출이라고 한다면, 문체란 이들을 "어떻게 표현하는가(how to express)"에 달려있다고 강조하였다. 즉, 문체란 본질적으로 언어의 적절한 표현법을 결정하는 기준으로 이에 대해 아리스토텔레스는 "언어란 생각에 옷을 입히는 과정"이라고 강조하였다. 이때 적절한 어휘 선정과 더불어 위트(witty line)나 유머러스한 은유법(humorous metaphor) 등을 사용하는 것이 좋으며, 보다 강력한 표현을 위해 수동태보다는 능동태적인 표현 등을 활용하는 것도 고려해야 한다.

대부분의 연설이나 프레젠테이션은 언어라는 매개체를 통해서 소통된다. 이처럼 언어란 청중과 직접적으로 생각을 교환하는 도구가 되므로 언어표현은 매우 신중하게 이루어져야 한다. 특히 구두 언어는 문서언어와는 달리 청중이 단번에 이해하고 동의할 수 있는 표현이어야 한다. 명연설문이 공통적으로 가지고 있는 특징 중의 하나가 생생한 표현을 담고 있다는 것이다. 생생한 표현을 위해서는 생각이 빛을 발할 수 있도록 적절한 단어를 설정하여 명쾌하고 살아 움직이는 듯한 표현을 강구하는 것이 필요하다.

④ 기억(Memory)

설득적 수사학에 있어서 기억(memory)이란 완성된 연설문을 연설가가 자신의 기억 속으로 저장하는 과정을 말한다. 아무리 훌륭한 연설가라고 하더라도 자신이 준비한 연설문을 암기하지 못한 채 개요서를 그대로 보고 읽는다면 설득의 효과는 급감하게 될 것이다. 따라서 이 단계에서 중요하게 다루어지는 것이 바로 리허설(rehearsal)이다. 충분한 리허설을 통해 원고에 대한 기억을 할 경우에는 텔레프롬터(teleprompter)나 원고를 보지 않고 청중과의 시선접촉(eye contact)을 유지할 수 있다. 텔레프롬터란 대통령이나 기타 저명인사들의 연단 앞에 위치한 장치로, 출연자에게 대본 내용을 보여주는 장치를 말한다. 또한 충분한 암기로 연설 내용을 기억하고 있는 경우에는 연설가의 신체언어도 자연스럽게 유지할 수 있어 청중과의 상호작용도 효과적으로 교환할 수 있게 된다.

암기란 독창적으로 착상한 메시지 내용을 조직하고 난 뒤 충분히 숙지하는 과정을 말한다. 고대 그리스와 로마 시대에 있어서 웅변가의 기억력은 그들의 능력을 판단하는 중요한 잣대로 인식되었기 때문에 웅변가들은 연설내용을 암기하는데 많은 노력을 기울여야 했다. 내용을 충분히 숙지하지 않은 상태에서는 청중과의 교감이 어렵기 때문에 충분한 연습과 준비과정을 통해 내용을 기억해야 한다.

여기서 한 가지 고려해야할 점은 발표하고자 하는 내용을 한자도 빼 놓지 않고 모두 외워서는 안 된다는 점이다. 저자의 학생들 중에는 아예 교과서를 전부 외운 다음 기억에 의존해서 발표하는 학생들이 있다. 이러한 경우, 발표 중간에 교수가 질문을 하게 되면 기억장애를 불러일으킬까봐 몹시 당황하거나 아예 질문에 무시하는 경우를 종종 본다. 프레젠테이션이란 청중과의 자연스럽고 끊임없는 교감을 전제로 하기 때문에 암기에 의존해서 발표를 할 경우에는 시선접촉이나 상호작용이 이루어지기 어렵고 말투 또한 경직되므로 청중으로부터 외면을 받게 된다. 따라서 암기란 전체 내용을 줄줄 외우는 것이 아니라 키워드(keyword)를 중심으로 전체내용을 유기적으로 이해하는 것을 의미한다. 이때 키워드를 적은 개요서(outline)와 큐 카드(Q-card)를 작성하여 이를 바탕으로 암기하는 것이 도움이 된다. 큐 카드란 텔레비전 프로그램 등에서 사회자나 출연자들이 손에 들고 진행하는 카드로, 전체적인 내용의 흐름을 개괄적으로 적어놓은 카드를 말한다. 큐 카드는 혹여 내용을 잊어버렸을 경우 참조할 수 있기 때문에 심리적인 안정감이나 여유를 제공해준다고 알려져 있다. 그럼에도 불구하고 저자는 프레젠테이션에 대한 훈련과정에 있는 대학생들에게는 큐 카드나 개요서 등 문서를 손에 들고 하는 발표를 지양한다. 가끔 참조하기 위해 준비한 카드라고 할지라도 발표 경험이 적은 대학생들은 이러한 개요서에 전적으로 의지하게 되고 그 결과, 청중과의 시선접촉이 방해받기 때문이다.

연설은 크게 즉흥조 연설(improvised speech)과 원고 연설(speech with script)로 구분된다. 원고 연설이란 대부분의 스피치나 프레젠테이션에서 자주 볼 수 있는 실행방법 중의 하나이다. 원고 연설은 준비한 내용을 위주로 실행하기 때문에 실수를 할 위험성이 적다. 그러나 원고 연설의 가장 커다란 맹점은 원고에 묶여서 생동감 넘치는 연설이 불가능해지며 원고에 집중하느라 청중의 반응을 살피거나 청중과의 자연스러운 시선접촉이 어려워진다는 점이다. 또한 원고를 들고 한다는 심리적 안도감 때문에 메시지의 중요한 요점을 암기하는 것을 소홀히 할 수 있다. 이러한 이유로 1학년 학생들을 대상으로 하는 저자의 "스피치와 프레젠테이션"이라는 과목에서는 개요서를 손에 들고 하는 프레젠테이션을 허용하지 않는다. 이러한 훈련을 철저히 거쳐야만 학년이 올라가면서 부여되는 수많은 발표에 자신감을 가지고 임할 수 있기 때문이다.

즉흥조 연설은 즉흥연설(extemporaneous speech)과도 다른 개념이다. 즉흥연설이란 강의 첫 시간에 아무런 준비 없이 출석한 학생들에게 특정주제에 대한 "3분 스피치"나 "5분 스피치"를 시키는 것을 예로 들을 수 있다. 역사상 최초로 즉흥연설을 시행한 사람은 고대 희랍의 밀레토스 자연주의 철학자이자 우주의 본질을 공기(air)라고 주장한 아낙시메네스(Anaximenes, 기원전 585~기원전 525)로 기록되어 있다. 이때 즉흥연설이란 암기나 리허설이 허용되지 않은 상태에서 짧지만 분석적이며 비판적 사고를 즉흥적으로 표현하는 것(analytical speech spoken off the cuff)을 말한다. 현재 미국에서는 매년 고등학생과 대학생들을 대상으로 즉흥연설대회(high school and college forensics competition)를 실시하고 있는데, 참가자들은 30분의 준비기간과 7분간의 연설을 통해 3가지 주제에 대한 답변을 해야 한다. 이때 참가자들에게 주어지는 주제는 주로 국내외 정치, 경제정책 등의 시사적 사안이나 사회과학, 자연과학 이슈들을 포함하며, 7분간의 연설을 통해 가장 훌륭하게 청중을 설득한 팀에게 수상이 돌아간다.

이에 반해, 즉흥조 연설이란 연설문 작성과정에서 준비한 개요서를 기초로 철저한 사전준비와 리허설을 거친 후 실제 연설이 이루어지는 상황에서는 아무런 문서 없이 연설을 하는 것을 말한다. 재즈의 표현방식은 클래식 음악과는 다르다고 알려져 있다. 재즈에서 가장 중요하게 고려하는 표현방식을 "즉흥성(improvisation)"이라고 하는데, 이는 어떤 특정한 형식에 맞추어 연주를 하거나 노래를 부르는 것이 아니라 그때그때 상황과 분위기에 따라 자유롭게 연주(spontaneous performance without specific or scripted preparation)하는 것을 말한다. 클래식 음악은 원곡을 일말의 실수 없이 정확하게 표현하는 것을 가장 중요한 평가기준으로 여긴다. 이에 반해 재즈는 매번 할 때마다 원곡과는 다른 방식과 형식으로 자유롭게 표현하는 것을 중시한다. 그렇다고 해서 재즈의 원곡이 변질되거나 평가절하 되는 것이 아니라 자유로운 표현방식을 통해 원곡의 가치가 살아 움직이게 되는 것이다. 즉흥성이라는 용어는 애드립(ad lib)이라고 알려진 "ad libitum"과 유사한 개념으로, 애드립은 라틴어로 "자유자재로(at one's pleasure)" 혹은 "희망하는 대로(as you desire)"라는 뜻을 갖는다. 이와 마찬가지로 즉흥조 연설이란 전체 메시지에 대한 내용은 사전에 철저한 준비를 거친 뒤 실제 연설 실행 당시에는 원고를 전혀 보지 않고 프레젠테이션을 시행하는 것을 말한다. 즉흥조 연설에서 중요한 점은 청중과의 자연스러운 상호작용이다. 즉, 사전에 암기한 내용을 기계적으로 연설하는 것이 아니라 암기한 내용을 기반으로 상황에 맞게 자연스럽고 유연하게 스토리텔링화하여 전달함으로써 청중과의 시선접촉은 물론 깊은 감동을 줄 수 있게 되는 것이다. 스피치학의 권위자인 벤더(James F. Bender)의 2010년 출간한 "How to Talk Well"이란 책은 "청중 장악법"으로 번역된 책이다. 이 책에서 벤더는 즉흥조 연설이란 청중과 함께 호흡하며 깨어 있는 상태로 생기 있는 반응을 일으킬 수 있는 가장 훌륭한 연설방법이라고 강조하였다. 클래식 피아노의 대가 루빈스타인(Arthur Rubinstein, 1887~1982)도 연습의 중요성에 대해 일침을 가한 적이 있다. 그는 여행을 갈 때에도 자동차 안에서 소리 나지 않는 작은 피아노를 가지고 틈만 나면 연습을 하던 인물로 유명하다. 루빈스타인는 자신의 연습과정에 대해 "하루를 연습하지 않으면 내 자신이 알고, 이틀을 연습하지 않으면 아내가 알며, 사흘을 연습하지 않으면 청중이 안다"고 강조하였다.

즉흥조 연설을 하기 위해서는 원고 연설보다 훨씬 더 많은 시간을 사전준비에 쏟아 부어야 한다. 톰 소여의 모험(Adventures of Tom Sawyer)으로 잘 알려진 트웨인(Mark Twain, 1835~1910)은 명연설가로도 유명하다. 트웨인에 의하면, 훌륭한 즉흥조 연설을 위해서는 총 3주 이상이 걸린다(It takes me more than 3 weeks to prepare a good impromptu speech)고 하였다. 이처럼 철저한 준비와 충분한 암기 상태에서 즉흥조로 연설해야만 전달력에 있어서 가장 강력한 연설이 될 수 있는 것이다. 미국의 16대 대통령인 링컨(Abraham Lincoln, 1809~1865)은 1863년 남북전쟁의 격전지였던 펜실베이니아 주 게티즈버그에서 전사 장병을 위로하기 위한 연설을 시행하였다. "국민의, 국민에 의한, 국민을 위한 정부는 이 지구상에서 결코 멸망하지 않을 것입니다(Government of the people, by the people, for the people, shall not perish from the earth)"라는 2분간의 간결하며 명확한 즉흥조 연설은 그 후 민주주의의 정신적 상징으로 대표되는 연설로 남게 되었다. 세계에서 가장 유명한 연설의 하나로 꼽히는 게티즈버그 연설은 철저한 준비에서 나온 즉흥조 연설이라고 할 수 있다. 이를 위해 링컨은 게티즈버그로 떠나기 전, 어느 때보다도 연설문의 단어를 신중하게 선택했다고 한다. 긴 단어보다는 짧은 단어로, 라틴어에서 유래한 말보다는 앵글로 색슨 언어에서 유래한 말을 찾았다고 한다. 링컨 대통령의 연설이 시작되기 전 매사추세츠 주지사이자 국무장관(secretary of state)을 역임한 에버렛(Edward Everett, 1794~1865)의 연설이 진행되었다. 유명한 연설가로 명성이 자자했던 에버렛의 기조연설은 장장 두 시간 동안 계속되었으며, 그의 연설이 끝나자 청중은 우레와 같은 박수갈채를 보냈다. 이와는 반대로 2분간 진행된 링컨 대통령의 연설에 대해서는 아무런 반응이 나오지 않았다. 청중은 링컨의 짧은 연설이 계속될 것이라는 생각에 박수를 치지 못했던 것이었다. 이러한 반응에 대해 에버렛은 링컨 대통령에게 "지금 당장은 청중으로부터 아무런 반응이 없으나 내일 아침이 되면 전 국민은 대통령의 연설을 가장 최고의 감동적인 연설로 여기게 될 것입니다"라는 칭송을 마다하지 않았다고 전해진다.

⑤ 전달(Delivery)

고대 아테네의 저명한 정치가이자 웅변가로 명성이 자자했던 데모스테네스(Demosthenes, 기원전 384~기원전 322)는 "스피치에 있어서 가장 중요한 세 가지 요소란 전달, 전달, 전달이다"라고 강조하였다. 로마의 대문장가인 키케로(Marcus Tullius Cicero, 기원전 106~기원전 43)는 데모스테네스에 대해 "고상한 언술, 풍부한 어휘, 준비성, 살아있는 열정, 속도를 갖춘 최상의 어조를 완성한 결점 없는 완벽한 웅변가"라고 찬양했으며, 퀸틸리아누스(Marcus Fabius Quintilianus, 35?~100?) 또한 "웅변의 표준(lex orandi)"이라고 칭송을 마다하지 않았다. 데모스테네스가 주장한 전달(delivery)이란 스피치나 프레젠테이션의 마지막 실행단계에서 연설자 자신이 준비한 원고를 청중에게 실제로 구현하는 행위를 말한다. 이때 연설가의 구두 언어는 물론 비구두적 신체언어가 설득적 연설에 매우 중요한 역할을 하게 된다. 비구두적 요인으로는 연설가의 신뢰도, 목소리의 톤, 자세 등이 포함된다. 수 주일에서 많게는 몇 개월 동안 준비한 내용을 청중에게 전달하기 위해서는 충분히 큰 목소리로 자신감이 넘치는 에너지를 보여주어야 하며, 데모스테네스처럼 살아있는 열정을 담아내야 한다. 이렇게 하기 위해서는 연단 주위를 자연스럽게 오가며 청중과의 시선접촉을 유지하는 것이 무엇보다도 중요하게 된다. 전달과정에 대한 구체적인 사항은 제2부 프레젠테이션에서 언급하도록 한다.

(2) 몬로의 동기유발 계열법(Monroe's Motivated Sequence)

미국 인디아나 주 퍼듀대학교(Purdue University)의 교수이며 "연설의 원칙과 종류(Principles and Types of Speech, 1958, 2017)"의 저자인 몬로(Alan Houston Monroe, 1903~1975)는 1943년 "몬로의 동기유발 계열법(Monroe's Motivated Sequence)"을 개발하였다. "몬로의 동기유발 계열법"은 청중의 동기부여를 위한 5단계 구성법으로 주의집중(getting attention), 욕구성립(establish the need), 욕구만족(satisfy the need), 미래조망의 가시화(visualize the future), 행동 실현화(action and actualization)로 구성된다. 몬로에 의하면, 인간의 동기유발과정은 다섯 단계를 거쳐서 서서히 형성되므로 연설가는 청중이 이해하고, 수용하며, 동의하면서 결국에는 행동으로 실천할 수 있도록 메시지를 구성해야 한다고 강조하였다. 몬로의 동기유발 계열법을 구체적으로 살펴보면 다음과 같다.

① 도입단계(Step One: Get Attention)

도입단계(stage of getting attention)는 서론의 일부분으로 청중의 주의를 집중시키기 위한 단계를 말한다. 이 단계에서는 특히 청중으로 하여금 신뢰감(credibility)을 확립하는 것이 무엇보다도 중요하며, 연설의 목적을 소개함으로써 청중이 무언가를 기대하도록 만들어야 한다.

도입단계에서 몬로는 스토리텔링 기법과 질문 기법을 사용하라고 권유하였다. 즉, 흥미롭거나 호기심이 있는 이야기, 혹은 긴장감이나 쇼킹한 이야기를 제공함으로써 청중의 주의집중이나 흥미를 유발시킬 수 있으며, 질문을 던짐으로써 청중을 자연스럽게 주제에 연결시킬 수 있다고 강조하였다. 예를 들어, "여러분은 미국인들이 죽음보다도 더 두려워하는 것이 무엇인지 아십니까?"라는 질문을 던진 후 "그것은 바로 대중연설불안입니다."라고 서두를 꺼낸다면 연설불안에 대한 청중의 관심도가 높아지게 된다. 또한 증가하는 범죄를 예방하기 위한 강연에 앞서 "여러분은 현재 미국 캘리포니아 주에서 매주 몇 명의 범죄자가 감옥에 갇히는지 아십니까? 50명? 100명?"이라고 운을 뗀 다음 "매주 250명이 교도소로 이감된다고 합니다."라고 서두를 시작할 경우, 청중의 관심을 집중시키는 오프닝이 될 수 있다. 이보다 더 쇼킹한 기법으로는 "산업현장에서는 안전규칙에 대한 기준이나 법규를 구체적으로 제공하고 있음에도 불구하고 10명 중 7명의 근로자들이 안전사고로 목숨을 위협받고 있다고 합니다."라고 서두를 꺼낸 뒤 "단지 규칙을 지키지 않는 것이 더 편하고 쉬우며 효율적이라는 이들의 생각이 엄청난 불행으로 이어지고 있는 것입니다. 오늘 이 연사는 70%에 달하는 사람들이 병원침대나 혹은 관 속에서도 편안함을 느낄 수 있는지 묻고 싶습니다."라고 한다면 이는 매우 충격적인 서두가 될 것이다. 또한 흡연자들을 대상으로 금연 캠페인을 하기 위한 연설에서 담배와 폐암과의 관련성만을 지나치게 강조하게 되면 흡연자들의 인지부조화 현상을 자극하여 매우 부정적인 태도를 양상하게 된다. 1964년 인지부조화이론(cognitive dissonance theory)을 소개한 페스팅거(Leon Festinger, 1919~1989)에 의하면, 두 가지의 사실로 인해 내적인 부조화가 일어날 경우, 인간은 인지부조화 현상을 최소화하려는 방향으로 동기가 유발되며 이를 위해 자기 정당화라는 방어기제를 사용하게 된다고 설명하였다. 따라서 흡연문제를 직접적으로 언급하기 보다는 흡연을 중지했을 때 오는 변화된 모습이나 삶의 질이 높아진 사례를 언급하는 것이 훨씬 더 효과적이다. 예를 들어, 흡연과 성기능 장애와의 직접적인 상관관계를 언급하기 보다는 발표자가 아는 지인이 10년 동안 불임으로 고생을 하다가 금연을 한 지 1년 만에 임신을 하게 되었다는 이야기를 소개한다면, 금연에 대한 관심을 고취시킬 수 있을 것이다.

② 문제 제시 단계(Step Two: Establish the Need)

문제제시 단계에서는 문제가 실제로 존재하고 있다는 사실을 청중에게 확신시켜주어야 한다. 이와 더불어 문제의식이 존재하고 있는 상황에서는 변화의 필요성(need to change)이 중요하다는 사실을 강조해야 한다. 청중의 지식, 태도, 가치관, 행동의 변화를 불러일으키기 위해서는 현재 청중이 어떤 문제에 직면하고 있는지를 명확하게 제시해야 하며, 이러한 문제를 개선하고 상황을 향상시킬 수 있는 개선책이 있다는 사실을 강조해야 한다. 이를 위해서는 연설가의 진술문을 지지해줄 통계자료(statistics to back up your statements)를 사용하고, 현 상태의 문제를 유지한 채 변화를 하지 않았을 경우에 올 수 있는 부정적 결과(consequences of maintaining the status quo and not making changes)나 청중에게 직접적으로 미치는 영향력에 대한 설명이 포함되어야 한다. 예를 들어, 안전규칙을 지키지 않아 매년 사망하는 연간 사망자 수를 도표로 제시하거나 안전규칙에 대한 정확한 개념을 청중에게 인식시켜주는 과정을 들 수 있다. 다른 예로는 흡연으로 인해 어린 자녀들이나 주위 사람들이 겪는 간접흡연(passive smoking)의 폐해를 강조하고 금연을 할 경우에는 폐암은 물론 다양한 만성호흡기질환에서 벗어날 확률이 50%가 넘는다는 사실을 정확한 통계자료와 함께 제시하는 것을 들 수 있다.

③ 욕구만족단계(Step Three: Satisfy the Need)

욕구만족단계는 스피치나 프레젠테이션의 가장 핵심부분(main part)으로 문제해결 제시단계라고 할 수 있다. 이 단계에서 연설자는 해결책(solution)을 소개해야 한다. 해결책을 소개하는 과정은 연설의 종류에 따라 달라질 수 있으나 일반적으로는 해결책의 구체적인 세부사항에 대해 청중이 이해할 수 있는 수준까지 자세히 설명하는 것이 중요하다. 또한 청중이 실천에 옮기기를 원하는 진술문에 대한 명료한 설명도 필요하다. 이를 위해서는 연설 중간 중간에 핵심키워드에 대한 요약을 제시해야 하며, 무엇보다도 해결책의 효과를 증명할 수 있는 실증자료나 통계자료, 혹은 사례들을 충분히 제시하는 것이 중요하다. 욕구만족단계에서는 청중으로부터 나올 수 있는 반대의견을 예측하여 이를 대비한 반론 준비가 포함된다.

문제해결 제시 단계에서는 문제해결 방안을 구체적으로 제시하여 청중을 안심시키는 내용들을 포함해야 한다고 강조하였다. 예를 들어, 금연을 할 경우에 올 수 있는 금단현상(withdrawal symptoms)의 증상을 설명한 후 금단현상을 성공적으로 해결한 사례들을 소개하면 금연에 대한 자아효능감(self－efficacy)이 높아질 수 있다. 자아효능감이란 1986년 캐나다 출신의 미국 인지심리학자인 밴듀라(Albert Bandura, 1925~)가 최초로 소개한 개념으로, “나는 할 수 있다.(I can do it.)”는 심리적 자신감을 말한다. 밴듀라는 1977년에 소개한 사회학습이론(social learning theory)에다 자아효능감과 자아통제감(self－regulation)이라는 두 가지 개념을 추가하여 이를 사회인지이론(social cognitive theory)으로 확장하였다. 자아효능감이란 특정과제를 수행함에 있어서 요구되는 일련의 행동을 조직하고 완성할 수 있다는 자신의 능력에 대한 주관적 신념을 말한다. 밴듀라는 성공적 수행을 위해서는 사회학습이론에서 소개한 모델링(modeling)이라는 개념보다는 자아효능감이 더 중요하게 영향을 미친다고 강조하였다.

④ 동기화의 이득 제공 단계(Step Four: Visualize the Future)

4단계에서는 현실적이고 세부적인 전망을 제공해주어야 한다. 이때 현실적이고 구체적인 전망일수록 청중으로 하여금 무언가 실천을 해야겠다는 동기가 유발된다. 따라서 연설가의 목적은 청중의 동기유발을 촉진하여 청중이 연설가의 의견에 동의하고 이와 유사한 신념, 태도, 행동을 채택하는 것이라고 할 수 있다. 네 번째 단계에서의 구체적인 해결책에 대한 제시방법으로는 긍정적 제시방법(positive method), 부정적 제시방법(negative method), 대비적 제시방법(contrast method)이 있다. 긍정적 제시방법이란 연설가의 아이디어를 청중이 채택했을 경우 일어날 수 있는 상황을 말하며, 부정적 제시방법이란 연설가의 의견이 거부되었을 때 일어날 수 있는 상황을 진술하는 것이다. 부정적 방법을 제시할 경우에는 행동을 취하지 않아서 올 수 있는 위험성이나 난제들(dangers and difficulties)에 초점을 맞추어야 한다. 대비적 방법이란 부정적 상황을 먼저 제시한 뒤 긍정적 상황으로 유도하는 방법을 말한다.

네 번째 방법에서 가장 중요한 핵심은 문제가 해결되었을 경우에 올 수 있는 이득(benefit)을 강조하는 것이다. 여기서 이득이란 반드시 물질적인 것만을 포함하는 것이 아니라 자기보호본능을 충족시켜줄 수 있는 모든 것을 포함한다. 금연 캠페인의 경우, 금연으로 인해 되찾은 건강(health)은 돈으로 계산할 수 없는 무한대의 가치를 지니게 된다. "옛말에 이르기를, 재산을 잃으면 인생의 극히 작은 것을 잃는 것이요, 명예를 잃으면 인생의 반을 잃는 것이지만, 건강을 잃으면 인생의 전부를 잃는 것이다."라는 금언을 소개하는 것도 동기화에 자극을 주는 방법이라고 할 수 있다.

⑤ 행동 실현화 단계(Step Five: Action and Actualization)

마지막 단계에서 연설가는 청중으로 하여금 실천을 하기 위해서 어떠한 행동을 어떻게 행동으로 옮겨야 하는지 구체적이고 정확하게 제시해야 한다. 몬로는 마무리 단계에서 발표자는 매우 열정적이고 고무적인 목소리로 실천을 유도하며 스피치를 끝내야 한다고 강조하였다. 이때 청중이 부담감(overwhelm)을 느끼지 않도록 지나치게 많은 정보를 제공하거나 높은 기대감을 표시하지 않는 것이 중요하다고 덧붙였다. 그 대신에, 청중이 자신의 행동에 대한 주인의식(sense of ownership)을 가질 수 있도록 선택권을 제시하는 것이 중요하다고 강조하였다. 만약에 연설이 끝난 후 다과가 준비되었다면, 다과장소로 청중을 초대하면서 이곳에서 자연스럽게 질문에 답을 해주는 것도 좋은 방법 중의 하나라고 할 수 있다. 또한 복잡한 문제에 대해서는 구체적인 해결방법을 다시 한 번 강조하면서 마무리를 짓는 것도 매우 중요하다. 예를 들어, 금연은 누구나 시도해볼 수 있는 것이지만, 완전하게 금연에 성공한 사람만이 진정한 건강을 회복할 수 있으며, 이러한 결과는 자아효능감과 자아성취감은 물론 삶의 질을 한 단계 더 높여 줄 수 있다는 사실을 재차 강조하면서 인내의 중요성을 다시 한 번 강조할 수 있다. "본 연사는 청중 여러분은 반드시 금연을 할 수 있을 것이라고 굳게 믿으며, 금연을 하지 못하는 주위 친구들에게도 금연의 진정한 가치를 전파하는 전도사 역할을 하리라 믿어 의심치 않습니다."라는 말로 스피치를 종결함으로써 청중에게 금연에 대한 의지는 물론 사명감을 심어줄 수 있다. 결론적으로, 동기란 개인의 욕구(needs)를 충족시키기 위해 특정 행동을 촉발하기 위한 방향을 제시하는 유목적적인 것이며 자발적 의지(voluntary willingness)를 이끌어내는 추동력이라고 할 수 있다.

Chapter 07

원고작성의 3단계

1 개요

교육의 3요소는 학생, 교사, 교재를 말한다. 연극의 3요소는 배우, 관객, 대본이다. 스피치의 3요소는 연설가, 청중, 원고라고 할 수 있다. 이렇듯, 한 명 이상의 사람들 앞에서 무언가 퍼포먼스를 실행해야 하는 경우에는 퍼포먼스를 직접 실행하는 사람과 이를 받아들이는 사람, 그리고 실행을 하기 위한 내용으로 구성된다. 본 장에서는 원고작성을 위한 단계식 구성법 중 가장 보편적으로 통용되고 있는 3단계 구성법을 더욱 구체적으로 살펴보고자 한다. 원고작성의 3단계 구성법은 일반적으로 서론(introduction), 본론(body), 결론(conclusion)으로 구성된다. 서론, 본론, 결론은 표현하는 방식에 따라 도입부, 전개부, 마무리라고도 불린다.

2 서론(Introduction)

많은 사람들은 스피치나 프레젠테이션의 원고를 작성하는데 있어 서론, 본론, 결론 중에서 서론을 제일 먼저 완성해야 한다고 생각한다. 그러나 서론은 본론을 완성하고 난 후 작성하는 것이 바람직하다. 왜냐하면 본론에 포함될 내용들은 스피치가 실행되는 직전까지도 반복적이고 지속적으로 수정과 보완이 요구되기 때문이다. 따라서 서론은 원고를 완전히 작성한 후 본문의 내용을 가장 잘 나타낼 수 있는 짤막한 소개문의 기능을 할 수 있도록 구성해야 한다.

청중의 입장에서 보면, 도입부란 스피치나 프레젠테이션을 듣기 위한 준비단계이며 연설가와의 첫 대면을 하는 단계라고 할 수 있다. 연설가나 발표자의 입장에서 보면, 도입부란 청중에게 자신의 첫인상을 강렬하게 심어줄 수 있는 매우 중차대한 단계가 된다. 이러한 이유로 대부분의 연설가들은 서론 부분을 가장 어렵게 생각한다. 멋진 서론을 소개해야 한다는 중압감이 지나치게 되면 현실성이 없는 목적을 나열하거나 필요 이상으로 거창하고 장황한 서론을 제시하기 쉽다. 그러나 서론은 자신이 발표할 내용에 대한 주제를 제시하고 논의하고자 하는 문제의 배경과 이에 대한 해결책을 짤막하게 소개하는 첫 부분이다. 이처럼 도입부의 핵심요소는 스피치나 프레젠테이션을 하는 목적, 의도, 주제를 밝히는 것이다. 서론의 진행방식을 위한 공식으로 연사(speaker), 주제(subject), 의의(significance)의 약자로 구성된 "3S 공식"을 주장하는 전문가도 있다. 연사란 스피치나 프레젠테이션을 통해 메시지를 전달하기 위한 실행자를 말한다. 따라서 서두 부분에서는 연설가의 짤막한 소개와 인사, 메시지와 연관된 전문자격이나 연구경력 등을 소개하게 된다. 주제란 스피치나 프레젠테이션의 주요 테마나 핵심 아이디어를 말한다. 의의란 스피치나 프레젠테이션의 중요성이나 청중에게 던져주는 의미를 말한다. 스피치의 의의는 청중이 흥미와 관심을 가지고 있는 주제와 연결 지어서 제시하는 것이 중요하다. 청중은 자신들의 관심분야를 적중하는 잘 짜인 서론을 통해 프레젠테이션에 들어가기 위한 준비를 본격적으로 하게 되는 것이다. 도입부에서 화제를 제시하기 위한 전략에는 다음과 같은 방법들이 있다.

1) 서론을 시작하는 방법

사람들마다 약간의 이견은 있지만, 스피치나 프레젠테이션의 서론, 본론, 결론은 각각 10%, 80%, 10%로 구성하는 것이 통례이다. 따라서 50분 정도의 스피치라고 한다면, 서론은 약 5분 정도가 할애된다.

서론을 시작하는 방법에는 최근에 일어난 핫이슈나 사회현안에 의문을 제시하거나, 역사적 사실을 환기시키며 시작할 수 있다. 또한 자신의 경험담이나 일화를 스토리텔링으로 소개하면서 시작할 수도 있는데, 이때에는 실패담으로 마무리를 짓기보다는 실패를 통해 성공에 도달한 긍정적인 일화를 소개하는 것이 더 효과적이다. 이와 더불어, 청중에게도 잘 알려진 문구나 속담, 고사 성어를 소개하면서 시작하거나 통계자료를 인용하면서, 혹은 주요 개념을 정의하거나 보편적인 개념을 재정의하면서 도입부를 소개할 수 있다. 이를 더욱 세분화하면 다음과 같다.

(1) 화제, 주제, 문제, 과제의 소개

프레젠테이션에서 가장 많이 이용되는 서론유형은 논의하고자 하는 주제를 직접 언급하면서 시작하는 방법이다. 프레젠테이션의 원고를 쓰기 위해서는 우선 화제(話題, subject), 주제(主題, topic), 문제(問題, problem), 과제(課題, task) 등과 같은 용어의 정의가 선행되어야 한다. 화제, 주제, 문제, 과제는 서로 혼용되어 사용되고 있으나 이러한 개념들은 미묘한 차이점들을 가지고 있다.

우선, 화제(話題, subject)란 말 그대로 "이야기의 제목"이라는 뜻이다. 즉, 의사소통을 할 만한 재료나 소재, 혹은 이야깃거리, 또는 그동안 논의되어왔던 사항들을 말한다(the thing that is being discussed, considered, or studied). 통상적으로 화제는 뜨거운 쟁점을 불러일으켰던 시사

문제나 사회적 이슈들을 지칭한다. 스피치나 프레젠테이션 준비를 위해 연설가는 능동적으로 화제를 찾기 위한 노력을 경주해야 한다. 이를 위해서는 과거나 현재 시점에서 사회적 이슈가 되는 사건을 주의 깊게 관찰하는 것이 중요하다. 화제는 대중매체에 실린 글이나 각종 보도 자료에서 발견할 수 있으며, 특히 인터넷이 상용화된 현대사회에서는 구글(google)에서 개발한 크롬(Chrome)과 같은 웹브라우저에서 과제와 관련된 키워드를 검색함으로써 발견할 수도 있다. 마지막으로 스피치나 프레젠테이션을 준비하는 연설가 자신이 평소에 생각하고 있던 기발한 아이디어나 창의적인 발상도 훌륭한 화젯거리로 사용될 수 있다.

주제(主題, topic)란 "주요한 제목"이라는 뜻으로 스피치나 프레젠테이션, 혹은 학술적 연구 등에서 발표자가 논의하거나 연구하고자 하는 기본적인 중심사상을 말한다(a subject that is discussed, written about, or studied). 발표 당시 뜨거운 감자로 떠오른 화제가 있다면, 이러한 화제에 대해 질문을 던지고 답하는 과정에서 주제를 구체화시킬 수 있다. 주제와 유사한 용어로는 테마(theme)를 들 수 있다. 테마란 창작이나 논의의 중심과제나 주된 내용(main subject of a talk, book, film)으로, 일상적인 대화나 연구, 혹은 스피치와 프레젠테이션 등의 중심이 되는 문제를 말한다.

문제(問題, problem)란 "해결하기 어려운 물음"이라는 뜻으로, 주목을 끌거나 말썽을 일으킨 난처한 논쟁거리, 혹은 해답을 요구하는 상황, 사물, 대상을 말한다(a situation, person, or thing that needs attention and needs to be dealt with or solved). 따라서 문제는 토론이나 논쟁의 목적물이 된다.

과제(課題, task)란 "부과된 제목"이라는 뜻으로, 문제를 해결하기 위해 수행해야 하는 일(work)에 포함 된 하나하나의 작업을 말한다. 따라서 과제란 정기적으로 처리하거나 해결해야 하는 작업을 말하며, 이때 어려움이 동반되는 상황적 조건이 강조되기도 한다(A piece of work to be done, especially one done regularly, unwillingly, or with difficulty). 이와 더불어 과제란 대학교 등의 교육기관에서 학생들의 학습능력을 평가하고 향상시키기 위해 내주는 과제물(assignment)을 의미하기도 한다(a piece of work given to students as part of their studies or job).

서론부분에서 주제를 먼저 언급하면서 연설을 시작하는 방법은 장황하거나 불필요한 내용의 전개를 피할 수 있으며, 전개과정에 대한 논리적 대응을 보다 더 용이하게 할 수 있다는 장점을 가지고 있다.

(2) 개념의 정의(Definition of Concept)

캠브리지 영어사전에 의하면, 정의(definition)란 "단어나 구의 의미나 유의미성을 설명하기 위한 진술문(statement that explains the meaning or significance of a word or phrase)", 혹은 "특정사물이나 현상에 대한 특성과 한계점에 대한 서술(description of the features and limits of something)"이라고 정의하고 있다.

대부분의 연구논문 보고서에서는 반드시 연구에 사용된 개념(concept)들의 정의를 제시해야 한다. 연구의 타당성이나 해석의 오류를 방지하기 위함이다. 스피치나 프레젠테이션에서도 메시지를 구성하는 핵심개념들의 정의를 제시하면 메시지의 명료성을 극대화시킬 수 있다. 왜냐하면 개념의 정의란 스피치나 프레젠테이션의 전체적인 윤곽을 명료하게 제시하기 위한 공식적인 서술(formal statement of making something clearly outlined)이기 때문이다.

정의는 크게 이론적 정의(theoretical definition)와 조작적 정의(operational definition)로 구분된다. 이론적 정의란 조작적 정의보다 훨씬 더 광범위하고 포괄적이며 높은 수준의 추상성을 가진 정의를 말한다. 이론적 정의는 이중적 의미를 가지고 있지 않는 용어들에 의해 특정개념이 갖고 있는 본래의 뜻이나 의미를 명확히 진술하는 것을 말한다. 이에 반해, 조작적 정의는 주로 과학적이고 실증적인 연구를 위한 정의로, 이론적 정의를 객관적인 수준으로 진술한 것을 말한다. 인간행동이나 사회문제를 설명하기 위한 목적으로 시행되는 사회과학 분야의 연구는 자연과학보다 훨씬 더 복잡하고 추상적인 변수들을 다루게 된다. 인간행동은 다양한 요인들이 복잡하게 얽혀 있기 때문에 순수과학처럼 직접적으로 측정하는 것이 불가능하다. 이러한 문제를 해결해주는 방법이 조작적 정의라고 할 수 있다. 즉, 조작적 정의란 추상적인 개념을 관찰 가능하고 측정 가능하며 외현적 확인(tangible verification)이 가능하도록 해주는 진술을 말한다. 조작적 정의는 높은 수준의 추상성과 보편성을 가지고 있는 이론적 개념의 일부분만을 사용하거나 이론적 개념을 축소한 내용을 중심으로 내려진다. 그렇기 때문에 조작적 정의에서는 측정수단의 과학적 기준을 반드시 제시해야 한다. 예를 들어, 혈당치(blood sugar level)를 "혈액 내 포도당이 가능한 한 정상수준과 가까운 상태가 되도록 조절된 결과"라고 설명했다면 이는 혈당치에 대한 이론적 정의라고 할 수 있다. 이러한 이론적 정의를 측정할 수 있는 방법은 거의 없다. 따라서 "혈당이란 75gm의 경구 포도당을 섭취한 2시간 후의 혈당치를 검사하는 당부하검사(glucose tolerance test) 측정치와 2~3개월 동안 혈색소에 부착된 당화혈색소(HbA1c)의 농도(%)로 국한한다."라고 한다면 이는 혈당치에 대한 조작적 정의가 된다. "인터넷 중독"에 대한 설명에서도 "인터넷 중독이란 하루에 8시간 이상 인터넷을 사용하는 사람"이라고 구체화했다면 이는 인터넷 중독에 대한 조작적 정의라고 할 수 있다.

이론적 정의가 특정변수의 의미를 밝히는 것이라고 한다면 조작적 정의는 특정의미를 가지고 있는 변수를 어떻게 측정했는가를 밝히는 과정이라고 할 수 있다. 따라서 이론적 정의가 "의미"에 초점을 둔 것이라고 한다면, 조작적 정의는 "측정"에 초점을 맞춘 정의라고 할 수 있다. 조작적 정의의 장점은 연구의 타당도를 증명할 수 있는 보호 장치가 되며, 독자의 입장에서는 연구자가 조작적 정의에 맞는 타당한 방법으로 측정했는지를 평가해 볼 수 있는 객관적 정보가 된다는 것이다. 또한 연구결과의 의의를 분명하게 제시함으로서 다른 의미로 왜곡되거나 지나치게 확대 해석하는 것을 미연에 방지할 수 있게 된다.

스피치나 프레젠테이션의 서두에서 핵심개념들의 정의를 제시하는 방법은 집중적으로 논의해야 할 주제나 핵심개념의 명료성을 부각시킬 수 있는 효과적인 방법이라고 할 수 있다. 또한 논의해야할 대상의 개념이 특별히 어렵거나 복잡할 때, 논란을 야기한 주제를 다룰 때,

혹은 연설자 자신이 용어 정의가 필요하다고 느낄 때 효과적으로 사용할 수 있는 방식이다. 이때 논의주제나 개념에 대한 이론적 정의를 기반으로 발표를 위한 조작적 정의를 함께 제공한다면 본론의 내용을 구체화시키는데 많은 도움이 될 것이다. 그러나 개념을 선정하는데 있어 지나치게 상식적인 화제를 특별한 주제처럼 다루거나 개념을 밝히는 과정 자체에 매달리는 것은 장황한 느낌만 전달할 수 있으므로 피해야 한다. 상식적인 화제를 사용하고자 할 때에는 핵심논제를 자연스럽게 이끌어내기 위한 도구로 활용하는 것이 바람직하다.

(3) 질문기법(Questioning)

설득적 연설 서두에 청중에게 던지는 질문(question)은 연설을 이끌어나가기 위한 가장 강력한 수단의 하나가 된다. 질문의 사전적 정의는 "정보를 찾아내기 위해 사용되는 문장이나 구(a sentence or phrase used to find out information)", 혹은 "특정정보나 진리에 대한 해답을 발견하기 위한 문장이나 구, 또는 사람들의 지식이나 능력을 시험하기 위한 문장이나 구(a sentence or phrase used to test answer, truth, or a person's knowledge or ability)"라고 내려진다. 이처럼 질문이란 지식을 발견하기 위한 적극적인 도구의 기능을 한다.

스피치나 프레젠테이션의 서두에 질문을 사용하게 되면 청중을 자연스럽게 스피치에 참여시킬 수 있게 된다. 왜냐하면 청중은 연사가 던진 질문에 답하기 위해 비판적 사고를 시작하게 되고 자신의 생각을 반추하면서 연설자와의 판단과 부합되는지를 판단하게 된다. 따라서 질문은 청중의 긴장감과 주의집중이 향상시키는 환기효과를 나타내게 되는 것이다. 이에 대해 콘클린(Robert Conklin)은 1965년도에 출간한 "매력적인 인격의 힘(The Power of a Magnetic Personality)"에서 "인간은 질문에 의해 유도되고 설득되는 이성적 동물"이라고 주장하였다.

질문은 청중의 사고 범위를 확장시키고 주의집중과 몰입도를 높여준다. 또한 연설가가 제시한 질문에 대해 해답을 찾은 후에는 이에 대한 기억이 장기적으로 파지된다. 따라서 질문으로 시작하는 서두 전개방식은 청중의 사고력과 이해력, 나아가서는 창의력을 유도할 수 있는 효과적인 방법이라고 할 수 있다. 또한 청중에게 질문을 던진 후 관찰하면 청중의 이해정도를 즉각적으로 파악할 수 있게 된다. 이때 청중의 이해수준에 대한 피드백을 즉각적으로 제공한다면 청중의 몰입도나 주의집중을 긍정적으로 유도할 수 있게 된다. 예를 들어, 미국인 중 가장 성공적인 사업가로 알려진 대부호 록펠러(John Davison Rockefeller Sr., 1839~1937)는 "사랑의 기적(miracle of love)"에 대한 연설을 시작하면서 "청중 여러분은 돈을 '버는 것'과 '쓰는 것' 중에서 어느 것이 더 중요하다고 생각하십니까?"라는 질문을 던졌다. 잠시 청중의 반응을 살핀 후, "돈을 버는 것은 기술이나 돈을 잘 쓰는 것은 예술"이라고 자신의 주장을 정리하였다.

록펠러는 미국의 석유사업가로 33세에 이미 백만장자가 된 인물이다. 50대에 들어 과중한 업무로 심한 우울증과 탈모증(alopecia)으로 고생을 하였고 하루에 우유 한 잔과 비스킷 한 조각으로 연명할 정도로 병약했으나 98세까지 장수한 인물로 유명하다. 록펠러는 16살부터 자선활동을 시작한 인물로도 유명하다. 그의 기부활동은 첫 아르바이트비의 6%를 자선활동에 기부한 것을 시작으로 시카고 대학교와 록펠러 재단을 설립하는 등 교육, 의료 등 다방면으로 확장되었다. 록펠러의 이러한 업적을 세 가지 기적이라고 표현하는 사람도 있다. 하나는 가난을 이기고 세계 제일의 갑부가 된 것이고, 두 번째는 이 세상에서 가장 많은 돈을 자선활동에 기부하였으며, 마지막으로는 병약한 몸으로 98세까지 장수했다고 말이다. 기부의 왕이면서 근검절약의 모범을 보인 록펠러에 대한 감동적인 일화가 많이 남아있다. 어느 날 단골식당에서 식사를 마친 그가 종업원에게 5센트의 팁을 주었다. 그 당시 통상적인 팁은 15센트 정도였으나 마침 록펠러의 주머니에는 5센트밖에 없었던 것이다. 평소 작은 팁에 불만이 많았던 종업원이 불평을 토로하자, 록펠러는 "자네가 그런 생각을 가지고 있으니 지금껏 종업원 자리에서 벗어나지 못하는 것일세. 부자인 나도 5센트를 아끼는데 어떻게 자네가 5센트를 하찮게 여길 수 있는가?"라고 점잖게 타일렀다고 한다.

① 질문의 유형(Types of Question)

질문의 유형을 대조적인 특성으로 짝을 지어 구분하면, 개방형 질문과 폐쇄형 질문, 수렴적 질문과 발산적 질문, 확대형 질문과 특정형 질문, 사실적 질문과 평가적 질문, 미래형 질문과 과거형 질문의 다섯 가지 형태로 구분할 수 있다. 그리고 각각의 질문 형태의 속성을 모두 포함한 질문을 혼합형 질문이라고 한다.

개방형 질문은 정답이 정해져 있지 않은 질문으로 상대방의 생각이나 의견을 다양하게 수렴할 수 있다는 장점을 가지고 있다. 예를 들어, "미래 대한민국의 교육제도를 바꾸기 위해서는 어떻게 하는 것이 좋을까요?"라는 질문을 들 수 있다. 이에 반해 폐쇄형 질문은 "예", 혹은 "아니요"라는 단답형으로 답변이 끝나거나 정답이 정해져 있는 경우의 질문을 말한다.

수렴적 질문과 발산적 질문은 1967년 지적조작(intellectual operation), 지적내용(intellectual content), 지적산물(intellectual product)로 구성된 지능의 3구조 이론을 발표한 미국의 심리학자인 길포드(Joy Paul Guilford, 1897~1987)가 수렴적 사고(convergent thinking)와 확산적 혹은 발산적 사고(divergent thinking)를 최초로 분류하면서 파생된 개념이다. 길포드가 소개한 수렴적 사고란 수학이나 물리학과 같이 하나의 정답을 요하는 문제해결을 위해 규칙을 따르는 사고과정(rule-following thinking)을 말하며, 발산적 사고란 창의성과 연관된 사고방식으로, 다양한 해결방안을 발견해내는 사고능력을 말한다. 이에 준하여 수렴적 질문이란 비교적 짧은 시간 내에 자신의 지식구조나 보편적인 법칙에 의거하여 하나의 정답을 찾아낼 수 있는 질문을 말하며, 발산적 질문이란 다양한 반응이나 대안적인 시나리오 등을 이용하여 창의적인 답변이 나오도록 유도하는 질문을 말한다. 예를 들어, "폐암을 일으키는 가장 주요한 원인은 무엇입니까?"라는 질문은 수렴적 질문이 되며 "흥부전에서 흥부는 제비가 물어다 준 박에서 나온 금은보화를 어떻게 사용했을까요?"라는 질문은 발산적 질문이 될 수 있다. 또 다른 발산적 질문의 예로는 저자가 발산적 사고에 대한 강의를 할 때마다 필히 활용하는 질문으로, 옷핀(safety pin)의 용도나 벽돌의 용도를 예로 들 수 있다. 옷핀은 바느질에서 옷감과 옷감을 고정시키는 역할을 하거나 이름표를 옷에다 달 때 사용하는 작은 쇠붙이를 말한다. 그러나 발산적 사고나 질문을 이용하면 옷핀의 용도가 많게는 50개가 넘게 발견된다. 이중 가장 극단적인 예로는 의료물자가 부족한 응급 상황에서 기도폐쇄 환자가 발생했을 경우, 의식이 없는 환자의 혀가 기도를 폐쇄하는 것을 방지하기 위해 2개의 대형 옷핀을 이용하여 환자의 혀와 아랫입술을 양쪽으로 꿰매 일시적인 혀 견인용 도구(tongue traction)로 사용하는 것이라고 할 수 있다. 또한 개방 상처로 피부가 벌어진 경우, 열상이 벌어지지 않도록 응급으로 꿰매는 용도로 사용하기도 한다. 그 외, 옷핀은 사람을 찌르기 위한 흉기로도 사용되며, 고둥이나 소라를 파내기 위한 식기로도 유용하게 사용될 수 있다.

확대형 질문은 정답이 하나가 아닐 경우에 활용하는 질문형태로 상대방에 따라 백인백색의 다양한 반응이 나오는 질문을 말한다. 가령 "호주에서 유학을 하셨다고 말씀하셨는데, 호주는 어떤 나라인가요?"라는 질문을 던진다면, 상대방은 호주라는 나라에 대해 평소에 가지고 있던 생각이나 감정, 혹은 정보들을 설명할 것이다. 이에 반해 특정형 질문은 특정한 정답만을 요구하는 질문으로 예를 들어, "호주 어디에서 공부하셨어요?"라고 묻게 되면 특정도시를 지칭한 후 특정도시에 대한 추가질문이 없는 한 그 주제에 대한 대화는 종료된다.

사실적 질문은 기본적인 사실이나 인식을 묻는 질문을 말하며, 평가적 질문은 답을 하는 사람의 상당히 높은 지적능력과 판단 수준을 모두 평가할 수 있는 질문을 말한다. 예를 들어, "백설공주를 도와준 난쟁이는 모두 몇 명이었을까요?"라는 질문은 사실적 질문이 되며 "우주론과 인성론에 있어서 플라톤의 입장과 아리스토텔레스의 이론은 어떤 점에서 다를까요?"라는 질문은 평가적 질문이 된다. 평가적 질문에 답을 하기 위해서는 문제에 드러난 각각의 이론에 대해 충분한 사전지식을 가지고 있어야 하며, 동시에 각 이론을 비판할 수 있는 비판적 사고기술을 발휘할 수 있어야 한다.

미래형 질문은 "내년의 전망은 어떻습니까?"라는 질문처럼 장래에 올 기대치나 희망, 목표 등을 중점적으로 물어보는 질문이다. 이에 반해 과거형 질문은 "과거에는 어떠셨습니까?"라는 형태의 질문을 말한다. 미래형 질문이나 과거형 질문도 특정형 질문처럼 과거나 미래의 사실이 확인되고 나면 대화가 단절된다.

② 질문기법의 전략적 사용 원칙

청중에게 질문을 던질 때에는 여러 가지 요인들을 고려해야 한다. 우선, 한 가지 질문에는 반드시 한 가지 주제만을 담아야 한다. 하나의 질문에 여러 가지 주제가 담겨있을 경우, 청중은 질문의 내용을 이해하기가 어렵게 되며 구체적인 답변 또한 어려워진다. 또한 질문은 모호하거나 이중적 의미의 표현을 지양하고 짧고 간결, 명료하게 표현해야 한다. 모호한 표현이란 지나치게 추상적이고 구체적이지 않은 표현을 말하며, 이중적 의미란 한 단어가 두 가지 이상의 뜻으로 해석될 수 있는 것을 말한다. 이와 더불어 질문은 중립적이고 객관적이어야 한다. 중립적 질문이란 발표자 자신의 의견이나 주장이 포함되지 않은 질문을 말하며, 객관적이란 발표자 자신의 주관적 사견이 아니라 사실에 의거한 내용을 담고 있어야 한다는 것을 의미한다. 그래야 사실에 의해 증명된 정확한 답을 들을 수 있다. 또한 지나치게 사소한 질문은 피하는 것이 좋다. 마지막으로 질문의 유형은 "예."나 "아니요."라는 단답형의 질문 유형보다는 청중의 넓은 사고와 의견을 다양하게 수렴할 수 있는 개방식 질문 유형, 즉 발산적 질문이나 확대형 질문을 사용하는 것이 좋다. 개방식 질문을 하게 되면 연설가와 청중 간의 사고의 교환이 가능해진다. 이를 쌍방향 커뮤니케이션의 순환원리(circulation principle)라고 한다. 이러한 순환원리는 청중의 대답을 직접 듣지 못하는 연설 현장에서도 유효하게 적용할 수 있다. 왜냐하면, 청중은 직접적으로 대답을 하지 않더라도 내면적 정신과정에서는 묻고 답하는 순환과정이 반복되기 때문이다. 예를 들어, 연사가 "나는 어제 화재현장에서 많은 사람들을 구해내는 용감한 시민을 직접 목격하게 되었습니다."라고 서두를 꺼낼 경우, 청중은 속으로 "그 사람이 누구지?"라는 질문을 스스로에게 하기 시작한다. 이때 연사가 "그 사람은 바로 여러분들도 잘 알고 계신 000이라는 분이셨습니다."라고 말을 이어가게 되면 청중의 마음에는 "그 사람이 그런 훌륭한 일을 하다니."라는 생각을 하게 되는 것이다. 이때 연설가가 마치 청중의 반응을 알아차린 듯 "네. 그렇습니다. 그 분은 지금까지도 많은 분야에서 모범적인 행동을 보여주셨던 분이셨습니다."라며 이야기를 이어나가게 되는 것이다.

질문기법은 스피치와 프레젠테이션을 시작하면서 청중과의 유대감을 증폭시키고 심리적 장벽을 무너뜨리는 훌륭한 기법이라고 하였다. 그럼에도 불구하고 질문기법을 사용하는데 있어서 고려해야 할 주의사항들도 많이 존재한다. 먼저, 청중이 직접 손을 들고 대답해야 하는 질문은 삼가는 것이 좋다. 왜냐하면 제한된 시간 안에서 진행해야 하는 스피치나 프레젠테이션의 경우, 손을 든 사람을 일일이 지명하면서 답변을 들을 시간이 없기 때문이다. 게다가 연설가의 기대와는 달리 손을 든 사람의 수가 지나치게 적거나 많게 되면 전체 분위기가 흐려질 가능성이 많기 때문이다.

또한 "아니요."라는 부정적인 대답이 나올 가능성이 많은 질문은 피하는 것이 좋다. 이는 전체적인 연설 분위기를 부정적인 방향으로 이끌어나가는 시발점이 될 수 있기 때문이다. 미국의 기업가들을 대상으로 대중연설이나 대인관계기술에 대한 훈련과정을 시행해온 카네기(Dale Breckenridge Carnegie, 1888~1955)는 그의 저서인 "친구를 이기고 사람들에게 영향력을 발휘하는 법(How to Win Friends & Influence People)"에서 오버스트리트(Harry Allen Overstreet)의 말을 인용하면서, "아니요."라는 반응은 대인 설득과정에서 가장 극복하기 어려운 장애 요인이 된다고 강조하였다. 오버스트리트는 "인간행동의 영향(Influencing Human Behavior)"이라는 책을 저술한 미국의 심리학자이다. 사람들은 일단 "아니요."라는 대답을 하고 나면, 자신의 대답이 옳지 않다는 사실을 발견하고 나서도 태도를 변경하기가 어렵게 된다. 이와는 반대로 "네." 라는 반응은 전향적이고 수용적이며 개방적인 상태를 유도한다. 이를 "긍정화법", 혹은 "예스 화법"이라고 한다. 연설가는 처음부터 "네"라는 대답을 유도하기 위한 질문을 함으로써 청중의 관심을 긍정적으로 이끌어야 한다. "하면 안 됩니다."라는 말보다 "해야 됩니다."라는 긍정적 결단을 요구하는 말이 훨씬 더 설득력을 갖는다.

설득이론으로 유명한 치알디니(Robert Beno Cialdini, 1945~)와 사가린(Sagarin, B. J.)은 2005년도에 발표한 연구에서 사면초가기술(four walls technique)을 소개하였다. 사면초가기술은 원래 설득을 하기 위한 방법으로 널리 알려진 "문간에 발 들여놓기 기법(FITD: foot in the door)"의 질문횟수를 확장한 개념으로, "문간에 발 들여놓기 기법"에서 쓰는 1~2회의 요청보다 더 많은 요청을 순차적으로 제시하여 긍정적 반응을 이끌어 낼 경우, 차기에 오는 어떠한 요청에도 응종(compliance)을 유도해 낼 수 있다는 이론을 말한다. 즉, "예."라는 답변을 네 차례 이상 반복한 다음에는 마치 사면초가에 갇힌 사람처럼 차기에 요청하는 요구를 거절하지 못하고 순응할 가능성이 높아진다는 것이다. 스피치나 프레젠테이션에서도 여러 차례 긍정적 반응을 도출시킬 수 있는 연속적 질문을 사용한다면 청중은 사면초가에 빠진 기분으로 연설가의 의도에 수긍하게 될 것이다.

스피치 현장에서는 질문을 하고 싶어도 많은 사람들 앞에서 손을 들고 질문하는 것을 두려워하는 청중이 많다. 이러한 사람들을 위해서 연설자는 스피치가 끝난 다음에라도 개인적으로 질문을 할 수 있는 기회를 제공해주어야 한다. 이렇게 할 경우, 청중의 몰입 도나 주의집중을 끝까지 유지할 수 있게 된다. 왜냐하면 질문을 하고 싶다는 것은 스피치나 프레젠테이션에 흥미를 가지고 있다는 것을 의미하기 때문이다. 반면에 연설가들 중에는 청중으로부터 질문을 받았으나 정확한 해답을 할 수 없는 경우, 창피함과 곤혹감에 빠지는 경우를 볼 수 있다. 모른다고 솔직하게 인정하는 것은 실력이 없다는 것을 인정하는 것이라고 느끼기 때문이다. 그러나 모르는 것을 모른다고 솔직하게 말하는 것이 아는 척을 하거나 얼버무리는 것보다 훨씬 더 신뢰감을 안겨 준다. 따라서 발표자는 자신 있는 태도로 모른다는 사실을 인정하고 과외의 시간이나 개인적인 연락을 통해 추후에 상세한 답을 전해 주겠다는 언급을 반드시 제시해야 한다.

③ 인용문의 소개

"조지 부시는 태어나기를 3루에서 태어났지만 자신은 3루타를 쳤다고 생각한다."라는 문장처럼 사회적 신분과 야구경기를 절묘하게 혼성한 재치 있는 농담이나, 잘 알려진 문구, 속담이나 격언, 고사성어, 옛 이야기나 우화, 유명인들의 말을 인용하면서 주제와 연관시키게 되면 청중의 호기심을 유발시킬 수 있다. 예를 들어, "고대 희랍의 철학자 아리스토텔레스는 '인간은 사회적 동물이다'라고 강조하였습니다. 이 말은 사회조직 안에서 다양한 인간관계를 맺으며 살아가고 있는 인간들이 끊임없이 다른 사람 또는 다른 집단과 갈등을 일으킬 수 있음을 시사하는 말이기도 합니다."라고 언급하면서 조직 내 갈등이나 관리방법을 전개할 수 있다. 속담이나 격언을 사용할 경우에는 지나치게 잘 알려진 속담이나 진부한 느낌을 주는 표현은 인용하지 않는 것이 좋다.

④ 역사적 사례나 시사적 사례의 제시

스피치나 프레젠테이션을 시작할 때 가장 최근에 일어난 핫이슈나 사건, 혹은 역사적 사건을 현재 시점에서 재조명해보면서 시작하는 것도 청중의 주의를 집중시키는데 매우 효과적인 방법이라고 할 수 있다. 이때 시사적 의미를 던져주는 사례들은 스피치나 프레젠테이션의 주제와 연관성이 있어야 하며, 논리적 전개의 실마리로 이용할 수 있어야 한다. 예를 들어, "최근에 중학교 학생들이 동급생 한 명을 집단폭행한 사건이 일어났습니다. 이는 입시위주의 교육으로 인해 인성교육이나 인성개발이 전혀 이루어지지 않고 있다는 것을 단적으로 보여 주는 예라고 할 수 있습니다. 입시 위주의 주입식 교육이 많은 중학교 학생들을 거리로 내몰고 만 것입니다."라고 서두를 시작한다면 충격적인 사실을 중심으로 청중의 주의집중을 한 군데로 모을 수 있게 된다.

2) 서론 진행방식에 영향을 미치는 요인

(1) 첫인상 형성의 중요성(Importance of First Impression Formation)

스피치나 프레젠테이션의 서론은 연설가의 첫인상을 형성하는데 결정적인 시간이라고 할 수 있다. 서두 부분에서 청중이 연설가에 대해 갖는 첫인상은 연설 전부를 결정짓는 매우 중요한 요인이 된다. 많은 연구결과, 스피치나 프레젠테이션의 성공과 실패는 연설자가 무대로 걸어 올라와 서론을 시작하는 첫 4분 안에 결정된다고 알려져 있다. 연구 상황이나 연구 설계에 따라 인상형성에 걸리는 시간에 대한 이견은 매우 다양하다. 예를 들어, 독일계 미국 심리학자이며 피그말리온 효과(Pygmalion effect, Rosenthal effect)로 잘 알려진 로젠탈(Robert Rosenthal, 1933~)과 그의 동료인 엠베디(Nalini Ambady)가 1993년에 발표한 연구에 의하면, 첫인상의 판단은 6초에서 10초 정도 밖에 걸리지 않았다고 하였다. 이러한 실험결과는 그 당시 정설로 여겨졌던 "인상형성의 30초 룰"을 뒤엎는 것이었다. 로젠탈과 엠베디는 대학생들을 대상으로 대학교수들에 대한 첫인상이 학기말 강의평가에 어떠한 영향을 미치는가에 대한 연구를 시행하였다. 이를 위해 한 학기 동안 강의를 전담할 39명의 교수들의 과거 강의 내용 중에서 10초에 해당하는 장면만을 발췌한 다음 교수의 목소리를 지웠다. 이를 무작위로 추출한 9명의 여학생들에게 보여주면서 교수의 교수능력(teaching ability)을 "주의 깊게 배려하는 행동(attentive)", "자신감 있는 행동(confident)", "조력적인 행동(supportive)"으로 구분하고 각각의 항목에 1점에서 9점까지의 점수를 매기도록 요청하였다. 그 후 학기말에 이르러 동일한 여학생 집단에게 강의평가를 내리도록 한 뒤 두 측정결과를 비교하였다. 실험결과, 두 가지 평가 사이의 상관계수는 0.85라는 매우 높은 정적상관관계를 보였으며 이러한 상관계수는 30초 룰에서 나타난 결과와 동일한 수치였다. 엠베디와 로젠탈은 학생들이 교수의 목소리가 배제된 상황에서도 교수의 교수능력을 정확히 평가하는 데는 6초밖에 걸리지 않았다고 강조하였다. 즉, 교수에 대한 첫인상을 통해 한 학기가 끝난 후 시행하는 교수평가를 정확히 예측하는데 30초보다 훨씬 더 적은 시간이 걸린다는 것이었다.

엠베디와 로젠탈의 6초 원칙에 반하여 0.1초를 주장하는 학자들도 있다. 미국 프린스톤 대학교의 심리학자인 윌리스(Janine Willis)와 토도로프(Alexander Todorov)는 실험에 참여한 사람들에게 0.1초, 0.5초, 1초 간 다양한 인물사진을 보여준 다음 얼굴에서 주는 이미지를 매력성(attractiveness), 호감성(likeability), 자신감(competence), 신뢰감(trustworthiness), 공격성(aggressiveness)의 5가지로 구분하였다. 사진을 보여 준 직후 실험참가자에게 "이 사람은 자신감이 있어보이나요?(Is this person competent?)"라는 질문 등을 통해 이들의 반응을 즉각적으로 체크하였다. 또 다른 집단에게는 시간적 제한을 두지 않은 상태에서 동일한 사진들을 보여주었다. 실험결과, 처음 보는 낯선 사람의 얼굴로부터 첫인상을 결정하는데 0.1초(a tenth of a second)가 걸렸으며, 무제한으로 시간을 제공한다고 해서 최초로 형성된 첫인상이 변하지 않는다는 사실을 발견하였다. 또한 0.1초, 0.5초, 1초의 시간을 제시한 집단 중 0.1초 만에 인상을 결정한 집단의 반응은 시간적 제한을 두지 않았던 집단과 가장 높은 상관계수를 나타내었다. 이론적으로 시간적 제한을 두지 않은 상황에서 충분한 시간을 두고 판단을 하는 경우, 각 인물들 간의 특성을 정확히 판단하거나 차별화시킬 수 있는 가능성이 높아지게 된다. 무제한적인 시간 속에서 높은 정확도를 가진 판단결과와 0.1초 내로 판단한 결과가 유사하다는 실험결과는 인상형성에 걸리는 시간을 보편화시키는데 결정적인 영향을 미치게 되었다. 특히 5가지 특성 중 신뢰감(trustworthiness)은 실험참여자들이 가장 빠른 시간 내에 판단을 하는 것으로 나타났으며 시간제한이 없는 실험결과와도 가장 높은 상관관계를 보였다. 이에 대해 윌리스와 토도로프는 신뢰성이란 인간의 진화과정에서 필수적으로 요구되는 생존의 조건이기 때문에 사람들은 본능적으로 신뢰감을 주는 사람을 찾아낼 수 있는 것이라고 해석하였다.

또 다른 연구에서는 남성이 여성에게 끌리는 시간은 평균 8.2초로, 이때 4초 이상 여성에게 시선을 주지 않는다면 그 여성에 대해 관심이 없다는 것을 의미한다는 연구결과를 발표하였다. 영국 일간지인 텔레그래프 인터넷 판에서는 네덜란드 연구팀들의 "남성의 순수한 감정을 나타내는 시선의 길이(Length of gaze can show a man's true feelings)"라는 연구를 소개하였다. 115명의 피 실험자들은 분리된 방에서 이성의 영화배우와 대화를 나누도록 요청받았다. 연구자들은 실험참가자들이 상대 배우와 대화를 하는 동안 실험참가자들의 눈동자의 움직임을 측정한 후 상대 배우의 매력도에 대한 설문을 진행하였다. 실험결과, 상대 여배우가 아름답다고 응답한 남성은 평균 8.2초간 응시하였으며, 관심이 없는 여배우를 응시한 평균 시간은 4.5

초로 나타났다. 이에 대해 연구팀들은 남성이 여성에게 머무른 시선이 4초 이내라고 한다면 이는 상대방에 대해 별반 감흥이 없다는 것을 의미하며, 8.2초 이상을 머물렀다면 사랑에 빠진 것이라고 해석하였다. 이에 반해, 여성은 상대방이 매력적으로 보이는 것과는 무관하게 거의 비슷한 시간을 응시한 것으로 나타나, 시선의 길이로 매력을 결정하지 않는 것으로 해석하였다. 이러한 실험결과에 대해 연구자들은 남성의 응시행위는 상대방이 종족번식에 적합한 사람인지를 알아보기 위한 일종의 생존방식이나, 여성들은 임신 등의 위험부담을 피하기 위해 불필요한 끌림에 신중해 지는 것이라고 결론지었다.

첫인상 형성에 걸리는 시간이 4분이라는 연구결과는 앞에서 언급한 실험조건보다는 더욱 현실적이고 조직적인 상황에서 도출되었다. 예를 들어, 미국 애스톤대학(Aston University)의 교수인 앤더슨(Neil Anderson)은 대학생들을 대상으로 한 모의면접실험에서 면접이 이루어지는 최초 4분 안에 채용여부가 결정된다는 실험결과를 발표하였다. 이론적으로는 4분 만에 상대방의 인품이나 인간성을 전체적으로 파악하는 것은 불가능하다. 그러나 실제로 많은 연구결과, 대부분의 사람들은 처음 만나는 사람의 아주 작고 미세한 표현적 행동의 조각(thin–slice of non–verbal or expressive behavior)으로부터 첫인상을 결정하며, 이렇게 형성된 첫인상은 상대방의 본모습과 예상외로 정확(unexpectedly accurate)하게 들어맞는 것은 물론, 마지막 순간까지 바뀌기 힘들다는 것이다. 예를 들어, 집안에 우환이 있어 걱정스러운 얼굴로 연설을 할 경우, 청중은 이 연사를 어둡고 침울한 사람이라는 인상을 갖게 된다. 다음날 모든 문제가 원만하게 해결되어 밝고 활기찬 모습을 되찾는다고 하더라고 "원래 마음이 어두운 연설자가 오늘은 무리해서 억지로 밝은 모습을 하고 있다"고 치부해 버리게 되는 것이다.

우리나라 속담에 "시작이 반이다"라는 말이 있다. 스피치나 프레젠테이션처럼 연사가 무대 위로 등장해서 서론을 소개하는 상황에 있어서 첫 4분이 가장 중요하다는 사실을 반영한다면 '시작이 반'이라는 속담은 "시작 초반의 4분이 전부"라는 말로 바꿔도 그리 큰 무리가 없을 것이다. 왜냐하면 첫 4분 안에 결정된 연설가에 대한 인상형성은 연설이 끝날 때까지 지속되기 때문이다. 이는 "시작이 좋아야 끝이 좋다"는 속담과도 연결되는 원칙으로 연설을 성공적으로 마무리 짓기 위해서는 4분이라는 짧은 시간 안에 청중을 장악하여 그들로부터 호감을 이끌어 내야 한다. 청중과의 만남의 첫 4분 안에 형성된 인상이 50분간의 연설을 결정짓는 것이라면 4분이라는 시간은 모든 것을 투자해볼만한 가치가 충분한 시간이라고 할 수 있다. 이러한 이유로 연설의 서론이 중요하게 되는 것이다. 그렇기 때문에 연설자는 최초 4분 안에 청중을 장악하기위해 연설의 서두를 준비해야 하며 우호적인 인상을 주기 위해 철저한 준비를 해야 할 것이다. 연설자에 대한 첫인상을 결정하는 요소에는 연설가가 무대 위로 당당하게 걸어나오는 외적 이미지, 연설을 시작하는 목소리, 연설 내용에 대한 개요 설명, 스피치를 이끌어 나가는 발표 기술 등이 포함된다.

마지막으로 서론부분에서 연설자가 피해야 할 또 하나의 사항은 프레젠테이션에 대한 변명을 삼가야 한다는 것이다. 저자의 상담학생 중의 한명은 학기 첫 주에 교수가 강의실에 들어와서는 "갑자기 이 과목을 가르치라는 지시가 내려왔는데, 이 과목은 내 전공도 아니고, 아는 것도 없고"라는 변명과 핑계를 늘어놓으며 강의를 시작했다고 한다. 이 말을 들은 상담학생은 한 학기 내내 이 교수로부터 도대체 무엇을 배울 수 있을 것인가에 대한 의구심을 떨쳐버릴 수 없었다고 한다. 첫 시간에 변명으로 점철된 첫인상이 형성될 경우, 15주나 되는 긴 시간 동안 학생들이 받은 교수에 대한 실망감은 곧 학과목 전체에 대한 불만족으로 이어질 수 있기 때문에 삼가야 한다. 또 다른 예로는 저자의 대학원 학생이 50분에 걸친 프레젠테이션을 시작하면서 "어제 김장을 담갔는데, 장모님이 주신 굴을 먹고 나서 노로 바이러스(norwalk-like virus)에 감염이 되었는지 설사를 십 여 차례나 했으며 발표하기 전에는 설사를 할까봐 물도 마시지 못하고 나왔습니다."라고 서두를 꺼냈다. 저자는 십여 차례나 계속된 설사로 탈수가 된 상태에서도 물을 마시지 않았다는 그 학생의 건강이 염려가 되어 발표내용에 집중할 수가 없었다. 이처럼 프레젠테이션을 시작하기 전 발표자가 서두를 어떻게 꺼내느냐에 따라 연설의 수용도가 달라지며 첫인상도 부정적으로 형성될 수 있게 된다. 따라서 지나치게 긴장을 한 나머지 "시간이 없어서 제대로 준비를 하지 못했다."거나 "이런 주제에 대한 프레젠테이션은 난생 처음이고, 주제에 대해서도 평소에 관심을 가지고 있던 분야가 아니라서"라고 서두를 꺼내는 경우, 혹은 겸손함을 표현한다는 생각에 "부족한 점이 많지만 최선을 다해서 발표를 해보겠습니다."라는 말들은 모두 인상형성에 부정적 영향을 미치는 언사이다. 이와 더불어 주어진 주제에 대해 불평을 노골적으로 토로하거나 그로 인해 자의적으로 주제를 바꿔서도 안 된다. 주어진 주제에 불만이 있을 경우에는 창의적인 방향으로 주제를 재정립함으로써 문제에 충실하려는 자세를 보이는 것이 중요하다.

결론적으로 서론은 총 발표시간의 약 10%를 넘지 않도록 조직해야 한다. 서론이 중요하다는 생각에 장황하게 설명을 하게 되면 본론에 대한 논지를 벗어나게 되고 청중의 주의집중도 현격하게 감소하게 된다. 따라서 서론에서는 발표자 자신에 대한 간략한 소개와 더불어 발표하고자 하는 주제, 본론 내용과의 연계성, 본론에서 제시할 목적과 방향을 간략하게 소개하는 것으로 끝내야 한다.

3 본론(Body)

스피치나 프레젠테이션의 원고작성에서 본론은 전체의 약 80%에 해당한다. 본론에서는 스피치의 주제로 설정된 핵심 아이디어를 세부 아이디어로 구분한 뒤 이를 논리적으로 제시하게 된다. 일반적으로 세부 아이디어는 3개에서 5개 정도의 단락으로 구성하는 것이 바람직하다. 이때 각각의 문단은 서로 밀접하게 연결될 수 있도록 논리적 연계성을 지니고 있어야 한다. 논리적 전개, 전환과 보충, 강조와 요약 등을 변화 있게 활용함으로써 모든 문단들이 일정한 맥락을 이루면서 물 흐르듯이 결론에 도달하도록 배열해야 한다.

본문을 위한 원고작성은 크게 두괄식, 미괄식, 양괄식의 세 종류가 있다. 두괄식은 본문의 각 단락의 주제를 문단의 서두에 소개하는 방식을 말한다. 이와는 반대로 미괄식은 서두에 다양한 예문이나 사례들을 소개한 후 문미에 핵심주제를 소개하는 방식을 말한다. 양괄식이란 서두에 주장을 제시한 다음 마지막에 가서 다시 한 번 주장을 반복하는 방식을 말한다. 양괄식 전개방식은 "PREP 구성"이라고도 한다. "PREP 구성"에서 "PREP"란 요점(point), 배경이유(reason), 예시(example), 요점(point)의 첫 글자로 이루어진 두음어를 말한다. PREP 구성의 첫 단계는 요점을 제시하는 것으로 매 단락마다 글의 첫머리에 단락의 핵심요점을 제시한 후 이에 대한 배경 이유를 제시한다. 그 다음, 핵심요점과 배경지식을 부연설명하기 위한 구체적인 예시들을 충분히 제시하여 청중을 이해시킨다. 마지막으로 핵심요점을 다시 한 번 소개함으로써 단락을 마무리 짓는다.

원고작성이 서툰 경우에는 본문을 두괄식으로 작성하는 것이 좋다. 두괄식에서는 서두에 핵심주제를 소개한 다음 주장에 대한 타당성을 확보하기 위한 내용과 주제를 뒷받침해줄 논거들을 제시하는 방식이기 때문에 글의 흐름이 자연스럽게 전개될 수 있기 때문이다.

본문에서는 스피치나 프레젠테이션이 끝나고 난 후 청중으로부터 예상되는 반박질문에 대한 답변도 미리 준비하는 것이 중요하다. 이때에는 청중이 제기하는 반박을 예상하여 연설가 자신의 주장이 지닌 부정적 측면에 대한 해명도 포함시켜야 한다. 반박질문이나 부정적 측면에서의 해명을 하는 경우에도 자기주장의 일관성을 잃지 않는 것이 무엇보다도 중요하다.

1) 본론 작성의 유형

본론은 청중에게 짜임새 있는 구성이라는 인상을 줄 수 있도록 일정한 패턴에 의해 일목요연하고 논리적으로 구성되어야 한다. 왜냐하면 사람들은 일정한 패턴에 의해 정보를 제공받을 때 내용에 대한 이해력이나 기억률이 높아지기 때문이다. 본문을 일정한 패턴으로 작성하는 방법에는 열거식 전개방식, 문제해결식 전개방식, 논증식 전개방식이 포함된다.

(1) 열거식 전개방식(Enumeration Method)

열거식 전개방식(enumeration method)이란 점층적 구성방식(sequential structure)이라고도 하는데, 특정주제의 내용을 소주제로 분류한 후 이를 체계적으로 나열하는 방식을 말한다. 점층법은 원래 1920년대에서 1950년대 중반까지 미국의 심리학계와 교육계를 지배하던 행동주의의 학습이론(behaviorism)에서 강조하는 제시방법을 말한다. 행동주의 학습이론에 의하면, 학습정보를 작은 묶음 단위로 분류하여 순차적으로 제시하면서 적절한 시기에 강화(reinforcement)나

피드백을 제공할 때 학습효과가 극대화된다고 강조한다. 행동주의 이론은 그 후 외현행동의 통제보다는 인간의 두뇌작용이나 인지활동이 더 중요하다는 인지발달이론(cognitive development theory)에 의해 대체되었다.

점층적 구성방식은 하버드대학교 교수이며 거시적 인지이론을 주장한 롸이겔루스(Charles Reigeluth, 1946~)에 의해 더욱 구체화되었다. 롸이겔루스는 정교화 이론(elaboration theory)을 개발한 이론가이다. 그는 정교화이론에서 학생들의 학습효과를 극대화시키기 위해서는 학습내용을 계열화(sequence)하여 제시하는 것이 중요하다고 강조하였다. 계열화란 학습할 내용을 작은 수업단위로 조직한 다음 복잡성과 난이도에 따라 순차적으로 내용을 제시하는 것을 말한다. 롸이겔루스의 계열화는 행동주의 이론의 프로그램 학습과 유사한 측면이 있지만, 행동주의 이론에서는 학습자에 대한 고려 없이 교사가 학습내용을 작은 단위로 잘라서 제공하는 기계적인 측면만을 강조했다면, 롸이겔루스의 계열화에서는 지식을 습득하고 구성하는 학습자의 인지과정을 중시한 이론이라고 할 수 있다. 롸이겔루스가 강조한 계열화란 수업의 전체적 윤곽을 선정한 후 학습내용을 구체화, 세분화하며, 세부내용은 다시 복잡성과 난이도에 따라 제시되는 것을 말한다. 수업의 전체적 윤곽을 위한 개념으로 롸이겔루스는 정수(epitome)라는 용어를 소개하였다. 정수란 고대 희랍어로 "작게 자르다(to cut short)"라는 뜻의 "epitemnein"에서 온 말이다. 정수란 "좀 더 큰 실재의 요약이나 축소판(summary or miniature form of larger reality)"이라고 정의된다. 따라서 학습내용은 정수를 중심으로 점차 지속적으로 내용의 정교화가 이루어진다. 이렇게 함으로써 학습자는 유의미한 맥락 속에서 복잡성의 수준에 따라 전체적인 내용을 파악할 수 있게 된다.

계열화의 기준은 제공되는 내용들 간의 관련성(relevance)과 의존성(dependence)이며, 이러한 기준에 의거하여 학습내용은 단순한 내용(simple content)에서 복잡한 내용(complex content)으로, 사실에 의거한 구체적인 내용(concrete content)에서 추상적인 내용(abstract content)으로, 쉬운 내용에서 어려운 내용으로, 알려진 내용(known)에서 알려지지 않은 내용의 순으로 조직해야 한다. 여기서 구체적인 내용(specific)에서 일반적인 내용(general)을 제시하는 귀납적 방식을 따르거나 일반적인 내용에서 구체적인 사례들을 소개하는 연역적 방식을 따르는 것도 계열화의 전개방식이라고 할 수 있다.

피아제의 인지발달이론에 영향을 받은 미국 심리학자이며 유의미학습(meaningful learning theory)을 개발한 오스벨(David Ausubel, 1918~2008)은 정보제공에 있어 점진적 분화의 원리와 통합적 조정의 원리를 주장하였다. 점진적 분화의 원리란 가장 일반적이며 포괄적인 아이디어를 제시한 후 세부사항으로 분화를 거치는 과정을 말하며, 통합적 조정의 원리란 새로운 학습내용과 이미 학습된 내용의 유사성 및 차이점을 명료화하여 새로운 학습내용이 인지구조 내에서 의식적으로 명확히 분별되어 통합되는 과정을 말한다. 이를 유의미 학습이라고 하는데, 오스벨은 유의미 학습을 새로운 지식이 기존에 가지고 있던 인지구조인 정착지식(anchoring knowledge)에 포섭(subsumption)되는 과정이라고 규정하였다. 정착지식이란 피아제가 주장한 스키마에 해당하는 것으로, 학습자가 이미 가지고 있던 기존의 인지구조를 말한다. 따라서 학습이란 새로운 내용을 기존인지구조인 정착지식에 연결함으로써 발생하는 것이라고 할 수 있다. 또한 정착인지구조에 의해 지식이 구성되는 양상은 일반성, 추상성, 포괄성 수준에 맞춰 위계적으로 조직된다고 하였다. 포섭이란 인지구조 내에 있던 높은 수준의 일반성, 추상성, 포괄성을 가진 지식이 낮은 일반성, 추상성, 포괄성을 가진 새로운 지식을 통합하는 과정이며, 이렇게 함으로써 유의미한 학습이 발생하게 된다고 강조하였다.

오스벨은 또한 학습과제 이전에 개론적, 포괄적, 입문적 선수자료를 제공함으로써 새로운 학습과제의 전진적 학습 증진효과를 극대화시킬 수 있다고 주장하면서 이를 선행조직자(advanced organizer)라고 불렀다. 선행조직자는 다시 설명조직자(expository organizer)와 비교조직자(comparative organizer)로 구분되는데, 설명조직자란 학습자들에게 친숙하지 않은 학습과제를 설명할 때 사용하는 것으로, 새로운 내용의 개념적 근거를 제공해주는 것을 말하며, 비교조직자란 학습자에게 친숙한 학습과제를 학습할 때 기존개념과의 유사점과 차이점을 밝히기 위한 조직자라고 하였다.

이러한 학습이론에 비추어 스피치나 프레젠테이션에 있어서도 제시하고자 하는 정보나 내용은 가장 중요한 내용에서부터 가장 덜 중요한 내용으로, 혹은 가장 덜 중요한 내용에서부터 중요한 내용으로 점층적으로 주제를 제공해 줌으로써 청중의 학습효과를 높일 수 있을 것이다. 또한 매 주제가 바뀔 때마다 선행조직자를 설정하여 소개한다면 청중이 새로운 주제에 입문하는데 많은 도움을 받을 수 있을 것이다. 이처럼 열거식 전개방식은 핵심주제를 체계적으로 설명하거나 점진적으로 전개할 때 사용할 수 있는 효과적인 방법이라고 할 수 있다.

(2) 문제해결 방식(Problem-Solving Method)

문제 해결식 유형(problem-solving method)은 특정한 문제 상황에 대한 해결방안을 제시하는 것을 말한다. 해결방안이 도출되기 위해서는 우선적으로 문제 상황에 대한 분석과 문제 상황을 유발시킨 원인에 대한 분석이 뒤따라야 한다. 따라서 문제해결식 원고를 작성하는 순서는 먼저 문제 상황과 문제에 대한 배경 제시, 문제의 원인에 대한 서술, 해결방안의 순으로 작성해야 한다. 해결 방안은 처음부터 연설가의 독창적 해결 방안을 제시하기보다는 원인과 문제 상황 자체로부터 도출되는 일반적인 해결 방안을 먼저 제시한 후 연설가 자신의 창의적인 해결 방안을 제시하는 것이 바람직하다. 이때 여러 가지 창의적인 대안을 단순하게 나열하는 것보다는 해결 방안 사이의 논리적 연관성을 고려하여 제시하는 것이 중요하다.

(3) 논증적 전개방법(Argument Method)

본론에서 연설가의 주장을 논증하기 위한 방법으로는 크게 유비논증(analogy argument), 예증법(illustrative exposition), 연역적 논리(deductive logic), 귀납적 논리(inductive logic) 등이 포함된다.

유비논증이란 사물이나 사건의 유사성(similarity)을 근거로 결론을 이끌어내는 논증법을 말하며, 예증법이란 잘 알려진 예(examples)들을 근거로 자신의 주장을 강조하는 논증법을 말한다. 유능한 교사는 새롭거나 어려운 개념을 설명할 때 이를 부연설명해 줄 수 있는 다양한 사례들을 제시하는 사람이라고 한다. 이처럼 사례란 "특정현상이나 개념이 어떻게 사용되는지를 보여줌으로써 이해를 돕는 방법(a way of helping someone to understand something by showing them how it is used)"이라고 할 수 있다. 스피치나 프레젠테이션에 있어서도 연설가는 새로운 개념이나 청중이 이해하기 어려운 난해한 개념을 설명하기 위해서 다양한 사례들을 제시할 수 있도록 준비해야 한다.

연역법은 아리스토텔레스가 주장한 삼단논법(syllogism)에서 출발한 논리전개방식을 말한다. 삼단논법의 예로는 "모든 사람은 죽는다."와 같이 대전제나 대명제가 소개된 후 "소크라테스는 사람이다. 고로 소크라테스는 죽는다."처럼 소전제와 결론을 제시하는 방법을 들 수 있다. 연역법은 다시 생략 삼단논법, 연쇄 삼단논법 등으로 세분화된다.

생략 삼단논법이란 삼단논법 가운데 전제의 일부나 결론을 생략하여 주장을 더욱 더 자연스럽고 강하게 표현하는 논증방법을 말한다. 즉, 삼단논법의 첫 단계인 대전제를 생략하여, "사람이기 때문에 소크라테스는 죽는다."와 같이 표현하는 것을 예로 들을 수 있다. 생략 삼단논법을 사용하는 이유는 청중으로 하여금 생략된 대전제를 반추하게 만듦으로써 대전제의 의미를 강조하기 위함이다.

연쇄 삼단논법이란 둘 이상의 삼단논법을 하나의 문장으로 연결하여 주장하는 논증방식을 말한다. 따라서 연쇄 삼단논법에서는 앞에 오는 삼단논법의 결론이 뒤에 오는 삼단논법의 전제로 쓰이게 되며, 전제로 사용된 삼단논법의 결론은 생략하게 된다. 예를 들어, 첫 번째 논증을 "모든 사람은 죽는다. 소크라테스는 사람이다. 고로 소크라테스는 죽는다."라고 설정할 경우, 두 번째 논증의 대전제는 첫 번째 논증의 결론인 "소크라테스는 죽는다."가 된다. 이를 바탕으로 두 번째 논증은 "소크라테스는 죽는다. 크산티페의 남편은 소크라테스다. 고로 크산티페의 남편은 죽는다."라고 구성된다. 연쇄삼단논법은 전제를 하나씩 더 첨가하면서 4단 논법, 5단 논법 등으로 확장될 수 있다. 이러한 연쇄적인 논증의 확장을 고클레니우스 연쇄식(Rudolph Goclenius, 1547~1628)이라고도 부른다. 고클레니우스는 1590년 "심리학(psychology)"이라는 용어를 만든 독일 철학자로, 넓은 개념에서 좁은 개념으로 옮겨가는 연쇄적 논증방법을 최초로 소개하였다. 예를 들어, "모든 사람은 죽는다. 소크라테스는 사람이다. 크산티페의 남편은 소크라테스다. 플라톤의 스승은 크산티페의 남편이다. 따라서 플라톤의 스승은 죽는다."라는 논증은 플라톤이라는 새로운 전제를 첨가한 5단 논법이 된다.

연역법에서 가장 문제가 되는 것은 무엇을 대전제로 내세울 것인가 하는 점이다. 만고불변의 진리란 이를 믿는 사람들에 따라 다르게 받아들여질 수 있기 때문이다. 이러한 이유로 17세기 영국 경험론의 주창자이며 대륙의 합리론을 창시한 데카르트(René Descartes, 1596~1650)와 함께 근세철학의 아버지로 불리는 베이컨(Francis Bacon, 1561~1626)은 아리스토텔레스가 소개한 삼단논법을 비판하면서 새로운 지식을 창출하기 위한 가장 올바른 방법으로 귀납법(inductive method)을 주장하였다. 베이컨에 의하면, 모든 현상을 대표하는 포괄적이고 보편적인 공리체계란 이 세상에 존재하는 구체적인 사례들을 체계적인 방법으로 수집하여 정확한 관찰과 증명을 통해서 정리되어야만 가능하다고 주장하였다. 따라서 진리로 논증되지 않은 명제나 타당성을 증명할 수 없는 일반원리를 대명제로 내세워 이를 개별명제와 연관시킨 아리스토텔레스의 연역법은 대명제와 개별명제 간의 논증순환의 쳇바퀴에 빠질 뿐이라고 비판하였다. 다른 말로 하면, 비록 대명제와 개별명제 간의 논리적 증명이 성립되었다고 하더라도 대명제 자체의 타당성이 의심될 경우에는 이를 다시 증명해내야 하는 악순환으로 이어진다는 것이다.

귀납법이란 베이컨이 주장한 논증법으로, 베이컨은 귀납법을 인간의 감각이 경험하는 바를 관찰하고 점진적으로 상향시켜 가장 일반적인 정리(theorem)에 도달하기 위한 실증적 방법론이라고 규정하였다. 즉, 연역법이 필연적으로 발생할 사실을 증명하는 방식이라고 한다면, 귀납법은 개연적으로 일어날 사실을 알려주는 방식이라고 할 수 있다. 베이컨은 귀납법의 가장 중요한 핵심은 반복성(recurrence)이라고 강조하였다. 즉, 구체적인 사물들에 관한 관찰과 실험을 통해 반복적으로 나타나는 형태(recurring pattern)를 발견할 수 있어야만 보편적이고 일반적인 근본원리로 정리될 수 있다는 것이다.

귀납법을 통하여 보편적인 대전제를 이끌어낼 가능성은 관찰된 사례가 많을수록, 반대사례가 적을수록, 그리고 일반화시킬 수 있는 측정 자료일수록 높아지게 된다. 베이컨은 반대사례를 제거하는 배제의 과정을 귀납법의 가장 핵심이라고 강조하였다.

4 결론(Conclusion)

결론(conclusion)은 전체 프레젠테이션의 약 10%에 해당하며, 프레젠테이션을 마무리 짓는 클로징(closing)을 말한다. 결론의 가장 중요한 기능은 본문의 내용을 요약해서 정리하는 것이다. 이와 더불어 결론에서는 연설자 자신의 주장이 지닌 의의와 가치를 사회적 의미나 미래 전망으로 확대하여 제시하게 된다. 이때 프레젠테이션의 설득력을 높이기 위해서는 본론에서 주장한 문제 상황의 심각성이나 해결책의 당위성과 시급함을 다시 한 번 강조하면서 이에 대한 사회적, 법적, 제도적인 방안을 구체적으로 제시하는 것이 중요하다.

결론에서 내용을 요약하면서 끝을 맺는 방법은 스피치나 프레젠테이션에서 가장 널리 쓰이는 유형이라고 할 수 있다. 이 방식의 장점은 본론의 내용 중 발표자가 주장하고자 하는 핵심관점이나 메시지를 다시 한 번 설명함으로써 청중으로 하여금 내용을 정리할 수 있는 시간을 허용해 준다는 점이다. 핵심내용을 요약할 때는 본론에서 제시한 표현을 그대로 반복하는 것은 피해야 한다. 그 대신, 본론에서 강조한 핵심용어(keyword)는 그대로 사용하면서 본론의 내용을 의미가 같은 다른 문장으로 전환하여 집약적이며 압축적으로 마무리해야 한다.

결론 부분에서 가장 중요시해야할 점은 실천 방안과 그에 따르는 이득을 강조하는 것이라고 할 수 있다. 이득은 반드시 물질적인 것만을 포함하는 것은 아니다. 청중의 신념이나 가치관을 변화시킬 수 있는 것은 모두 이득이라고 할 수 있다. 예를 들어, 앞에서 예시한 미국의 대부호이며 자선사업가인 록펠러는 "사랑의 기적"에 대한 연설을 마무리 지으면서 이렇게 말했다고 한다. "여러분 사랑을 베푸십시오. 그러면 여러분들은 보다 더 큰 행복을 얻을 수 있을 것입니다."라고 말이다. 록펠러가 강조한 "행복"이란 사랑을 베푸는 행동을 실천한 사람만이 가질 수 있는 정신적 이득을 의미한다. 즉, 사랑을 베풀게 되면 사랑의 기적이라는 놀라운 이득을 얻을 것이라는 강력한 메시지라고 할 수 있다. 이처럼 청중이 연설가로부터 정신적인 이득을 받았다고 생각할수록 이를 실천하기 위한 결심을 촉구하게 되고 행동에 옮길 확률도 높아지는 것이다. 마지막으로 연설가는 청중에게 "take–home message"를 던져줌으로써 오랫동안 기억에 남는 스피치로 완성시킬 수 있을 것이다. "Take–home message"란 말 그대로 "연설이 끝나고 나서 집으로 가지고 가는 메시지"라는 뜻으로, 스피치나 프레젠테이션의 결과 청중이 얻을 수 있는 최종적인 교훈을 의미한다. 따라서 연설가가 가장 강조하고 싶은 짧은 메시지를 선정하여 이것만큼은 잊지 말아 달라고 요청하면서 "take–home message"를 전달한다면 청중에게는 오래오래 기억에 남을 만한 감동적인 연설이 될 것이다.

PART 02

프레젠테이션

Chapter 08

프레젠테이션의 개념

1 프레젠테이션과 스피치의 차이점

스피치(speech)와 프레젠테이션(presentation)은 연설가나 발표자가 청중을 대상으로 정보제공, 동기유발, 설득, 혹은 유흥의 목적으로 작성한 원고를 주어진 시간 내 효과적으로 전달하는 논리적 과정이라는 점에서는 동일한 의미를 갖는다. 그러나 스피치와 프레젠테이션은 준비과정과 전달방법에 있어서 차이점을 갖는다. 스피치와 프레젠테이션의 가장 커다란 차이점은 시각자료(visual materials)의 사용 여부라고 할 수 있다. 스피치가 시각자료를 사용하지 않고 주로 연설가의 목소리, 즉 음성언어를 통해 더욱 구조화되고 신중한 매너(structured and deliberate manner)로 실행하는 웅변식의 대중연설이라고 한다면, 프레젠테이션은 선정된 주제를 보다 효과적으로 전달하기 위해 다양한 시각자료를 활용한다는 점이다. 프레젠테이션은 내용의 전달에 있어 문서작성과는 달리 각종 도형, 사진, 동영상 등을 활용하여 전달하고자 하는 내용의 시각적 표현(visual expression)을 강조한다. 시각적 자료의 사용에도 구조나 제시 방법에 신중한 매너가 요구되는 것은 스피치와 동일하다.

스피치와 프레젠테이션의 또 다른 차이점은 스피치와 프레젠테이션의 목적이나 전달방법이 상이하다는 점이다. 스피치는 청중에게 영향력이나 영감을 주기위한 목적으로 주로 스토리텔링(storytelling)을 통해 전달되나, 프레젠테이션은 새로운 정보제공을 위한 목적으로 시행된다. 따라서 연설은 스토리텔링을 위한 수사적 연설기법(rhetoric driven speech)에 의존하는 경향이 많으나, 프레젠테이션은 데이터에 근거한 시각자료(data driven visuals)에 의존하게 된다. 이러한 이유로 스피치는 연설을 하는 이유, 즉 "왜(why)"에 초점을 맞추기 때문에 연설내용 또한 높은 수준의 추상성을 유지하는 것이 일반적이나, 프레젠테이션은 메시지를 "어떻게(how)" 전달하느냐에 좀 더 초점을 두기 때문에 낮은 수준의 추상성이 요구된다. 프레젠테이션에서는 낮은 수준의 추상성을 유지함으로써 청중의 이해도를 높이기 위하여 스피치보다 쉬운 용어와 표현이 사용된다. 프레젠테이션은 주로 마이크로소프트사의 파워포인트(PowerPoint)를 통해 시각정보를 제공한다. 이외에도, 다양한 소프트웨어와 각종 동영상, 음악, 포스터, 플립차트(flip chart) 등 다양한 멀티미디어 시청각매체가 사용된다.

2 프레젠테이션의 정의(Definition of Presentation)

중국 속담에 "듣기만 한 것은 잊어버린다.(What I hear, I forget.) 보기만 한 것은 기억한다.(What I see, I remember.) 그러나 실제로 실행한 것은 알게 된다.(What I do, I know.)"는 말이 있다. 또한 "아는 것과 가르치는 것은 전혀 다른 것이다.(What to know is one thing, how to teach is another.)"라는 말도 있다. 이 말들은 모두 스피치나 프레젠테이션을 실제로 해 보는 것이 얼마나 학습에 효과적인지를 단적으로 보여주는 표현이다. 즉, 강의실에 앉아 교수의 강의를 수동적으로 듣기만 할 경우에는 진정한 의미의 학습이 일어나지 않는다는 교훈을 담고 있다. 따라서 자기개발과 자기 주도적 학습을 중시하는 대학교에서는 과제발표를 가장 핵심적인 학습활동의 하나로 중시하고 있는 것이다.

프레젠테이션(presentation)이란 "무엇인가 보여주거나 전달하는 행위나 방식(act or the way of giving or showing something)"으로 정의된다. 즉, 프레젠테이션이란 하나의 특정한 주제를 청중에게 전달하는 과정(process of presenting a topic to an audience)을 말한다. 전통적으로는 프레젠테이션이란 상류층 여성이 사교계에 처음으로 발을 들여놓을 때 치루는 일종의 공식적이고 의례적인 소개방식을 의미하였다(formal, ritualized introduction as with the presentation of a debutante). 그 후 프레젠테이션은 특정집단이나 대다수의 청중을 대상으로 새로운 아이디어나 상품, 지식의 내용을 소개하거나 강의식으로 전달하는 방식, 혹은 시범을 보이는 활동을 포함하게 되었으며, 현재에 와서는 연설(speech)이나 기조연설(keynote address) 등을 포함하는 활동으로 확대되었다.

3 프레젠테이션의 분류

일반적으로 프레젠테이션은 프레젠테이션을 하기 위한 목적, 청중의 구성 및 크기, 발표형태, 프레젠테이션의 사용범위 등에 따라 구분된다. 이러한 구분은 프레젠테이션을 준비하는데 있어서 시각자료의 디자인과 실행방법에 중요한 영향을 미치는 요인이 된다. 프레젠테이션의 분류에 따른 특성을 살펴보면 다음과 같다.

프레젠테이션을 시행하기 위한 목적에 따라서는 크게 설명형 프레젠테이션(explanatory presentation)과 설득적 프레젠테이션(persuasive presentation)으로 구분된다. 설명형 프레젠테이션은 주로 새로운 아이디어나 내용, 혹은 창작물에 대한 정보 제공(informative)을 목적으로 하며, 설득적 프레젠테이션은 청중의 태도나 행위 변화를 위해 영감(inspiring)을 주거나 동기(motivating)를 유발시키기 위해 영향력(influence)을 행사한다고 할 수 있다. 설명형 프레젠테이션의 대표적인 예로는 애플사의 창업주인 잡스(Steve Jobs, 1955~2011)의 프레젠테이션을 들 수 있다. 잡스는 1984년 매킨토시 컴퓨터를 대중에게 알리기 위한 프레젠테이션을 시초로 2011년 췌장암으로 사망하기 전까지 새로운 아이 폰이 출시될 때마다 신제품을 광고하기 위한 대대적인 프레젠테이션을 시행하였다. 초 단위로 계획된 잡스의 완벽한 프레젠테이션은 그 후 마케팅의 전형과 홍보캠페인의 전설이 되었다. 설득적 프레젠테이션이란 제1부 연설부분에서 설명한 설득적 의사소통과 동일한 목적으로 이를 좀 더 시각적으로 구성하여 전달하는 방식이라고 볼 수 있다. 목적에 따른 프레젠테이션을 좀 더 세분화하면 정보전달형, 설득형, 동기부여형, 실천유도형, 여흥과 오락형 프레젠테이션으로 구분된다. 모든 프레젠테이션에도 정도의 차이는 있으나 설득적 활동을 포함하게 된다. 설득적 의사소통에 대해서는 제1부 내용을 참조하기 바란다.

1) 청중의 크기를 기준으로 하는 프레젠테이션

일반적으로 프레젠테이션은 청중의 숫자에 따라 준비해야 하는 시각자료가 달라진다. 청중의 크기, 즉 청중의 수를 기준으로 하는 프레젠테이션은 크게 일대일, 일대소수, 일대다수의 프레젠테이션으로 구분된다. 일대일 프레젠테이션이란 두 사람 간의 쌍방향 대인커뮤니케이션을 말하며, 일대소수 프레젠테이션이란 기업의 각 부서에서 행하는 소집단 회의 등을 말한다. 대중연설이란 주로 일대다수 프레젠테이션을 말하는 것으로 이 책에서는 주로 일대다수 프레젠테이션을 위한 내용을 다루기로 한다.

2) 사용범위에 따른 분류

프레젠테이션의 사용범위에 따른 분류는 대내용 프레젠테이션과 대외형 프레젠테이션으로 구분된다. 대내용 프레젠테이션은 학생들이 강의실에서 행하는 과제발표용 프레젠테이션을 예로 들을 수 있으며, 대외형 프레젠테이션의 예시로는 국내나 국외에서 시행되는 교수들의 학술대회(conference)나 기업에서 새로운 제품을 대중들에게 소개하기 위한 프레젠테이션을 들 수 있다.

4 프레젠테이션의 기조이론

프레젠테이션의 내용을 보다 설득적이고 효과적으로 전달하기 위해서는 프레젠테이션의 기조이론을 이해하는 것이 중요하다고 할 수 있다. 이론은 과학적 검증방법을 통해 특정현상이나 사실을 서술(describe)하고 설명(explain)하며 예측(predict)하고 통제(control)하는 기능을 가진 개념 틀을 말한다. 이론의 개발목적은 특정현상을 설명하기 위한 보편적 진술(generalized statement)을 제시하기 위함이다. 이에 반해 모형(model)은 이론을 형성하기 위한 전단계의 표상방법이라고 할 수 있다. 즉, 모형은 하나의 실재적 현상을 이해하기 쉬운 용어로 설명하기 위한 유목적적 진술(purposeful representation of reality)이라고 할 수 있다. 일반적으로 모형의 개발은 보편적인 이론체계를 구체적인 현상에 적용하면서 시작된다. 예를 들어, 덴마크의 물리학자이며 1922년 노벨 물리학상을 수상한 보어(Niels Henrik David Bohr, 1885~1962)는 원자가 중심핵을 중심으로 도는 운동을 설명하기 위해 태양과 위성들의 순환이론이라는 과학적으로 입증된 이론을 적용하였다. 이렇게 해서 탄생한 것이 "원자 모형(Bohr model of the atom)"이다. 그러나 보어의 초기 모형은 원자의 참 본질(the true nature of the atom)을 설명하기에는 불충분하였다. 초기모형이 모든 원자들의 운동을 설명하기 위한 일반적인 이론으로 확립되기 위해서는 수많은 반복적인 검증과정을 통해 보편성이 입증되어야 한다. 반복적인 과학적 검증과정을 거쳐 특수한 사례에 대한 설명력이 보편적 현상으로까지 충분히 확대되면 원자모형은 원자이론으로 구축되는 것이다.

프레젠테이션의 배경이론을 정확히 이해하는 것은 발표에 대한 객관성과 논리성을 구축하는데 필수적이라고 할 수 있다. 시각자료를 학문적으로 연구하는 분야를 교육공학(Educational Technology)이라고 한다. 교육공학은 학습과 퍼포먼스를 향상시키기 위해 시각자료의 개발을 위한 이론과 실제적 기술을 연구하는 분야이다. 프레젠테이션을 위한 기조이론으로는 발표에 대한 전반적인 기획과정을 포괄하는 설계모형인 에디모형(ADDIE Model)과 교수매체의 선정에 초점을 두고 개발된 확증모형(ASSURE Model)을 들 수 있다. 두 모형은 모두 첫 자를 딴 두음어로 구성된 이론이다. 에디모형(ADDIE Model)은 분석(analysis), 설계(design), 개발(development), 실행(implementation), 평가(evaluation)의 첫 글자를 딴 5단계 모형을 말하며, 확증모형(ASSURE Model)은 학습자 분석(analyze learner), 목표 진술(state objectives), 방법, 매체, 자료의 선정(select method, media, materials), 방법, 매체, 자료의 활용(utilize 3Ms), 청중반응과 참여(require learner response and participation), 평가와 수정(evaluate and revise)의 첫 자를 딴 모형이다. 확증모형은 "보장하다, 확약하다"라는 뜻의 일반 동사인 "assure"와 동일한 뜻을 가진 명칭이다. 즉, 확증모형을 사용할 경우, 교수매체 사용의 적합성이나 효과성을 "보증"할 수 있다는 뜻을 강조하기 위해 개발한 명칭이라고 할 수 있다.

1) 에디모형(ADDIE Model)

에디모형(ADDIE Model)은 학습－교수 이론을 대표하는 모형으로 분석(analysis), 설계(design), 개발(development), 실행(implementation), 평가(evaluation)의 첫 글자를 합성한 두문자어이다. 참고로 긴 단어나 구를 줄여 축약형을 만드는 방법 중 머리글자를 따서 명칭을 붙이는 것을 "두문자어(頭文字語)"라고 한다. 두문자어를 만드는 방법은 크게 "Acronym"과 "Initialism"으로 나뉘는데, 이들은 모두 "두문자어"라고 해석된다. 그러나 이 두 용어는 두문자어를 만드는 과정에 있어 차이점을 갖는다. 먼저 "Acronym"이란 후천성 면역 결핍증(acquired immune deficiency syndrome)을 의미하는 에이즈(AIDS)나 유도방출에 의한 빛의 증폭(light amplification by the stimulated emission of radiation)을 의미하는 레이저(Laser)처럼 단어의 머리글자가 하나의 단어처럼 통용되는 방법을 말한다. 반면에, "Initialism"은 미연방수사국(Federal Bureau Investigation)의 약어인 FBI나 세계보건기구(World Health Organization)를 의미하는 WHO처럼 각 단어의 첫 글자를 따서 명칭을 만든 것은 동일하나, 글자 하나하나를 분리해서 발음하는 두음어를 말한다.

에디모형은 미국 플로리다 대학교 학습연구팀들이 그동안 학계에 발표되었던 40여개가 넘는 이론과 모형들을 통합하여 단순화시킨 모형이다. 각 단계별 특징을 프레젠테이션에 적용하면 다음과 같다.

(1) 분석단계(Analysis Stage)

분석단계(analysis stage)는 프레젠테이션 전 과정에 대한 구성요소들을 전반적으로 파악하고 분석하는 단계이다. 구체적으로는 프레젠테이션의 목적과 과제, 시청각 매체, 청중 등 프레젠테이션에 영향을 미칠 수 있는 모든 물적·환경적 자원의 분석과정을 포함한다. 환경적 자원에는 프레젠테이션이 실행될 장소와 장소에 설치된 시설이나 기기들에 대한 분석을 포함한다. 분석단계에서 가장 중요하게 고려해야할 점은 청중에 대한 분석이라고 할 수 있다. 청중이 어떠한 배경을 가지고 있는가에 따라 용어의 선택, 시청각 자료의 종류 등이 영향을 받기 때문이다. 청중에 대한 분석에는 청중의 연령, 성별, 교육수준, 직업, 사회계층, 문화적 배경 등이 포함된다. 대학생의 경우, 청중의 연령, 성별, 지식수준, 기능수준 등은 발표자와 동일성(homogeniety)을 가지고 있기 때문에 프레젠테이션의 목적과 이를 효과적으로 전달하기 위한 시각매체의 분석이 상대적으로 쉬워진다. 그러나 일반대중을 위한 프레젠테이션의 경우에는 그들의 다양한 인구학적 배경과 지식수준, 프레젠테이션에 참석하는 목적, 프레젠테이션에 대한 기대수준 등 다양한 측면에서의 분석이 정확하게 이루어져야 다음 단계로 이행할 수 있게 된다.

(2) 설계단계(Design Stage)

설계단계(design stage)에서는 분석과정에서 도출된 결과를 바탕으로 프레젠테이션의 궁극적인 목적과 실행 가능한 구체적인 목표를 설정한 후 구체적인 프레젠테이션 전략을 수립하게 된다. 이때 발표자는 프레젠테이션의 내용을 계열적으로 조직한 후 이를 효과적으로 전달하기 위한 매체를 선정해야 하며 이에 따라 발표전략을 고안해야 한다. 따라서 설계단계에서는 프레젠테이션을 위한 발표설계안(design plan)을 구상하고 전체적인 프레젠테이션의 윤곽을 볼 수 있는 로드맵(road map)이 작성되어야 한다.

(3) 개발단계(Development Stage)

개발단계(development stage)에서는 설계과정에서 나온 발표설계안을 기반으로 발표 자료를 제작하거나 수집하는 과정이 포함된다. 개발단계에서는 프레젠테이션을 위한 최종적인 개요서(outline)가 나오기 전 초안(draft prototype)을 개발하게 된다. 또한 실제로 프레젠테이션을 실행하기 전에 소수의 집단을 앞에 놓고 파일럿 테스트(pilot test)를 하는 과정이 포함된다. 연구에서 자주 쓰이는 파일럿 테스트란 프레젠테이션의 리허설(rehearsal), 즉 예행연습을 의미한다. 리허설 과정을 통해 청중으로 참석한 사람들의 피드백을 바탕으로 개요서를 수정, 보완하여 최종연설문을 작성하게 된다.

리허설이란 "프레젠테이션을 실제로 실행하기 전 모든 단계를 실제처럼 연습하는 활동"을 말한다. 리허설을 하는 목적은 프레젠테이션의 모든 절차가 적절하게 조화를 이루고 있는지를 파악하기 위함이다. "연습이 완벽을 만든다.(Practice makes perfect.)"는 속담처럼 리허설 단계는 프레젠테이션을 성공으로 이끌기 위해 반드시 필요한 단계라고 할 수 있다.

(4) 실행단계(Implementation Stage)

실행단계(implementation stage)는 전 단계에서 개발한 결과물을 가지고 실제로 청중 앞에서 프레젠테이션을 하는 실행하는 단계를 말한다. 시청각자료를 사용하기 위해 각종 기기가 활용되는 프레젠테이션에 있어서는 특히 실행 장소와 설비시설에 대한 사전 점검이 중요하게 된다. 저자가 캐나다 벤쿠버에서 열린 세계학술대회에 참가했을 때 일어난 일이다. 발표자 중의 한 교수가 캐나다에서 사용되던 하드웨어와 자신의 소프트웨어의 호완성이 맞지 않는다는 사실을 발견하게 되었다. 온갖 방법을 동원해서 해결하려고 애를 썼으나 외국 환경이 낯선 교수에게는 해결방도가 찾아지지 않았다. 결국, 그 교수는 샌프란시스코에 거주하던 지인에게 급히 연락하였고, 그 재미교포는 밤새 캐나다 국경을 달려와 도와주었던 기억이 생생하다. 이와 같이 IT 강국인 한국에서 일상적으로 사용하던 고성능의 컴퓨터 시설이 다른 나라에서도 동일하게 적용될 것이라는 안이한 생각은 많은 기계적 실패(machine failure)를 자처하는 일이 되기도 한다. 기기의 호완성이 맞지 않을 경우를 대비해서 다른 시각매체를 활용할 수 있는 대안책을 사전에 준비해가는 것도 현명한 실행전략이라고 할 수 있다.

(5) 평가단계(Evaluation Stage)

평가(evaluation)의 사전적 정의는 "일련의 표준이나 기준에 의해 특정 주제에 대한 가치(merit, worth)나 의의(significance)를 체계적으로 결정하는 것"이라고 할 수 있다. 프레젠테이션의 평가 또한 설정된 목적을 어느 정도 달성했는가를 체계적으로 판단하는 의사결정과정이라고 할 수 있다. 발표자는 체계적인 평가를 통해 프레젠테이션의 가치와 의미에 대한 통찰력을 얻게 되며, 프레젠테이션으로 인한 청중의 의식이나 신념, 혹은 행동의 변화를 확인하는 중요한 자료가 된다.

대부분의 사람들은 평가를 프레젠테이션 활동이 모두 끝난 뒤에야 내리는 의사결정이라고 생각한다. 그러나 평가는 프레젠테이션을 준비하는 단계부터 끝나고 난 후까지의 전 과정을 포함한다. 즉, 메시지 내용과 전달방식의 디자인과 개발, 개발된 시각매체의 적절성, 적합성, 효과성, 효율성, 그리고 프레젠테이션이 끝나고 난 후의 청중의 반응 등 프레젠테이션에 영향을 미치는 전반적인 요인들이 평가과정에 포함된다.

평가의 유형을 시간적 요인에 따라 구분하면 크게 형성평가(formative evaluation)와 총괄평가(summative evaluation)로 구분된다. 형성평가란 프레젠테이션이 실제로 실행되기 전까지의 모든 과정, 즉 청중분석과 디자인, 개발단계에서의 지속적인 수정과 보완과정을 하기 위한 과정이라고 할 수 있다. 이에 반해 총괄평가란 실제로 프레젠테이션이 실행되고 난 후 프레젠테이션의 결과나 효과성에 대한 평가를 말한다. 형성평가는 다시 구조평가(structural evaluation)와 진단평가(diagnostic evaluation)로 나뉘며, 총괄평가는 영향평가(impact evaluation), 결과평가(outcome evaluation), 효과평가(effectiveness evaluation)로 나뉜다.

평가단계는 요리과정에 비유할 수 있다. 요리사가 최상의 요리를 만들기 위해서는 우선 요리에 대한 구상, 즉 디자인을 해야 한다. 요리에 대한 구상이 끝나면 최상의 식자재를 구매하게 된다. 이처럼 요리사가 최상의 요리를 위해 준비하는 과정을 구조평가라고 할 수 있다. 형성평가란 요리사가 요리를 하는 도중, 최상의 맛을 내기 위해 끊임없이 맛을 보면서 재료를 첨가하거나 조리법(recipe)을 변경하는 요리과정이라고 할 수 있다. 이처럼 하나의 요리를 만들기 위해서는 최상의 식자재와 도구, 요리시간, 요리에 투입되는 요리 팀의 숫자 등 많은 물리적, 환경적, 생물학적 자원들이 필요하게 된다. 이러한 상태를 평가하는 것을 구조평가라고 한다면, 요리과정 중에 일어날 수 있는 다양한 문제점의 원인을 파악하고 이에 대한 대안책을 강구하는 것을 진단평가라고 할 수 있다. 이렇게 지속적인 형성평가를 통해 완벽한 요리가 만들어진다. 요리사의 궁극적인 목적은 최상의 재료로 최상의 맛을 내는 음식의 완성이라고 할 수 있다. 그러나 요리사 자신이 자화자찬을 한 요리라고 하더라도 이를 직접 시식하는 고객이 만족하지 못한다면 요리사의 목적이 달성되었다고 보기 어렵다. 이처럼 요리가 완성된 후 식당고객이 요리에 대한 품평을 하는 전 과정을 총괄평가라고 한다. 즉, 총괄평가는 청중의 반응과 만족도를 파악하는 전 과정이라고 할 수 있다. 총괄평가의 첫 단계인 영향평가란 고객이 음식을 맛 본 "직후" 내리는 맛에 대한 피드백이라고 할 수 있다. 즉, 음식이 맛이 있다거나 너무 짜거나 달다거나, 혹은 입맛에 맞지 않는다거나 하는 즉각적인 피드백을 영향평가라고 한다면, 결과평가란 일정 기간이 지난 후에 나타나는 요리의 영향력이라고 할 수 있다. 예를 들어, 특정 요리사가 만든 특정요리를 먹고 체중이 늘었다면, 건강 측면에서는 부정적인 결과평가라고 할 수 있다. 상대적으로 단기적 효과에 대한 평가를 결과평가라고 한다면, 효과평가는 장기적 결과에 대한 평가라고 할 수 있다. 특정 요리를 먹고 난 후 장기적으로 고혈압이나 심장질환에 걸렸다면 이 요리에 대한 효과평가는 매우 부정적이 될 수밖에 없다.

요리로 인한 장기적 효과가 부정적으로 평가된 비근한 예가 바로 패스트푸드(fast food)에 의한 비만인구의 급증이라고 할 수 있다. 패스트푸드는 촌음을 다투듯 빠른 속도로 돌아가는 현대산업사회의 가장 최적의 음식체계로 등장하였다. 자본주의 사회나 산업사회는 식생활을 포함한 모든 측면의 사회적 변화를 동반한다. 특히 여성들의 사회진출이 보장되면서 요리에 대한 인식도 가정식에서 외식으로 변하게 되었다. 따라서 패스트푸드는 시간에 쫓기는 현대인들이 시간을 절약할 수 있는 최적의 식사방법으로 등장하게 된 것이었다. 그 결과, 패스트푸드 산업은 기하급수적으로 증가하게 되었으며, 대부분의 사람들은 패스트푸드점에서 아침을 먹으면서 하루를 시작하게 되었다. 그러나 누구나 쉽고 빠르게 먹기 위한 식품의 특성상 채소 위주의 균형 잡힌 영양소를 고려하기보다는 햄버거나 후라이드 치킨, 피자처럼 탄수화물, 육류, 기름에 튀긴 음식을 중심으로 제공되었기 때문에 장기간 섭취할 경우 비만 등 성인병의 원인이 되는 것으로 평가되었다. 실제로 미국 인구 중 비만은 흡연에 이어 두 번째로 높은 사망요인이 되고 있다. 그 외에도 패스트푸드를 장기적으로 먹을 경우, 비만으로 체격은 커지나 체력은 빈약한 상태를 만들며, 집중력이나 인내력 또한 감소되는 것으로 평가되고 있다. 이러한 장기적 효과평가 결과, 패스트푸드는 건강에 해로운 "쓰레기 음식(junk food)"이라고 불리게 되었다.

미국 교육학자이며 평가의 아버지로 불리는 스터플빔(Daniel L. Stufflebeam, 1936~2017)은 1971년 평가를 위한 "CIPP 모형"을 소개하였다. "CIPP"는 맥락(contest), 투입(input), 과정(process), 결과(product)의 첫 글자로 이루어진 두음어를 말한다. 스터플빔은 평가의 종류를 진단평가, 형성평가, 총합평가의 세 가지로 구분하면서, 맥락평가는 진단평가에 포함되며, 투입평가와 과정평가는 형성평가에, 결과평가는 총합평가에 포함된다고 하였다.

2) 확증모형(ASSURE Model)

에디모형(ADDIE Model)이 프레젠테이션의 전반적인 단계를 포괄적으로 설명해주는 5단계 모형이라고 한다면, 확증모형(ASSURE Model)은 주로 시각매체의 선정과 개발을 위한 모형이라고 할 수 있다. 확증모형은 1999년 미국 교육공학자인 하이니히(R. Heinich), 몰렌다(M. Molenda), 러셀(J. Russell), 스말디노(S. Smaldino) 등에 의해 학교현장에서 학습을 향상시키기 위한 교수매체와 테크놀로지에 대한 모형으로 개발되었다.

확증모형도 에디모형처럼 각 단계의 첫 글자를 합성한 두음자어이다. 그러나 에디모형이 "initialism"이라고 한다면 확증모형은 "acronym"에 해당한다. 즉, 확증모형(ASSURE Model)의 "ASSURE"은 "보험에 들다, 보장하다, 확인하다, 확약하다"라는 뜻을 가진 동사인 "assure"와 동일한 형태를 갖도록 구성된 명칭이라고 할 수 있다. 확증모델을 개발한 교수진들에게는 교수매체의 적합성이나 효과성을 "보증"할 수 있다는 뜻을 강조하기 위한 의도가 내포되어있다고 할 수 있다. 확증모형은 학습자 분석(analyze learner), 목표 진술(state objectives), 방법, 매체, 자료의 선정(select 3Ms), 방법, 매체, 자료의 활용(utilize 3Ms), 청중반응과 참여(require learner response and participation), 평가와 수정(evaluate and revise)으로 구성된다. 확증모델의 각 단계별 특징을 살펴보면 다음과 같다.

(1) 학습자의 분석(Analyze Learner)

확증모형의 첫 단계는 학습자에 대한 분석(analysis of learner)으로 시작된다. 학습자의 분석단계는 에디모형의 첫 단계인 분석단계에 해당한다. 하이니히와 그의 동료들은 청중의 분석을 위해서는 청중이 프레젠테이션을 듣기 위한 출발점 행동(entry behavior)을 분석하는 것이 중요하다고 강조하였다. 출발점 행동이란 프레젠테이션의 메시지를 이해하기 위해 요구되는 사전지식이나 배경지식, 혹은 메시지와 관련된 신념, 태도, 기술, 학습유형 등을 말한다. 학교현장에서의 출발점 행동에 대한 예로는, 수학의 곱하기와 나눗셈을 공부하기 위해서는 더하기와 빼기에 대한 사전지식이 있어야 한다는 것을 들 수 있다. 전문적인 메시지를 전달하기위한 프레젠테이션에 있어서도 청중이 그 분야에 대한 사전지식을 가지고 있다면 아무런 배경지식이 없이 참석한 경우보다 메시지에 대한 이해력이 높아질 수 있다.

(2) 목표의 진술(State Objectives)

확증모형의 두 번째 단계는 프레젠테이션의 결과를 바람직한 방향으로 도출하기 위한 목표를 정확히 진술(statement of objectives)하는 과정을 포함한다. 정확한 목표 진술을 위해서는 보다 구체적이고 측정 가능하며 관찰 가능한 용어로 진술해야만 프레젠테이션의 결과에 대한 효과성을 평가할 수 있게 된다.

프레젠테이션의 목표를 진술하기 위한 대표적인 방법론적 모형으로는 미국의 교육심리학자로 1997년 준거기준학습(criterion-referenced instruction: CRI)을 개발한 메이거(Robert Frank Mager, 1923~)의 "학습목표 설정을 위한 ABCD 모형(ABCD Model for instructional objectives)"을 들 수 있다. 이를 더욱 구체적으로 살펴보면 다음과 같다.

① 학습목표를 위한 ABCD 모형(ABCD Model for Instructional Objectives)

메이거(Robert Mager, 1923~)는 "모든 학습목표는 교사가 아닌 '학습자'를 주어로 진술되어야 한다.(The learner will be able to do as a result of instruction.)"고 주장한 학자이다. 메이거의 이러한 주장은 학생을 가르치는 모든 교육종사자들에게 상당히 중요한 시사점을 안겨 주는 것이라고 할 수 있다. 왜냐하면 누구를 중심으로 학습과정을 조직하는가에 따라 학습결과에 대한 방향이 달라지기 때문이다. 저자도 메이거의 이론을 접하기 전에는 항상 교수의 입장에서 "본 과목은 ~한 내용을 가르치기 위한 목적으로 구성되었다."고 진술했었다. 그러나 메이거의 이론을 접하고 나서는 "본 과목을 이수한 학습자는 ~를 할 수 있게 된다."로 바꾸었다. 이러한 발상의 전환은 프레젠테이션에 있어서도 매우 중차대한 의미를 준다고 할 수 있다. 발표자의 입장에서 목적을 진술하는 것과 청중의 입장에서 진술하는 것은 상당한 시각적 차이를 가져오기 때문이다. 대부분의 발표자들은 자신이 준비한 정도에 따라 발표의 성공이 가름될 것이라고 믿지만, 이는 청중과 발표자의 입장이 서로 다르다는 점을 간과한 생각이라고 할 수 있다. 왜냐하면 발표자 입장에서 아무리 완벽하게 준비를 하고 감동을 준 발표라고 생각을 하더라도 청중의 입장에서 실질적인 도움이나 이득을 주지 못한 발표라면 성공적인 프레젠테이션이라고 할 수 없기 때문이다.

ABCD 모형은 청중(audience), 행위(behavior), 목표달성의 조건(condition), 목표달성을 위한 숙달정도(degree)의 첫 자로 구성된 두음자어 모형으로 구체적인 내용은 다음과 같다.

a. 청중(A: Audience) 청중이란 학습자가 누구인가에 대한 내용을 포함한다. 만약에 청중이 대학생들이나 직장인들처럼 동질성(homogeneity)을 가지고 있다면 특별한 분석이 필요하지 않겠지만, 다양한 배경을 가지고 있는 청중이라면 이들에 대한 정확한 사전분석이 프레젠테이션의 향방을 결정짓는 중요한 요인이 된다.

b. 행동(B: Behavior) 행동이란 학습자나 청중이 궁극적으로 "무엇(what)"을 실천하기를 기대하는가에 대한 해답이라고 할 수 있다. 비록 프레젠테이션이 청중의 내면적, 정신적 내용을 전달하기 위한 경우라고 할지라도 프레젠테이션의 효과를 평가하기 위해서는 외현적(overt)이고 관찰 가능한(observable) 행동으로 진술해야만 평가를 양적으로 측정할 수 있게 된다.

c. 조건(C: Condition) 조건이란 학습자나 청중이 프레젠테이션의 목적을 달성했다고 인정할 수 있는 수행 수준(acceptable performance level)을 제시하기 위한 상황적 진술을 말한다. 다른 말로 표현한다면, 조건이란 정보습득이나 설득과정의 결과가 "어떻게(how)" 발

생할 수 있는가에 대한 상황적 맥락의 진술이라고 할 수 있다. 메이거는 학습목표를 진술하기 위해서는 "조건"을 제일 먼저 제시해야 한다고 강조하였다. 예를 들어, 조직행동을 고무시키기 위한 프레젠테이션을 위해 "다양한 문화적 배경을 가진 사람들과 팀으로 일할 기회가 주어진 상황에서 학습자는 외부인들이 작성한 체크리스트에 의해 비차별적 태도를 긍정적으로 향상시켰음을 시범보일 수 있다."라는 목적을 세웠다면, "비차별적 태도의 향상"이 프레젠테이션의 궁극적인 목적이 되며, "다양한 문화적 배경을 가진 사람들과 팀으로 일할 기회가 주어진 상황"은 목적을 달성하기 위한 "조건"이 된다. 또는 "평균대가 주어진 상황에서 평균대에 적합한 복장을 한 학습자들은 평균대의 한쪽에서 다른 한쪽까지의 전체 길이(entire length)를 떨어지지 않고 안정감을 유지하며 6초안에 걸어갈 수 있게 된다."는 예에서 "평균대가 주어진 상황"은 조건이 되며, "안정감을 가지고 떨어지지 않으며 6초 내"는 학습자가 달성해야할 목표 수준이 된다.

d. 수준(D: Degree) 수준이란 청중의 행동이나 실천이 어느 정도가 되어야만 목적을 달성했다고 인정할 수 있을 것인가에 대한 기준을 말한다. 즉, 수준이란 "얼마나 훌륭하게(how well)", 혹은 "얼마나 많이(how much)" 실천을 해야 목표를 달성할 수 있는가에 대한 수준(level)을 의미한다. 즉, 100%를 완벽하게 수행해야만 목적을 달성했다고 볼 수 있는지, 아니면 80% 정도만 정확하게 수행해도 목표를 달성했다고 볼 수 있는지에 대한 판단을 말한다. 일반적으로 비과학적 상황에서는 목표달성을 80% 정도로 설정하는 것이 통례이나 당뇨병 관리를 위한 자가주사법의 시범과 같은 의학적이고 과학적인 행동을 위해서는 80%의 목표달성으로는 발표자가 기대하는 목표를 달성했다고 보기가 어려워진다. 왜냐하면 자가 주사의 한 과정이라도 잘못 수행할 경우 예기치 않은 부작용이 발생할 수 있기 때문이다. 따라서 인슐린을 생산해내는 췌장 세포가 제 기능을 하지 못해서 발생하는 제1형 당뇨병 환자들의 인슐린 자가 주사법을 위한 프레젠테이션의 목표는 "학습자는 인슐린 펜과 알코올 솜이 주어진 조건 하에서 인슐린 자가 주사법을 위한 절차를 정확한 순서대로 시범을 보일 수 있다."가 된다. 이러한 목적을 달성하기 위해서는 자가 주사법을 위한 세부목표 또한 100%의 정확도의 수준으로 달성해야 한다. 무균법을 시행하지 않거나 주사바늘에 들어있을 공기를 빼지 않고 주사할 경우에는 공기색전증(air embolism)이 발생할 가능성이 있으며, 매일 주사부위를 변경해야함에도 불구하고 동일한 부위에 주사를 놓을 경우에는 주사부위에 지방이 증식되거나 위축이 생겨 주사액이 흡수되지 않아 합병증이 발생할 위험이 높아지기 때문이다. 따라서 인슐린 자가 주사법과 같은 의학적 행동은 모든 단계에서 성취해야할 목표량이 100%의 정확성을 유지해야만 된다. 이처럼 프레젠테이션의 결과를 측정할 수 있는 수준이나 범위의 설정은 프레젠테이션 목표 분석에 있어서 가장 중요한 핵심과정이라고 할 수 있다.

(3) 방법, 매체, 자료의 선정(Select Method, Media, Materials)

확증모형의 세 번째 과정에서는 학습방법(method)이나 시각매체(media), 혹은 발표자료(material)의 선정을 포함한다. 학습방법, 시각매체, 발표자료를 3M이라고도 한다. 스피치나 프레젠테이션을 위한 3M의 선정방법은 다음의 세 가지가 있다. 첫째, 기존자료를 그대로 사용하는 경우, 둘째, 기존자료를 수정, 보완하여 사용하는 방법, 그리고 마지막으로 새로운 자료를 제작하는 방법이 포함된다. 만약 기존자료가 프레젠테이션의 목표를 달성하는데 적절하게 활용될 수 있는 경우에는 이를 사용하게 되는데, 이렇게 될 경우에는 시간, 돈, 노력을 절약할 수 있기 때문에 매우 효율적이라고 할 수 있다. 두 번째 방법은 프레젠테이션 실행에 있어 가장 자주 활용되는 방법으로, 기존의 자료가 프레젠테이션을 위한 목적 달성이나 이를 위한 내용을 담고는 있지만 충분하지 않을 경우에 일부내용을 수정하거나 보완하여 사용하는 것을 말한다. 그러나 이때 수정할 분량이 지나치게 많을 경우에는 새로 제작하는 것이 더 효율적이 된다. 마지막으로 발표 자료를 새롭게 제작하는 것은 가장 많은 비용과 노력, 시간을 요구하는 과정이다. 요즘에 주로 사용하는 파워포인트(Power Point)를 활용하면 활용도가 높은 시각매체를 비교적 짧은 시간 안에 새롭게 제작할 수 있게 되었다. 새로운 자료를 제작하기 위한 조건으로는 학습자의 특성이 충분히 고려된 내용으로 제작해야 하며, 특히 파워포인트를 사용할 발표 장소의 환경적 특성을 고려해서 제작에 임해야 한다.

3M을 선정하기 위한 기준을 요약하면 다음과 같다.

a. **목표와의 일치성** 발표 목표와의 일치성이란 발표목적이 새로운 정보제공을 위한 것인지, 아니면 청중의 행동변화를 위한 실천을 강조한 것인지에 따라 매체선정이 달라진다. 교육매체의 내용이 아무리 훌륭하다고 하더라도 발표목적과 관련성이 없는 매체는 사용해서는 안 된다.

b. **청중의 능력에 대한 적합성** 아무리 훌륭한 시각매체라고 하더라도 청중이 이해하기 어려운 전문용어로 쓰여 있거나 내용의 난이도가 높은 내용을 포함하고 있는 경우에는 사용하기가 어려워진다. 따라서 지나치게 전문적인 도표나 그림으로 이루어진 자료는 피해야 한다.

c. **정보의 확실성과 참신성** 발표에 사용되는 자료는 비교적 최신의 내용을 담고 있어야 하며 정보의 오류가 없는 정확하고 객관적인 내용을 가지고 있어야 한다. 이와 더불어 품질이 불량하거나 검증되지 않은 상업적인 매체를 사용하는 것도 지양해야 한다.

d. **참여 가능성** 프레젠테이션 목적에 따라서는 청중을 직접 참여시키는 것이 가능한 경우가 있다. 프레젠테이션에 청중을 참여시킬 경우에는 발표자와 청중 간의 활발한 상호작용이 이루어지기 때문에 프레젠테이션의 효과를 극대화시킬 수 있게 된다. 청중과의 활발한 상호작용이 필요한 경우에는 청중 참여가 가능한 자료들을 준비해야 한다.

e. 기술적 품질 매체의 기술적 품질이란 프레젠테이션의 효과를 결정짓는 중요한 기준이 된다. 예를 들어, 동영상을 활용할 경우 화상도가 낮거나 버퍼링(buffering)이 나쁠 경우, 혹은 음향효과가 불량할 경우에는 프레젠테이션 효과를 격감시킬 수 있다. 완충기억기(buffer)이란 서버 등에 저장된 데이터를 컴퓨터로 전송하는 동안 일시적으로 데이터를 보관하는 컴퓨터 메모리의 영역을 말한다. 버퍼링(buffering)이란 버퍼를 활용하는 방식, 또는 버퍼를 채우는 동작으로 "큐(queue)"라고도 한다. 만약 버퍼링이 되지 않는다면 서버를 가지고 있는 네트워크가 약해질 경우 영상이 끊기는 일이 벌어지게 된다. 따라서 완충기억기에 일정량의 데이터를 저장해두어야만 네트워크의 문제가 발생하더라도 영상을 볼 수 있게 된다.

f. 효율성(efficiency) 효율성은 효과성(effectiveness)과 종종 혼동되어 사용되는 개념이나, 이 두 개념은 시간(time), 비용(money), 노력(effort)의 측면에서 커다란 상이점을 갖는다. 효과성은 목적 달성(adequate to accomplish a purpose)만을 강조한 용어라고 본다면, 효율성이란 목적을 완수하기 위한 최소한의 시간, 비용, 노력(completing task using minimum time, effort and resources)에 초점을 둔 용어라고 할 수 있다. 즉, 효율성이란 효과성에 시간, 비용, 노력 등 물리적 요인을 첨가하여 판단하는 개념이라고 할 수 있다. 다른 말로 설명한다면, 효과성은 올바른 일을 하는 것(doing the right things)이라고 한다면, 효율성은 올바른 방법으로 수행하는 것(doing things in right manner)이라고 할 수 있다. 예를 들어, 특정연구를 위해서 특정한 실험기계를 사용해야 하는 상황에서 한 기계는 매우 정밀하게 만들어져 100% 정확하게 문제를 진단할 수 있다고 치자. 그러나 이 기계를 사용할 경우에는 정밀한 구조만큼이나 정확한 실험결과를 내기 위해서는 기간이 오래 걸리며 가격 또한 매우 비싸다. 이와는 반대로 다른 기계는 정밀도는 조금 떨어지지만 가격도 저렴하고 사용방법도 쉬우며, 실험기간도 상당히 단축시킬 수 있다. 이러한 경우, 정밀한 기계는 그렇지 않은 기계보다 효과성은 뛰어나나, 효율성은 떨어진다고 할 수 있다. 만약에 연구가 완료되어야 하는 기간이 충분하지 않거나 예산이 적을 경우, 혹은 정밀도가 실험결과에 결정적으로 영향을 미치지 않는 경우에는 모든 요인들을 고려하여 효과성이 높은 도구보다는 효율성이 높은 기계를 선택해야 할 것이다.

발표를 위한 자료의 제작도 마찬가지이다. 음향효과나 시각적 효과성은 매우 뛰어나지만 제작하는데 지나치게 많은 비용과 시간이 소요된다면 그보다는 동일한 목적을 달성하면서도 저렴하고 제작기간이 짧은 자료를 선택하는 것이 높은 효율성을 감안한 제작과정이라고 할 수 있다.

g. 공정성 매체의 공정성이란 주로 매체가 제시하는 내용이 한 집단이나 개인의 의사를 편협하게 전달하고 있는가에 대한 평가기준을 말한다.

많은 비용과 시간을 들여 제작한 발표매체라고 해도 매체는 발표자를 위한 보조 자료라는 사실을 잊어서는 안 된다. 프레젠테이션에 있어서 핵심은 발표자 자신이 되며, 따라서 발표자는 자신이 사용하는 매체를 능수능란하게 다룰 수 있어야 한다.

(4) 방법, 매체, 자료의 활용(Utilize Method, Media, Materials)

확증모형의 네 번째 과정은 전 단계에서 선정한 발표방법, 매체, 자료들을 실제 프레젠테이션 상황에서 활용하는 단계라고 할 수 있다. 발표자는 사전에 선정한 매체나 자료들이 어떻게 사용되며, 사용에 드는 시간은 얼마나 걸릴 것인가에 대한 계획을 세워야 한다. 발표 자료의 실제 활용 단계에서 가장 중요한 점은 매체나 자료 제공에 필요한 기기나 시설에 대한 사전점검이라고 할 수 있다. 매체에 대한 사전점검과정에서는 발표내용이 어떠한 순서로 제공될 것인가를 결정해야 하며 이에 따른 기자재나 시설이 제대로 구비되어있으며, 정상적으로 작동되는지에 대한 확인도 이루어져야 한다. 발표 매체가 실질적으로 활용되는 환경에 대한 시설점검을 위해서는 조명, 환기, 의자배치, 실내 분위기 등 전반적인 사전점검이 이루어져 프레젠테이션이 보다 편안한 환경에서 방해받지 않고 진행되어 나갈 수 있도록 해야 한다.

(5) 청중의 반응과 참여(Require learner response and participation)

확증모형의 다섯 번째 과정은 청중의 반응과 참여(learner response and participation)를 독려하는 활동을 포함한다. 청중의 참여를 독려하기 위한 방법은 다양하게 조직할 수 있다. 예를 들어, 실물을 가지고 훈련을 하는 발표의 경우, 청중은 발표자의 설명을 듣고 난 후 배포된 실물을 직접 다루어봄으로써 프레젠테이션에 적극적으로 참여할 수 있게 된다. 청중을 프레젠테이션에 참여시킬 수 있는 경우에는 청중의 퍼포먼스를 평가하여 즉각적이면서도 긍정적인 보상과 피드백을 제공해주어야 하며, 이해하지 못했거나 잘못 이해한 점에 대해서는 보충설명을 통해서 수정과 보완이 이루어지도록 해야 한다.

청중의 참여는 장기적인 기억률과 행동의 실천화를 유도하기 위한 가장 효과적인 활동이라고 알려져 있다. 1947년 독일계 미국인이자 사회심리학의 창시자로 불리는 레빈(Kurt Lewin, 1890~1947)이 설립한 약칭 NTL 연구소(응용행동과학을 위한 미국 훈련실험실: US National Training Laboratories Institute for Applied Behavioral Science)의 학습방법과 기억률에 대한 연구조사에 의하면, 학습 24시간 뒤의 기억률은 어떠한 학습활동을 했는가에 따라 상이한 차이를 보이는 것으로 나타났다. 즉, 가만히 앉아서 강의나 연설을 들은 경우에는 학습내용의 5%만을 기억하며, 혼자서 독서로 공부를 했을 경우에는 10%, 시청각교재를 활용한 학습을 했을 경우에는 20%, 교사가 시범을 보이는 것을 시청했을 경우에는 30%, 토론집단에 참여한 경우는 50%, 연습을 했을 경우에는 75%, 그리고 남을 가르친 학습경험을 한 경우에는 학습내용의 90%를 기억하는 것으로 나타났다. 학습내용의 기억률은 학습활동에 따라 마치 피라미드 형태를 띤다고 해서 레빈은 이를 학습피라미드(learning pyramid)라고 명명하였다. 학습피라미드에 의하면, 다른 사람을 직접 가르쳐 본 경우에는 가만히 앉아서 발표를 듣는 경우보다 무려 6배의 학습효과를 보이는 것으로 나타났다.

만약에 청중을 프레젠테이션에 직접 참여시킬 수 없거나 새로운 정보를 제공하기 위한 설명적 목적의 프레젠테이션일 경우에는 발표 중간 중간에 질문을 던짐으로서 청중의 참여를 고무시킬 수 있다. 이 경우에도 청중의 응답에 대해 즉각적이고 정확한 피드백을 제공해 주는 것이 중요하다. 만약 오답을 말한 청중에게 발표자가 즉각적이고 정확하며 긍정적인 피드백을 통해 오답을 정정해주면 청중은 자신이 틀렸던 내용의 정확한 지식을 영구히 기억하게 된다. 이러한 강력한 학습효과를 교훈적률(teachable moment)이라고 한다.

교훈적률이란 교훈을 얻을 수 있는 가장 즉각적이며 절호의 순간적인 기회(fleeting opportunity)를 말한다. 즉, 교훈적률이란 예기치 않은 상황에서 돌발적으로 나타나는 학습의 순간(popping up)을 말한다. 교훈적률이란 발표자에게도 중요한 의미를 갖는데, 이는 사전에 계획한 바는 없지만 청중에게 통찰력을 제공할 수 있는 절호의 순간을 제공하기 때문이다. 예를 들어, 모자가 함께 버스를 탔다고 가정해보자. 좌석이 없어 서서 가게 된 어머니는 휴대폰을 보고 있던 아들에게 버스 손잡이를 잡지 않으면 급정거를 할 경우 넘어질 수 있다고 훈계한다. 그러나 대부분의 경우, 아들은 어머니의 말을 무시한 채 휴대폰에만 집중한다. 이때 버스기사가 앞에 끼어드는 자동차를 피하기 위해 급정거를 하게 된다면, 아들은 버스 바닥에 그대로 내동댕이쳐지듯 넘어지게 된다. 이때, 어머니가 "내가 뭐라고 했니? 손잡이를 잡지 않으면 넘어진다고 했지?"라고 즉각적인 피드백을 준다면, 아들은 버스에 올라탈 때마다 반드시 손잡이를 잡게 된다. 아들에게는 버스 바닥에 넘어진 순간이 바람직한 행동의 습득을 위한 교훈적률이 되는 것이다. 이처럼 교훈적률의 효과는 청중이 오답을 했을 때 주어지는 즉각적이며 정확한 피드백에 의해 강화된다. 오답을 말했던 청중은 자신의 지식이 잘못되었다는 통찰력을 통해 정확한 지식을 영구히 잊지 않는 강력한 학습효과를 가져오게 되는 것이다.

프레젠테이션이 진행되는 현장에서도 발표자는 청중에게 질문을 던지거나 청중이 던진 질문에 응답을 하면서 교훈적률의 효과를 극대화시킬 수 있다. 예를 들어, 금연에 대한 프레젠테이션을 진행하기 전, 청중에게 금연을 해야 하는 이유를 물었다고 치자. 만약 청중이 "방송매체에서 금연을 강조하니까", 혹은 "폐암의 원인이 된다니까"라고 자신감이 없는 응답을 할 경우, 발표자는 이 순간을 교훈적률의 최적의 순간으로 활용할 수 있다. 이 순간에 흡연과 폐암과의 의학적 관련성을 충분히 이해시킨다면 답변을 잘못한 청중은 물론, 정확한 이유를 알지 못했던 다른 청중에게도 매우 훌륭한 교훈적률의 순간이 될 수 있는 것이다. 이와 마찬가지로 시각자료를 보여준 후 그림 뒤에 숨겨진 "이유(why behind the answer)"에 대해 의아해하는 청중에게 질문을 던진 후 이를 교훈적률의 순간으로 활용한다면 최적의 학습기회를 창출해 낼 수 있을 것이다.

(6) 평가와 수정(Evaluate and Revise)

확증모형의 마지막 단계는 프레젠테이션을 위해 선정하고 활용한 각종 매체들에 대한 평가와 수정을 하는 과정이 포함된다. 이 단계는 크게 평가와 수정의 두 과정을 포함하는데, 평가란 프레젠테이션을 위해 개발한 매체나 방법이 발표 목적을 어느 정도 성취하였으며 전체적인 발표과정에 어느 정도 실행가능성(feasibility)이 있었는가에 대한 전반적인 영향력(impact)과 효과(effectiveness)에 대한 판단을 의미한다. 수정은 의도했던 결과와 실제적 결과 사이의 간극을 줄이기 위한 교정과정을 말한다. 특히 매체선정과 활용에 있어서 매체나 방법상의 결함(deficiency)이 발견되었을 경우 이를 수정하는 과정을 포함한다.

결론적으로 프레젠테이션이란 스피치와는 달리 다양한 시청각 자료를 활용하여 메시지를 전달하기 위한 활동이라고 할 수 있다. 시각자료를 개발하는 과정은 체계적이고 과학적인 과정으로, 효과성과 효율성 등의 결정요인들을 고려해야 한다. 이를 위해서는 비주얼 프레젠테이션을 기술하고 설명하며 예측하고 통제할 수 있는 기조이론들을 이해하는 것이 중요하다. 에디모형과 확증모형은 이러한 목적으로 개발된 모형들로서 시각자료를 디자인하고 개발하고 활용하는데 있어 표준적인 방법론을 제공해 줄 수 있는 개념 틀이라고 할 수 있다.

Chapter 09

프레젠테이션의 구성 요인

1 프레젠테이션의 7P 원칙

일반적으로 효과적인 프레젠테이션을 위한 요인으로 "3P 분석", 즉 목적(purpose), 청중(people), 발표 장소(place)의 분석을 장려한다. 그러나 3P 분석만으로는 프레젠테이션의 전 과정을 이해하는 것이 불가능하다. 따라서 본 저서에서는 "7P 원칙"을 소개하고자 한다.

"7P 원칙"이란 공식적 글쓰기의 기본원칙인 육하원칙, 혹은 저널리스트들의 토포이(journalistic topoi)라고 알려진 누가(who), 언제(when), 어디서(where), 무엇을(what), 어떻게(how), 왜(why)라고 하는 "WH－가족군(WH－family)"에 대응하는 개념이다. 이 중에서 "누가(who)"에 해당하는 사람들은 프레젠테이션을 실행하는 발표자와 이를 듣는 청중으로 세분화된다. 발표자와 청중은 프레젠테이션을 대하는 목적, 태도, 기대감에 있어 상반된 욕구를 가지고 있는 이질적 집단이다. 따라서 발표자와 청중은 따로 구분해서 살펴보는 것이 중요하다고 할 수 있다. 참고로 육하원칙은 일반적으로 "5W1H"라고 알려져 있으나 "how"라는 단어에도 "w"와 "h"가 들어있기 때문에 이를 "WH－가족군"이라고도 불린다.

본 저서에서 소개하는 7P 원칙에는 발표자(presenter), 청중(people), 목적(purpose), 메시지의 최종 결과물(product), 실행(performance), 시간엄수(punctuality), 발표장소(place)로 구성된다. 프레젠테이션이란 무한정의 시간으로 문서를 읽는 것과는 달리 제한된 시간에 정해진 내용을 발표해야하는 것을 원칙으로 하기 때문에 "언제(when)"라는 원칙은 "시간엄수"의 뜻을 가지고 있는 "punctuality"로 명기하였다.

프레젠테이션의 7P 원칙은 크게 준비과정(preparation)과 실행과정(process)의 2P로 설명될 수 있다. 준비과정에는 프레젠테이션을 위한 목적(purpose), 메시지의 최종 결과물(product)인 원고와 비주얼 메시지(visual message)를 조직하는 과정을 포함한다. 또한 준비과정에는 프레젠테이션 과정에서 빠져서는 안 될 예행연습(rehearsal)을 포함한다. 프레젠테이션 실행과정이란 특정장소에서 제한된 시간 내에 프레젠테이션을 실제로 실행(performance)하는 절차를 포함한다. 발표자와 청중은 프레젠테이션을 전달하고 수용하는 사람들로서 프레젠테이션의 가장 핵심적인 구성요소라고 할 수 있다. 따라서 이 장에서는 프레젠테이션의 목적, 원고작성, 실행, 시간엄

수, 발표 장소에 관한 내용을 다루고 발표자와 청중은 다음 장에서 별도로 소개하고자 한다.

2 프레젠테이션의 목적(Purpose of Presentation)

프레젠테이션의 목적(purpose)은 발표자가 성취하고자 하는 결과나 성과를 의미한다. 프레젠테이션의 목적을 세분화하면 크게 동기부여, 설득, 정보제공, 실천화, 여흥의 제공으로 나눌 수 있다. 이주진은 2016년 발간한 "말을 다이어트하라"는 저서에서 프레젠테이션의 목적을 사회적스피치(social speech), 스마트스피치(smart speech), 특별스피치(special speech), 단순스피치(simple speech)의 "S4"로 소개하기도 하였다. 프레젠테이션의 목적이 무엇이든지 간에 모든 프레젠테이션의 기본목적은 청중을 설득하는 것이라고 할 수 있다. 설득적 목적을 가진 프레젠테이션을 통해 발표자는 청중이 가지고 있던 신념이나 태도, 가치관이 자신이 설정한 방향으로 변화가 일어나기를 기대하게 된다.

발표자는 발표를 통해 달성하고자 하는 목적을 고려하여 발표의 내용과 범위를 결정해야 한다. 이때 청중이 기대하는 것이 무엇인지를 고려하여 청중의 기대와 발표자의 기대의 간극을 줄이려는 노력이 선행되어야 한다. 제1부 원고작성의 유형에서 소개한 몬로(Alan H. Monroe, 1903~1975)는 1943년 동기부여의 계열성이론(theory of motivated sequence)을 소개하면서 사람들은 주의집중(attention), 필요성 인식(need), 만족(satisfaction), 가시화(visualization), 행동화(action)의 다섯 단계를 거치면서 동기가 유발된다고 강조하였다. 따라서 발표자도 청중의 욕구를 만족시키고 행동에 대한 가시화가 가능하도록 메시지를 조직함으로써 설득적 프레젠테이션의 목적을 달성할 수 있을 것이다.

3 프레젠테이션 실행(Performance)

프레젠테이션을 위한 원고와 비주얼 자료가 작성이 되면 완성된 원고와 시각자료를 사용하면서 실전처럼 연습해보는 리허설(rehearsal)과정을 거쳐야 한다. 리허설은 성공적인 프레젠테이션을 위한 필수적인 과정으로 얼마나 연습했는가에 따라 프레젠테이션의 성패가 가름된다.

1) 리허설(Rehearsal)

"당신이 만약 준비과정을 실패했다면, 당신은 실패를 준비한 것이다.(If you fail to prepare, you are prepared to fail.)"라는 말이 있다. 이는 미국 건국의 아버지로 일컬어지는 정치가이자 계몽

사상가인 프랭클린(Benjamin Franklin, 1706~1790)이 한 말로 리허설의 중요성을 간파한 언급이다.

리허설(rehearsal)이란 연습을 통해 실제수행에 필요한 모든 활동을 구체적이며 자세하게 준비하는 과정이다. 즉, 실제 프레젠테이션의 순서에 따라 모든 세부사항을 실전처럼 연습하는 것을 말한다. 리허설 과정에는 말하기와 비주얼 자료의 제시 방법에 대한 연습과정을 모두 포함한다. 리허설을 통해 발표자는 메시지에 대한 친숙함은 물론, 프레젠테이션 기술의 정교화, 발표에 대한 자신감을 향상시킬 수 있게 된다.

성공적인 프레젠테이션을 위한 리허설 법칙은 다양하다. 이 중에서 몇 가지만 소개하자면, "1－10 법칙"과 "50－50 법칙"을 들 수 있다. "1－10 법칙"이란 1시간 발표를 위해서는 10시간의 연습이 필요하다는 것을 의미한다. 또한 "50－50 법칙"이란 발표 자료의 준비가 전체 프레젠테이션의 50%를 차지한다면, 리허설이 50%를 차지한다는 원칙을 의미한다. 이처럼 50%에 해당하는 발표 자료가 아무리 훌륭하다고 하더라도 리허설이 충분하지 않을 경우에는 프레젠테이션의 절반을 실패한 것이라고 할 수 있다.

"연습은 완벽함을 만들어준다.(Practice makes perfect.)"라는 말이 있다. 또한 "연습은 실제 퍼포먼스의 십 분의 구를 결정한다.(Practice is nine－tenths.)"라는 말도 있다. 이는 미국의 철학자인 에머슨(Ralph Waldo Emerson, 1803~1882)이 한 말이다. "리허설, 리허설, 리허설!(Rehearsal, rehearsal, rehearsal!)"이라는 표현으로 리허설의 중요성을 강조한 표현도 있다. 연습은 완벽함을 만들어준다는 말처럼 특정행위를 향상시키거나 완벽하게 하기 위해서는 끊임없이 리허설을 반복해야 한다.

그렇다면, 프레젠테이션을 성공하기 위해서는 몇 번의 리허설을 하는 것이 가장 적당한가라는 의문이 들 것이다. 미 전직 방송앵커이자 스티브 잡스에 대한 저술로 유명한 갈로(Carmine Gallo)도 얼마나 많은 시간을 투자하여야 프레젠테이션을 능숙하게 실행할 수 있는가에 대한 질문이 가장 어려운 질문 중의 하나라고 언급하였다. 갈로는 하버드 대학교에서의 강의경험과 TED 출연자들과의 면접결과를 바탕으로 평균 10회에 걸친 연습 횟수를 추천하였다. TED에 출연한 과학자 중에는 200번의 리허설을 한 사람도 있었다고 한다. 갈로교수는 리허설 횟수에 대한 법칙으로 "메시지 전달이 자연스러워질 때까지"라고 강조하면서, 10회 정도의 연습기간을 거치게 되면 발표에 대한 자신감을 충분히 획득할 수 있다고 하였다. 여기서 TED란 "기술, 오락, 디자인(Technology, Entertainment, Design)"의 약어로 1984년 미국의 비영리 재단에서 시작한 지식강연 컨퍼런스를 말한다. TED는 주로 기술, 오락, 디자인 분야를 위한 강연으로 시작하였지만, 현재는 과학 분야나 국제이슈 등 다양한 주제들을 다루고 있다. TED의 연설자로 나선 사람들은 18분이라는 짧은 시간동안 자신의 업적을 전 세계 사람들에게 전해야 한다.

"TED처럼 말하기(Talk Like TED)", "스토리텔러의 비밀(The Storyteller's Secret)", "오성(Five Stars)" 등의 베스트셀러 작가이기도 한 갈러교수는 하버드 대학교에서 세계적인 기업가들을 대상으로 의사소통 교육프로그램을 강의해온 경험을 바탕으로 리허설을 위한 5단계를 소개하였다. 갈로교수의 강의를 수강한 엘리트 비즈니스맨들은 졸업을 위해 적어도 10회 이상의 집단발표와 개별발표를 해야 하며, 동료 학생들과 교수의 평가를 받아야 한다.

갈로가 추천하는 리허설의 다섯 단계는 시작단계(start), 스트레스 조절단계(practice), 피드백 수집단계(feedback), 녹화과정(record it), 연습 종료시점(practice until it's effortless)으로 구성된다. 이를 구체적으로 살펴보면 다음과 같다.

(1) 발표노트를 가지고 시작한다(Start with presentation notes)

파워포인트 화면 밑에는 발표내용에 대한 주석이나 보충설명을 기록할 수 있는 공간이 제공되어 있다. 갈로는 이 공간을 사용하여 발표 내용에 대한 부언설명을 적는 것으로 리허설을 시작해야 한다고 강조하였다. 리허설의 초기 단계에서는 완전한 문장으로 작성한 슬라이드를 바탕으로 각 슬라이드의 내용(transcript)을 큰 소리로 읽는 연습을 하라고 조언하였다. 이러한 연습이 충분히 이루어진 다음에는 완전한 문장을 압축구인 중요항목(bullet points)으로 적어놓은 슬라이드 화면만을 보면서 큰소리로 연습하라고 조언하였다. 이때부터는 화면 밑에 적어놓은 각주의 내용을 보지 않는 것이 중요하다. 중요항목에 대한 연습이 충분히 이루어지고 나면 발표원고를 중요항목 보다도 더 짧은 몇 마디의 단어로 축약한 뒤 이 단어들을 가지고 연습을 하여야 한다. 즉, 축약단어가 전체 내용을 인출하는 단서(prompt)의 기능을 할 수 있을 때까지 큰 소리로 연습해야 한다는 것이다. 이러한 연습과정에 대해 갈로교수는 원고에 의존하는 정도가 적어질수록 청중과의 시선접촉(eye contact)이 증가하게 되며 이로 인해 청중과의 연대감(connection)도 증가된다고 하였다.

발표원고를 가지고 하는 연습과정에서 가장 중요한 점은 원고를 전부 암기해서는 안 된다는 점이다. 원고 전문을 전부 암기할 경우 실행현장에서 예기치 않게 발생하는 돌발 상황에 적절하게 대처할 수 없게 된다. 예를 들어, 긴장감이 고조된 상태에서는 자신이 암기한 내용의 일부나 전체내용이 생각나지 않을 때가 많으며, 발표 중간에 청중이 질문이라도 하게 되면 자신의 기억경로에 방해를 가져오게 된다. 저자의 학생들 중에는 발표내용을 토씨하나 빼놓지 않고 전부 외워서 발표하는 학생들이 있다. 이때 교수인 저자가 질문을 하게 되면 이를 아예 무시하거나 답변을 하고나서의 순서를 깡그리 잊어먹는 학생들이 있다. 이처럼 원고 전문을 깡그리 외우려는 시도는 무모한 행동이라고 할 수 있다. 갈로교수의 조언대로 첫 단어를 보는 즉시 이와 연관된 내용이 자연스럽게 상기될 수 있을 때까지 리허설을 하는 것이 무엇보다도 중요하다. 이를 위해 갈로교수는 리허설의 가장 마지막 단계에서는 자신의 프레젠테이션을 한 장 정도로 간략하게 요약하거나 3~5장 정도의 독서카드로 요약한 개요서(brief topical outline)를 만들라고 조언하였다.

(2) 약한 스트레스 하에서 연습한다(Practice under mild stress)

운동선수들은 중간 정도의 압박감이 존재하는 상황에서 최고의 기량을 펼친다고 알려져 있다. 이를 "여키스와 도슨의 "역 U 이론(Yerkes–Dodson' Inverted U Law)", 혹은 "적정수준이론(optimal level theory)"이라고 한다. 여키스(Robert Mearns Yerkes, 1876~1956)와 도슨(John Dillingham Dodson, 1879~1955)에 의해 1908년에 소개된 이 이론에 의하면, 사람들의 최적의 퍼포먼스는 각성 수준이 지나치게 높거나 낮을 때보다는 보통 수준일 때 나타난다고 하였다. "역 U 이론"이라는 명칭은 각성상태를 X축으로 하고 수행수준을 Y축으로 했을 때 수행의 최적상태가 역 U자 형태를 띠기 때문에 붙여졌다. 이와 같은 맥락에서 프레젠테이션도 적정수준의 스트레스 하에서 가장 최고의 결과를 가져올 수 있다. 따라서 리허설 또한 적정수준의 각성상태를 유지하면서 연습하는 것이 중요하다고 할 수 있다. 이를 위해 갈로교수는 TED 강연에 출연했던 유명한 기업가이며 팟 캐스터인 페리스(Tim Ferriss, 1977~)의 예를 들었다. 페리스는 적정한 수준의 스트레스 하에서 리허설을 하기 위해서 우선은 20명의 자기 친구들을 유사청중으로 모아놓고 리허설을 했으며, 연설에 대한 스트레스가 어느 정도 조절된 뒤에는 안면이 전혀 없는 낯선 사람들을 약 20여 명 모아놓고 리허설을 했다고 진술하였다. 페리스는 "20여 명의 낯선 사람들이 주는 스트레스는 3천 명이 넘는 TED 관객들이 줄 스트레스에 비하면 조절가능한 수준의 스트레스라고 할 수 있다"라고 언급한 것으로 나타났다.

(3) 구체적인 피드백을 요청하라(Ask for specific feedback)

자신이 알고 있는 사람들을 유사청중으로 초대한 뒤 리허설을 끝내고 나면 대부분의 사람들은 "잘했다(good job)"는 말로 칭찬을 하게 된다. 이는 발표자의 기분을 상하지 않게 하려는 유사청중의 배려라고 할 수 있다. 유사청중으로부터 칭찬을 받게 되면 발표자의 기분이 좋아지는 것은 사실이나, 더 좋아지기 위해서는 유사청중에게 더욱 구체적인 피드백을 요청해야 한다. 갈로교수는 청중이 이해하지 못하는 내용은 없는지, 그들에게 친숙하지 않은 전문용어를 사용하지는 않았는지, 아니면 발표자의 시선접촉이 지나치게 강렬했거나 아니면 부족했는지 등에 대한 전반적이면서도 구체적인 지적을 요청해야 한다고 강조하였다. 유명한 가수이자 작곡가인 팔머(Amanda MacKinnon Gaiman Palmer, 1976~)는 갈로와의 인터뷰에서, 자신의 리허설을 위해 그녀는 팟럭 파티(pot-luck party)와 비슷한 디너에 약 24명이 넘는 친구와 학생들을 초대했다고 응답하였다. 이와 더불어 팔머는 TED 관계자들을 2~3명을 초대해서 그들 앞에서도 리허설을 했다고 부언하였다. 팔머는 TED에 나서기 전 4개월 동안을 셀 수 없을 정도로 리허설 했으며, 매 리허설마다 유사청중으로부터 받은 피드백을 바탕으로 자신의 원고를 수정하고 재수정하는 과정(tweaked the presentation)을 되풀이 했다고 털어놓았다. 이러한 결과를 바탕으로 팔머는 그녀의 연설시간을 18분에서 12분으로 단축시키면서 파워풀한 연설을 끝낼 수 있었다고 한다. 이처럼 가까운 친구나 동료들로부터 개방적이며 정직하며 구체적인 피드백을 수집하는 것은 성공적이며 파워풀한 프레젠테이션을 위한 중요한 절차라고 할 수 있다.

(4) 리허설을 녹화하기(Record the Presentation)

리허설 과정을 스마트폰이나 비디오카메라로 녹화해 보는 것은 프레젠테이션에 부정적인 영향을 줄 수 있는 습관적인 행동이나 결점을 발견할 수 있는 매우 효과적인 방법이라고 할 수 있다. 갈로교수도 녹화 과정을 통해 발표자는 자신의 행동에 대해 깜짝 놀랄만한 사실들을 발견하게 된다고 하였다. 예를 들어, "음", "어"와 같이 평상시에는 전혀 인식하지 못하던 불필요한 삽입어(vocal filler)를 발견할 수도 있고, 반복적으로 머리를 쓸어 올리거나 주머니에 손을 집어넣은 채 주머니 속에 있는 동전을 무의식적으로 만지는 행위를 하는 등 청중의 주의집중을 방해하는 움직임을 발견할 수도 있게 된다고 하였다. 또한 의식적으로 청중과의 시선접촉을 피하거나 청중을 쳐다보는 횟수보다 더 많은 횟수를 슬라이드를 보는 일에 집중한다는 사실도 발견할 수 있다고 하였다. 갈로는 자신의 행동을 영상으로 본다는 것은 상당히 불편한 일이지만, 습관적인 행동을 정확히 분석하기 위해서는 반드시 거쳐야 한다고 강조하였다.

(5) 자연스러워질 때까지 연습하기(Practice until it's effortless)

마지막으로 리허설에 있어서 가장 어려운 질문은 얼마나 많은 시간을 연습에 투자해야 하는가라고 할 수 있다. 리허설의 빈도를 이야기할 때마다 인용되는 인물 중의 한 사람이 바로 애플사의 경영주였던 잡스이다. 그는 새로운 아이폰이 출시될 때마다 이를 홍보하기 위한 연설을 위해 초단위로 리허설을 한 것으로 유명하다. 잡스는 무대에 서는 위치, 말을 끊는 타이밍, 보폭, 스포트라이트의 각도 등 모든 부분이 마음에 들 때까지 몇 번이고 수정했다고 한다. 많은 발표자들이 잡스의 말투를 따라할 정도로 잡스의 프레젠테이션은 엄청난 영향력을 발휘했지만, 새로운 아이폰을 내놓을 때마다 세상을 완전히 바꿀 수 있을 것이라는 그의 강한 믿음을 따라갈 만한 사람은 아직 등장하지 않았다는 평가를 받고 있다.

갈로의 면접 결과, TED의 강연을 위해 25번의 리허설을 한 과학자가 있었다. 또 다른 출연자 중에는 TED의 강연을 위해 200번의 리허설을 감행한 여의사도 있었다. 그녀가 바로 테일러(Dr. Jill Bolte-Taylor, 1959~)라는 신경해부학자이다. 테일러는 37세가 되던 1996년 추운 겨울날 아침, 뇌출혈로 인해 쓰러졌다. 그녀의 뇌출혈은 뇌의 좌반구 속에 있는 동맥과 정맥이 비정상적으로 연결된 선천성 뇌 동정맥 기형(arteriovenous malformation: AVM)으로 인해 발생하였다. 뇌출혈이 일어난 4시간 안에 테일러는 모든 언어능력, 사고능력, 기억력, 보행능력을 잃어버리게 되었다. 이러한 상태에 대해 테일러는 "뇌졸중은 나를 신생아 상태로 되돌려 놓았다"고 술회하였다. 테일러는 뇌졸중에 대한 자신의 경험을 바탕으로 2006년도에 "뇌졸중에 대한 통찰력: 두뇌과학자의 개인적 여행(Stroke of Insight: A Brain Scientist's Personal Journey)"이라는 책을 발간하게 되었으며, 2008년도에는 TED 강연회에 초빙되어 뇌졸중에 대한 개인적 경험을 발표하게 되었다.

뇌수술의 후유증으로 언어장애를 가지게 된 테일러는 TED 연설을 위해 무려 200회에 걸친 리허설을 감행한 것으로 알려졌다. 이러한 노력의 결과, 그녀의 연설은 전 세계적으로 선풍적인 반향을 불러일으키게 되었으며, 2,200만 번이라는 동영상 조회횟수를 돌파하게 되었다. 물론 테일러의 리허설은 매우 이례적인 것이라고 할 수 있다. 그럼에도 불구하고 갈로는 발표자들이라면 자신이 생각하는 횟수를 훨씬 상회하는 횟수만큼 리허설을 해야만 성공적인 프레젠테이션을 가져올 수 있다고 강조하였다.

갈로는 리허설의 적정 횟수에 대해 프레젠테이션의 전달이 "자연스러워질 때까지" 연습을 해야 한다고 조언하였다. "자연스러워질 때까지"란 각 장의 슬라이드를 소개하기 위한 첫 단어가 "아무런 생각 없이(without thinking about the first words) 떠오를 때까지"를 말한다. 갈로는 전문적 자문관으로서의 평균 10회에 걸친 리허설 횟수를 추천하였다. 물론 발표자나 연설 상황에 따라서는 10회보다 더 많은 연습이 필요하거나 적은 경우도 있겠지만, 프레젠테이션의 시작부터 마지막까지를 포함하는 전 과정을 열 번 정도 리허설을 하게 되면, 자연스러운 프레젠테이션을 위한 자신감을 충분히 획득할 수 있을 것이라고 하였다.

갈로의 10회에 걸친 리허설 횟수에 부언을 하자면 리허설 시간은 연설시간에 반비례한다고 할 수 있다. 예를 들어, 웅변가로도 유명한 미국의 28대 대통령인 윌슨(Thomas Woodrow Wilson, 1913~1921)에게 어느 날 기자 한 명이 질문을 던졌다. "저희들에게 5분 스피치를 들려주신다면 준비기간은 얼마나 필요하십니까?" 그러자 윌슨 대통령은 "5분 스피치를 준비하기 위해서는 최소한 종일의 준비시간이 필요합니다."라고 대답하였다. 이어서 윌슨 대통령은 20분 정도의 연설이라면 2시간, 30분짜리 연설은 3시간 정도의 준비기간이 필요하며, 2시간 정도의 연설이라면 아무런 준비 없이 지금 당장이라도 할 수 있다고 하였다.

이는 짧고 간결한 연설일수록 정해진 시간 안에 스피치를 끝내기 위해서는 철저한 준비가 필요하다는 것을 강조한 말이라고 할 수 있다. 짧은 시간의 스피치를 위한 준비가 철저하지 않을 경우, 정해진 시간 내에 원하는 내용을 전부 전달하는 것 자체가 어렵고, 따라서 중요한 내용이 생략될 가능성이 높아지기 때문이다.

갈로의 다섯 단계에 좀 더 부언을 하자면, 리허설을 할 때 가장 중요한 점은 실전처럼 연습해야 한다는 점이다. "연습할 때는 실제처럼, 실제는 연습처럼 하라"는 명언이 이를 뒷받침해준다. 따라서 리허설을 할 때에도 프레젠테이션 당일에 입을 복장을 갖추고 하는 것이 중요하다. 프레젠테이션에 가장 적합한 드레스 코드(dress code)는 정해진 것이 없다. 스티브 잡스처럼 터틀넥의 스웨터와 청바지 차림의 캐주얼한 복장으로 연단에 오를 수도 있다. 그러나 경험적 법칙(rule of thumb)에 의하면, 청중은 보수적 성향을 띠고 있다고 간주하는 것이 좋다. 따라서 저자는 프레젠테이션을 위한 가장 적합한 복장으로 텔레비전에서 뉴스를 전하는 아나운서 복장이라고 제안한다.

프레젠테이션이 실행되는 장소에 대해 친숙함을 갖는 것도 매우 중요하다. 따라서 가능하다면 실행 장소를 사전에 방문해 보는 것도 매우 좋은 전략이다. 대학생의 경우, 강의실에서 주로 프레젠테이션이 진행되므로 발표 며칠 전이나 발표 전날에 공강 시간을 활용하여 발표 장소에서 리허설을 해보는 것이 중요하다. 저자가 아는 저명인사 중에는 아들의 프레젠테이션을 위해 발표장소인 유명한 전당을 통째로 빌린 경우도 있었다. 무대에 입장하는 것부터 시작하여 연설을 마치고 퇴장하는 연습을 몇 시간이고 진행한 결과 그 학생은 전국웅변대회에서 대통령상을 수상하게 되었으며 한국대표로 미국에 건너가 미국학생들과도 겨루게 되었다. 이처럼 리허설을 위해 엄청난 비용을 투자하는 것은 일반사람들로서는 생각하기 어려운 흔치 않은 일이라고 할 수 있지만, 실전과 유사한 리허설의 중요성을 간파하고 이에 대한 재정적 지원을 해 준 부모에 대해서는 비판의 여지가 없다고 할 수 있겠다.

갈로도 강조했지만, 리허설은 유사청중을 모아놓고 연습하는 것이 중요하다. 만약에 이러한 청중을 구할 수 없을 경우에는 전신 거울 앞에서 연습을 하는 것도 대안책이 될 수 있다. 영국 수상이었던 윈스턴 처칠(Winston Churchill, 1874~1965)은 거울 앞에서 리허설을 하지 않고는 절대로 대국민 연설을 하지 않았다고 전해진다. 이처럼 거울 앞에서 리허설을 하게 되면 연설하는 자신의 모습을 정확히 판단할 수 있으며, 더불어 녹화장치를 활용할 경우, 습관적으로 사용하던 부적절한 추임새나 신체 움직임 등을 발견할 수 있게 된다.

프레젠테이션 당일에는 현장적응을 위해 충분한 시간을 두고 발표 장소에 일찍 도착하는 것이 중요하다. 현장의 음향 기기나 조명장치, 좌석 배치 등을 사전에 점검함으로써 더욱 성공적인 프레젠테이션을 할 수 있기 때문이다.

리허설을 하는 목적은 크게 발표시간의 검토, 발표내용의 수정, 전달기술의 훈련이라고 할 수 있다. 발표시간은 정해진 시간보다 길거나 지나치게 짧아서는 안 된다. 따라서 발표원고는 발표시간을 정확히 맞추기 위해서 수정되어야 한다. 또한 발표내용의 수정은 정보의 전달순서가 논리적으로 배열되었는지를 중심으로 정보전달이 흥미롭고 유익하며 의미 전달에 있어서 이해하기 쉬운 가에 대해 스스로에게 자문자답하는 과정을 통해 진행되어야 한다. 마지막으로 전달기술에 있어서 스피치의 속도가 적절한지, 시선접촉과 신체언어 등은 적절한 지에 대한 분석이 이루어져야 한다. 자연스러워질 때까지 반복적인 리허설을 통해 발표시간을 체크하고, 제3자의 공정한 평가와 즉각적이고 구체적인 피드백을 수집할 수 있으며, 이를 바탕으로 핵심요점의 의미를 명료화하고 더욱 흥미롭고 주의를 집중시킬 수 있는 내용으로 재조직할 수 있게 된다.

2) 프레젠테이션의 실행

프레젠테이션의 실행이란 발표자가 준비한 내용을 더욱 효과적이고 설득력 있게 전달하는 것을 말한다. 일반적으로 발표자가 아는 지식(what to tell)과 이를 전달하는 것(how to tell)

은 전혀 다른 문제라고 할 수 있다. 따라서 프레젠테이션의 실행단계에서는 무엇보다도 효과적인 표현력을 필요로 한다.

프레젠테이션의 실행은 소개, 본론, 결론의 3단계로 진행된다. 이에 대한 자세한 내용은 제1장 연설부분을 참조하기 바란다. 프레젠테이션의 실행과정을 간략하게 요약하면 다음과 같다. 우선 프레젠테이션의 서두(introduction)는 청중과의 인사(greeting)로 시작된다. 발표자의 소개에는 발표자의 이름과 경력 등이 포함되며 발표할 주제(topic or thesis statement)에 대한 간략한 소개가 이어지게 된다. 이때 청중에게 신뢰감(credibility)을 줄 수 있도록 자신의 전문 분야를 소개하면서 주제와의 연관성을 강조하는 것이 중요하다. 또한 발표하려는 주제와 청중과의 관련성(relevance)을 강조함으로써 청중의 주의를 유도하는 것도 중요하다고 할 수 있다.

본론에 들어가서는 3단락 내지 5개의 단락으로 분류한 발표내용을 주제별로 논리적으로 전개시키기 위해 각각의 포인트에 대한 다양한 증거자료와 배경 정보를 제공한다. 마지막으로 결론은 본론의 내용을 요약하면서 핵심요점을 다시 한 번 강조하면서 마무리한다.

4 시간(Punctuality)

프레젠테이션은 시간엄수(punctuality)를 철칙으로 한다. 특히 발표자들이 많은 경우에는 자신의 발표시간을 엄수해야 다른 발표자들에게 피해를 주지 않게 된다. 따라서 자신의 프레젠테이션이 정확히 얼마나 시간이 걸리는지, 이를 위해서는 말의 속도를 얼마나 빠르게 해야 하는지 등에 대한 이해가 필수적이다.

1) 말의 속도(Speech Rate)

프레젠테이션은 항상 시간 제약이 따라온다. 독서나 개인적인 대화는 시간 제약이 없기 때문에 밤을 새워가면서 의사소통을 이어갈 수 있지만, 청중을 대상으로 하는 프레젠테이션에서는 한정된 시간 내에 준비된 내용을 전달할 수 있는 시간관리가 필수적이다.

같은 내용이라도 말의 속도에 따라 연설시간이 달라진다. 또한 말의 속도는 청중을 설득하는데도 지대한 영향을 미치게 된다. 설득적 효과를 극대화시키기 위한 말의 속도는 정상적인 대화 속도보다 약 1.2배 빠른 것으로 알려져 있다. 이러한 이유로 뉴스를 전달하는 아나운서들은 평상 시 말의 속도보다 약 1.2배 빠르게 말을 하는 것으로 알려져 있다. 이는 방송이라는 체제가 시간적 압박(time pressure) 속에서 이루어지기 때문에 정해진 시간에 보다 많은 뉴스를 전달하기 위한 목적도 있지만, 약간 빠른 속도의 말이 시청자들의 주의를 집중시키고 설득력을 높이기 때문이다. 보통 속도보다 1.2배 빠르게 뉴스를 전달할 경우, 정상 속도로 말하는 경우보다 더 많은 정보를 제시할 수 있게 된다. 더 많은 정보의 전달로 정보에 대한 신빙성이 높아지고 결과적으로 설득이 용이한 것이다. 1986년에 시행된 한 연구에서도 광고에 대한 비디오 영상을 소리의 재생속도를 바꾸어 대학생들에게 보여준 결과, 대학생들이 가장 호의적으로 평가한 광고는 말의 속도를 120% 정도 빠르게 했을 때로 나타났다. 또한 청중은 빠르게 말하는 발표자를 그렇지 않은 사람보다 유능하며 자신감을 가진 사람으로 평가하는 것으로 알려져 있다. 메라비언(Albert Mehrabian, 1939~)도 조금 더 빠른 속도로 유창하게 말을 하는 사람들은 그렇지 않은 사람들보다 훨씬 더 설득력 있는 사람으로 인식된다고 하였다.

말의 속도를 약간 빠르게 할 경우에는 주의집중이나 설득력이 증가한다고 하였다. 이는 빠른 속도로 전달되는 메시지를 놓치지 않기 위해서 주의집중을 하게 되기 때문이며 지루함을 느낄 정신적 여유가 없어지기 때문이다. 따라서 발표자는 약간 빠른 속도로 시작하여 흥분과 에너지를 창출하고 싶을 때는 속도를 높이고, 반대로 중요하거나 심각한 주제를 강조할 때는 속도를 늦추는 등 말의 속도를 조절할 수 있어야 한다.

지나치게 말을 빠르게 할 경우에는 메시지를 판단하고 해석할 시간적 여유가 부족해지기 때문에 청중의 이해도가 감소하며 결과적으로 설득효과도 떨어지게 된다. 이는 청중이 메시지를 인식하고 처리하는데 있어 요구되는 인지적 요구량에 과부하상태를 초래하기 때문이다. 인지과정에 과부하 상태가 초래되면 중요한 메시지를 흡수하지 못하고 놓치게 될 가능성이 높아진다. 따라서 발표자의 말의 속도는 청중의 사고 진행 속도와 동일한 속도로 유지해야 한다. 또한 어려운 내용을 전달하거나 고등수준의 사고력을 필요로 하는 전문적 프레젠테이션에서는 평소보다 속도를 줄여서 어려운 개념을 이해하기 위한 충분한 시간적 여유를 제공해주어야 한다. 그러나 말의 속도가 지나치게 느리게 되면 지루함을 느끼게 되어 주의집중을 방해하게 된다. 평상시에도 말을 느리게 하는 학생들은 프레젠테이션을 실행하는 과정에서도 정상속도보다 느리게 하는 경향을 보인다. 교수인 저자도 이러한 학생들의 발표에는 집중을 하기가 어려워진다. 따라서 자신의 말의 속도가 지나치게 느리다는 생각이 들 경우에는 이를 조절하기 위한 훈련을 게을리해서는 안 된다.

2) 주의집중시간(Attention Span)

스피치나 프레젠테이션에 영향을 미치는 또 다른 시간요인으로는 청중이 발표에 집중하는 주의집중 지속시간(attention span)을 들 수 있다. 미국의 설득전문가인 모텐슨(Kurt W. Mortensen)은 주의집중시간(interest span)을 "한 가지 일에 주의를 집중할 수 있는 최대의 시간"이라고 정의하였다. 사람들의 주의집중시간은 해가 갈수록 짧아지는 것으로 나타났다. 한 가지 일에 집중하는 최대 시간은 1994년에는 약 18분으로 나타났으나 2008년에는 5분 7초로 급감했다는 결과가 보고되었다. 현대인의 주의집중시간은 금붕어의 집중시간인 9초보다 짧아지고 있다는 놀라운 경고를 하는 전문가들도 등장하였다.

모텐슨은 수많은 미국 기업인들에게 설득적 의사소통에 관한 훈련과정을 제공하고 있는 설득전문가이다. 그는 2004년도에 "최대의 영향력(Maximum Influence)"이라는 저서에서 각 연령 별 평균 집중지속시간에 대한 연구결과를 발표하였다. 모텐슨에 따르면, 초등학생의 평균 집중시간은 7분, 중고등학생들은 10분, 성인들은 15분으로 나타났다. 특히 성인의 경우, 10년 전인 1994년경에는 약 18분으로 나타났으나, 10년 만에 15분으로 감소되었다고 발표하였다.

영국에서 실시한 주의력 집중시간에 대한 연구결과는 미국의 결과보다 훨씬 더 짧은 것으로 나타났다. 예를 들어, 2008년 영국 로이드 TSB 보험사(Lloyd Trustee Savings Bank)는 쉐필드 할람 대학교(Sheffield Hallam University) 범죄학과 교수이자 사회학자인 목슨(David Moxon) 연구팀과 함께 성인들의 주의력 지속시간에 대한 연구를 시행하였다. 성인 1,000명을 대상으로 시행한 설문조사 결과를 보도한 영국 일간지 텔레그래프(The Telegraph)에 의하면, 영국인의 주의력 지속시간은 1998년의 12분에서 2008년에는 5분 7초로 감소된 것으로 나타났다. 즉, 10년 만에 절반도 안 되는 수준으로 떨어진 것이었다. 특히 목슨은 "주의집중 시간을 연구한 이래 젊은 세대들이 가장 낮은 집중시간을 보였다"고 강조하면서 50대 이상의 중장년층보다 젊은 세대에서의 주의집중시간의 감소가 더 가파르게 진행되고 있다는 점에 주목해야 한다고 강조하였다. 이러한 원인에 대해 미국의 저자인 포스트만(Neil Postman)은 그의 저서인 "죽음을 위해 우리자신을 즐겁게 하기(Amusing Ourselves to Death)"라는 책에서 주의집중 시간의 감소는 IT 기술의 사용 증가와 연관이 있다고 설명하였다. 즉, 현대인들이 인터넷을 사용하게 되면서 인터넷 브라우징의 특성상 많은 정보를 대강 훑어보면서 여기저기로 정보를 찾아다니는(flitting from one thing to another on the web) 독서습관을 형성하게 되었고, 이러한 독서습관은 현대인의 주의집중을 감소시키는 요인이 되었다는 설명이었다. 실제로 2002년도 영국 BBC 인터넷 판에 의하면, 대부분의 인터넷 사용자가 하나의 웹사이트를 보는 평균시간이 1분도 채 안 된다(less than one minute)고 하였다. 이와 더불어, BBC 인터넷 판에서는 급속도로 짧아지는 현대인의 집중시간을 평균 9초로 알려진 금붕어의 집중시간에 빗대어, "디지털 금붕어로의 전환(Turning into digital goldfish)"이라고 비유하였다. 미국에서 여덟 번째로 큰 유통업체인 TARGET에서 비즈니스 자문관으로 일하고 있는 홀린스워즈(David Hollinsworth)도 2014년 발표한 글에서 현대인의 주의집중시간의 감소를 금붕어 효과(goldfish effect)라고 불렀다. 금붕어의 기억력은 9초로 알려져 있다. 홀린스워즈는 성인의 평균 주의집중시간이 2000년에는 12초로 나타났으며, 2013년에는 8초로 감소했다고 보고하였다. 8초의 주의집중이란 두뇌가 한 가지 과제에서 다른 과제로 넘어가기 전 주의집중과 정보처리에 필요한 총 파워시간(total concentration and processing power)을 말한다.

미국 MIT(Massachusetts Institute of Technology)의 신체언어 전문가인 셀커(Ted Selker)는 "인간의 주의집중 시간은 사람들이 일을 하는 방법에 의해 영향을 받는데, 웹사이트 상의 정보를 대충 훑어보는 브라우징 행동을 지속하게 될 경우, 결국은 주의집중을 전혀 할 수 없는 습관으로 전환될 수 있다"고 경고하였다. 셀커는 수백만 개의 웹사이트가 현대인의 손가락 끝에서 조정되면서 웹 서퍼(web surfer)의 평균 주의집중 시간은 초 단위로 떨어지고 있다고 경고하였다. 즉, 인터넷을 하면 할수록 찾아봐야 할 정보들이 무진장으로 제공된다는 사실을 알기 때문에 하나의 정보에 집중해서 그 정보로부터 얻고자 하는 내용을 취하기보다는 다른 정보로 빠르게 옮겨가게 된다고 하였다.

홀린스워즈는 이러한 금붕어 효과를 방지하고 생산력을 증가시키며 의사결정을 위한 최선의 통찰력을 유지하기 위해서는 정보에 주의 집중하는 시간을 충분히 늘리는 노력이 필요하다고 주장하였다.

인간의 주의집중 시간을 금붕어에 비유한 결과는 매우 극단적인 측정치라고도 할 수 있다. 그러나 인터넷이 현대인의 일상생활을 지배하고 있는 현 시점에서는 많은 시사점을 던져주는 수치이다. 스피치나 프레젠테이션을 실행하는 발표자들은 이러한 연구결과를 충분히 숙지하여 청중의 주의집중을 유지하기 위한 전략을 세워야 한다. 성인들을 대상으로 하는 프레젠테이션의 경우에는 평균 약 15분에서 20분마다 청중의 주의를 환기시키기 위한 전략을 세워야 한다. 따라서 요점도 없이 장황(ramble)하게 설명을 하거나 무미건조한 목소리로 일관하는 프레젠테이션은 지양해야 한다. 또한 안면표정의 움직임이나 정서적 표현이 없이 경직된 자세를 고수하거나, 청중과의 시선접촉을 유지하지 않고 발표 자료에만 시선을 고정하는 경우, 혹은 연설을 지나치게 느린 속도로 진행하게 되면 청중의 주의력 집중시간인 15분의 한계를 넘지 못하게 된다. 결론적으로 발표자가 더욱 설득적으로 메시지를 전달하기 위해서는 청중이 주의집중을 할 수 있는 시간 단위로 내용을 조직해야 한다. 한 주제에서 다음 주제로 넘어가기 전에는 반드시 주위를 환기시켜 새로운 정보를 수용하기 위한 준비를 하도록 도와야 한다.

하루 중에도 청중의 집중력이 높은 시간과 낮은 시간을 고려하여 프레젠테이션의 전달방법을 달리해야 한다. 예를 들어, 점심식사를 하고 난 직후에는 음식을 소화시키기 위해 전신의 혈류량이 소화기관으로 집중된다. 이로 인한 반작용으로 뇌로 가는 혈류량은 감소하게 된다. 또한 음식을 분해하고 흡수되는 과정에서 산소와 에너지가 많이 필요하기 때문에 뇌로 가는 산소가 부족하게 되어 졸음이 오게 되며 집중력이 저하된다. 이런 시간대에 발표를 하게 되는 경우라면 나른함을 이겨낼 수 있는 자극적인 활동을 제공해야 한다. 명연사가 되기 위한 비결로 유쾌한 이야기나 생동감 있는 예화를 사용하면서 7분마다 한번 씩 청중을 웃기라는 조언을 한 전문가도 있다. 일반 발표자들이 코메디언처럼 7분마다 청중을 웃긴다는 것은 그리 쉬운 일이 아니다. 이러한 경우에는 돌발적인 질문을 던짐으로서 청중의 주의를 집중시킬 수 있다.

결론적으로 프레젠테이션이란 정해진 시간 내에 가장 효과적이고 설득적으로 메시지를 전달하는 과정이다. 프레젠테이션에서 시간을 엄수한다는 것은 청중은 물론 다른 발표자들을 위한 가장 기본적인 배려이며 예의라고 할 수 있다. 또한 동일한 문제나 주제를 가지고 여러 사람들이 프레젠테이션을 하는 학술대회 같은 경우에는 자신의 발표 순서를 파악하는 것도 매우 중요하다. 자신의 프레젠테이션 전후에 어떤 내용으로 발표가 되었는지를 파악함으로써 일부내용을 과감하게 생략하여 정보전달이 중복되지 않도록 하는 것도 청중을 위한 배려라고 할 수 있다.

5 발표장소(Place for Presentation)

프레젠테이션이란 제한된 시간 내에 메시지를 청중에게 효과적으로 전달함으로써 청중을 설득하고 행동의 변화를 꾀하기 위한 과정이라고 하였다. 프레젠테이션의 메시지 이외에도 청중의 심리작용에 영향을 미치는 요인들은 다양하게 존재한다. 예를 들어, 마이크의 성능이 나빠서 잡음이 발생할 경우에는 메시지 전달과 청중의 주의집중력에 영향을 미친다. 또한 연단의 조명이 지나치게 밝은 경우에도 시각자료의 배경 색에 의해 청중의 집중력이 감소된다. 이처럼 발표장소와 연관된 영향요인은 다양하게 존재한다.

장소분석이란 프레젠테이션이 실제로 일어나는 장소에서 시청각 자료를 전달하기 위한 시설이나 음향장치, 좌석배치, 분위기 등의 분석이 포함된다. 프레젠테이션은 주로 강의실이나 강당, 회의실, 사무실 등 실내시설에서 일어난다. 예외적으로는 운동장이나 중대한 사건이 발생했던 장소와 같이 야외시설에서도 일어날 수 있다. 특별한 장소에서의 강연은 "국민의, 국민에 의한, 국민을 위한 정부"라는 유명한 링컨 대통령의 연설이 있었던 게티즈버그(Gettysburg)를 들 수 있다. 게티즈버그는 남북전쟁 당시인 1863년 가장 참혹한 전투가 일어났던 곳으로 북부의 군대가 남부 군대를 전멸시킴으로써 남북 전쟁을 종료시켰던 역사적 장소이기도 하다. 이처럼 청중에게 특별한 의미가 있는 장소를 골라 연설장소로 한다면 청중은 특별한 장소에 대한 기억과 발표자의 메시지를 연상시켜 메시지에 대한 공감도가 높아지게 된다.

따라서 발표 장소에 대한 사전 점검은 프레젠테이션의 성공을 가름할 중요한 변수가 된다. 장소분석은 발표자의 음성언어, 시각언어, 신체언어의 사용에도 영향을 미친다.

1) 조명(Illumination)

조명(illumination)은 색체와 밝기 등 많은 요인에 의해 청중을 프레젠테이션에 흡수시키는 역할을 한다. 저자가 아는 유명가수는 전체 연출비용의 약 50%를 조명과 음향장치에 쏟아붓는다. 일반적으로 색이나 조명은 인간의 심리에 많은 영향을 미친다. 한 백화점 식품 영업부에서 소비자의 소비심리와 조명의 관련성을 파악하기 위한 실험을 단행하였다. 동일한 10평 넓이의 쇼윈도 위에 동일한 시금치 100단을 준비한 후 한 쪽에는 100촉짜리 전구 10개를 켜 두고, 다른 코너에는 6개를 켜 두었다. 3 시간 후 판매실적을 조사한 결과, 전구 10개를 켜 놓은 코너 쪽 시금치는 90단이 팔렸으나 6개를 켜 놓은 코너의 시금치는 70단만이 판매되었다. 이러한 실험결과에 대해 연구자들은 사람들은 밝은 조명 쪽 시금치가 어두운 조명을 받은 시금치보다 훨씬 더 싱싱하고 맛있어 보인다고 생각하기 때문에 판매실적에도 영향을 미친 것이라고 해석하였다.

특히 파란색 조명은 청중에게 안정감과 편안함(calming effect)을 줄 뿐 만 아니라 발표자의 주장에 반론을 제기하려는 청중의 저항감이나 폭력적인 언사도 감소시키는 것으로 나타났다. 이와 관련된 대표적인 연구가 바로 2000년도에 실시된 영국 스코틀랜드 글래스고 시(Glasgow)의 푸른 가로등 프로젝트(blue-colored streetlight project)라고 할 수 있다. 글래스고는 아주 오래된 산업도시였으나 산업화의 몰락 후 범죄자와 마약사범들이 몰려들면서 위험한 도시로 변한 곳이었다. 글래스고 시 당국은 2000년도 도시경관을 향상시키려는 목적으로 시내 쇼핑가이자 환락가인 뷰캐넌(Buchanan) 거리의 가로등 빛을 오렌지색에서 푸른색으로 바꿨다. 그 결과, 범죄와 자살율이 눈에 띌 만큼 감소하였다. 이러한 실험결과가 일본 언론에 보도되자 일본에서도 푸른 가로등이 주목을 받기 시작하였다. 2005년에는 일본 나라 현에서 최초로 푸른 가로등을 설치하였다. 그 결과, 글래스고와 마찬가지로 범죄율이 9%나 감소하자 시즈오카현 등 16곳에서도 푸른 가로등으로 변경하기 위한 도시계획이 설립되었다. 이처럼 파란색 조명은 사람들의 마음을 편안하게 해주는 진정효과를 가지고 있다. 푸른색을 보게 되면 뇌의 시상하부가 자극을 받아 일명 행복호르몬이라고 불리는 세로토닌(serotonin)이 분비되기 때문이다. 푸른색을 보면 붉은 색을 볼 때보다 맥박수가 20회 정도 줄어든다는 임상실험결과도 보고되었다. 이와는 반대로 붉은 색은 자율신경계를 흥분시켜 흥분 호르몬인 아드레날린(adrenaline)을 분비한다. 색에 대한 충분한 지식을 가지고 있다면 비주얼 프레젠테이션을 준비하는데 있어서 전체적인 무대 조명이나 스포트라이트 등 최적의 장소를 준비하는데 많은 도움을 받을 수 있을 것이다.

2) 좌석배치(Seat Arrangement)

청중이 앉을 좌석배치(seat arrangement)도 프레젠테이션 효과에 영향을 미친다. 만약 스피치나 프레젠테이션을 듣기 위해 연설장에 들어오는 사람들에게 자유롭게 좌석을 고르라고 하면, 열정적이며 적극적인 소수의 사람들을 제외하고는 거의 대부분 뒷좌석이나 옆좌석을 선택한다. 이러한 행동은 친밀도가 전혀 없는 발표자와 일정 거리를 유지하고 싶어 하는 청중의 심리적 거리를 반영하는 것이라고 할 수 있다. 이처럼 발표자와 청중과의 물리적인 거리는 심리적 거리를 반영하는 지표가 된다. 사람들 간의 물리적 거리로 심리상태를 파악하는 이론을 "근접학(proxemics)"이라고 한다. 근접학은 미국의 문화 인류학자이자 비교 문화학의 거장인 홀(Edward Twitchell Hall, Jr., 1914~2009)이 1966년 최초로 소개한 신조어이다. 홀은 1966년 발표한 "숨겨진

차원(The Hidden Dimension)"이라는 저서에서 대인의사소통에서의 근접학적 행위(proxemic behavior), 즉 공간 사용은 문화적 영향을 강력하게 받았음에도 불구하고 이에 대한 연구가 불충분하여 그 동안 숨겨진 잠재요인으로 남아있었다고 지적하였다. 홀에 의하면, 근접학의 연구는 사람들 간의 일상적인 상호작용을 평가하기 위한 판단기준 뿐만 아니라 집이나 빌딩, 마을 전체의 공간이나 레이아웃을 조직하는 데 있어서 중차대한 영향을 미친다고 강조하였다.

홀의 근접학은 1942년 스위스 동물학자인 헤디거(Heini Hediger, 1908~1992)가 발표한 "동물의 행동에 있어서의 근접학(proxemics in animal behavior)"을 인간에게 적용한 이론이다. 헤디거는 동물들의 근접학을 체계화함으로써 "동물생물학(zoo-biology)의 아버지"라고 불리는 인물이다. 헤디거는 동물들의 근접거리를 도주거리(flight distance), 임계거리(critical distance), 개체거리(personal distance), 사회거리(social distance)의 4가지로 분류하였다. 도주거리란 적이 침범하면 이에 대한 위험을 감지하고 달아나기 위한 최소 거리를 말한다. 만약에 적이 다가오지만 울타리 등의 장애물 때문에 도망을 가지 못하는 상황이 오면 적을 향해 덤벼든다. 이를 임계거리, 혹은 경계거리라고 한다. 또한 개체거리란 동물들이 무리를 이루기 위해 필요한 공간을 말하며, 사회적 거리란 무리를 이루고 있는 공간에서 이탈한 동물들과 상호작용을 하기 위해 특유의 냄새나 울음소리가 전달될 수 있는 최대한의 거리를 말한다.

1966년 홀은 헤디거의 동물근접학을 토대로 인간들 사이의 개인적 공간(personal space)에 대한 "근접학(Proxemics)", 혹은 "인류학적 사회거리 이론(anthropological social distance theories)"을 창시하였다. 인간의 마음속에도 동물과 같은 영역감각을 가지고 있는데, 인간의 심리적 거리감각도 동물의 감각과 마찬가지로 일차적으로는 방어나 경계의 의미를 갖는다고 하였다. 홀은 사람들이 점유하고 있거나 지배하는 신체주변의 영역을 "신체구역(body zone)"이라고 규정하였다. 신체구역은 사람들 간의 친밀도를 나타내는 거리로, 다시 밀접거리(intimate distance), 개체거리(personal distance), 사회거리(social distance), 공적거리(public distance)의 4가지 영역으로 분류된다. 각각의 거리는 다시 근접형거리(proximal distance)와 원방형거리(remote distance)로 세분화된다.

(1) 밀접거리(Intimate Distance)

밀접거리(intimate distance)란 두 사람 간의 거리가 매우 짧은 45cm 이내로 이루어진다. 이는 주로 부모, 형제, 배우자, 연인 등 혈연이나 애정관계 혹은 애완동물과의 친밀한 관계에 해당한다.

밀접거리는 다시 15cm 이내의 근접형 밀접거리와 15~45cm까지 원방형 밀접거리로 구분된다. 밀접거리라고 하더라도 신체접촉이 모두 허용되는 것은 아니다. 씨름과 같은 스포츠의 경우를 제외하고는 근접형 밀접거리에서만 신체접촉이 허용된다. 근접형 밀접거리란 두 사람의 신체가 닿을 수 있는 매우 가까운 거리로, 사랑하는 사람들끼리의 애무가 허용되며 두 사람 간의 애정이나 보호와 같은 관계가 성립된다. 원방형 밀접거리는 15~45cm까지의 밀접거리로 손을 뻗으면 상대방이 닿을 수 있는 거리를 말한다. 친밀한 관계가 아닌 사람이 원방형 밀접거리로 들어오게 되면, 긴장감이 고조되어 상대방의 손이 닿을 때 뒤로 물러서거나 몸을 움츠리게 되는 등의 무의식적인 방어 자세를 취하게 된다.

(2) 개체거리(Personal Distance)

개체거리(personal distance)는 사적인 거리라고도 하며, 45cm에서 약 1.2m 정도의 간격을 말한다. 개체거리에서는 상대방의 체취를 맡을 수 있고 신체접촉이 가능하다.

사적거리 내에서의 근접형 거리는 45~74cm 사이로 상대방을 자신의 손으로 안거나 붙잡는 등 상대방과 접촉을 시도할 수 있는 거리가 된다. 원방형 사적거리는 75~120cm까지로, 서로 팔을 뻗어 손가락 끝이 닿는 거리를 말한다. 원방형 사적거리를 벗어나게 되면 상대방과의 신체적 접촉은 더 이상 불가능하게 된다. 따라서 원방형 사적거리는 신체가 지배할 수 있는 신체구역(body zone)의 경계선이 된다.

(3) 사회적거리(Social Distance)

사회적거리(social distance)는 1.2m에서 약 3.6m까지의 거리로, 공식적인 비즈니스나 사무적인 인간관계가 이루어지는 거리이다. 사회적 거리 내에서는 특별한 노력을 하지 않으면 상대방의 신체를 접촉할 수 없게 된다.

근접형 사회적거리란 1.2m에서 2.1m까지로, 대부분의 공적 업무를 위한 거리를 말한다. 근접형 사회적거리의 예로는 회사 대표와 비서가 서로 마주보며 업무를 지시하고 받는 것을 들을 수 있다. 원방형 사회적거리는 2.1m에서 3.6m까지의 거리로 상대방의 전신을 시야에 담을 수 있는 거리를 말한다. 대부분의 회사 대표들이 대회의실에서 커다란 업무용 테이블을 배치하는 이유는 원방형 사회적거리 너머로 자신의 전신을 부하들에게 인지시킴으로서 권위나 지위에 대한 상징적 이미지를 전달하기 위해서이다. 근접형 사회적거리 내에서는 원방형 사회적거리보다 복잡한 용건들을 원활하게 처리할 수 있게 된다.

(4) 공적거리(Public Distance)

공적인 거리(public distance)는 3.6m 이상의 먼 거리로 상대방의 세밀한 표정이나 목소리의 섬세한 뉘앙스를 들을 수 없는 거리를 말한다. 언어학자들에 의하면, 공중거리에서는 다른 영역에서 사용하던 언어형태에도 변화가 온다고 하였다. 즉, 공중거리에서는 공식적인 언어(formal language)나 동결문체(freezing style)를 주로 사용하게 되는데, 동결문체란 "상대방과는 절대로 친구사이가 될 수 없는 사람들 사이에서 사용되는 문체"를 말한다.

근접형 공적거리는 3.6m에서 7.5m까지로, 이는 사람들 간의 상호작용을 유지하기 위한 최대한의 거리를 말한다. 근접형 공적거리의 예로는 교실 내에서의 교사와 학생들 간의 거리를 들 수 있다. 원방형 공중거리란 7.5cm 이상으로 정치인들이 자신의 신변안전을 위해 청중과의 충분한 공간을 확보하기 위한 거리를 말한다. 또한 공식적인 스피치나 프레젠테이션, 혹은 연극배우들의 퍼포먼스도 원방형 공중거리에서 이루어지게 된다. 원방형 공적거리에서 목소리를 전달되기 위해서는 큰 소리를 내거나 마이크로폰과 같은 전달도구가 필요하게 된다.

홀의 근접학에 의하면, 대화의 거리가 가까울수록 상대방과의 친밀도가 높아지고 대화의 내용도 개인적인 것으로 받아들여지게 된다. 일반적으로 프레젠테이션은 공중거리를 기반으로 이루어지기 때문에 개인적인 거리나 밀접거리처럼 청중과의 친밀한 유대관계를 유지하는 것은 불가능하지만, 공중거리 내에서도 청중과의 심리적 거리를 좁히기 위한 다양한 전략이 존재한다. 예를 들어, 시선이 분산되는 뒷좌석이나 옆좌석에 앉아있는 청중을 앞좌석으로 초대하는 것을 들 수 있다. 저자의 경우, 넓은 강당 형 강의실에 들어가 보면 맨 뒤 가장자리 좌석에 혼자 앉아있는 학생들을 종종 발견하게 된다. 이런 경우, 뒷좌석에 혼자 앉아있는 학생의 심리상태를 고려하여 집단에 수용될 수 있도록 조심스럽게 앞좌석으로 옮기도록 격려한다. 강의자의 입장에서도 학생들이 사방으로 분산되어 앉아있게 되면 시선접촉이나 내용전달을 효과적으로 할 수 없기 때문이다.

3) 의상(Attire)

"옷이 날개"라는 말이 있다. "복장은 그 사람의 얼굴"이라는 말도 있다. 이처럼 발표자가 어떠한 의상을 차려입는가에 따라 스피치나 프레젠테이션의 설득적 효과가 달라진다. 청중은 발표자가 연출한 복장에 의해 의식적, 무의식적으로 발표에 대한 영향을 받는다. 이러한 현상은 많은 비언어적 커뮤니케이션 이론에 의해 증명된 바 있다. 이주진은 2016년 발간한 "말을 다이어트하라"는 저서에서 발표자(messenger)의 3가지 요소로 목소리(voice), 이미지(image), 지위(position)를 들었다. 이를 줄여서 "VIP"라고 축약하였다. 원래 "VIP"란 "매우 중요한 사람(very important person)"이라는 구의 약어이기도 하다. 이처럼 발표자가 자신의 목소리와 사회적 지위는 물론 옷매무시, 머리 스타일, 정제된 행동 등 이미지 관리를 통해 자신을 매우 중요한 사람으로 여기게 되면, 청중도 동일한 메시지를 전달받음으로서 발표자와 긍정적이고 효과적인 상호작용을 할 수 있게 될 것이다.

스티브 잡스가 프레젠테이션마다 입었던 검은 터틀넥(turtleneck)과 청바지는 그의 상징적인 복장이 되었다. 이는 그의 연설을 듣는 청중의 대부분이 IT 기기사용의 소비자인 젊은이들이라는 점을 겨냥한 외적 이미지 연출이라고 할 수 있다. 그러나 한국적 상황에서는 정장 차림이 더욱 수용적이며 설득적이다. 앞에서 언급한 것처럼, 저자는 학생들에게 발표를 위한 표준적인 복장으로 아나운서들의 정장차림을 추천하고 있다. 정장차림은 한국과 같은 보수적인 문화에서는 권위를 상징한다. 정장차림이 낯선 사람의 복종을 유발시키는데 효과적이라는 실험 결과는 비단 한국뿐만이 아니라 서구사회에서도 증명된 바 있다. 이처럼 권위를 상징하는 제복(uniform)

에 따라 사람들의 태도나 행동이 달라지는 것을 '권위의 효과'(authority effect)라고 한다.

사람들은 단정한 모습을 한 상대방의 말을 더 귀담아 듣게 된다. 실제로 동일한 사람이라고 하더라도 복장을 달리 했을 때에는 설득효과도 달라진다는 연구결과가 많이 보고되고 있다. 예를 들어, 미국 뉴멕시코 대학교 연구팀의 실험에 의하면, 스커트 정장 차림을 한 여성이 부탁을 하는 경우에는 80%의 행인이 도와주었지만, 동일한 여성이 캐주얼한 스커트 차림으로 환복을 한 상태에서는 69%, 청바지를 입은 상태에서는 59%의 도움밖에 받을 수 없다는 실험결과를 내놓았다.

의상에 대한 사람들의 반응은 제복(uniform)과 캐주얼에 따라서도 다르게 나타난다. 한 연구에 의하면, 길을 가다가 모르는 사람이 다가와 "이 광고지를 주차 관리소 옆에 서 있는 저 남자에게 가져다가 주시겠습니까?"라는 간단한 부탁을 하자, 캐주얼한 복장을 했을 때의 부탁을 들어준 비율은 50%였으나 경비원 제복을 입고 있을 때는 92%로 나타났다. 이처럼 사람의 복장은 그 사람을 판단하는 중요한 기준이 된다. 저자도 미국 유학시절, 평상시에는 가슴과 배가 훤히 드러나는 짧은 상의나 무수히 많이 찢은 청바지를 입고 다니던 학생들도 발표 당일에는 정장차림으로 나타나며, 늘 넥타이와 정장차림으로 강의실에 들어오시던 교수님들도 강의가 없는 날에는 찢어진 청바지 차림으로 연구실에 앉아있던 모습을 보고 의상코드(dress code)를 철저히 지키는 미국문화를 실감하였다.

프레젠테이션의 메시지 내용도 중요하지만 발표자의 외적 이미지 또한 프레젠테이션의 효과를 결정짓는 중대한 요인이 된다. 발표자의 평가는 메시지의 내용과 전달기술을 중심으로 이루어지지만, 그렇다고 해서 외모관리에 소홀해도 된다는 이야기는 아니다. 발표자의 외모관리는 청중을 향한 예의이며 에티켓과 관련된 문제이기 때문이다. 사람들은 "책은 표지가 아닌 내용이 중요하다"고 말한다. 그러나 실제로 잘 팔리는 책은 독자들의 시선을 사로잡는 표지 때문인 것으로 알려져 있다. 이처럼 책의 표지는 좋은 내용을 선택하기 위한 첫인상이라고 할 수 있다. 같은 맥락에서 아무리 훌륭한 발표내용이라고 하더라도 발표자에 대한 첫인상이 초라하거나 상황에 부적합하게 되면 메시지의 내용까지도 평가절하 될 수 있다.

4) 자기개시(Self-Initiation)

청중의 긍정적 반응을 유도하기 위해서는 연설자와 청중의 공간적 거리뿐만 아니라 감정적인 거리도 가깝게 유지할 수 있도록 노력해야 한다. 통상적으로 사람들 간의 정서적 거리는 시간적 거리에 비례한다. 예를 들어, 교차로에서 접촉사고가 났을 경우, 모르는 사람끼리는 서로의 잘잘못을 따지면서 상대방을 비난하게 되지만, 예전부터 알고 지내던 사람들끼리는 화기애애하게 사건을 종결짓게 된다. 이처럼 서로를 잘 아는 사람들은 공격하지 않는 것이 인간의 본능이다. 그러나 대부분의 프레젠테이션이 일회성 이벤트로 끝나기 때문에 시간적 여유를 두고 청중과 유대감을 형성하기는 불가능하다. 이러한 문제를 해결하기 위한 방법 중의 하나가 바로 자기개시(self-initiation)라고 할 수 있다. 자기개시란 발표자가 자신의 사적인 정보를 청중에게 충분히 공개함으로서 청중과의 심리적인 거리를 좁히는 방법을 말한다. 즉, "저는 이러이러한 사람입니다. 이렇게 마음을 열고 있으니 여러분도 마음을 열어주십시오"라는 의사표현이라고 할 수 있다.

이와 더불어 청중과의 심리적 거리를 좁히기 위해서는 청중이 듣고 싶어 하는 주제를 선택하는 것이 중요하다. 사람들은 자신과 관련된 이야기를 듣기를 원하는 경향을 가지고 있기 때문이다. 연설이 시작되기 전 충분히 자기전개를 시도한 후 청중의 관심분야를 중심으로 메시지를 전달한다면 프레젠테이션의 효과를 극대화시킬 수 있을 것이다. 청중과의 감정적 거리를 좁히기 위한 주제들은 다양하나, 이 중에서 몇 가지만 요약하자면 다음과 같다. 첫 째, 청중은 발표자의 실패담이나 실수했던 경험을 들으면 친밀감을 갖게 된다. 미국 스탠포드대학교 사회심리학 교수이며 인지부조화 이론과 직소 협동학습방법(Jigsaw cooperative teaching technique)을 개발한 애론슨(Elliot Aronson, 1932~)의 실험에 의하면, 학생들은 수재라고 소개된 사람과 평범한 사람이 저지른 동일한 실수에 대해 다른 평가를 내리는 것으로 나타났다. 즉, 한 집단의 학생들에게는 실험공모자를 수재라고 소개하고, 다른 집단에게는 동일한 실험공모자를 평범한 사람이라고 소개한 후 피실험자와 대화를 나누는 도중 커피를 쏟는 실수를 연기하도록 지시하였다. 실험 결과, 수재라고 소개한 사람이 커피를 쏟는 실수를 하자 그에 대한 평가가 오히려 좋아졌으나 평범한 사람의 실수는 그에 대한 호감도를 떨어뜨리는 요인이 되었다. 즉, 똑똑한 사람의 실수는 엘리트라고 불리는 사람과의 접근 불가능할 것 같은 심리적 경계선을 무너뜨리는 효과를 보였으나, 평범한 사람의 실수는 예상했던 기대치를 벗어나지 않았다는 평가를 내린 것이었다. 이러한 실험결과에 대해 연구팀들은 전문성이나 고학력이라는 심리적인 장벽을 허물기 위해서는 청중과의 눈높이를 맞추기 위한 이미지 전략이 필요하다고 강조하였다.

연설자와 청중 사이의 물리적 거리를 넘어 심리적 거리를 좁힐수록 청중과 멀리 있는 존재라는 의식을 불식하고 가까운 존재라는 것을 느끼게 된다. 이를 라포(rapport)라고 한다. 발표자가 자기소개를 할 때는 가능한 한 충분한 정보를 제공해야만 청중과의 라포 형성이 가능해진다. 즉, 가능한 한 상세하게 자신의 프로필을 소개하고 자신이 가지고 있는 지적 겸손도(intellectual humility)를 솔직히 표현한다면 청중과의 라포 형성을 굳건히 할 수 있을 것이다.

이 외에도 연설을 시작하기 전 청중과의 감정적 거리를 안전하게 유지시켜 주기 위한 방법들이 많이 존재한다. 예를 들어, 본론으로 들어가기 전 청중의 주의를 환기시키고 집중시키기 위한 방법으로 한담(small talk)을 들 수 있다. 한담은 진지한 대화(heavy talk)와 반대되는 개념으로 날씨, 교통, 좋아하는 TV 프로그램, 지엽적인 뉴스, 혹은 요즘같이 먹방이 유행인 시기에는 가성비 좋은 맛 집에 대한 이야기로 프레젠테이션을 시작하는 것을 말한다. 이를 아이스브레이킹(ice breaking)을 위한 한담이라고도 한다. 즉, 한담이란 본론으로 들어가기 전 주위를 환기시키고 사교적인 분위기를 조성하기 위한 예의상의 대화를 말한다. 이와는 반대로 진지한

대화란 정치나 종교처럼 개인적인 의견이 상충될 수 있는 주제를 다루는 대화를 말한다. 따라서 스피치나 프레젠테이션의 서두에 진지한 대화 주제를 꺼내는 일은 바람직하지 않다.

이론적으로 프레젠테이션이란 메시지를 논리적이고 이성적으로 전달하는 과정이라고 할 수 있다. 그러나 실제로는 매우 감정적이며 주관적인 요소들에 의해 프레젠테이션의 효과가 결정된다. 왜냐하면 발표자와 청중 간의 심리적 요인과 환경적 요인들이 복잡하게 얽혀있기 때문이다. 인간의 본성이 복잡한 만큼 프레젠테이션을 실행하기 위한 이상적인 법칙이란 존재하지 않는다. 최선의 프레젠테이션을 준비한다는 마음가짐으로 최고의 프레젠테이션을 위한 모든 준비과정을 성실하게 준비하는 것만이 성공을 위한 지름길이라고 할 수 있다. 이를 위해서는 발표자 자신과 청중에 대한 고려, 문서원고와 비주얼 자료의 철저한 준비, 자연스러워질 때까지 반복적인 리허설, 자신감 있는 실행기술, 시간의 엄수, 장소에 대한 철저한 분석 등 7P 원칙에 의거하여 긍정적인 기대감과 청중에 대한 예의바른 태도로 자신감 있게 프레젠테이션을 진행해야 할 것이다.

Chapter 10

발표자(Presenter)

1 개요

발표자(presenter)란 프레젠테이션을 실지로 실행하는 사람을 말한다. 발표자가 프레젠테이션을 성공적으로 수행하기 위해서는 발표기술 이외에도 많은 요인들을 고려해야 한다. 이중에서 가장 중요한 요인에 대해 수사학의 아버지인 아리스토텔레스는 "훌륭한 연사란 청중이 본받을만한 인격을 갖추고 있어야 한다. 왜냐하면 연사의 인격은 청중을 설득시키는 데 있어 가장 중요한 무기가 되기 때문이다"라고 강조하였다.

프레젠테이션을 실행하는 데 있어 발표자의 신뢰성(credibility)은 프레젠테이션의 성공을 좌우하는 가장 중요한 요인이 된다고 할 수 있다. 발표자의 신뢰성이란 전문성(intelligence), 선한 의지(good will), 믿음성(trustworthiness), 역동성(dynamism)을 말한다. 전문성이란 프레젠테이션의 주제나 이슈에 대한 지식과 기술을 말한다. 발표자는 자신이 전달하려는 내용에 대해 누구보다도 전문적인 배경지식을 가지고 있어야 한다. 정확한 정보나 내용을 논리적으로 제시하지 못하는 발표자는 청중에게 신뢰를 받을 수 없기 때문이다. 선한 의지란 발표자가 프레젠테이션에 대해 가지고 있는 의도(intention)의 순수성을 의미한다. 청중에게 신뢰를 받기 위해서는 공동체를 위해 기여하고자 하는 선한 의지와 동기가 엿보여야 한다. 믿음성이란 선한 의지와 밀접한 관련을 가지고 있는 요인으로, 불순한 동기나 편협적인 이익을 위해서가 아니라 순수한 목적으로 프레젠테이션 한다는 생각을 의심 없이 받아들일 수 있는 정도를 말한다. 발표자의 순수한 동기와 솔직한 의견 개진은 설득적 프레젠테이션을 위한 가장 핵심적인 요인이라고 할 수 있다. 마지막으로, 역동성이란 발표자의 신념을 열정적이고 감동적으로 표현할 수 있는 전달능력을 의미한다. 이러한 신뢰성을 바탕으로 프레젠테이션을 준비한다면 프레젠테이션을 성공적으로 이끌 수 있을 것이다. 성공적인 프레젠테이션을 위해서는 메시지를 설득적이고 효과적으로 전달하기 위한 제반사항에 대해 철저한 준비가 필요하다. 이에는 설득적 내용을 담은 원고작성과 시각매체의 조직, 충분한 리허설, 음성언어나 신체언어의 훈련 등을 포함한다.

2 음성언어의 구성요인

아무리 훌륭한 시청각 자료라고 하더라도 시청각 자료는 프레젠테이션을 위한 보조 자료일 뿐 발표자를 대체할 수 없다(Audiovisuals are aid, not stand-alone as presentation tool). 청중의 마음을 움직이는 것은 시청각자료가 아니라 발표자의 음성언어로 전달하는 스피치라고 할 수 있다. 이와 같이 모든 프레젠테이션은 발표자의 음성언어를 통해 전달된다. 음성언어는 문자언어와 다르다. 문자언어는 신문이나 잡지, 혹은 학술적인 연구보고서에서 사용하는 언어이다. 이와는 달리 음성언어는 일상대화를 비롯하여 스피치와 프레젠테이션, 즉 강연이나 토론, 워크숍, 심포지엄 등에서 사용하는 입말(oral language)이라고 할 수 있다. 프레젠테이션이 단조롭고 지루하게 들리는 이유는 원고에 쓰인 문어적 표현을 구어적 표현으로 바꾸지 않고 그대로 읽어내려 가거나, 음성언어의 특징을 살리지 못한 결과라고 할 수 있다.

2019년 7월 10일을 기준으로 세계 인구는 77억을 약간 상회한다. 이 지구상에 사는 77억이 넘는 사람들 중에서 발표자와 똑같은 목소리를 가진 사람은 단 한 명도 없다. 이처럼 목소리는 개인의 고유한 개성을 나타낸다. 사람들은 전화 목소리만을 듣고도 그 사람의 나이, 체격, 지역성, 인종, 사회적 계층, 직업은 물론 심지어는 건강상태까지도 유추해낼 수 있다고 한다. 예를 들어, 환자의 우울증과 스피치 패턴을 연구한 보고서에 따르면, 우울증과 스피치 패턴은 정적 상관관계를 보이는 것으로 나타났다. 미국 메릴랜드 대학교 연구팀에 의하면 우울증 환자는 평소보다 무거운 목소리로 말을 하며, 표현도 매끄럽지 못하고 얼버무리는 것으로 나타났다. 이 연구팀들은 이러한 연구 결과를 바탕으로 목소리 패턴을 기록하고 파악하는 애플리케이션이 개발된다면 환자의 목소리만으로도 우울증의 징후를 파악할 수 있을 것이라고 해석하였다. 1996년에 11명의 여성 우울증 환자와 5명의 남자 우울증 환자들을 연구한 스위스 제네바 대학교의 엘그링(Heiner Ellgring)과 쉐러(Klaus R. Scherer)는 우울증 치료의 긍정적 효과로 인해 정상적인 무드로 회복되는 과정은 우울증 상태에 있을 때와는 다른 선택적 발화패턴(selected utterances pattern)을 보인다고 하였다. 즉, 환자들이 정상 무드로 회복되는 과정에서는 스피치의 빠르기(speech rate)가 증가하고 말을 하는 도중 잠시 멈추는 정지 기간(pause duration)이 감소하는 것으로 나타났다. 연구팀들은 이 두 가지 선택적 발화 패턴을 회복을 진단하는 가장 강력한 지표라고 보고하였다.

발표자의 목소리에 따라 청중의 반응이 달라진다. 미국의 커뮤니케이션 학자인 메라비언(Albert Mehrabian, 1939~)은 의사소통의 위력은 발표자가 전달하고자 하는 단어나 말 자체보다는 목소리의 톤이 5배 이상 중요하다고 피력한 바 있다. 이처럼 목소리의 높낮이, 강도, 강세, 속도, 크기 등 목소리를 구성하는 성분요소를 주변언어(paralanguage)라고 한다. 따라서 효과적인 발표를 위해서는 발표자 자신의 주변언어 요소가 청중에게 어떠한 효과를 주는지에 대한 정확한 이해가 요구된다.

발표자의 음성과 목소리의 크기에 따라 청중의 발표수용성과 설득의 효과가 달라진다. 청중은 연설가의 목소리를 통해 메시지를 전달받는다. 따라서 연설가의 목소리 톤에 따라 메시지가 적절하게 전달될 수도 있고 안 될 수도 있다. 메라비언은 "단어가 신체언어와 조화를 이루지 않을 경우에는 메시지 해독에 있어 신체언어가 우위를 차지한다."고 강조하였다. 이처럼 메시지를 정확하게 전달하기 위해서는 단어보다 음성, 즉 목소리의 높낮이와 강도가 더 중요하게 영향을 미친다. 목소리는 크게 음성의 높이(pitch), 크기(volume), 말의 속도(speech rate), 정지(pause), 길이(duration), 강조(emphasis)의 6가지 조절 요소들로 구성되어있다.

1) 음성의 고조(Pitch of Voice)

소리(sound)는 연못에 돌을 던졌을 때 생기는 물결파와 흡사한 음파(sound wave)가 귓속에 있는 고막(ear drum)을 진동시키면서 일어난다. 음파란 물체가 움직일 때 공기분자의 압력이 변하면서 생기는 파장을 말하는데, 1초당 나타나는 음파의 횟수를 주파수(frequency)라고 한다. 주파수란 음파가 1초에 몇 번 진동하는지를 측정하는 단위로 헤르츠(Hertz: Hz)로 표시한다. 헤르츠는 전자파(electromagnetic waves)를 최초로 발견한 독일의 물리학자인 헤르츠(Heinrich Rudolf Hertz, 1857~1894)의 이름을 그대로 사용한 명칭으로 2천Hz는 음파가 1초당 2,000회 진동하는 것을 말한다.

역사상 소리의 발생 원리를 최초로 발견한 인물은 헤르츠보다도 훨씬 전인 고대 그리스 시대에 살았던 피타고라스(Pythagoras, 기원전 582년 경~기원전 497)로 알려져 있다. 피타고라스는 철학자이며 피타고라스 정리를 발견함으로써 수학의 아버지로 잘 알려진 인물이기도 하다. 피타고라스는 어느 날 대장간에서 4명의 대장장이들이 서로 다른 무게를 가진 망치로 쇠를 내리치는 화음소리를 듣고 소리가 공기의 진동에 의해 발생한다는 사실을 발견해내었다. 피타고라스는 대장장이들이 망치를 빠르게 내리칠수록 높은 소리가 나는 것을 보고, 소리의 고저는 공기의 진동 숫자에 의해 일어나는 현상으로 파악했으며, 공기의 진동이 빠를수록 높은 소리가 난다는 사실을 알게 되었다.

이처럼 소리의 파장은 공기를 타고 진동하는데, 이때 음성의 고저, 즉 음고(pitch of voice)란 주파수의 증가로 인해 발생한다. 즉, 소리의 진동이 빠른 고주파음, 즉 고음은 1초당 5,000Hz 이상의 주파수를 가진 음파를 말하며, 진동이 느린 저주파음이란 1초당 500사이클의 순음을 말한다. 인간이 들을 수 있는 소리의 범위를 가청력(audible frequency)이라고 한다. 인간의 가청력은 20Hz에서 2만Hz까지의 주파수 범위에 있는 순음을 말한다. 2만Hz 이상은 인간이 들을 수 없는 범위로 이를 초음파라고 한다. 평균적으로 사람들은 1만 5,000Hz를 탐지할 수 있다.

일반적으로 여성들은 고주파음의 목소리를 가지고 있고 남성들은 여성에 비해 저음의 목소리를 가지고 있는 것으로 알려져 있다. 목소리의 설득적 효과에 대해 한국 사람들은 낮은 소리에 더 설득을 당하는 경향이 있으나, 서양 사람들은 높은 소리에 설득을 잘 당한다는 연구결과도 있다. 일반적으로는 특정내용을 강조하기 위해서는 높은 목소리의 톤이 요구되며, 일반적인 설명은 낮게 유지하는 것이 필요하다.

스피치나 프레젠테이션의 가장 이상적인 목소리의 높이는 솔(G)음으로 알려져 있다. 아나운서들도 솔음의 높이로 뉴스를 전달하기 위한 훈련을 받는 것으로 알려져 있다. 혹은 명치를 순간적으로 누르면 "억!" 소리가 나게 되는데, 이때의 음높이가 자신이 가장 편하게 낼 수 있는 음의 고조라고 한다. 자신의 성대가 편하게 낼 수 있는 음 높이보다 높은 음을 지속적으로 내게 되면 성대가 완전히 닫히지 않은 상태가 된다. 성대의 상하연이 접촉하지 않은 상태로 발음을 하는 것을 가성이라고 하는데, 평소에도 가성을 써서 말하게 되면 성대에 자극이 심해져 목소리가 쉽게 피로해지고 심하면 성대결절이 생기게 된다.

청중의 입장에서도 발표자의 목소리 고저는 매우 중요하다. 일반적으로 높은 음에 지속적으로 노출될 경우에는 청력에 심각한 문제가 발생할 수 있기 때문이다. 따라서 청각이 평균보다 민감한 사람이라면 고주파음에 장시간 노출하는 것을 피해야 한다. 저자의 경우, 외국어고등학교를 다니던 조카가 학교공부를 따라가기 힘들어지자 자진해서 과외공부를 시켜달라고 한적이 있었다. 정작 과외가 시작되자 조카는 과외만 끝나면 심한 두통을 토로하였다. 자기 스스로가 원했던 과외였기 때문에 공부가 하기 싫어서 핑계를 대는 것은 아니라는 생각에 과외가 끝나기만을 기다렸다가 과외선생님과 잠시 대화를 나누게 되었다. 그 과외선생님은 날카롭기 그지없는 고주파의 높은 목소리를 가지고 있었다. 이러한 선생님의 목소리를 아주 가까운 거리에서 2~3시간 동안이나 듣다보니 조카의 청각세포가 심하게 자극되어 두통으로 연결된 것이었다. 본 저자가 우연히 시청을 하게 된 TV 프로그램에서도 찢어질듯이 높은 목소리를 가진 여성패널이 자신의 의견을 개진하면서 흥분을 하자 바로 옆에 앉았던 다른 패널이 귀를 막으며 "아, 귀 아파!"하는 장면을 본적이 있다. 흥분을 하면 말이 빨라진다. 말이 빨라지면 목소리는 더 높아진다. 평소에도 고음의 목소리를 가진 여성이 말을 빨리하게 되자 주변에 앉아 있는 사람들의 청각이 심하게 자극된다.

지속적이고 반복적으로 고주파음에 노출될 경우 귀에 심한 통증을 유발시키거나 심하면 청력손실이라는 심각한 장애를 가져오기도 한다. 고주파음에 지속적으로 노출될 경우, 처음에는 고주파 음에서의 청력을 잃기 시작하여 점차 작은 소리까지도 듣지 못하는 소음성 난청이 발생한다. 또한 청력은 일단 손상되면 회복이 어렵기 때문에 소음성 난청을 가지고 있는 사람들은 자신이 듣지 못한다는 사실을 인지하지 못하고 목소리를 크게 냄으로서 고막이 손상되는 악순환이 되풀이될 수 있다.

청중이 가장 듣기 좋은 목소리는 중저음의 울림이 많은 남성의 소리이거나 약간의 고음을 가지고 있으면서도 맑은 여성의 목소리라고 할 수 있다. 자신의 목소리가 지나치게 고음인 사람들은 목소리 훈련(voice training)을 해야 한다. 이는 미국 영화의 메카인 할리우드에서도 신인배우들에게 요구하는 기본적인 훈련과정이기도 하다. 찢어질 듯이 높은 목소리나 앵앵거리는 어린아이 같은 목소리로 상대방 남자를 바라보며 "나는 당신을 사랑해요."라는 말을 한다고 상상해보라. 이런 목소리로는 로맨틱한 분위기가 형성되기 힘들 것이다. 목소리 훈련에 대한 연구결과를 발표한 일본 음성학자인 다구찌(田口 柳三郎)에 의하면 음성훈련을 전혀 받은 적이 없는 사람들의 음성은 일반적으로 가늘고 소리의 높낮이의 폭이 좁으며 변화가 없는 모노톤을 가지고 있다고 하였다. 이러한 목소리로는 매력적인 스피치를 진행할 수 없게 된다. 따라서 적절한 훈련을 통해 공명이 있는 목소리로 소리의 높낮이를 리드미컬하게 자유자재로 변화시킬 수 있도록 해야 한다.

2) 음성의 크기(Volume)

소리의 크기(loudness)는 음파의 진폭을 말하며 단위는 데시벨(decibel)을 사용한다. 목소리의 크기(volume)는 목소리가 얼마나 멀리까지 울려 퍼지는 가를 결정한다. 사람들이 일상적으로 대화를 나눌 때의 진폭은 약 60dB이며, 104dB 이상의 소음에 지속적으로 노출될 경우에는 소음성 난청을 가져오게 된다. 소리에 민감한 사람들은 작은 소음으로도 심한 두통에 시달리게 된다. 따라서 환희에 차거나 흥분한 상태의 큰 소리일 경우에도 100dB을 넘어서는 안 된다. 강한 소음에 지속적으로 노출될 경우에는 심하면 영구적으로 청각을 손실하게 된다. 이어폰을 낀 채 음악을 크게 듣는 경우에도 청각기관에 가해지는 자극은 상상을 초월할 정도로 심해진다고 알려져 있다. 따라서 스트레스를 해소하기 위해 음악을 들을 경우에도 소리의 크기를 일상대화 수준인 60dB 정도로 조절해야 한다.

목소리의 크기는 설득적 효과에 지대한 영향을 미친다. 즉, 동일한 내용이라고 하더라도 큰 소리로 이야기했을 때가 설득력이 훨씬 더 강력해진다. 그러나 소리의 강도는 소리의 고저와 조화를 이루어 제시되어야 하므로 지속적으로 큰 목소리로 말을 할 경우에는 설득력이 감소하게 된다.

3) 말의 속도(Rate of Voice)

말의 속도(speech rate)는 메시지 전달의 명료성(clarity)과 이해정도(intelligibility)를 결정하는데 중요한 요소라고 할 수 있다. 말의 속도는 개인적 성격이나 국가 간 사용하는 언어의 종류, 혹은 지역적 특성 등에 의해 달라진다. 예를 들어, 미국 35대 대통령인 케네디 대통령(John F. Kennedy, 1917~1963)은 분당 300단어 이상을 말하는 빠른 연설가(fast speaker)로 알려져 있다. 케네디 대통령의 말이 빠른 이유는 그의 출신지인 미국 북동부 매사추세츠 주 보스톤 특유의 언어 스타일 때문인 것으로 나타났다. 즉, 케네디 대통령은 "car"이나 "park" 같은 단어에서 "r"음을 과감히 생략하는 압축 발음과 종성 자음을 삼키듯 발음하는 지역 특색을 가지고 있기 때문에 말이 빠른 것으로 분석되었다. 이 같은 현상은 "r" 음을 생략하는 영국 영어도 마찬가지이다. 그렇기 때문에 영국인들의 말의 속도는 미국인들보다 빠르다. 이처럼 말의 속도는 국가마다 차이를 보이며 한 국가 내에서도 지역적 특성에 의해 달라진다.

말의 속도는 성별이나 연령, 혹은 상황에 따라서도 차이를 보인다. 일반적으로 노인들은 젊은 사람들보다 말의 속도가 느려진다. 또한 남자는 여자보다 말의 속도가 약간 빠르다고 알려져 있다. 그러나 많은 연구 결과, 남자의 평균 말의 속도는 분당 174.3 단어, 여자는 172.6 단어로 두 집단 간 유의미한 차이는 없는 것으로 나타났다.

이와 더불어 말의 속도는 상황에 따라서 달라지는데, 예를 들어 법정에서와 같이 변론을 하기 위해서는 더욱 정확한 발음을 구사해야 하기 때문에 말의 속도가 분당 평균 164 단어에서 230단어 수준으로 낮아진다. 또한 다양한 언어를 가진 대표들이 참석하는 UN에서의 각국 대표들의 말의 속도도 분당 100단어 미만으로 알려져 있다. 이는 영어가 모국어가 아닌 각국 대표들에게 메시지를 보다 더 정확하게 전달하기 위한 전략이라고 할 수 있다.

영어 문장에 대한 자신의 말 속도를 측정하려면 초시계를 준비해 놓고 주어진 문단을 읽은 다음 전체 단어 수를 소요시간으로 나누거나, 좀 더 정확한 속도를 원한다면 단어보다는 음절수를 소요시간으로 나누면 된다. 다음 문장은 17개의 단어(word)와 19개의 음절(syllable)로 이루어졌다. "Ask not what your country can do for you, ask what you can do for your country." 여기서 1음절이란 1자음 군과 1모음 군으로 이루어진 것으로, 위의 문장에서 "country"는 2음절을 이루는 단어이며 나머지 단어들은 모두 1음절 단어이다. 따라서 전체 음절수인 19를 위의 문장들을 읽는데 걸린 소요시간으로 나누면 자신의 말 속도가 된다. 1960년대에서 70년대만 하더라도 한국인으로서 영어문장을 빠르게 말하는 사람을 "능숙한 연사(fluent speaker)"라고 여겼으나 현재는 영어로 연설할 경우, 분당 100단어 내외로 하는 것을 가장 적당한 속도로 간주한다. 한글은 영어와 달리 각 단어를 음절로 표기할 수 있기 때문에 단어 수가 곧 음절수가 된다.

한글의 경우, 청중이 듣기에 가장 좋은 말의 속도의 정확한 수치에 대해서는 이견이 분분하다. 정상속도보다 약 1.2배 빨리 말하는 것으로 알려진 뉴스 앵커의 말의 속도도 분당 평균 200에서 300자로 편차가 크다. 일반적으로 스포츠 중계 아나운서의 속도는 이보다도 더 빠르며, 분당 600단어로까지 읽을 수 있는 아나운서들도 있다고 한다.

메시지가 지나치게 빠른 속도로 전달되면 메시지 이해에 어려움을 느끼게 된다. 짧은 시간에 많은 양의 정보를 받게 되면 인지과부하 현상으로 인해 많은 양의 정보를 일시에 처리하기가 어려워지기 때문이다. 또한 발화속도가 지나치게 느리게 되면 청중의 주의집중이 떨어져 흥미를 잃게 된다. 따라서 발표자는 청중이 메시지를 처리할 수 있는 충분한 시간을 제공하여야 한다. 특히 시각자료가 없이 연설가의 연설로만 진행되는 스피치에서는 시각자료로 이해를 돕는 프레젠테이션보다 연설의 내용을 처리하기 위한 과외 시간(extra time)을 제공해야 한다.

4) 정지(Pause)

발화속도와 더불어 청중의 이해나 설득에 영향을 미치는 요소로 정지(pause)를 들 수 있다. 정지란 메시지의 주제가 바뀌는 문장 경계선(sentence boundary)에서 스피치를 잠시 쉬는 것을 말한다. 발화속도와 정지는 서로 연관성을 가지고 있으며 뉴스앵커들은 발화속도와 정지의 숫자를 동일한 순서로 유지하는 것으로 알려져 있다. 즉, 발화속도가 빨라지면 정지를 덜 하고, 발화속도가 느려지면 정지 순간을 많이 만든다.

정지에는 소리로 채워진 정지(filled pause), 순수한 정지(unfilled pause), 분절적 정지(segmentation pause), 수사학적 정지(rhetorical pause) 등을 포함한다.

소리로 채워진 정지(filled pause)란 "으음(umm)", 혹은 "어(ehh)"와 같이 음성(vocalization)을 발음하면서 발화를 멈추는 침묵순간(silent period)을 말하며, 순수정지란 아무런 소리 없이 침묵의 순간만을 유지하는 것을 말한다. 순수정지를 할 때는 흡기, 침 삼키기, 후두성대의 반사작용, 혹은 조용한 호기와 함께 연설 시그널을 정지하는 것을 말한다. 정지의 70%는 순수한 정지로 주로 새로운 문장을 시작하기 위해 호흡을 가다듬거나 침을 삼키기 위한 순간으로 나타났다.

또한 분절적 정지란 문법이나 구문 상 필요한 지점에서 의도적으로 쉬는 것을 의미한다. 대부분의 프레젠테이션은 단어가 아닌 의미를 가진 청크(chunk)로 정보가 전달되므로 발표자들은 새로운 정보로 주제가 바뀌거나 문법적인 구성이 바뀔 때마다 정지를 해주어야 청중의 정보에 대한 이해력이 강화된다. 이러한 이유로 분절적 정지를 문법적 정지라고도 한다. 또한 정지는 발표자에게 호흡을 정리할 수 있는 시간을 제공해준다. 발표자의 주요 기능 중 하나가 자신이 준비한 메시지를 구문론적으로 조직(syntactical organization)하는 것이므로 의미가 바뀔 때마다 호흡을 가다듬어야 의미전달을 좀 더 명료하게 할 수 있다.

발표자의 정지는 청중에게도 매우 중요한 순간이라고 할 수 있다. 왜냐하면 발표자의 정지와 더불어 청중도 자신들이 받아들인 정보를 중요한 핵심 정보와 덜 중요한 정보로 구분하는데 필요한 시간을 가질 수 있기 때문이다. 따라서 정지는 발표자의 인식과정에 필요한 시간을 제공해줄 뿐만 아니라 청중의 이해과정을 돕는 중요한 순간이라고 할 수 있다.

수사학적 정지란 특히 많은 자료를 제공해야 하는 복잡하고 전문적인 프레젠테이션에서 청중으로 하여금 무발성 리허설(sub-vocal rehearsal)이라고 하는 과외시간을 허용해주기 위해 발표자가 전략적으로 제공하는 정지순간을 말한다. 무발성 리허설이란 청중이 받아들인 정보를 머릿속으로 검토해보는 짧은 시간(a brief review of information)을 말한다. 무발성 리허설을 통해 청중은 정보처리를 위한 시간을 좀 더 충분히 갖게 되며, 결과적으로 복잡한 내용을 이해하고 해석하며, 이를 기억하기 위한 지각과정을 활성화시킬 수 있게 된다. 따라서 복잡한 내용을 전달해야 하는 프레젠테이션에서는 분절적 정지와 함께 수사학적 정지를 충분히 활용하는 것이 중요하다.

일반적으로 연설전문가들은 약 12.2 단어마다 한 번씩 정지를 하는 것으로 나타났으며 1회 정지의 평균 시간은 270ms로 나타났다. 여기서 “ms”란 “천분의 1초(millisecond)”를 말한다. 스피치의 쉬기를 지나치게 길게 하면 스피치가 지루해지고, 짧아지면 호흡이 빨라지고 다급해져 여유가 없다는 느낌을 전달받는다.

5) 말의 길이(duration)

명연설가로 유명한 미국 제28대 대통령인 윌슨(Thomas Woodrow Wilson, 1913~1921)은 “5분 스피치를 위해서는 최소한 하루 종일 준비가 필요하다”고 역설하였다. 윌슨 대통령의 이러한 언급은 간결하고 짧게 말하는 것이 얼마나 어려운가를 단적으로 나타내주는 표현이라고 할 수 있다. 말의 길이가 짧을수록 단어 한 마디 한마디가 함축적이면서 생동적이어야 하기 때문이다. 유명한 연설가로 알려진 링컨 대통령의 일화에서도 말의 길이의 중요성이 나타난다. 앞선 원고작성의 유형 부분에서도 언급한 바, 1863년 링컨(Abraham Lincoln, 1809~1865)은 국무장관이었던 에베렛(Edward Everett, 1794~1865)과 함께 남북전쟁의 격전지였던 게티즈버그(Gettysburg) 기념비 제막식에 참석하였다. 당시 최고의 연설가로 이름을 날리고 있던 에베렛 국무장관은 장장 2시간에 걸친 연설을 했지만, 링컨 대통령은 불과 300단어에 지나지 않은 짧은 내용을 2분도 안 되는 시간 내에 끝내고는 연단을 내려왔다. 이것이 바로 그 유명한 “국민의, 국민을 위한, 국민에 의한 정치는 이 지구상에서 영원히 사라지지 않을 것입니다”라는 연설이었다. 그의 연설은 다음날 모든 신문의 1면을 장식할 정도로 엄청난 반향을 불러일으켰다. 게티즈버그라는 역사적 장소에서 벌어졌던 사건을 상기시키는 동시에 국민의 책임감을 강조한 함축적인 메시지를 던져 주었던 것이다. 이처럼 말의 길이란 주어진 내용을 얼마나 함축적으로 요약할 수 있는가를 나타내주는 발표 기술이라고 할 수 있다.

6) 강조(Emphasis)

강조(emphasis)란 크게 특정단어를 강조하는 것과 전체 표현을 강조하는 것으로 구분된다. 문장 내 어떠한 단어를 강조하느냐에 따라 전체적인 문장의 의미가 달라진다. 특정단어를 강조하기 위해서는 강세를 주고 싶은 단어 자체를 강하게 발음하거나 반복(repetition)하는 방법, 혹은 한 단어를 길게 늘여서 말하는 방법 등이 있다. 예를 들어, “연설불안이란 회피하는 것이 아니라 극복하는 것입니다.”라는 문장에서 ‘극복’이라는 단어에 강세를 둔다면 연설불안에 대한 최고의 관리법이 무엇인지를 강조하게 된다. 또한 “여러분, 연설불안은 극복하는 것입니다. 극복할 수 있습니다.”라고 반복적으로 말을 할 경우 강조의 의미가 강력하게 전달된다. 또한 “연설불안을 극복하면 연설하는 상황을 정~~~말로 즐기실 수 있게 될 것입니다.”라고 중요한 부분을 늘여서 말할 수도 있다. 그러나 중요한 의미를 전달한다는 목적으로 말의 강조를 지나치게 자주 사용할 경우에는 강조의 의미가 반감되거나 부정적인 영향을 가져올 수 있으므로 강조방법 또한 주의 깊게 사용해야 한다.

특정표현에 대한 강한 느낌을 보여주기 위한 방법을 정서적 강조(emotive emphasis)이라고 한다. 이와는 반대로 진실과 거짓, 현재와 과거, 원칙과 예외 사이에서 대조적인 단어나 표현들을 각각 강조하는 것을 대조적 강조(contrastive emphasis)라고 한다. 중요한 의미를 지나치게 자주 강조한다거나 메시지의 전체 내용을 지나치게 큰 목소리로 일관되게 전달하게 되면 메시지 전달 효과가 반감된다. 따라서 가수들이 처음에는 속삭이듯 작은 목소리로 노래를 시작하다가 절정부분에 가서 절규하듯 큰 목소리를 내는 것처럼 청중에게 감동을 주기 위해서는 메시지 내용에 따라 감정을 담아 목소리의 강약을 적절하게 조절하는 것이 중요하다.

스피치나 프레젠테이션의 전달력을 높이기 위한 목소리의 조절요소로 음성의 높이, 크기, 말의 속도, 정지, 길이, 강조를 소개하였다. 이러한 요소들은 각각 분리되어 작용하는 것이 아니라 발표자의 발표기술에 복합적으로 작용한다. 따라서 청중이 가장 듣고 싶어 하는 메시지를 선택한 다음, 이를 가장 잘 전달하고 설득할 수 있는 메시지 전달 기술의 방법들을 적극적으로 개발하고 활용한다면 성공적인 프레젠테이션을 기대할 수 있을 것이다.

3 목소리 훈련(Voice Training)

저자는 학생들의 발표가 있는 날에는 일부러 맨 뒷좌석에 앉아서 듣는다. 비주얼 프레젠테이션의 내용이 맨 뒷좌석에서도 충분한 가독성과 판독성을 가지고 있는가를 평가하기 위함도 있지만, 학생의 목소리가 충분히 큰가를 평가하기 위함이다. 학생들 중에는 발표 내내 홀(Edward Twitchell Hall, Jr., 1914~2009)의 근접학(Proxemics) 중 친밀거리나 개인적 거리에서 일상대화를 하듯 작은 목소리로 일관하거나, 목소리를 구강 밖으로 충분히 내뱉지 못하고 입 안에서 우물거리는 학생들이 있다. 이러한 발성법으로는 아무리 훌륭한 메시지라고 하더라도 맨 뒷좌석에 앉는 사람들에게 효과적으로 전달할 수 없게 된다. 프레젠테이션을 위한 적절한 발성은 5~6m 앞에 있는 사람에게 이야기하듯이 큰소리로 발성을 해야 한다. 그래야 발표자의 목소리가 공기 중에 퍼져 전달될 수 있는 것이다. 메시지를 정확하고 크게 전달하지 못할 경우 프레젠테이션의 발표효과는 격감하게 된다. 작은 목소리나 구강 내에서 배출이 되지 않는 목소리 등은 모두 흉식호흡을 통한 발성으로 일어나는 현상들이다. 평소에 목소리가 작다고 생각하는 사람들은 복식호흡 훈련을 통해 목소리의 고저와 크기를 충분히 조절할 수 있도록 해야 한다.

1) 호흡의 기전

약 4cm에 달하는 후두(larynx)는 호흡을 위한 기관이면서 동시에 목소리를 만들어 내는 발성기관(voice box)이다. 후두의 입구에는 후두개(epiglottis)라고 불리는 넓은 잎 모양의 탄력적 연골조직(elastic cartilage)이 붙어있다. 사람이 호흡을 할 때는 후두개가 열려서 공기가 후두를 거쳐 기관으로 들어가도록 해주며, 음식을 먹을 때는 식도 앞 쪽에 위치한 후두 입구를 닫아서 음식이 호흡기로 흡인되는 것을 막아준다. 이처럼 후두는 후두개를 중심으로 기관과 식도를 구분 지어주는 매우 중요한 호흡 통로이자 발성기관이라고 할 수 있다.

후두는 소리의 고저(frequency, or pitch)와 크기(loudness or volume)를 조정한다. 후두 안쪽을 감싸고 있는 점막은 2쌍의 주름을 형성하는데, 위쪽 주름은 목소리 발성에 관여하지 않는 가성주름(false vocal folds)이라고 불리며, 아래쪽 주름은 발성에 직접적으로 관여하는 진성대(true vocal folds)라고 불린다. 진성대를 줄여서 성대라고 한다. 호흡 시에는 공기가 통과될 수 있도록 진성대가 열린다. 그러나 소리를 내기 위해서는 진성대가 완전히 닫혀야 하며, 닫힌 상태에서 진성대를 구성하고 있는 양쪽의 성대주름이 떨리게 되면 이러한 진동에 의해 소리가 발생하게 된다. 일반적으로 남성의 진성대는 여성보다 길고 크기가 커서(greater mass) 저주파의 낮은 소리를 만들어낸다.

목소리(phonatory process, or voicing)는 공기가 폐로부터 성문(glottis)을 통과할 때 후두 전반에 압력강하(creating a pressure drop across the larynx)가 일어나면서 발생한다. 진성대의 주름들이 진동하기 위해서는 허파로부터 배출된 공기가 후두를 통과할 때의 압력강화가 충분히 커야한다. 이때 발성을 위해 요구되는 최소한의 압력강하를 발성임계압력(phonation threshold pressure)이라고 한다. 정상적인 성인의 발성임계압력은 약 2~3cmH_2 O이다. 진성대가 떨리면서 일어나는 진동은 후두를 통과하는 공기의 압력과 흐름에 의해 조정하며 목소리를 이루는 핵심요인이 된다. 성문에서 만들어진 소리는 후두강(laryngeal cavity), 인두(pharynx), 구강, 비강 등의 성도(vocal tract)를 지나가는 동안 공명음(resonance)으로 바뀌며, 혀, 입술, 입의 운동에 의해 구강음을 형성한다. 성인 남성의 경우, 성도는 약 16.9cm, 여성은 14.1cm 정도가 된다. 얼굴이 똑같은 사람이 존재하지 않는 것처럼 목소리를 내기위한 성문(glottis)이나 후두의 길이, 코의 길이 등도 모두 다르기 때문에 목소리는 사람마다 달라진다. 이러한 이유로 성문은 지문과 더불어 범죄수사 등에서 신원확인에 사용되기도 한다.

성대주름(vocal folds) 중에서 진성대는 음의 높낮이와 크기를 조절하는 곳이다. 사람이 호흡을 할 때 숨을 들이쉬게 되면 폐로 공기가 들어가게 되고, 폐로 들어간 공기가 호기를 통해 밖으로 나올 때 성대를 진동시키면서 소리를 발생시킨다. 호기가 얼마나 강한가(strength of expiration)에 따라 목소리의 크기(loudness)가 결정된다. 따라서 복식호흡을 통해 강하게 숨을 내쉴 경우 충분히 큰 목소리를 낼 수 있게 된다.

2) 흉식호흡과 복식호흡

호흡이란 대기압과 흉강 내의 압력차이로 공기가 드나드는 현상을 말한다. 기체는 압력이 높은 곳에서 낮은 곳으로 이동한다. 대기압은 760mmHg이다. 흉막강은 항상 대기압보다 약간 적은 기압인 755~757mmHg 정도의 음압을 유지하고 있다. 흡기를 위해 횡격막(diaphragm)이 수축하면서 흉강의 면적이 넓어지면 흉강 내 압력이 754mmHg까지 떨어진다. 흉강 내 압력이 760mmHg인 대기압보다 충분히 떨어지면 대기 중의 공기가 호흡기계로 들어온다. 이를 흡기(inspiration)라고 한다. 이때 의식적인 심호흡으로 횡격막을 강하게 수축하게 되면 흉막강의 압력이 더 감소되어 더 많은 공기를 흡입할 수 있는 것이다. 허파 내로 충분한 양의 공기가 들어와 흉강 내 압력이 763mmHg까지 오르면 신체는 탄성반동(elastic recoil)이라는 생체기전이 활성화되어 폐포 용적이 감소하며 그 결과 공기는 허파 밖으로 배출된다. 이를 호기(expiration)라고 한다.

호흡은 크게 흉식호흡(thoracic respiration)과 복식호흡(abdominal respiration)으로 구분된다. 흉식호흡이란 주로 갈비뼈 사이에 있는 늑간근(intercostal muscle)이나 흉쇄유돌근(sternocleidomastoid muscle) 등 목과 어깨 주위의 보조근육들을 사용하여 호흡하는 방식을 말한다. 충분한 양의 공기를 흡입하기 위해서는 횡격막의 수축으로 흉곽이 충분히 확장되어야 하는데, 흉쇄유돌근이나 늑간근과 같은 보조근육들은 흉강을 충분히 늘리기에 불충분하다. 특히 흉쇄유돌근을 지속적으로 수축하다 보면 거북목이 발생할 가능성이 높아진다. 거북목 증후군이 발생하면 경추나 관자놀이에 심한 통증을 유발하며 흉식호흡이 어려워지는 악순환이 반복된다. 흉쇄유돌근이란 말 그대로 근육 아래쪽은 흉골과 쇄골에 붙어있으며 위쪽은 귀 밑 유양돌기에 붙어서 목을 사선으로 관통하는 근육을 말한다. 이처럼 흉식호흡은 흡기 시 가슴 윗부분만을 팽창시켜서 공기를 흡입하게 되므로 복식호흡에 비해 호흡량이 적고 얕게 된다. 인간의 허파(lungs)는 위가 좁고 아래가 넓은 삼각형 모양을 하고 있으며 혈관들도 윗부분보다 아랫부분에 더 많이 분포되어 있다. 흉식호흡은 주로 폐의 위쪽만 팽창시키는 호흡법이기 때문에 1회 흉식호흡을 위해서는 폐의 약 3분의 1만 팽창한다. 이러한 이유로 흉식호흡을 하면 전신에 산소 공급이 감소되어 피로감이 높아지게 된다. 따라서 횡격막을 충분히 사용하지 않는 흉식호흡은 안정 시 정상적인 호흡방법이라기보다는 지나치게 긴장을 했거나 격렬한 운동을 하는 경우, 혹은 다양한 응급 상황 등에서 시행하는 보조적 호흡 방법이라고 할 수 있다.

복식호흡은 횡격막 호흡(diaphragm respiration)이라고도 불린다. 복식호흡은 흉강과 복강 사이에 있는 횡격막을 상하로 움직임으로써 공기가 이동하는 것을 말한다. 따라서 외늑간근은 복식호흡의 30%밖에 사용되지 않으며 호흡의 70% 이상은 횡격막에 의해 조절된다. 흡기 시에는 횡격막이 수축하여 복강 내로 내려오게 되면서 흉강의 넓이가 확장되며 호기 시에는 횡격막이 이완되어 흉곽 쪽으로 올라가면서 공기가 배출된다. 복식호흡은 흉식호흡에 비해 상당히 많은 장점을 가지고 있다. 우선, 횡격막을 사용하면 흉강의 면적이 넓어지기 때문에 폐의 환기량이 증가된다. 그 결과 최대 2L까지 공기를 들여 마실 수 있게 된다. 또한 복식호흡은 횡격막을 사용하므로 흉식호흡보다 힘을 덜 들이고도 충분한 양의 공기를 흡입할 수 있게 된다. 이러한 이유로 마라톤 선수들은 복식호흡을 필수적으로 훈련한다.

3) 복식호흡과 발성연습

(1) 복식호흡운동

스피치나 프레젠테이션을 위한 이상적인 목소리는 호흡, 발성, 발음의 3가지 요인으로 구성된다. 따라서 복식호흡은 좋은 목소리를 위한 첫 번째 요인이라고 할 수 있다.

복식호흡은 목소리의 양, 즉 성량을 결정하고 목소리 전달도 안정적으로 이루어질 수 있도록 돕는다. 따라서 발표를 잘 하고자 하는 사람이나 평소 목소리가 작은 사람들은 자신의 호흡방식을 흉식호흡에서 복식호흡으로 전환해서 복부 깊숙한 곳에서 목소리가 나오도록 해야 한다. 복식호흡을 하면 호흡의 양이나 깊이가 늘어나지만, 목을 사용해서 소리를 내면 멀리까지 전달하지 못할 뿐 아니라 장시간 말을 하거나 목을 많이 사용할 때 목이 쉽게 상하거나 쉰 목소리가 나게 된다.

발성연습을 하기 위해서는 우선적으로 복식호흡을 안정적이고 자연스럽게 할 수 있어야 한다. 그러기 위해서는 복식호흡을 하는 방법에 대한 충분한 훈련과 연습이 선행되어져야 한다. 이를 위해서 미국 하버드대학교 의과대학 출신으로 대체의학과 유명 인사들의 의사(celebrity doctor)로 정평이 난 웨일(Andrew Thomas Weil, 1942~) 박사가 소개한 "4-7-8 호흡법(4-7-8 pursed-lip breathing)"을 소개하고자 한다.

"4-7-8 호흡법"은 복식호흡을 위한 심호흡 훈련방법이다. 사람이 천천히 심호흡을 하면 부교감신경이 자극된다. 부교감신경은 흥분을 유도하는 교감신경과는 달리 안정과 휴식을 유도하는 신경이다. 웨일은 자신의 호흡법을 천천히 실천하면 과민상태인 신경계를 빠르게 안정시켜 긴장이 완화된다고 강조하였다. "4-7-8 호흡법"은 3단계로 구성되며 3단계 과정을 총 4번에 걸쳐 반복한다. "4-7-8 호흡법"의 절차는 다음과 같다.

1. 흡기 4초: 입을 다문 채 4초간 코로 숨을 들이마신다.
2. 숨 참기 7초: 흡기를 한 상태에서 7초간 숨을 참는다.
3. 호기 8초: 그런 다음 아주 천천히 8초에 걸쳐 숨을 내뱉는다. 이때 입술과 입술이 거의 닿은 상태에서 천천히 숨을 내쉰다. 이를 입술 오므리고 하는 호흡법(pursed-lip breathing)이라고 한다.

이와 유사한 방법으로 풍선호흡법(balloon breathing)이 있다. 풍선호흡법이란 마치 배 안에 커다란 풍선이 들어 있으며 코에서부터 배안의 풍선까지는 호스로 연결되어 있다는 상상으로 호흡을 하는 방법을 말한다. 이를 위해서는 우선 충분한 호기로 허파 속 잔류 공기량이 없을 정도로 완전히 비운다. 그 다음, 코에서부터 연결된 호스로 바람을 불어 넣는다는 생각으로 횡격막을 충분히 수축시키면서 천천히 코로 숨을 들여 마신다. 이러한 호흡을 2~3회 반복하면서 복식호흡에 대한 훈련을 한다. 복식호흡은 가슴이 아니라 배의 깊은 곳까지 공기를 빨아들여 배가 가득 찬다는 느낌이 올 때까지 흡기를 한 후 숨을 천천히 내뱉는 과정이라고 하였다. 복식호흡법을 반복하다 보면 자연히 횡격막 운동이 단련되고 무의식적으로 복식호흡이 가능하게 된다.

(2) 발성연습

복식호흡에 대한 훈련을 완전히 마치고 나면 숨을 충분히 들어 마신 상태에서 배꼽 아래에 힘을 주고 "하－헤－히－호－후"를 큰 소리로 발음한다. 이때 횡격막 주위에 손을 대고 발성연습을 해도 좋다. 복식호흡이나 발성연습은 반드시 척추를 곧추 세운 반듯한 자세를 유지해야 한다. 척추를 반듯이 세워야 흉곽을 최대한도로 넓힐 수 있으며, 허파로 들어가는 공기의 양도 최대한도로 유지할 수 있다. 또한 발성기관을 개방한 상태로 유지함으로써 최고 수준의 공명음을 만들어 낼 수 있다. 이러한 이유로 아나운서들은 원고를 읽을 때에도 자세를 구부리지 않은 채 원고를 눈앞에 들고 읽는 연습을 한다. 이처럼 횡격막을 움직이면서 하는 복식호흡과 발성연습을 함께 하게 되면 충분히 큰 소리와 울림이 많은 공명음을 만들어낼 수 있게 된다.

마지막으로 정확한 발성을 위한 연습을 한다. 정확한 발성을 하기 위해서는 먼저 구개(palate)에 대한 이해가 필요하다. 구개는 말 그대로 구강과 비강을 분리시켜 주는 입천장(roof of mouth)을 말한다. 구개는 크게 경구개(hard palate)와 연구개(soft palate)로 구성된다. 경구개란 "딱딱한 입천장"이라는 뜻으로 입을 벌렸을 때 입과 코의 앞부분에 위치하는 곳으로 뼈(bone)로 되어 있어 만지면 딱딱하다. 반면에 연구개는 구강의 후면에 위치한 곳으로 근육으로만 구성되어 부드럽다. 연구개의 중앙에는 목젖(uvula)이라고 불리는 돌출된 구조를 가지고 있는데, 목젖이란 호흡기로 세균 등이 들어오는 것을 일차적으로 차단하기 위한 작은 샘 구조를 말한다.

고개를 뒤로 젖히고 천장을 바라보는 자세에서 입을 크게 벌리게 되면 목의 아치가 보이는데, 이 부분이 바로 연구개가 위치한 곳이다. 연구개 부위가 시원하게 열려서 목의 아치가 넓어질수록 소리의 울림이 좋아지고 음성이 명료해진다. 이와는 반대로 목의 아치가 시원하게 개방되지 않으면 하이 톤의 높은 소리나 쇳소리나 갈라지는 듯한 허스키보이스가 나오게 된다. 따라서 발표자들은 자신의 연구개 부위가 혀뿌리 등으로 인해 좁아지지 않도록 충분히 개방하는 연습을 해야 한다. 연구개를 개방시키기 위해서는 구강의 면적을 최대한도로 확장시켜 혀뿌리가 목의 아치를 막지 않도록 해야 한다. 구강의 면적을 최대한도로 확장시키기 위한 가장 좋은 훈련법은 하품을 크게 해보는 것이라고 할 수 있다. 하품을 크게 하면 구강의 면적이 넓어지는 것을 느낄 수 있을 것이다. 목의 아치를 충분히 개방하지 못하면 공기가 목의 아치를 시원하게 통과하지 못하고 높이 솟은 혀뿌리와 마찰을 일으켜 탁한 소리가 나는 것이다. 따라서 혀뿌리가 높아 목소리가 지나치게 높거나 쇳소리가 날 경우에는 의식적으로 하품할 때의 최고조 상태를 상상하면서 혀뿌리를 내리고 연구개를 위쪽 방향으로 올리는 발성연습을 해야 한다.

결론적으로 잘못된 발성은 유전적인 질환이나 기능성 장애보다는 오랫동안 잘못된 발성 습관의 결과라고 할 수 있다. 훌륭한 목소리를 위해서는 복식호흡을 통해 충분한 공명이 이루어지도록 해야 하며, 충분히 크고 맑은 목소리로 메시지를 전달할 수 있는 발성연습을 충분히 해야 한다.

4 혀 비틀기 연습(Tongue Twisters)

앞서 스피치나 프레젠테이션을 위한 이상적인 목소리의 3요소는 호흡, 발성, 발음이라고 하였다. 혀 비틀기 문장(tongue twisters)은 발음을 교정하기 위한 연습에 매우 효과적이다. 혀 비틀기 문장이란 두운(alliteration)과 각운(rhyme)의 조합으로 이루어진 문장이나 구를 말한다. 두운은 모든 단어들의 첫 글자가 동일한 글자(letter)로 시작하는 단어를 말하며, 각운, 혹은 압운이란 철자는 다르나 발음이 동일한 단어들을 말한다. 비슷한 라임으로 구성된 문장을 빨리 읽으려면 마치 혀가 꼬이는 것 같은 현상이 일어나 정확하게 발음하기가 어려워진다. 따라서 혀 비틀기 문장들을 반복적으로 연습하게 되면 발음능력이 향상된다. 이러한 이유로 방송국 아나운서들의 언어훈련에는 혀 비틀기 문장의 연습이 포함된다. 의학적으로 혀 비틀기 문장들은 입술이나 언어장애요인을 치료하는데 사용된다. 또한 치과에서는 새 의치가 제대로 자리 잡았는지를 시험할 때도 혀 비틀기 문장을 활용한다. 딸꾹질을 멈추기 위한 방법으로 혀 비틀기 문장들을 활용하면 딸꾹질을 효과적으로 멈추게 할 수 있다. 다음은 한글과 영어로 된 혀 굴리기 문장들이다. 먼저 한글로 된 혀 굴리기 문장들을 소개하자면 다음과 같다.

저기 저 말뚝은 말 맬 말뚝인가 말 못 맬 말뚝인가?
간장공장 공장장은 장 공장장인가, 공 공장장인가?
신진 샹송가수의 신춘 샹송 쇼
저기 가는 저 상장사가 새 상 상장사냐, 헌 상 상장사냐?
귀돌이네 담 밑에서 귀뚜라미가 귀뚤뚤뚤 귀뚤뚤뚤, 뚤뚤이네 담 밑에서 귀뚜라미가 뚤뚤뚤뚤, 뚤뚤뚤뚤.
우리 집 옆집 앞집 뒷 창살은 홑겹 창살이고, 우리 집 뒷집 앞집 옆 창살은 겹홑 창살이다.
고려고 교복은 고급교복이고 고려고 교복은 고급원단을 사용했다.
칠월칠석은 평창 친구 친정 칠순 잔칫날.

미국에서는 초등학교 학생들을 대상으로 혀 비틀기 경연대회를 열어 표창을 하기도 한다. 혀 비틀기 경연대회의 평가기준은 누가 더 빠른 시간 내에 정확한 발음으로 혀 비틀기를 하는가에 달려 있다. 혀 비틀기 문장들을 몇 가지 소개하면 다음과 같다.

She sells seashells by the seashore.
This is silly Sally. She sells seashells by the seashore.
The shells she sells are seashells, I'm sure.
So, if she sells seashells by the seashore,
I'm sure she sells seashore shells.
If silly Sally shall shilly-shally,
will silly Willy willy-nilly shilly-shally too?

"그녀는 바닷가에서 조개를 팔아요"라는 위 문장의 해석은 다음과 같다. "셀리라는 천진난만한 여자가 있어요. 그녀는 바닷가에서 조개를 팔고 있지요. 그녀가 팔고 있는 조개는 바다조개라고 나는 확신해요. 만약 그녀가 바닷가에서 조개를 팔고 있다면, 그녀는 바다조개를 팔고 있다고 나는 확신하지요. 만약에 천진난만한 셀리가 우물쭈물하며 망설인다면, 바보 같은 윌리도 싫든 좋든 우물쭈물하며 망설일까요?" 여기서 "silly"란 원래 "행복한"이라는 뜻으로 "천진난만한, 어리석은, 바보 같은, 시시한"이라는 뜻으로도 사용되는 형용사이다. "shilly-shally"란 "망설이다, 꾸물대다, 우유부단하다"는 뜻을 가진 단어이며 "willy-nilly"란 "싫든 좋든 어쩔 수 없이 우유부단해지다"라는 뜻을 갖는다.

다음은 셀리의 친구인 피뤌 파이펄이라고 불리는 사람에 대한 혀 비틀기 문장이다. 여기서 "Peter Piper"는 "피뤌 파이펄"이라고 발음해야 정확한 미국식 영어 문장의 라임을 구사할 수 있다. 왜냐하면, 영어에는 연음현상(flap sound)이란 조음법칙이 있기 때문이다. 연음현상은 "Peter"처럼 "t"나 "d"의 앞뒤에 모음이 오면 "티"나 "디"로 발음되는 것이 아니라 마치 혀가 입천장에 닿지 않은 상태에서 입안에서 펄럭거리며 "르(r)" 발음으로 변한다고 해서 붙여진 이름이다. 이때 "hotel"이나 "guitar"처럼 "t" 뒤에 오는 모음에 강세가 있을 경우에는 연음법칙이 적용되지 않는다. 연음의 가장 대표적인 예가 "물(water)"이다. 많은 사람들이 "물"이라는 단어를 "워뤌"로 발음한다. 이처럼 이미 알고 있는 연음법칙을 기반으로 많은 단어에 적용하는 연습을 한다면 원어민들처럼 발음을 할 수 있을 것이다. "파이펄(Piper)"에서처럼 "r"이라는 자음이 모음 뒤에 오면 자음의 기능을 잃어버리고 혀가 입천장에 닿지 않은 상태에서 혀를 충분히 구부리는 역할만을 하게 된다. 이를 반모음화라고 한다. 따라서 "Piper"는 "파이퍼"가 아니라 "피이펄"로 발음을 해야 한다.

Peter Piper is Silly Sally's friend.
Peter Piper picks a peck of pickled peppers.
A peck of pickled peppers, Peter Piper picks.
If Peter Piper picks a peck of pickled peppers,
Which peck of pickled peppers Peter Piper pick?
Peter Piper picks a perfect peck of pickled peppers.

위 문장의 해석은 다음과 같다. "피뤌 파이펄은 철없는 셀리의 친구입니다. 피뤌 파이펄은 절임 고추를 아주 많이 따고 있어요. 피뤌 파이펄이 딴 많은 절임 고추! 만약에 피뤌 파이펄이 절임고추를 많이 땄다면 어떤 고추를 땄을까요? 피뤌 파이펄은 완벽한 한 펙의 고추를 땄어요." 여기서 "펙(peck)"은 약 8쿼트(quarts)에 해당하는 곡식의 계량 단위를 말하거나 1펙들이 그릇을 말한다. 1 쿼트는 약 9리터에 해당한다. 다음의 예는 베뤼 바뤌이라고 불리는 여자가 케이크를 만드는 방법을 소개한 혀 뒤틀기 문장이다.

Let's visit the valley and see Betty Botter.
Betty Botter is baking a cake.
Betty Botter bought a bit of butter to put into her batter.
But the bit of butter made the batter bitter.
So Betty Botter bought a bit of better butter to put into the batter.
And the bit of better butter made her batter better.
Betty Botter offers something to go with her cake.
A proper cup of coffee from a copper coffeepot.

위 문장들은 주로 연음현상이 일어나는 단어들로 구성되어있다. 따라서 연음법칙을 활용한 혀 비틀기 연습에 적합한 문장이라고 할 수 있다. 즉, "Betty, Botter, butter, batter, bitter, better" 등의 단어는 모두 연음법칙에 의거하여 발음해야 정확한 미국식 발음이 된다. 위 문장의 해석은 다음과 같다. "계곡에 사는 베뤼 바럴을 함께 방문하러 갑시다. 베뤼 바럴은 케이크를 굽고 있어요. 베뤼 바럴은 그녀의 밀가루 반죽에 넣을 버뤌을 조금 샀어요. 그러나 그 버뤌은 밀가루 반죽을 쓴 맛이 나게 했어요. 그래서 베뤼 바럴은 밀가루 반죽에 넣을 좀 더 좋은 버뤌을 샀고, 그 버뤌은 밀가루 반죽을 좀 더 낫게 만들었지요. 베뤼 바럴은 케이크와 함께 먹을 수 있는 것을 제공했어요. 구리로 만든 커피주전자로부터 잘 만들어진 한 잔의 커피를 말이죠." 여기서 "batter"이라는 단어는 밀가루에 우유와 달걀 등을 섞은 밀가루 반죽을 말한다.

다음의 혀 비틀기 문장에서는 두 사람의 의사가 등장한다. 한 사람은 환자, 또 한명은 병이 난 의사를 치료하는 의사로 상당히 재미있는 문장으로 이루어진 비틀기 문장이라고 할 수 있다.

> When a doctor gets sick and another doctor doctors him,
> does the doctor doing the doctoring have to doctor the doctor the way the doctor being doctored wants to be doctored, or does the doctor doing the doctoring of the doctor doctor as he wants to doctor?

위 문장의 해석은 다음과 같다. "한 의사가 아파서 다른 의사가 그를 치료할 때, 치료를 하는 의사는 치료를 받는 의사가 치료를 원하는 방법으로 아픈 의사를 치료해야 할까요, 아니면 아픈 의사를 치료하는 의사가 원하는 방법으로 치료를 해야 할까요?" 이 외에도 저자가 가지고 있는 혀 비틀기 책에는 A에서 Z까지의 다양한 문장들이 들어있다. 영어를 잘하고 싶은 사람들은 영어로 된 비틀기 문장을 반복적으로 연습한다면 원어민에 준하는 영어발음을 획득할 수 있을 것이다.

Chapter 11

청중(People for Presentation)

1 개요

미국 제 16대 대통령이었던 링컨(Abraham Lincoln, 1809~1865)은 "연설의 내용을 구성하는데 있어 발표자가 하고 싶은 내용은 전체 내용의 삼분의 1, 청중이 듣고 싶어 하는 내용은 삼분의 2로 구성해야 한다."고 강조하였다. 대중연설에 대한 기업가훈련프로그램의 창설자로 유명한 카네기(Dale Carnegie, 1888~1955)도 "청중이 가장 많은 관심을 가지고 있는 내용을 연설에 결합하면 틀림없이 청중의 주목을 끌게 되어 의사소통의 통로가 열릴 것이다"라고 강조하였다.

청중의 분석에 있어 가장 핵심적인 개념은 모든 스피치나 프레젠테이션은 "발표자 중심의 사고가 아니라 청중 중심의 사고로 전환해야 한다."는 것이다. 스피치나 프레젠테이션을 잘하고 싶다는 생각에만 몰입하다보면 이러한 근본적인 생각을 간과하는 일이 벌어진다. 이는 발표자가 갖는 생각의 함정이라고 할 수 있다. 프레젠테이션은 발표자가 무엇인가를 보여주는 것이 아니라 청중이 어떻게 받아들이는가에 따라 성패의 향방이 달라지기 때문이다. 따라서 어떻게 하면 프레젠테이션을 잘 할 수 있을까라는 생각의 중심에는 발표자가 아니라 청중이 자리잡고 있어야 한다.

청중(audience)이란 프레젠테이션을 보기위해 모인 사람들이다. 성공적인 프레젠테이션을 위해서 발표자가 명심해야할 사항은 청중과 연설가는 입장이 서로 다르다는 점이다. 따라서 발표자는 청중의 특성과 욕구, 관심사 등을 정확히 알고 있어야 한다. 발표자는 자신이 준비한 메시지를 청중에게 성공적으로 전달하여 청중의 행위 변화를 꾀하는 것을 목적으로 삼지만, 청중은 발표자가 전달하는 의도와는 전혀 다른 반응을 보일 수 있다.

프레젠테이션을 하는 발표자와 이를 듣는 청중은 프레젠테이션을 대하는 입장에 있어 근본적인 차이점을 갖는다고 하였다. 이를 마케팅원리에 적용해보면, 발표자는 자기 자신, 혹은 자신의 아이디어라는 "상품"을 파는 "판매자"이며, 청중은 발표자의 아이디어나 주장을 "구매"하는 "소비자"이다. 예를 들어, 라이벌 국가 간 사활을 건 다국적 경영권 투쟁이나 수천억에 이르는 판매투자유치 경쟁에서 발표자는 "자기회사"를 팔기 위해 전력을 다하지만, 구매자는 수많은 경쟁자들 속에서 자신의 목적에 부합하는 회사의 아이디어만을 구매하려고 한다. 또한 공무원들은 일반대중에게 공공정책을 판매하려고 노력하지만, 일반대중들은 공공정책이라고 하더라도 자신의 욕구를 만족시키고 삶의 질을 향상시킬 수 있을 것이라는 기대가 충족될 때에만 이를 수용한다. 변호사들은 자신이 변론하는 고객의 승소판결을 위해서 "변론기술"이라는 상품을 판매하지만, 배심원이나 판사는 미사여구로 점철된 변론을 무시하게 된다. 대학생들은 좋은 성적을 얻기 위해 자신의 "발표능력"을 팔지만, 학생의 발표능력이 교수의 판단기준에 부합되지 않을 경우에는 좋은 성적을 기대하기가 어려워진다. 이처럼 발표자의 판매 중심 전략은 아이디어에 대한 청중의 동의를 유도하여 최종적으로 메시지를 수용하도록 하는 것이지만, 청중의 소비 중심 전략은 자신들이 중요하다고 생각하는 가치나 욕구충족을 기준으로 프레젠테이션의 가격을 매기는 것이다. 이처럼 발표자와 청중이 가지고 있는 욕구나 입장은 상당한 차이를 보이게 된다.

청중은 발표자가 제공하는 정보를 처리하는 과정에 있어서 메시지라는 자극의 강도와 더불어 그들 자신이 가지고 있는 다양한 속성, 즉 욕구, 신념, 태도, 과거경험, 교육수준, 사회문화적 배경 등에 의해 메시지를 해석하고 받아들인다. 발표자는 프레젠테이션을 준비하는 데 있어 청중이 갖는 소망적 사고(wishful thinking)를 우선적으로 고려해야 한다. 이를 위해서는 발표자가 전달한 정보를 청중이 어떠한 과정을 거쳐서 처리하고 수용하며 받아들이는지에 대한 인지과정의 이해가 선행되어야 할 것이다.

2 정보처리이론(Information Processing Theory)

2004년은 행동주의의 거장 스키너(B. F. Skinner, 1904~1994)가 태어난 지 100년이 되는 해이다. 스키너가 태어난 해로부터 9년 뒤인 1913년 왓슨(John B. Watson, 1878~1958)은 "행동주의 이론 입장에서의 심리학(Psychology from the Standpoint of a Behaviorist)"이라는 짧지만 위력적인 글을 발표하였다. 왓슨은 "심리학이란 행동을 연구하는 과학(psychology is the science of behavior)"이므로 직접적인 관찰이나 측정이 불가능한 기억, 의식(consciousness), 마음, 지각, 상상과 같은 내적인 정신활동(mental events)은 과학적 심리학에서 배제되어야 한다고 주장하였다.

자극과 반응의 연합설을 기반으로 인간의 외현적 행동의 예견(prediction)과 통제(control)만을 중시하던 행동주의 이론은 1960년대와 1970년대 초기까지 미국 심리학계를 지배하였다. 그러다가 1967년부터 "인지심리학(cognitive psychology)"이라는 새로운 이론이 소개되면서 1990년대는 인지혁신(cognitive revolution) 시대로 접어들게 되었다. 인지심리학은 자극과 반응설이 간과한 인간의 정신활동을 중시하는 이론으로 그동안 행동주의 이론의 외곽에 방치되었던 지각(perceiving), 주의집중(attending), 기억(remembering), 사고(thinking), 상상(imagining)과 같은 분야를 철저하게 연구하기 시작하였다.

정보처리이론(information processing theory)은 인지심리학을 대표하는 이론이다. 정보처리이론은 인간이란 자극에 대한 반응만을 하는 수동적 존재가 아니라 외부환경으로부터 받아들인 정보를 두뇌활동이라는 적극적인 과정을 통해 처리하고 기억하는 능동적인 존재라는 전제에서부터 시작된다.

정보처리이론에서는 인간의 정신활동을 컴퓨터에 비유한다. 즉, 컴퓨터처럼 인간의 인지체계란 감각기관으로 입력된 정보를 수용(receive input)한 후 처리(process)하고, 그 결과를 전달(deliver output)하는 일련의 연속성(a set sequence)을 가진 과정으로 설명한다. 정보처리이론은 크게 애킨슨(John William Atkinson, 1923~2003)과 쉬프린(Richard Shiffrin, 1942~)이 1968년 소개한 기억과정의 복합단계이론(multi-stage theory of memory)과 베들리(Alan David Baddeley, 1934~)와 히치(Graham Hitch)가 1974년에 소개한 "작동기억에 대한 복합요인모형(multicomponent model of working memory)"의 두 가지 이론으로 전개되었다.

1) 기억과정의 복합단계이론(Multi-Stage Theory of Memory)

최초의 정보처리이론은 1968년 애킨슨(John William Atkinson, 1923~2003)과 쉬프린(Richard Shiffrin, 1942~)의 인간기억과정에 대한 복합단계이론(multi-stage theory of memory)으로부터 시작되었다. 표준적 정보처리이론이라고도 불리는 이 이론에 의하면, 외부로부터 들어온 정보가 완전히 저장되기 위해서는 감각기억(sensory memory), 단기기억(short term memory), 장기기억(long term memory)이라는 복합적인 단계를 거쳐야 한다.

감각기억, 혹은 감각등록기(sensory register)란 컴퓨터의 키보드에 해당하는 기억장치로, 시각, 청각, 후각, 미각, 촉각 등 인체의 5가지 감각기관을 말한다. 감각기억에서는 5감각을 통해 들어온 외부정보를 아주 잠시 순간적으로만 보유(retain)한다. 예를 들어, 새들이 짹짹(bird chirp)거리며 울 경우, 이를 청각이라는 감각기관을 통해 새 소리로 알아듣는 정도의 기억장치를 말한다.

단기기억이란 컴퓨터의 중앙처리장치(CPU: central processing unit)에 해당하는 기억장치로, 약 30초 정도 정보가 보유된다. 예를 들어 전화를 걸 경우, 단기기억에서는 전화번호를 누르기 위한 시간동안만 정보가 보유된다. 이처럼 단기기억은 정보를 재사용하거나 폐기하거나 혹은 장기기억으로 전환시키기 위한 간이역 같은 장소를 말한다. 정보를 장기기억으로 영구히 전환시키기 위해서는 단기기억 속으로 들어온 정보를 의식적이고 반복적으로 암기하려는 노력을 해야 한다. 이렇게 해서 장기기억으로 들어온 정보는 컴퓨터의 하드디스크(hard disk)처럼 영구히 저장된다. 장기기억은 출생 후부터 전 생애(life time)를 거쳐 들어온 정보가 저장되어있는 무제한적인 저장장소(indefinite reservoir)를 말한다. 장기기억에 영구히 저장 된 정보는 필요에 따라 인출된다.

2) 작동기억의 복합요인모형(Multicomponent Model of Working Memory)

두 번째 인지정보처리이론은 1974년 영국의 심리학자인 베들리(Alan David Baddeley, 1934~)와 히치(Graham Hitch)에 의해 개발되었다. 이들은 "작동기억의 복합요인모형(multicomponent model of working memory)"을 소개하면서 단기기억을 작동기억(working memory)으로 개칭하였다. 작동기억이라는 명칭은 단기기억처럼 정보를 잠시 보유하는 기억장치의 기능뿐만이 아니라 단기기억으로 들어온 다양한 정보를 적극적으로 처리하기 위한 "작업 장소"라는 의미에서 붙여졌다. 베들리와 히치의 정보처리이론은 감각등록기(sensory register), 작동기억(working memory), 장기기억(long-term memory)으로 구성되어있다. 애킨슨과 쉬프린의 표준정보처리이론과 베들리와 히치의 "작동기억의 복합요인모형"의 차이점은 작동기억이 능동적으로 정보를 처리하는 장소(actively manipulating information)라고 한다면 장기기억은 미래에 사용될 정보를 소극적으로 보유하고 있는 장소(passively holding information so that it can be used in the future)라고 규정한 점이다.

"작동기억의 복합요인모형"에서 강조한 작동기억은 다시 중앙제어부(central executive), 음운고리(phonological loop), 시공간 스케치 판(visuospatial sketchpad)의 세 부분으로 구성된다. 중앙제어부란 말 그대로 중앙 통제 센터(control center)와 같은 기능을 하는 곳을 말한다. 특히 중앙제어부에서는 음운고리와 시공간 스케치 판을 하위체제로 두고 이 두 개의 하부체제를 오고가는 정보의 흐름을 조절하고 통제한다. 이러한 이유에서 베들리와 히치는 음운고리와 시공간 스케치 판을 중앙제어부의 "노예구조(slave structure)"라고 부르기도 하였다. 중앙제어부는 또한 특정정보에 대한 주의집중이나 판단과정을 개시하고, 미래행동에 대한 계획을 수립하며, 장기기억에 저장되어있는 정보의 인출을 조정하는 등 다양한 기능을 수행한다.

음운고리란 인간의 귀로 들어온 "소리(sound)", 즉 음성정보(sound of language)를 저장하고 처리하는 곳이다. 음운고리에는 리허설 고리(rehearsal loop)라는 곳이 있는데, 리허설 고리는 음성언어가 망각되지 않도록 지속적으로 되살리는 기능을 수행한다. 예를 들어, 전화번호 7자리에 대한 반복시연(rehearsal)은 리허설 고리에 의해 수행되며 암기연습을 하는 기간 동안 전화번호는 음운고리에 저장된다.

시공간 스케치 판은 인간의 눈으로 들어온 시각정보(visual information)와 공간정보(spatial information)를 저장하고 처리하는 곳이다. 예를 들어, 마인드맵(mental map)을 작성하는 동안 시공간 스케치 판은 시각적 이미지를 구성하고 조작하는데 사용된다. 시공간 스케치 판 또한 도형(shape), 색(color), 질감(texture) 등의 정보를 처리하는 시각적 하위체계와 위치(location) 등을 처리하는 공간적 하위체계로 세분화된다.

많은 연구를 통해, 높은 수준의 작동기억(high working memory)을 가진 사람들은 관련성이 없는 정보를 여과시키는 선택적 주의집중력이 뛰어난 것으로 알려져 있다. 특히, 양분 청취법(dichotic listening)에 대한 한 연구에서, 피실험자들에게 양쪽 귀에 이어폰을 끼도록 한 후 두 개의 다른 오디오 트랙(audio track)으로부터 소리를 들려주면서 한 쪽 귀에서 들리는 소리에만 집중하라는 지시를 내렸을 때, 피실험자들이 집중을 하지 않는 귀에서 들려오는 청력정보를 여과하는 능력과 작동기억의 용량과는 매우 유의미한 정적상관관계가 있는 것으로 나타났다.

3 청중의 인지정보처리과정(Information Processing of Audience)

앞에서 청중과 발표자는 프레젠테이션을 대하는 입장이 서로 다르다고 강조하였다. 발표자가 아무리 훌륭한 주제를 선택하고 철저하게 준비한 뒤 청중이 감명을 받을 것이라는 자신감으로 연단에 선다고 하더라고 청중은 발표자와의 기대와는 전혀 다른 반응을 보일 수 있다. 이러한 이유로 청중이 어떠한 경로로 메시지라는 정보를 처리하는지에 대한 이해가 필요하게 된다.

프레젠테이션의 소비자인 청중은 다섯 단계의 정보처리과정을 통해서 메시지의 선택유무를 최종적으로 결정한다. 인간을 적극적으로 정보를 입력하고, 인출하고, 처리하고 저장하는 존재로 간주하는 정보처리이론에서는 정보처리과정을 모든 사람들에게서 공통적으로 일어나는 인지처리과정이라고 강조한다. 즉, 선천적 기억범위, 혹은 기억의 폭(memory span)과 같은 인지능력은 사람들마다 개인차를 보이지만, 정보를 저장하고 처리하는 "과정" 자체는 모든 사람들에게서 동일하게 일어난다는 것이다.

정보처리과정의 5단계는 노출단계(exposure phase), 주의집중단계(attention phase), 지각과 이해단계(perception and comprehension phase), 해석단계(interpretation phase), 기억파지단계(memory retention phase)로 구성된다. 즉, 청중은 프레젠테이션과 연관된 정보에 선택적이든 우발적이든 노출과정을 거친 후 이에 대한 주의집중을 해야만 실제적인 정보처리과정에 돌입하게 된다. 이때 자신에게 유리한 정보라는 해석이 내려져야만 이를 장기기억 속으로 저장한 후 필요에 따라 인출한다. 따라서 발표자가 준비한 아이디어나 정보가 아무리 훌륭하다고 할지라도 청중의 인지처리과정을 거치지 않으면 프레젠테이션이라는 상품은 무용지물이 되는 것이다. 청중의 내적 인지과정에서 일어나는 정보처리과정의 구체적인 단계는 다음과 같다.

1) 노출단계(Exposure Stage)

정보처리과정의 첫 단계는 청중이 정보에 노출(exposure)되면서 일어난다. 노출이란 청중이 발표자와 발표자가 제공하는 메시지라는 자극에 물리적으로 접근하여 감각기관이 활성화될 준비를 하는 것을 말한다.

노출의 유형은 크게 의도적 노출(intentional exposure), 우연적 노출(accidental or random exposure), 선택적 노출(selective exposure)로 구분된다.

의도적 노출이란 정보탐색의 목적이나 즐거움을 위해 스스로를 특정자극에 노출시키는 유목적적 행동을 말한다. 따라서 프레젠테이션에 대한 실질적인 노출단계는 발표자가 연단에 등장하기 이전부터 시작된다고 할 수 있다. 즉, 특정 프레젠테이션에 대한 광고에 관심을 보이거나, 직접 특정 프레젠테이션에 대한 정보를 사전에 탐색한 사람들은 프레젠테이션에 대한 우호적인 태도를 가지고 참석한다. 이와는 반대로 우연적 노출이란 자신의 의도와는 상관없이 오감에 감지되는 자극에 노출되는 경우를 말한다. 예를 들어, TV를 시청하다가 우연히 저명인사의 연설 광고를 보게 되거나, 지하철이나 버스에서 프레젠테이션에 대한 광고에 우연히 노출되는 경우를 예로 들 수 있다.

선택적 노출이란 관심이 없거나 불필요한 노출을 주의집중 전 단계에서 제거해버리는 것을 말한다. 이는 매일 수많은 자극에 노출되는 상황에서 살고 있는 사람들이 불필요한 노출을 회피하려는 경향에 의해 일어난다. 선택적 노출의 회피 성향을 나타내는 가장 비근한 예가 바로 지핑재핑 행위(zipping and zapping)라고 할 수 있다. 지핑재핑 행위란 TV 프로그램을 시청하다가 광고가 나오면 리모콘을 사용하여 채널을 건너뛰거나 수많은 채널 중에서 자신이 보고 싶은 채널을 찾기 위해 채널들을 재빠르게 건너뛰는 행위를 말한다.

청중의 노출 가능성을 높이기 위해서는 청중의 의도적 노출을 증가시켜야 한다. 프레젠테이션이 있다는 사실을 인터넷이나 대중매체를 통해 광고하거나 다양한 매체를 통해 참석을 독려해야 한다. 프레젠테이션에 대한 노출에 의도적으로 노출된 경우에는 자연스럽게 주의를 기울이지만, 우연히 노출되었을 경우에는 그 정보가 자신과 관련성(relevance)을 가지고 있을 때에만 주의를 기울이기 때문이다. 반복적 광고기법을 사용하여 우연히 광고에 노출되는 횟수를 증가시킬 경우에도 프레젠테이션에 참석하고 싶다는 의사결정에 영향을 미칠 수 있다. 이를 주목환기력(stopping poser)이라고 한다.

시각, 청각, 후각, 미각, 촉각의 5감각으로 구성되어있는 인간의 감각기관의 특성상 시각자료는 다른 자극들보다 가장 많은 정보를 처리한다고 알려져 있다. 일반적으로도 특정제품을 구매 시 소비자의 90%가 시각에 의존하는 것으로 나타났다. 이와 더불어, 광고의 크기를 4배로 증가시키면 사람들의 주의집중력도 2배로 증가하는 것처럼 자극의 강도 또한 최종 구매 욕구에 영향을 미치는 것으로 알려져 있다. 감각자료는 감각등록기를 거쳐 작동기억 장치에 저장되어 처리되는데, 이때 시각적 자극을 충분히 활용한다면 작동기억 속 시공간 스케치 판을 자극하여 장기기억으로 전환되는 것을 도울 수 있다.

발표자가 연단에 등장하면서 청중에게 주는 첫인상은 정보처리과정의 첫 단계를 결정짓는 핵심요인이라고 할 수 있다. 즉, 연단에 오르면서 시각적으로 보이는 발표자의 몸짓이나 자세 등의 신체언어, 청각적으로 들리는 자기소개나 청중을 향한 인사, 프레젠테이션의 서두를 시작하는 목소리 톤은 모두 발표자의 첫인상을 결정짓는 핵심요인이 된다. 이는 앞서 1부에서 언급한 대로, 미국 캘리포니아 대학교 심리학과 교수인 메러비안(Albert Mehrabian, 1939~)이 강조한 말이기도 하다. 메러비안은 1970년 발표한 "조용한 메시지(Silent Message)"라는 책에서 발표자의 언어적 요소, 즉 말은 전체 의사소통 파워의 7%, 목소리 톤 등 청각적 요인은 38%, 외모나 표정, 태도 등 시각적 요인은 55%를 결정짓는다고 강조하면서 이러한 원칙은 첫 만남에서 가장 강력하게 나타난다고 하였다. 이를 메러비안 법칙(Law of Mehrabian), 혹은 "7－38－55 법칙"이라고 한다. 따라서 발표자가 얼굴에 연한 미소를 지으며 당당한 걸음으로 자신 있게 연단에 등장하여 자신감 있는 목소리로 서두를 시작한다면 전체 프레젠테이션의 93%를 완성했다고 할 수 있다. 2000년에 "얼굴(The Face)"이라는 베스트셀러를 발표한 미국의 과학 저널리스트인 대니얼 맥닐(Daniel McNeill)은 자아 정체성의 상징인 얼굴은 5가지 감각기관 중 촉각을 제외한 4가지 감각기관이 분포되어있는 곳으로 의사소통을 위한 가장 중요한 부분이라고 강조하였다. 맥닐은 또한 판사들이 공명정대하게 판결을 내리는 것 같지만 실제로는 재판 중에 미소를 짓고 있는 피고인에게 더 가벼운 형량을 선고한다는 사실을 발견하였다. 다른 민속학적 연구에 의하면, 노상방뇨와 같은 소액사건(small claim)을 다루는 판결에 있어서도 판사는 노숙자보다는 평범한 직장인과 같은 복장을 한 사람에게 더 가벼운 형량을 선고한다는 사실이 발견되었다. 가장 객관적이고 논리적인 법정에서조차 미소나 복장처럼 첫인상이 최고의 변호가 될 수 있다는 사실을 기억한다면 발표자는 자신의 첫인상이나 복장에 대한 준비를 철저히 해야 할 것이다.

많은 연구결과, 사람에 대한 첫인상은 빠르면 3초, 늦어도 4분 안에 결정된다고 한다. 첫인상이 잘못 입력되면 그 사람의 모든 장점도 나쁘게 판단하는 악마효과(devil effect), 또는 뿔효과(horn effect) 현상이 일어나며 다시 좋은 인상으로 회복하기 위해서는 최소 40시간이 걸린다고 알려져 있다. 반면에 첫인상이 좋으면 그 사람의 나쁜 단점들도 모두 좋아보이게 되는데, 이를 후광효과(halo effect)라고 한다. 후광효과나 악마효과는 사람들이 가지고 있는 선입견(stereotype)의 일종으로, 많은 사람들은 논리적이고 객관적인 판단보다는 자신의 일시적인 판단에 더 많은 비중을 두고 사람을 판단하게 된다는 뜻이다. 이러한 사실은 주로 일회성으로 끝나게 되는 프레젠테이션에 있어서도 매우 중요한 의의를 갖는다. 왜냐하면 발표 초기에 형성된 첫인상은 프레젠테이션이 끝날 때까지 지속되기 때문이다. 따라서 긍정적인 첫인상의 형성은 프레젠테이션의 전반적인 성패를 판가름하는 결정인자라고 할 수 있다. 프레젠테이션의 성공을 바라는 발표자들은 자신감이 넘치지만 동시에 부드럽고 온화한 자세로 청중에게 다가가는 준비자세가 무엇보다도 중요하다는 사실을 명심해야 할 것이다.

2) 주의집중단계(Attention Phase)

정보처리과정의 두 번째 단계는 노출된 정보 중에서 특정정보에 대해 주의집중(attention)을 하는 단계를 말한다. 주의집중이란 특정사물이나 과제, 현상에 인지적 용량을 배당하는 행위(allocation of cognitive capacity to an object or task)를 말한다. 인지적 용량의 할당은 수많은 자극들 중에서 특정자극만 취사선택하여 처리하기 위한 필터링 기능을 통해 이루어진다. 주의집중은 다시 자발적 주의(voluntary attention), 우연적 주의(involuntary attention), 선택적 주의(selective attention)로 크게 구분된다.

자발적 주의집중이란 청중이 개인적 관련성이나 가치를 가지고 있는 정보를 적극적이고 능동적으로 탐색한 후 이러한 정보에 주의를 집중하는 것을 말하며, 우연적 주의집중이란 전혀 기대하지 않았거나 놀라운 자극, 혹은 신기하거나 위협적인 자극에 노출된 후 주의를 집중하는 것을 말한다. 즉, 우연적 주의집중이란 놀랍고 기이한 소리나 특이하고 커다란 움직임을 가진 자극, 평범하지 않은 색감 등 통상적이지 않은 특이한 요인을 가진 정보에 노출되면서 이에 주의를 집중하는 것을 말한다. 이를 강화된 주의집중이라고도 한다. 강화된 주의집중이란 우연히 관련 정보에 노출되어 주의수준이 높아진 것을 말한다.

수많은 정보에 노출될 경우, 사람들은 자신에게 유리한 정보만을 취사선택할 수 있는 통제력을 가지고 있는데 이를 선택적 주의집중(selective attention)이라고 한다. 선택적 주의집중의 사전적 정의는 "자신에게 관련성이 없는 정보들은 무시하면서 동시에 자신이 원하는 특정정보만을 선택하고 처리할 수 있는 능력(ability of humans to selectively focus on information that is relevant to them while simultaneously ignoring others)"이라고 내려진다.

선택적 주의집중에 관한 유명한 연구가 바로 "칵테일파티효과(cocktail party effect)"라고 할 수 있다. "칵테일파티효과"란 선택적 주의집중의 효과로 나타나는 청각적 주의집중력(brain's ability to focus one's auditory attention as an effect of selective attention)을 말한다. 파티장소처럼 시끄러운 환경 속에서도 자신과 대화를 나누는 상대방의 목소리는 잘 들을 수 있거나, 누가 자기이름을 부르면 소리가 나는 방향으로 고개를 돌리거나 하는 현상을 말한다. 또한 둘이서 대화를 하는 도중 자신의 관심을 끄는 이야기가 나오면 그쪽 방향으로 주의를 집중하여 이야기를 엿듣는 것도 모두 칵테일파티효과의 현상이다. 이처럼 인간에게는 특정자극에 집중하기 위해 관련정보가 아닌 자극들은 필터링하거나 주의집중의 방향을 이동시키면서 선별적으로 청취할 수 있는 뛰어난 선택적 지각력을 가지고 있다.

선택적 주의집중을 하는 이유는 두뇌의 정보처리 용량이 제한되어 있기 때문으로 알려져 있다. 따라서 정보처리 용량을 초과하는 자극에 노출될 경우, 자극의 우선순위나 개인적 관련성에 따라 선택적으로 정보를 할당하면서 동시에 불필요한 다른 자극은 필터링하는 것이다.

"칵테일파티효과"는 많은 의사소통 전문가들이 언급한 "사람들은 자기 자신에 관련된 이야기에만 관심과 흥미를 보이는 이기적인 존재이다"라는 말로 대변할 수 있을 것이다. 청중의 선택적 주의집중을 극대화시키기 위해서는 청중과 개인적인 관련성을 가지고 있는 자극요인을 중심으로 주제를 선정하고 조직해야 한다. 특히 프레젠테이션 서두에 청중의 호기심을 자극할 수 있는 진기하고 새로운 자극을 제공한다면 청중의 주의집중을 자극할 수 있을 것이다.

일반적으로 청중의 주의집중은 다양한 요인에 의해 영향을 받는다. 예를 들어, 발표자가 제시하는 정보가 청중에게 직접적인 관련이 있거나 특별한 의미를 주는 것이라면 청중의 선택적 주의집중이 높아진다. 따라서 발표자는 자신의 메시지를 청중과 연결시키기 위한 시도를 아끼지 말아야 한다. 또한 청중의 주의집중은 즐거운 감정을 유발시키는 진기하고 유쾌한 자극이거나 크기, 색, 강도 등에 있어서 호기심을 유발시키는 자극일 경우 높아진다. 이와 더불어 적절한 시기에 청중에게 던지는 질문도 주의집중을 자극하는 요인이 될 수 있다. 예를 들어, 정보의 일부를 제시한 후 질문을 던짐으로서 청중으로 하여금 스스로 생각해보는 시간을 제공하는 전략은 청중의 주의집중을 자극하는 훌륭한 전략이 될 수 있다.

주의집중에 영향을 미치는 또 다른 요인으로는 청중의 감정 상태를 들 수 있다. 일반적으로 청중은 자신의 정서 상태와 일치하는 정보에 더 많은 주의집중을 하게 되는데, 이를 무드 일치 효과(mood congruence effect)라고 한다. 예를 들어, 프레젠테이션 현장에서의 청중의 기분 상태가 좋거나 발표자에 대한 인상이 우호적일 경우에는 긍정적 정보에 더 많은 선택적 주의집중을 하게 되지만, 기분이 나쁘거나 프레젠테이션에 대해 이견이 많을 경우에는 부정적 정보에 더 많은 주목을 보이는 경향을 보인다. 따라서 발표자는 청중의 감정적 상태를 긍정적이고 우호적으로 만드는 일에도 주의를 기울여야 한다.

발표자는 청중의 주의집중을 방해하는 요인들에 대해서도 세심한 주의를 기울여야 한다. 예를 들어, 자극을 반복적이고 연속적으로 제공할 경우에는 더 이상 자극에 주의를 기울이지 않는 현상이 발생하는데, 이를 적응(adaptation)이라고 한다. 적응이란 주의집중 시간과 밀접한 관련성을 가진 개념이라고 할 수 있다. 일반적으로 성인들의 평균 주의집중 시간은 15분 이하로 알려져 있으며 해가 갈수록 짧아지는 경향을 보이는 것으로 밝혀졌다. 주의집중의 단축 경향은 발표자들에게는 커다란 장애요인이다. 왜냐하면 청중의 주의를 환기시키기 위해서는 적어도 매 15분마다 새로운 프레젠테이션 기술을 선보여야 한다는 말이기 때문이다. 이러한 이유로 1984년 미국 건축가이자 그래픽 디자이너인 워만(Richard Saul Wurman, 1935~)에 의해 시작된 이래 수많은 연설가들이 출연한 TED(Technology, Entertainment, Design)의 연설시간은 18분으로 한정되어 있기도 하다.

3) 지각과 이해단계(Perception and Understanding Phase)

주의집중이란 특정 자극에 대한 정보 처리 능력에만 집중하는 것이라고 하였다. 인간의 오감을 통해 들어온 자극의 대부분은 사라져 버리고 극히 일부분만 지각과정(perception process)을 거친다. 지각과정이란 선택적으로 주의를 집중한 정보에 대하여 의미를 부여하는 일련의 심리적 과정을 말한다. 지각과정을 통하여 의미가 부여된 정보는 인지체계 내에서 이해과정을 거치게 된다. 이해란 유입된 정보의 내용을 조직화하고 그 의미를 해석하는 것을 말한다. 지각과정에서 의미가 부여된 정보는 최종적으로 장기기억에 저장되며, 장기기억에 영구히 저장된

지식은 필요에 따라 인출되어 사용된다.

마케팅은 지각 싸움이라고 일컬어진다. 지각과정에 대한 이해는 우선 감각(sense)과 지각과의 차이점에 대한 이해로부터 시작되어야 한다. 감각은 외부환경으로부터 가공되지 않은 자극을 받아들이는 것을 말한다. 반면에 지각은 감각기관을 통해 들어온 가공되지 않은 물리적 자극을 과거기억이나 학습경험, 사회문화적 사고를 바탕으로 해석하여 세상에 대한 표상을 구축하는 과정을 말한다. 따라서 지각은 뇌로 전달된 감각자극을 심리적 정보로 전환하여 사물의 의미를 파악하기위한 총체적인 과정으로, 넓은 뜻으로는 인지(cognition)와 동일한 의미로 쓰인다. 빛은 눈으로만 지각되며 소리는 귀로만 지각된다. 이처럼 외부환경으로부터 들어오는 자극의 종류에 따라 이를 받아들이는 감각기관은 서로 다르나 감각을 받아들이고 해석하는 지각과정은 모든 감각기관에 있어 동일하게 작용한다. 따라서 발표자는 자신이 제공한 자극을 어떻게 청중이 해석하여 의미를 부여하는지에 대한 과정을 이해해야 한다.

오감을 통해 들어온 감각정보는 아직 가공되지 않은 상태라고 하였다. 가공되지 않은 물리적 정보를 자신에게 의미 있는 정보로 처리하기 위한 지각과정은 구체적으로 지각적 선택(perceptual selection), 지각적 조직화(perceptual organization), 지각적 범주화(perceptual categorization)의 기전을 통해 효율적으로 이루어진다.

(1) 지각적 선택(Perceptual Selection)

지각적 선택(perceptual selection)은 다시 지각적 탐색(perceptual vigilance)과 지각적 방어(perceptual defense)로 구분된다.

지각적 탐색이란 특정자극을 평소보다 더 잘 지각하거나, 남들보다 더 뛰어나게 지각하는 심리상태를 말한다. 예를 들어, 지각적 탐색을 위한 실험에서, 공복인 집단은 배가 부른 집단보다 자신이 좋아하는 단어를 선택하라는 지시에 음식과 관련된 단어들을 다른 단어들보다 더 많이 지각한 것으로 나타났다.

지각적 방어란 자신의 신념과 태도에 불일치하는 자극을 받았을 때 이를 무시하려는 심리적 반응을 말한다. 따라서 사람들은 자신이 가지고 있는 기존의 신념이나 기대와 일치하지 않는 정보에 노출 시 이를 회피하려는 반응을 보이게 된다. 기존신념에 반하는 정보에 강제적으로 노출되면 사람들은 자신이 가지고 있는 신념이나 기대를 방어하기 위해 정보를 왜곡하여 해석하려는 경향을 보인다. 이처럼 지각적 방어 태세는 청중이 강한 신념과 태도를 지니고 있거나, 프레젠테이션의 메시지가 자신이 가지고 있던 인지체계와 부조화로 불안감을 고조시킬 때 증가한다. 예를 들어, 보수당을 좋아하는 유권자는 진보당 후보자의 말을 의식적, 무의식적으로 회피하여 지각하지 않으려고 하는 것을 들 수 있다.

(2) 지각적 조직화(Perceptual Organization)

지각의 조직화(perceptual organization)란 오감으로 받아들인 다양한 자극들을 별개의 분리된 요소가 아니라 하나의 덩어리로 인식하려는 인지적 경향을 말한다. 예를 들어, TV화면은 수 천 개의 점들로 이루어졌으나 사람들은 하나하나의 점들을 인식하는 것이 아니라 TV 화면이라는 전체적인 패턴으로 인식하는 것을 들 수 있다. 이처럼 인간은 자극을 구성하는 여러 가지 요소들을 별개의 자극으로 구분하지 않고 전체적으로 통합하여 지각하려는 경향을 가지고 있는데, 이를 지각의 총합성(summation)이라고 부르기도 한다. 지각의 총합성과 조직화는 단순화(simplifying), 집단화(grouping), 완결경향(closure) 등의 기전에 의해 이루어진다. 단순화란 여러 요소들을 통합하여 전체적으로 이해하려는 경향을 말하며, 집단화란 서로 밀접하게 연관된 정보나 유사한 정보들을 함께 묶고자 하는 인지적 처리과정을 말한다. 또한 완결경향이란 불완전한 자극이 들어왔을 때 이를 보충하여 완전한 전체로 이해하려는 경향을 말한다. 지각의 조직화나 총합성을 위한 단순화, 집단화, 완결경향 등은 정보를 지각하는 과정에서 거의 무의식이며 즉각적으로 진행된다. 이처럼 청중은 지각적 조직화 과정을 통해 발표자의 설명, 비주얼 시각자료, 발표자의 신체언어 등을 모두 통합하여 프레젠테이션이라는 하나의 이미지와 의미를 형성하는 것이다.

(3) 지각적 범주화(Perceptual Categorization)

일반적으로 값이 싼 제품은 품질이 낮다거나, 외제차는 부자들이 주로 타는 비싼 고급차라고 생각하는 것처럼, 지각적 범주화(perceptual categorization)란 개별적인 정보를 기존의 지식구조에 저장되어 있는 정보들과 관련시켜 일반화하거나 차별화하는 과정을 말한다. 사람들이 가지고 있는 기존의 지식구조를 스키마(schema)라고 한다. 즉, 스키마란 장기기억 속에 저장되어 있는 일련의 지식들의 집합체로 개별정보들을 조직하고 통합하기 위한 인지적 네트워크나 도식을 말한다. 스키마라는 개념은 피아제(Jean Piaget, 1896~1980)에 의해 최초로 소개되었다. 피아제는 자신의 세 자녀를 출생 시부터 6년 간 관찰한 결과를 인지발달이론으로 체계화시킨 스위스 철학자이자 발달심리학자이다. 지각적 범주화란 주어진 정보를 자신이 가지고 있는 스키마에 적용해보기 위한 체계적인 조절과정이라고 할 수 있다. 피아제는 오감을 통해 들어온 정보를 기존 스키마에 적용해보기 위한 지각적 범주화과정은 크게 동화(assimilation)와 조절(accommodation)과정으로 이루어진다고 하였다. 동화란 새로운 정보를 기존 스키마에 적용할 수 있는 경우에 일어나며, 조절은 기존 스키마에 적용할 수 없는 정보를 처리하기 위한 과정을 말한다. 기존 스키마에 동화시킬 수 없는 정보가 들어오게 되면, 기존 스키마를 변경하는 과정이 일어나는데, 이를 지각적 재범주화(perceptual re-classification)라고 한다. 지각적 재범주화로 조절과정이 이루어지면 청중의 기억 속에는 두 개의 도식이 만들어지게 된다. 이렇듯 도식의 구조나 숫자가 확장되는 것을 피아제는 인지발달이라고 규정하였다. 지각적 재범주화는 특히 촌음을 다투며 변화하는 IT 분야에서 많이 발생한다. 예를 들어, PDF(portable document format)라는 기기는 휴대폰 같기도 하고, 전자 다이어리 같기도 하며, 그런가 하면 노트북 기능도 가지고 있는 매우 복합적인 기계이다. 따라서 "휴대폰"이라는 기존 스키마나 "컴퓨터"라는 스키마에는 동화시킬 수가 없는 개념이 된다. PDF를 정확히 이해하기 위해서는 "다목적 전자기기"라는 새로운 스키마를 만들어야 한다. "침대는 가구가 아니라 과학입니다."라는 광고 문구는 침대는 "가구"라는 스키마에 속하는 것으로 알고 있던 초등학생들에게 일대 혼돈을 주었다. 침대회사에서는 과학적으로 설계된 가구라는 것을 강조하려는 의도로 만든 광고 문구였지만 어린 학생들은 기존 스키마에 일대 혼란을 가져와 침대에 관한 시험문제가 나오자 "과학"이라고 쓰는 상황이 벌어졌던 것이다. 이처럼 지각적 범주화란 자극에 노출된 청중이 이미 가지고 있던 기존 스키마와 정보를 연관 지음으로써 자신의 방식으로 이해하거나 자신의 이해방식을 바꾸는 과정을 말한다. 지각적 범주화도 지각적 조직화처럼 거의 무의식적이며 자동적으로 일어난다고 알려져 있다.

지각적 분류화(perceptual classification)라고도 불리는 지각적 범주화는 지각적 추론(perceptual inference)과정을 통해 지각적 해석과정을 유도한다. 지각적 추론이란 특정자극에 대한 평가를 내릴 때 자극 자체를 기반으로 평가하기 보다는 다른 단서들을 이용하여 평가하는 것을 말한다. 예를 들어, 발표자를 평가할 때 발표자가 졸업한 학교나 직장, 혹은 액세서리 등을 포함한 옷차림, 말투나 몸짓 등의 신체언어를 단서로 평가하는 것을 들 수 있다. 지각적 추론과정에는 사람들이 선입견으로 가지고 있는 후광효과나 악마효과와 같은 비논리적인 판단과정이 영향을 미치게 된다.

중요한 메시지는 청중의 이해수준에 맞추어 전달되어야 한다. 개인의 이해력은 신념, 동기, 지식, 기대치 등 주관적인 요인에 의해 달라진다. 이를 지각의 주관성(subjectivity)이라고 한다. 주관성이란 개인적으로 보기 원하는 것만을 듣고자 하는 경향을 의미한다. 따라서 동일한 스피치나 프레젠테이션이라고 하더라도 이를 동일한 방법으로 지각하는 사람은 한 명도 없다. 일반적으로 정보처리에 대한 동기가 강할수록, 노출된 정보에 대한 지식을 많이 가지고 있을수록 메시지에 대한 이해가 증가하게 된다. 반면에 청중의 정보처리 동기가 낮고, 정보처리 능력이 약하며, 정보처리 기회가 충분히 주어지지 않을 경우에는 메시지에 대한 이해력이 낮아지게 된다.

지각의 주관성이외에도 자극이 주어지는 순서에 의해서도 정보처리과정의 효과가 달라진다. 이를 순서효과(order effect)라고 한다. 순서효과란 메시지를 제시하는 순서를 달리함으로서 기억효과가 달라지는 현상을 말한다. 순서효과에는 크게 초두효과(primacy effect)와 최신효과(recency effect)가 포함된다. 초두효과란 제공된 정보 중에서 가장 처음에 제공한 정보를 가장 오랫동안 기억하는 현상을 말하며, 최신효과란 제공된 정보 중 가장 나중에 제공한 정보를 가장 오랫동안 기억하는 현상을 말한다. 이러한 이유로 신문이나 잡지 광고에서도 1면과 마지막

면의 광고가 가장 주의를 많이 끌게 되는 것이다. 또한 사람의 인상형성에 있어서도 첫인상과 끝 인상을 오랫동안 기억하는 현상도 이에 해당한다. 태도와 기억에 관한 상관관계 연구에 의하면, 사람에 대한 평가적 인상의 결정, 즉 첫인상에 대한 태도형성에는 초기효과가 최신효과보다 더 많은 영향을 미치며, 메시지의 내용에 대한 기억이나 회상은 최신효과가 더 크게 작용하는 것으로 알려졌다. 따라서 발표자에 대한 청중의 태도를 긍정적으로 형성시키기 위해서는 프레젠테이션의 서두에 첫인상 형성을 위한 철저한 준비가 필요하며, 메시지에 대한 핵심 정보는 연설의 맨 처음에 제시했다고 하더라도 연설의 마지막 부분에서 다시 한 번 강조함으로서 청중의 이해력을 증진시키도록 하는 것이 중요하다.

4) 지각적 해석과정(Perceptual Interpretation)

지각적 해석(perceptual interpretation)이란 감각자극에 의미를 부여한 후 이를 개인의 주관적 판단에 의해 재가공하는 것을 말한다. 자극의 조직화와 자극의 해석은 유입정보와 장기기억 속에 저장되어있던 관련정보가 인출되어 작용하는 과정으로 거의 동시에 일어나는 순간적인 과정이라고 할 수 있다. 해석이란 개인에게 주어진 정보를 조직하고 이해하는 과정을 말한다. 해석과정은 자극에 부착된 의미에 대해 사람들의 과거경험, 신념, 기억, 기대치 등에 의해 내려진다. 또한 지각적 해석과정의 결과에 따라 태도와 행동의 방향이 결정되므로 해석과정은 정보처리과정에 있어 매우 중요한 단계라고 할 수 있다.

해석과정은 크게 인지적 반응과 정서적 반응으로 도출된다. 인지적 반응이란 정보처리과정에서 정보를 이해하기 위해서 자연스럽게 떠오르는 생각들을 말하며, 정서적 반응이란 자극을 접하면서 갖게 되는 느낌이나 감정을 말한다. 예를 들어, 7분마다 청중을 웃기는 발표자에 대해 유머 속에 담겨진 메시지를 이해하는 것을 인지적 반응이라고 한다면, 정서적 반응은 유머러스한 표현 때문에 재미있어 하거나 즐거운 기분이 드는 것을 들 수 있다. 정서적 반응은 인지적 반응을 구성하기 위한 중요한 영향요인으로, 최종적인 판단은 이 두 가지 반응에 의해 결정된다.

5) 기억파지단계(memory retention phase)

정보처리의 마지막 과정은 자신에게 의미가 있는 정보를 장기기억에 영구히 저장하는 것을 말한다. 파지(retention, 把持)란 "잡을 파", "가질 지"라는 한자의 합성어로 "정보를 잡거나 파악하여 보유한다."는 뜻이다. 수많은 정보에 노출된 사람들은 특정정보에 선택적으로 집중을 한 뒤 의미를 부여하기 위한 해석과정을 거치고 나서야 이를 최종적으로 장기기억에 저장하게 된다. 수많은 정보 중에서 장기기억에 저장된 정보만이 필요할 때 인출하여 사용할 수 있기 때문에 장기기억으로 영구히 보존시키기 위한 전략은 발표자들이 고려해야 할 가장 중요한 전략이라고 할 수 있다. 여기서 '필요할 때'란 새로운 자극물이 유입될 때 유입정보를 평가하고 판단하는 시기를 말한다. 이에 대해 미국 예일 대학교 교수로 설득심리학의 대가인 맥구이어(William James McGuire, 1925~2007)는 1976년 소개한 광고효과 모형에서 정보원에 노출되어 주의집중을 한 다음 이를 지각하여 기억 속에 저장된 정보는 의사결정에 중요한 지식체계를 구성하게 되어 새로운 자극물을 유입될 때 이를 평가하기 위한 기준으로 작용된다고 강조하였다. 이처럼 기억은 청중이 연설에 대한 정보를 얻는 시점에서부터 행동과 실천을 하는 단계까지 전 과정에 걸쳐 매우 중요한 역할을 한다. 따라서 발표자는 자신의 프레젠테이션이 끝난 후에도 자신의 연설내용을 장기적으로 기억시키기 위한 전략을 세워야 한다. 예를 들어, 정보처리수준이론(level of processing model)에 의하면, 인간의 정보처리 용량은 제한되어있기 때문에 단순사실을 확인하기 위한 낮은 정보처리수준에서는 정보처리용량이 적게 할당되나, 복잡하고 고차원적인 정보를 처리하기 위해서는 많은 정보처리용량이 할당된다. 이 이론에 의하면, 발표자는 청중의 정보처리 용량을 최소한도로 줄이기 위한 전략으로 메시지는 될 수 있는 한 간단명료하고 단순한 구조로 전달하도록 해야 한다. 또한 인간의 기억은 감각기억, 단기기억, 장기기억의 3단계로 진행되므로 외부 정보를 오감을 통해 처음으로 보관하는 감각기억에서 정보가 소멸되지 않고 작동기억으로 넘어가게 하기 위해 청중에게 의미 있는 필요한 정보를 제공할 수 있는 전략 등을 구체적으로 세워야 한다.

4 군중심리(Mass Psychology)

청중을 이해하기 위한 이론의 하나로 군중심리학(mass psychology, mob psychology)을 소개하고자 한다. 군중심리학은 1895년 프랑스의 의사이며 사상가로 19세기 말에서 20세기 초에 이르는 세기말 현상을 군중심리로 설명한 르봉(Gustave Le Bon, 1841~1931)에 의해 최초로 소개되었다. 르봉은 근대에서 현대로 접어드는 세기말적 부조리를 비판하기 위해 군중심리의 부정적 측면을 지나치게 강조했으나, 오늘날에는 대중행동을 긍정적이고 조직적인 방향으로 이해하기 위한 방법론으로 군중심리학을 활용하고 있다.

르봉에 의하면, 개인들이 고립된 상태에 있을 때 느끼고 생각하고 행동하던 모든 삶의 방식이나 행동양식들은 사람들이 모여서 군중을 형성하게 되면 전혀 다른 방식의 생각, 이념, 행동으로 변하게 된다고 강조하였다. 이처럼 개인의 특성과는 전혀 다르게 인간 집합체가 형성하는 총체적인 집단심(group mind)을 군중심리라고 한다.

개인의 의식적 활동이 군중의 무의식적 행동으로 대체되는 현상은 세기말을 거쳐 현시대를 대표하는 문화적 특징으로 자리 잡았다. 르봉은 군중심리의 특징에 대해 개개인이 고립되어 있을 때 가지고 있던 본래의 행동만이 아니라 사상과 감정, 또한 개인적인 독자성을 완전히 상실하는 변화를 초래한다고 강조하였다. 르봉은 이러한 군중의 모든 감정적, 행동적 변화를 전염력(contagion)과 암시성(suggestibility)이라는 말로 표현하였다. 전염력이란 고립된 개인은 발휘하기 힘든 것으로, 군중과 합류하여 상호작용을 하는 과정에서만 일어날 수 있는 군중심리의 독특한 속성을 말한다. 군중심리란 마치 미생물이 강한 전염력을 가지고 사람들에게 전파되는 것처럼 개인의 이념, 감정, 신념, 태도, 가치관 등을 하나의 집단정신, 혹은 집단심으로 소속시켜버린다. 전염력은 집단의 이익을 위해 개인적 이익마저 기꺼이 희생하게 만드는 강력한 위력을 가지고 있다. 희생정신이란 개인의 재산이나 명예, 이익, 심지어는 생명까지도 버리면서 집단을 위한 활동에 기여하는 것을 말한다.

암시성의 부정적 영향력에 대해 르봉은 집단화된 개인들 가운데 한 명이 먼저 진실을 왜곡하는 순간, 감염력을 지닌 암시가 시작된다고 설명하였다. 감염력이 작용하면 군중들은 마치 최면에 걸린 사람처럼 모든 개인이 집단화되고 왜곡된 방식으로 모든 사건을 동일한 모양새로 받아들이게 된다고 하였다. 전염력에 의해 동일한 생각으로 집중된 군중들은 암시성, 혹은 암시감응성에 의해 암시된 생각을 즉시 행동으로 옮기게 된다. 사람들은 일단 두뇌로 진입한 사상은 행동으로 옮기려는 경향을 가지고 있으며, 이성적 추론에 약한 개인들은 군중이 내린 결정에는 번개같이 행동하는 특성을 보인다. 또한 군중은 자신들에게 암시된 견해, 사상, 신념들을 절대적인 진리로 여기거나, 아니면 절대적인 오류로 치부해버리는 등 언제나 극단적인 감정들만 인식하게 된다고 하였다. 결론적으로, 군중심리를 통해 개인의 감정과 생각이 전염되어 암시에 걸리게 되면 개인의식의 주관적 개성이 파괴되는 동시에 집단적 자질이나 무의식적인 집단개성이 우위를 점하게 된다고 설명하였다. 그 결과, 고립된 개인이 지녔던 지성을 소멸한 개인은 많은 인원수에게 부여된 강력한 세력 덕분에 불변의 집단지성을 획득했다는 감정에 빠지게 된다. 르봉은 모든 군중의 감성에 영원한 원천을 구성하는 기본 특성들로 군중의 과잉반응성, 충동성, 변덕을 들었다.

르봉의 군중심리학은 대중들이 갖는 행동을 이해하는데 중요한 방법론을 제공해주고 있다. 집단을 대상으로 하는 스피치나 프레젠테이션에서도 르봉이 강조한 군중들의 특수한 심리를 적용할 수 있다. 우선, 군중의 정신구조를 정확히 파악하고 군중심리를 발표자가 의도한 방향으로 유도하기 위해서는 전염력과 암시성이 강한 메시지를 창출해야 한다. 르봉은 군중들에게 전달되는 모든 언어는 주장(affirmation), 반복(repetition), 전염(contagion)의 세 가지 단계를 거쳐 막강한 위력을 발휘하게 된다고 주장하였다.

주장이란 하나의 핵심단어를 골라 단어의 의미를 자신의 의도대로 변형시키는 것을 말한다. 반복이란 자신이 설정한 단어를 주기적으로 설명하는 것을 말하는데, 핵심단어를 반복적으로 인용하게 되면 집단 구성원들도 이를 따라서 인용하게 되며 다른 사람들에게도 전파하게 된다. 이를 전염이라고 한다. 전염이란 발표자의 의도대로 구성한 메시지를 반복적으로 사용함으로써 이미지를 각인한 군중들이 서로에게 메시지를 전파하는 행위를 말한다. 따라서 모든 발표자들은 메시지를 제시할 때 르봉이 강조한 주장, 반복, 전염력의 세 단계를 염두에 두고 있어야 한다. 주장이란 발표자가 전달하고자 하는 핵심단어를 중심으로 자신의 의견을 피력하는 것이라고 하였다. 르봉은 군중의 상상력을 감동시키기 위해서는 구체적이고 세세한 설명보다는 깜짝 놀랄 만하고 기적처럼 보이는 이야기나 신기한 사실 한두 가지를 선명한 이미지 형태로 보여주는 것이 효과적이라고 강조하였다. 따라서 프레젠테이션의 서두는 청중의 상상력을 극대화시키기 위한 놀랄만한 이슈나 감동적인 이야기로 시작하는 것이 좋다. 또한 군중을 단시간에 감동시켜 본능적인 행동을 취하도록 유도하기 위해서는 가장 강력하고 신속한 효과를 발휘할 수 있는 암시적 단어를 제시해야 한다. 예를 들어, "이번 프레젠테이션을 통해서 여러분은 세금을 30%나 줄일 수 있는 방법을 발견할 수 있을 것입니다."라는 서두는 "세금을 줄이는 방법을 소개하겠습니다."라는 서두보다 훨씬 더 강력한 암시를 전달한다.

전염력이란 집단에 소속된 사람들 사이에서 상호작용을 통해 의견을 전파하는 것이라고 하였다. 이처럼 군중은 감정과 생각이 암시에 걸리고 전염되면 집단의 목적과 동일한 방향으로 사고가 집중되고 이에 따른 행동을 즉각적으로 옮기려는 경향을 가지고 있으므로 전염력이 강한 구호나 암시가 쉬운 킬러메시지를 반복적으로 사용하는 것이 중요하다.

르봉은 또한 집단에 따라서는 같은 장소에 수많은 개인이 동시에 모였다고 해서 반드시 군중심리가 형성되는 것은 아니라고 언급하였다. 즉, 대여섯 명만 모여도 군중심리가 형성되는가 하면, 수백 명이 모여도 군중심리가 형성되지 않을 때가 있다. 이때 무리를 이루지 못하는 개인들을 하나의 집단으로 응집시키는 것이 바로 강력하고 위엄을 갖춘 지도자라고 하였다. 평소에는 무리를 형성하지 않던 사람들도 강력한 지도자가 위력적인 주장을 내세울 경우에는 군중심리로 똘똘 뭉친 군중이 될 수 있다는 것이다. 르봉에 의하면, 대중들은 위기에 순간, 즉각적이고 단호한 결정을 내릴 수 있는 강력하고 위엄 있는 지도자를 선호한다고 하였다. 지도자가 군중을 감동시키려면 무엇보다도 군중을 친숙하게 다루면서도 품위 있고 강력한 지도력을 구비하고 있어야 한다. 르봉은 이러한 지도자의 특성을 위엄(dignity)이라고 불렀다. 발표자는 프레젠테이션을 책임지고 청중을 장악하는 지도자라고 할 수 있다. 발표자가 강력한 발표력을 발휘하여 청중의 집단심을 자극할 경우, 군중에 합세한 개인의 행동뿐만이 아니라 그들이 가지고 있던 사상이나 감정도 변화시킨다는 르봉의 말처럼, 청중은 그들이 기존에 가지고 있던 사고, 신념, 태도, 가치관을 발표자가 의도한 방향으로 변화시킬 수 있을 것이다. 사람들은 일단 두뇌로 진입한 사상을 행동으로 옮기려는 경향을 가지고 있다고 하였다. 집단심리가 형성된 상황에서는 특정사상을 행동으로 옮기는 것이 훨씬 더 쉬워진다. 많은 사람들이 함께 행동을 할 경우에는 행동의 결과에 대한 책임감이 분산되기 때문이다. 이러한 이유로 이성을 잃은 폭도들이 공공건물에 불을 지르고 물건들을 약탈해 가는 것이다. 이처럼 군중들은 이성에 기반을 둔 비판력이나 자제력을 잃기 쉽고, 본능적인 과격성을 여과 없이 드러낸다는 단점을 가지고 있지만, 긍정적인 암시를 제공할 경우, 이 또한 막강한 위력으로 청중의 행동 동기를 변화시킬 수 있게 된다. 르봉은 또한 집단을 형성하는 개인들의 기질이 매우 다양하기 때문에 군중이 직접 목격한 사건을 왜곡하는 방식도 다양할 것이라고 생각하지만, 전염력이 작용한 결과에 대해서는 모든 개인이 동일한 방식으로 사실을 왜곡한다고 강조하였다. 또한 집단화된 개인들 가운데 한 명이 진실을 왜곡하는 순간이 전염력을 지닌 암시가 시작되는 순간이 된다고 하였다. 이러한 사실에 기반을 두어 청중 중에 편협한 시각을 가지고 있으면서도 강력한 영향력을 가진 사람이 참석했는지를 파악하는 것도 프레젠테이션의 성패를 가름하는 지름길이 된다고 할 수 있다. 군중에 합세한 지도자를 설득할 경우 모든 군중의 심리적 기본 특성들도 변화시킬 수 있기 때문이다.

마지막으로 르봉에 의하면, 군중들이 항상 충동적이고 변덕스럽기만 한 것은 아니며 언제든지 관대한 군중으로 돌변할 수 있는 가변성도 가지고 있다고 하였다. 역사적으로도 가장 잔혹한 만행을 저지르던 야만인들이 가장 관대한 군중으로 돌변하는 사례들을 많이 찾아볼 수 있는 것처럼 발표자가 제공한 메시지를 왜곡할 가능성이 많은 경우에는 이를 긍정적인 방향으로 전환시킬 수 있도록 분위기를 조성하는 것이 중요하다고 할 수 있다.

5 효과적인 메시지 전달 전략

정보처리이론은 발표자가 활용할 수 있는 다양한 전략을 제공해준다. 이 중에서 스피치나 프레젠테이션을 실행하는 발표자가 활용할 수 있는 전략들을 살펴보면 다음과 같다.

우선, 많은 사람들은 청중에게 많은 양의 정보를 제공할수록 그들의 의사결정에 유리하게 작용할 것이라고 생각하나, 실제로 인간의 기억용량은 제한적이기 때문에 지나치게 많은 정보(TMI: too much information)는 의사결정을 어렵게 만든다. 따라서 발표자는 전달하고자 하는 정보를 취사선택하여 5개 이하의 내용으로 축약해서 전달해야 한다.

또한 정보는 작은 단위로 분리하여 제공하는 것이 효과적이다. 따라서 복잡한 정보는 이를 쉽고 단순한 작은 단위로 잘라서 단계적(step-by-step)으로 제공하는 것이 무엇보다도 중요하다. 각 단계마다 발표자는 청중이 각 단계를 충분히 이해했는지에 대한 질문을 통해 확인한 후 다음 단계로 진행하는 것이 중요하다. 또한 가능한 한 많은 사례나 실례를 제공하는 것 또한 청중의 이해력을 증진시키는 효과적인 전략이라고 할 수 있다.

사람이 1회에 기억할 수 있는 최대의 단어 수는 "7±2개", 즉 5에서 9개 정도이다. 이를 "매직 넘버 7(magical number seven)"이라고 한다. "매직 넘버 7"은 밀러(George A. Miller, 1920~2012)에 의해 최초로 소개된 원칙이다. 이러한 이론을 받아들여 전화번호를 7자리 수로 제한한 것이다. 그러나 밀러는 서로 의미 있는 단어들로 조합할 경우, 인간은 최대 80단어까지

기억할 수 있다고 강조하였다. 이처럼 단어들을 의미 있는 내용으로 조합하는 것을 청킹화(chunking)라고 한다. 예를 들어, 12개의 글자로 구성된 "SK－CKA－LB－BMK－BS"는 한 번에 전부 외우기 어려우나, 이를 의미가 있는 글자들로 바꾸어 "SKC－KAL－BYC－KBS"로 재구성할 경우에는 한 번에 외울 수 있게 되는 것이다.

청킹화와 밀접한 개념으로 청중의 기억술을 위한 또 다른 방법으로는 연상기호(mnemonics)를 사용하는 방법을 들 수 있다. 사실상 대부분의 학생들은 학습을 해오는 과정에서 7개가 넘는 단어들을 기억하기 위한 연상법을 적극적으로 사용해온 것이 사실이다. 예를 들어, 태양을 중심으로 회전하는 위성들을 순서대로 외우기 위한 "수금지화목토천해(명)"이라는 연상법을 모르는 사람들은 거의 없을 것이다. 미국 학생들도 이를 위해 "나의 매우 교육을 많이 받은 어머니는 우리를 위해서 9개의 피자를 주셨다(My Very Educated Mother Just Served Us Nine Pizzas)"라고 외운다. 여기서 "M"은 "수성(Mercury)", "V"는 "금성(Venus)", "E"는 "지구(Earth)", "M"은 "화성(Mars)", "J"는 "목성(Jupiter)", "S"는 "토성(Saturn)", "U"는 "천왕성(Uranus)", "N"은 "해왕성(Neptune)", "P"는 "명왕성(Pluto)"의 첫 글자를 나타낸다. 또 다른 예로는 가감승제의 수학공식의 순서를 학습하기 위해 "Please excuse my dear Aunt Sally"라는 연상 법을 들 수 있다. 여기서 "P"는 "괄호 먼저(parenthesis first)", "E"는 "제곱(exponents)", "MD"는 "곱하기와 나누기(multiplication and division)", "AS"는 "더하기와 빼기(addition and subtraction)"의 순서를 나타낸다.

과거 경험을 새로운 경험과 연결 짓기 위해 프레젠테이션의 내용을 실제적인 생활 시나리오로 구성해서 제공하는 것도 기억을 증진시킬 수 있는 효과적인 방법이 된다. 예를 들어, 산업혁명에 대한 설명을 하면서 산업혁명 이후 현재까지도 존재하고 있는 유럽의 오래된 마을과 빌딩을 제시한다면 산업혁명에 대한 역사적 연속성에 대한 개념을 구성할 수 있다. 이처럼 정보처리이론이나 군중심리학 등 다양한 심리학적 연구결과는 비주얼 프레젠테이션의 전달내용과 전달기술을 구성하는데 중요한 이론적 토대를 제공한다고 할 수 있다.

Chapter 12

시각 디자인

1 개요

“한 장의 사진은 1,000 마디의 말 만큼 가치가 있다(A picture is worth a thousand words)”는 속담이 있다. 이는 시청각 자료의 중요성을 단적으로 표현해주는 표현이라고 할 수 있다. 시청각 자료(audioviduals)의 사전적 정의는 “다양한 색채와 극적인 학습도구의 집합적 배열을 통해 새로운 아이디어를 살아 움직이게 하고 학습을 증진시키기 위한 자료(array of colorful, dramatic learning tools to bring new ideas alive and to advance learning)”라고 한다. 보다 구체적으로 시청각 자료는 언어 메시지를 명료화시키고(clarify spoken messages) 핵심 포인트를 강조하여(emphasize key points) 학습자의 주의를 환기시키고(capture learner attention), 이해력을 향상시키며(promote understanding), 기억을 향상시키기 위한 단서를 제공(provide cues for memory)함으로써 지식의 파지를 증진시킨다(improve retention of knowledge).

비주얼 프레젠테이션을 위한 매체의 디자인에는 텍스트, 시각자료, 동영상자료 등 다양한 요소들을 고려해야 한다. 텍스트가 음성언어와 문자언어에 의해 설명된다고 한다면, 시각자료는 시각언어에 의해 상징성이 전달된다고 할 수 있다.

2 이중부호화이론(Dual Code Theory)

이중부호화이론(dual code theory)은 1990년 파이비오(Allan Urho Paivio, 1925~2016)에 의해서 최초로 소개되었다. 이중부호화이론의 핵심전제는 정보제공 양식에 있어서 한 가지 감각기관만 자극하는 것보다 시각과 청각을 동시에 자극하는 것이 학습에 더 효과적이라는 것이다. 예를 들어, 지진이나 화산에 대한 내용을 설명식 강의로만 들은 경우보다 영상자료와 함께 설명을 들은 경우가 훨씬 더 기억에 오래 남는다. 낯선 곳을 처음 찾아갈 때는 말로만 설명을 듣는 것보다 지도를 보면서 설명을 듣는 경우가 훨씬 더 효과적이다. 1609년 자신이 개량한 망원경으로 천체를 관측하여 코페르니쿠스(Nicolaus Copernicus, 1473~1543)의 지동설을 증명한 이탈리아의 철학자이자 천문학자인 갈릴레이(Galileo Galilei, 1564~1642)도 직접 실험을 할 수 없는 것은 머릿속으로 떠올려 시각화하는 것을 즐겼다고 한다.

이중부호화이론을 이해하기 위해서는 작동기억에 대한 설명을 간략하게 소개해야 한다. 역사적으로 단기기억과 장기기억에 대한 개념 정립은 미국 심리학의 아버지로 불리는 제임스(William James, 1842~1910) 시대로까지 거슬러 올라간다. 그 후 1956년 "매직 넘버 세븐(magical number 7, plus or minus 2)"이라는 개념을 소개한 밀러(George Armitage Miller, 1920~2012)에 의해 인간의 기억능력에 대한 연구들이 활발하게 진행되기 시작하였다. 십년 뒤인 1968년 애킨슨과 쉬프린은 감각기억, 단기기억, 장기기억이라는 기억장소에 대한 복합저장모형(multi-store model)을 개발하였다. 그 후 1974년에는 영국의 심리학자인 베들리(Alan David Baddeley, 1934~)와 히치스(Graham Hitch)가 작동기억의 복합요인모델(multicomponent model of working memory)을 소개하면서 단기기억이라는 명칭을 작동기억으로 변경하였다. 정보처리이론을 체계화한 베들리와 히치스에 의하면 인간의 작동기억은 예전 명칭이었던 단기기억처럼 단순한 일차원적인 기억장소가 아니라 다양한 종류의 정보를 적극적으로 처리하는 복합체계라고 주장하였다. 작동기억에는 시공간 정보를 처리하는 시공간 스케치 판이라는 저장소와 청각정보를 처리하는 음운루프라는 저장소를 따로 가지고 있으며 중앙제어장치에 의해 총괄적으로 통제된다고 하였다. 청각정보를 처리하는 음운루프와 시공간 정보를 처리하는 시공간 스케치 판이라는 두 체계는 독립적인 용량을 가지고 정보처리를 한다. 단기기억이라는 명칭이 작동기억으로 개칭되면서 많은 심리학자들은 작동기억의 복합적 기능에 대한 연구를 시행하게 되었다. 미국 심리학자이며 멀티미디어 학습이론(multimedia learning theory)을 개발한 메이어(Richard E. Mayer, 1947~)와 2010년 사망한 것으로 알려진 모레노(Roxana Moreno)는 2002년 발표한 연구결과에서 메시지를 텍스트만으로 제시하면 사람들의 머릿속에서는 언어적 내적표상만이 형성될 뿐 이미지에 대한 내적표상은 만들어지지 않아 메시지에 대한 전체적인 표상이 효과적으로 이루어지지 않는다고 설명하였다.

파이비오의 이중부호화이론은 작동기억의 정보처리과정을 더욱 체계적으로 설명한 이론이다. 이중부호화이론에 의하면, 학습자들은 작동기억을 통해 언어적 활동기억과 시공간적 활동기억이라는 두 가지 종류의 정보처리 체계를 동시에 사용하게 된다. 예를 들어, "자동차"라는 정보가 주어졌을 때, 사람들은 "자동차"라는 "단어(word)"를 생각하거나, "차문이 두 개이며 뚜껑이 열리는 빨간색의 스포츠카"라는 이미지를 통해 자동차라는 개념을 생각해 낼 수 있다. 이처럼 자동차라는 개념을 이미지나 말로 각각 서술할 수 있는 것처럼, 청각정보와 시각적 이미지는 서로 연관을 갖는다. 따라서 시각정보와 청각정보를 동시에 제공할 경우에는 청각정보만을 자극한 제시양식보다 정보처리를 위한 인지활동이 훨씬 더 효과적으로 일어나게 된다.

파이비오는 정보처리 과정을 표상적 처리과정(representational processing), 참조적 처리과정(referential processing), 연합 처리과정(associative processing)의 3단계로 설명하였다. 표상적

처리과정이란 그림이나 음성이 동시에 제시될 경우, 시각적 작동기억과 청각적 작동기억이 독립적으로 표상을 형성도록 처리되는 과정을 말한다. 즉, 시각과 청각을 통해서 받아들여진 정보는 처음에는 청각적 작동기억과 시각적 작동기억이 각각 차별화된 체제로 작동한다(visual and verbal information act as two distinctive systems). 따라서 그림과 음성이 동시에 제시될 경우, 음성은 청각적 작동기억, 즉 음운루프에 의해 처리되고, 그림에 대한 이미지는 시각적 작동기억, 즉 시공간 스케치 판에 의해 처리된다. 독립적으로 처리된 시청각적 정보는 최종적으로 두 정보 간의 연결을 통해 유의미한 학습으로 장기기억에 저장된다. 이를 참조적 처리과정이라고 한다. 참조적 처리과정이란 독립적으로 각각 처리된 시각정보와 청각정보를 유의미한 정보로 연결시키는 과정을 말한다. 시각정보와 청각정보가 유의미한 하나의 정보로 연결된 후 장기기억에 저장하기 위해 작동되는 마지막 처리과정을 연합 처리과정이라고 한다.

1) 정보제시원칙(Principle of Presenting Information)

파이비오는 멀티미디어를 활용하는 학습 환경 설계 시 고려해야할 정보제시 원리로 공간적 근접성(spatial contiguity principle)과 시간적 동시성(temporal contiguity principle)을 제시하였다.

(1) 공간적 근접성 원리(Spatial Contiguity Principle)

공간적 근접성 원칙(spatial contiguity principle)은 관련된 정보들이 서로 근접해 있을 때 각 정보들이 쉽게 연결된다는 원리를 말한다. 멀티미디어 활용학습에서 그림이나 애니메이션과 같은 이미지정보는 언어정보와 공간적으로 가깝게 배치해야만 두 정보 사이의 연결개념을 만들기 쉽다. 왜냐하면 시각을 통한 정보를 탐색할 때 탐색과정을 최소화해서 쉽게 찾을 수 있어야 효과적인 학습이 이루어지기 때문이다. 따라서 이미지정보와 언어정보를 근접하게 제시하게 되면 학습자는 연결되는 정보를 찾는 탐색과정을 최소화할 수 있으며, 정보처리도 용이하게 이루어져 학습이 효과적으로 일어날 수 있다.

공간적 근접성의 효과는 다양한 실험을 통해 증명되었다. 예를 들어, 모사비와 스웰러(Mousavi & Sweller, 1995)는 시각적 정보와 청각적 정보를 동시에 제시하는 방법과 순차적으로 제시하는 방법의 효과성을 연구한 결과, 시각적 정보와 청각적 정보를 동시에 제시할 때의 학습효과가 훨씬 더 증진되었다고 보고하였으며, 번개의 발생과정을 설명하기 위한 학습내용을 애니메이션과 함께 텍스트를 가까이 제시한 경우와 멀리 제시한 경우를 비교한 메이어와 모렌노(Mayer & Moreno, 1998)의 연구에서도 애니메이션에 근접하여 텍스트를 제시한 것이 학습에 더 효과적이었다는 결과를 보고하였다. 메이어(Mayer, 1999)는 또한 그림 안에 텍스트를 삽입하여 제시한 경우와 그림 밖에 텍스트를 분리하여 제시한 경우를 비교한 연구에서 텍스트를 그림에 삽입하여 근접하게 제시한 것이 훨씬 더 효과적이었다고 보고하였다. 이러한 연구결과들은 모두 언어정보와 그림이나 애니메이션 등의 이미지 정보를 서로 근접하게 제시해야만 학습 효과를 향상시킬 수 있다는 사실을 증명한 것이라고 할 수 있다. 따라서 프레젠테이션을 준비하는 모든 발표자들은 비주얼 자료를 제공할 때에는 정보전달 양식의 공간적 근접성에 대한 원칙을 고려하여야 한다.

(2) 시간적 동시성 원리(Temporal Contiguity Principle)

시간적 동시성 원칙(temporal contiguity principle)은 관련정보들을 시간적으로 동시에 제공하는 것이 시간적 지연을 두고 제공하는 것보다 정보의 연결이 쉬워진다는 원칙을 말한다. 즉, 내레이션과 같은 언어정보와 애니메이션과 같은 이미지정보를 연속적으로 제시할 때 정보의 연결이 쉬워진다. 왜냐하면 정보를 기억하고 유지할 수 있는 작동기억의 용량이 제한되어 있으며, 정보의 기억도 시간이 지남에 따라 점차 감소하기 때문에 시각정보와 청각정보를 시간 간격을 두고 제공하면, 먼저 제공한 정보를 작동기억에 그대로 유지하기가 어렵기 때문이다. 즉, 내레이션이 먼저 제공되고 애니메이션이 후에 제공되면, 애니메이션이 제공될 때까지 내레이션의 언어정보를 기억하기가 어렵기 때문에 내레이션의 일부를 망각하게 되어 결국 학습 효과가 감소된다는 것이다.

이중부호화이론의 등장으로 멀티미디어를 활용한 학습효과에 대한 연구가 활발하게 진행되기 시작하였다. 많은 연구결과, 한 가지 감각만을 사용하는 정보제시방법보다 시각과 청각을 동시에 사용하도록 제공하는 양식이 작동기억의 활성화를 증가시킨다는 사실이 밝혀졌다. 이중부호화이론을 창시한 파이비오는 그의 연구를 통해 사람들의 판단력은 청각정보로 제공한 경우보다 시각정보와 청각정보가 동시에 제공된 경우가 훨씬 더 정확하게 일어난다고 보고하였다. 파이비오는 피실험자들에게 토마토와 포도주 잔 등 짝으로 구성된 항목을 제시하면서 어떤 짝의 조합이 더 둥근 물건들로 구성되어있는지를 물어보는 실험을 하였다. 한 집단에게는 두 가지 물건을 모두 단어로만 제시했으며, 두 번째 집단에게는 하나의 물건은 그림으로, 다른 하나는 설명으로 제시하였다. 실험 결과, 말로만 들은 경우는 그림과 말의 조합을 들은 집단보다 둥근 형태를 찾아내는 속도가 느린 것으로 나타났다. 정보전달 방법과 기억에 관한 연구결과에서도 언어적 말로만 설명한 경우 학습 100분 후 내용의 기억률이 겨우 4%였으며 그림로만 설명한 경우에는 19%였으나 설명과 함께 그림을 보여주었을 경우에는 내용의 70%를 기억한 것으로 나타났다. 미네소타 대학의 조사에서는 시각자료를 사용하여 메시지를 설명한 경우, 시각자료 없이 언어적 설명만을 한 경우보다 설득력이 43%나 증가했다고 발표하였다. 그 외, 메이어(Mayer, R. E.)와 엔더슨(Anderson, R. B.)은 1991년도 연구에서 자전거 타이어의 펌프작업 설명에 대해 내레이션과 애니메이션을 제공한 것과 내레이션만 제공한 것을 비교한 결과, 애니메이션을 함께 사용한 것이 훨씬 더 효과적이었다고 보고하였다. 메이어(Richard E. Mayer)와 모레노(Roxana Moreno)도 1999년 수학적 원칙 설명을 애니메이션과 텍스트를 동시에 제공한 것과 텍스트만 제시한 것을 비교한 연구에서 애니메이션을 함께 제공한 것이 학습에 더 효과적이었다는 결과를 보고하였다. 이처럼 텍스트와 함께 그림이나 애니메이션을 같이 제시하는 것이 텍스트만 제시하는 것보다 더 효과적이라는 사실은 각종 학습현장에서의 멀티미디어 활용 전략을 자극하는 도화선이 되었다. 결론적으로, 교육매체를 사용하기 위한 원칙에 있어 가장 중요한 점은 한 가지 매체로는 충분하지 않다(One is not enough!)는 것이다. 즉, 청중의 이해력과 기억률을 높이기 위해서는 시각과 청각을 동시에 복합적으로 제공해야 한다는 것이다.

3 인지과부하 이론(Cognitive Overload Theory)

인간의 작동기억은 시공간정보와 청각정보를 동시에 처리할 수 있는 독립적 처리단위로 구성되어 있다고 하였다. 장기기억의 무제한적인 용량과 비교해볼 때 작동기억 용량은 매우 제한되어있다. 따라서 작동기억이 처리할 수 있는 용량보다 더 많은 정보가 동시에 들어오게 되면 작동기억은 이를 적절하게 처리할 수 없게 되어 인지적으로 과부하상태를 유발한다. 이를 인지과부하(cognitive overload)라고 한다.

제한적 용량을 가지고 있는 작동기억에서 시각정보와 청각정보를 효과적으로 처리하기 위해서는 작동기억이 처리할 수 있는 정보의 양이 제한되어야 한다. 즉, 시각정보와 청각정보의 두 가지 정보가 함께 작동기억으로 입력될 경우에는 아무런 인지적 과부하 없이 정보가 처리된다. 이는 시각정보와 청각정보를 각각 처리할 수 있는 작동기억의 독립적 하부체계를 가지고 있기 때문이다. 그러나 시각적 이미지 자료와 청각적 언어자료에 더해서 텍스트와 같이 제3의 시각정보가 동시에 제공되면 학습자의 시각적 활동기억에서 인지적 과부하가 발생하게 된다. 인지과부하 현상의 단적인 예는 자막이 있는 외국영화를 들 수 있다. 자막이 없는 한국영화를 관람하는 경우에는 배우들의 음성으로 언어정보가 입력되고, 스크린 속의 영상으로 이미지 자료가 전달된다. 관객들은 아무런 인지부하 없이 시각을 통한 이미지 정보와 청각을 통한 언어정보를 각각 처리한 후 이를 연합하여 영화에 대한 전체 내용을 인식하게 된다. 그러나 자막이 있는 외화의 경우에는 배우의 음성과 스크린 속 영상과 더불어 화면 한쪽에 자막이 제공된다. 따라서 관객들은 자막을 읽으면서 동시에 전체영상을 보아야 한다. 자막을 읽는 몇 초 동안에는 영상에 완전히 집중하지 못하게 되어 이미지 정보를 완벽하게 처리하지 못하고 시각정보의 일부분을 놓치게 된다. 이러한 인지과부하 현상을 과잉효과(redundancy effect), 또는 주의분리효과(split-attention effect)라고도 한다. 과잉효과란 불필요한 학습정보가 지나치게 많이 제시되었을 경우, 효과적인 학습을 방해하는 것을 의미한다. 주의분리효과란 시각적 이미지와 텍스트가 동시에 제공되면서 제3의 시각정보가 첨부될 경우, 시각을 통해 입력되는 이미지와 텍스트로 제공된 시각정보에 학습자의 주의가 두 가지로 분리됨으로써 작동기억 용량에 과잉의 부담이 주어지게 되는 현상을 말한다. 즉, 내레이션, 애니메이션, 텍스트가 동시에 제공될 경우, 내레이션의 음성정보는 청각을 통해 입력되며, 애니메이션의 이미지 정보와 텍스트의 언어정보는 학습자의 시각을 통해 동시에 입력된다. 이때 시각정보 처리과정에서 이미지 정보와 문자언어정보가 동시에 이루어져야 하므로 학습자의 주의는 두 가지 정보로 분리된다. 이러한 주의분리효과에 의해 시각정보처리활동에서 인지적 부하가 생기게 되어 학습을 방해하게 되는 것이다.

인지과부하 이론에 의하면, 시각과 청각 정보제시 원리에는 시각적 주의분리 원리와 청각적 주의분리 원리라는 두 가지 원리가 작용한다. 시각적 주의분리란 시각을 통해 입력되는 이미지와 텍스트 정보와 같은 이미지 정보에 의해 학습자의 주의가 두 가지로 분리되는 것을 말하며, 청각적 주의 분리란 내레이션과 같은 언어정보와 환경음이나 배경음악과 같은 청각정보가 함께 제공될 때 청각적 정보처리과정에서 학습자의 주의가 분리되는 것을 말한다.

많은 연구를 통해 다이어그램이나 그래프와 함께 설명 텍스트가 동시에 제공될 경우에는 학습효과가 감소한다는 사실이 밝혀졌다. 또한 다이어그램과 내레이션으로 구성된 컴퓨터 기반 교수자료에다 다이어그램을 설명하는 정보를 텍스트로 제공했을 때에도 학습효과가 감소되었다. 즉, 그래픽으로 이루어진 학습 자료에 불필요한 텍스트 설명을 첨가함으로서 학습자의 주의가 분산된 것이었다.

따라서 멀티미디어를 활용하기 위한 프레젠테이션에서 발표자의 음성으로 전달되는 청각정보와 애니메이션 등의 시각정보를 제시하면서 애니메이션을 설명하기 위한 텍스트를 동시에 제공해서는 안 된다. 왜냐하면, 두 가지 시각자료를 동시에 제공하는 것은 학습자의 시각적 주의집중을 두 군데로 분산시켜서 학습효과를 저하시키기 때문이다.

인지과부하 이론은 비주얼 프레젠테이션을 개발할 때 많은 시사점을 안겨 준다. 우선, 청중의 주의를 끌기 위해서는 정보제시 방법이 많으면 많을수록 좋다는 생각은 금물이다. 멀티미디어를 활용할 때 텍스트만을 제시했을 때보다 이에 상응하는 이미지와 함께 제시했을 때 청중의 이해도나 기억률이 향상되나 이를 넘어서서 지나치게 많은 매체를 동시에 제공하게 되면 오히려 학습효과가 감소되기 때문이다. 또한 청각적 주의 분리원칙에서 언급한 바와 같이 내레이션과 같은 언어정보가 주어질 때 지나치게 강렬하거나 큰 소리의 배경음악을 함께 제공하는 것도 지양해야 한다.

4 시각디자인의 원칙

비주얼 프레젠테이션은 일차적으로 단순성과 통일성을 고려하여 디자인해야 한다. 디자인의 단순성과 통일성은 조화(harmony), 대비(contrast), 비례(proportion), 균형(balance)의 법칙에 의해 이루어진다.

1) 조화의 법칙(Principle of Harmony)

조화(harmony)란 두 개 이상의 개체나 부분과 부분들의 상호관계에서 서로 분리되거나 배척하지 않고 통일된 전체로서의 감각적 효과를 발휘하는 것을 말한다. 두 가지 이상의 개체가 동일하거나 유사할 경우 이들 개체들이 조화를 이루게 된다. 그러나 지나치게 조화를 강조하다보면 단조로운 디자인이 될 위험성이 있다. 따라서 가장 합리적인 조화란 개체 상호간의 공통성을 유지하면서 동시에 차이점을 보일 때라고 할 수 있다. 두 개 이상의 개체가 현저한 차이점을 보일 때를 대비라고 한다.

2) 대비의 법칙(Principle of Contrast)

대비(contrast)란 조화와 반대되는 개념이면서 동시에 조화의 또 다른 표현이기도 하다. 대비란 색채, 크기, 형태, 질감 등의 요소를 대조적으로 배열하는 것을 말한다. 대비가 적절히 이루어진 경우에는 시각적 분위기의 단조로움이 감소되고 강조의 효과를 볼 수 있게 된다. 따라서 비주얼 프레젠테이션을 제작하면서 텍스트와 텍스트, 이미지와 텍스트, 이미지와 이미지를 배치할 경우에는 대조적이면서도 조화로움을 가미한 디자인이 되도록 주의해야 한다.

3) 비례의 법칙(Principle of Proportion)

비례(proportion)란 전체와 부분과의 적절한 대응관계를 나타낸다. 디자인에 있어 심미적 성공을 거두기 위한 필수 요소인 비례는 황금비율(golden ratio), 혹은 황금분할에 의한 디자인을 구성할 때 극대화될 수 있다. 황금비율은 고대 그리스의 수학자이며 유클리드 기하학의 창시자인 유클리드(Euclid of Alexandria, 기원전 300~?)에 의해 최초로 소개된 개념이다. 한 면적의 가로와 세로가 “a”라는 큰 수와 “b”라는 작은 수로 이루어졌을 때, 황금비율은 두 숫자의 합(a+b)과 두 숫자 중 큰 수(a)의 비율인 (a+b) : a를 말한다. 이때 가로와 세로의 전체 길이와 긴 부분 간의 비율은 긴 부분과 짧은 부분의 비율과 동일해진다[(a+b) : a = a : b]. 황금비율의 단위는 파이(φ)이며 황금비율(φ)의 값은 약 1.618이 된다. 통상적으로 사람들이 사용하는 사각형 물체, 즉 명함이나 신용카드, 담배 갑, HDTV나 와이드 TV 등은 모두 가로 대 세로의 길이가 1.618 : 1의 근사치로 만들어졌다.

황금분할에 대해서는 이를 추종하는 정도에 따라 이견이 분분하다. 황금비율을 지지하는 뇌 과학자들은 황금비율은 아름다움을 느끼는 뇌의 부위를 활성화시킨다고 주장하면서 황금비율이란 최상의 아름다움을 구현하기 위한 핵심 원리라고도 주장한다. 이와는 반대로 황금비율에 대해 이견을 보이는 사람들은 황금비율로 만들어졌다고 여겨지는 건물이나 물건들은 우연히 황금비율의 근사치로 지어진 것일 뿐, 처음부터 황금비율을 참고하여 지은 건축물은 이 세상에 존재하지 않는다고 반박한다. 또한 황금비율은 상품을 팔기위한 기업의 상술에 지나지 않는다고 주장하는 사람들도 있다. 이들은 아름다움이라는 극히 추상적인 상태를 수학 등식과 같은 숫자로 수치화할 수 없기 때문이라고도 반박한다.

4) 균형의 법칙(Principle of Balance)

마지막으로 프레젠테이션 디자인의 균형(balance)이란 두 개 이상의 물체가 동일한 무게나 힘을 가지고 있는 상태(state where things are of equal weight or force)를 말한다. 오케스트라의 균형이 다양한 악기가 내는 음(sound)의 조화로운 혼합으로 이루어지는 것처럼, 시각적 균형은 모양, 명도, 질감, 색채의 조합으로 이루어진다.

모양의 균형이란 대칭(symmetry)과 비대칭(asymmetry)의 두 가지 형태로 표현된다. 대칭이란 사물이나 슬라이드 전체 면적의 중앙을 지나는 선을 축으로 양쪽 면을 접으면 완전히 일치되는 경우를 말한다. 대칭적 형태 균형을 나타내는 가장 단적인 그림이 바로 "법"을 소개할 때 사용하는 저울 그림을 들 수 있다. 즉, 대칭적인 저울을 시각매체로 사용하는 이유는 "법이란 어느 한쪽으로도 치우치지 않은 공정성(justice)을 가지고 있어야 한다."는 메시지를 강조하기 위해서이다. 대칭적인 그림이나 디자인은 청중에게 안정감과 위엄성, 자연스러움, 정적인 느낌을 전달한다. 특정내용을 강조하고 싶다면 양쪽의 모양이 서로 다른 비대칭 그림을 사용할 수 있다. 두 면 중 한 쪽으로 치우친 쪽의 면적이 커 보이는 시각적 무게감으로 인해 메시지를 강조하며 청중의 흥미나 시선을 집중시키는 효과를 갖는다. 명도나 색상에 대한 내용은 색상의 통일법칙에서 소개하고자 한다.

5 색상의 통일법칙

색(color)의 3가지 속성에는 색상(hue), 채도(saturation), 명도(value, brightness)가 포함된다.

1) 색상(Hue)

색상(hue)이란 색 외현모수(color appearance parameter)라고 불리는 색의 가장 핵심적인 속성 중의 하나로 "하나의 특정한 시각적 자극이 빨강, 초록, 파랑, 노란색과 같은 자극과 유사성이나 차이점을 갖는 정도"라고 정의된다. 즉, 색상이란 가시광선(visible rays) 중에서 인간이 지각할 수 있는 "색의 종류"를 말하며, 이를 좀 더 간단히 말하자면, "빨강색", "초록색"과 같이 색의 이름을 지칭하기도 한다.

인간은 태양광선을 이루는 모든 파장의 빛을 볼 수 없다. 인간이 볼 수 있는 파장을 가시광선이라고 한다. 가시광선이란 380nm에서 780nm까지의 파장을 가진 백색광의 영역으로, 가시광선의 양쪽 외곽에는 파장이 짧은 자외선과 파장이 긴 적외선이 각각 위치한다. 여기서 "나노미터(nm)"란 고대 희랍어의 "난쟁이(dwarf)"를 의미하는 "나노스(nanos)"에서 유래된 말로 10억분의 1m를 말한다. 인간이 볼 수 있는 가시광선 영역에서 나타나는 색의 변화는 무지개와 같이 파장의 길이에 따라 색이 달라진다. 가장 짧은 파장을 가진 영역에서는 자주색(magenta), 혹은 자홍색(fuchsia)을 띠며, 가장 긴 파장을 가진 영역에서는 적색(red)을 띠게 된다. 이러한 이유로 자외선이란 가시광선 범위 "밖"에 위치한 광선 중에서 "자주색"보다 짧은 파장을 가진 빛을 말하며, 적외선이란 "적색 밖"에 위치한, 즉 적색보다 긴 파장의 빛을 말한다.

시각디자인에서 색의 속성을 나타낼 때는 막대 형태의 스펙트럼보다는 원형 배열(color wheel)을 흔히 사용한다. 이렇게 한 가지 색을 기준으로 색상의 변화를 원형으로 나타낸 것을 "색상환(hue circle)"이라고 한다. 색상환에서는 일반적으로 적색을 기준점인 0으로 하여 각 색상을 360도의 각도로 나타낸다. 따라서 색상환으로 배열된 색상 값은 0에서 360도 사이의 값을 갖게 되며, 노란색은 60, 초록색은 120, 파랑은 240, 자주색은 300으로 표시한다.

빛의 3원색(three primary colors of light)은 빨강(0), 초록(120), 파랑(40)을 말한다. 색상환을 중심으로 개발된 "RGB 모델"에서의 "RGB"란 "red, green, blue"의 첫 자로 이루어진 두음어이다.

이와는 반대로 실제로 그림물감을 사용하여 그림을 그리거나 인쇄를 위해서 사용되는 인쇄용 잉크는 청록색(cyan, 180) 혹은 물색(aqua, 180), 자홍색(magenta, 300), 노란색(60)의 3가지 색상의 조합으로 모든 색을 표현한다. 이를 색료의 3원색(three primary colors of colorant)이라고 한다. 색료의 3원색은 색상환에서 빛(광선)의 3원색과 마찬가지로 서로 120도의 차이를 가지고 있으며, 색료의 3원색을 모두 합하면 검정색(black)이 된다. 그러나 실제 상황에서는 이 세 가지 색료를 혼합하더라도 완전히 순수한 검정색을 만드는 것이 불가능하기 때문에 검정색이 필요한 인쇄의 경우에는 검정색을 추가한 “감산혼합 모델(CMYK Modle)”을 사용하기도 한다. “CMYK”는 “청록색(cyan), 자홍색(magenta), 노랑(yellow), 검정 키(black key)”의 첫 자를 딴 두음어이다. 청록색은 시안화합물이 주로 청록색을 띠는 데서 인용된 것이다.

2) 채도(Saturation)

채도(saturation)란 색의 선명함, 또는 명료함의 정도를 말한다. 선명하거나 명료하다는 말은 탁하지 않다는 것을 의미한다. 채도가 높은 색을 순색이라고 한다. 순색이란 섞임이 없는 색(unmixed color)을 의미하며, 청록색(cyan), 자홍색(magenta), 노란색 중에서 2가지 색을 섞게 되면 2가지 색의 비율에 따라 빨강, 주황, 노랑, 연두, 녹색, 보라 등의 순색이 만들어지게 된다. 채도는 물감을 섞는 과정과 비유해 보면 이해가 빨라진다. 즉, 여러 가지 물감을 섞을수록 첫 번째 물감, 즉, 원색의 맑은 정도가 사라지고 점점 탁해진다. 이처럼 채도는 순색에 다른 색이 섞일수록 낮아지게 된다.

3) 명도(Value or Brightness)

명도(value or brightness)는 말 그대로 색의 밝기를 의미한다. 명도가 높다는 것은 색이 밝다는 것을 의미한다. 또한 모든 색은 각자의 밝기를 가지고 있다. 동일한 빨강이라도 명도가 높아지면 밝은 빨강, 명도가 낮아지면 어두운 빨강이라고 한다.

무채색(achromatic color)은 명도 밖에 가지고 있지 않은 색을 말한다. 따라서 명도가 가장 높은 색은 흰색이 되며 가장 낮은 색은 검정색이 된다. 또한 흰색에 가까울수록 명도가 높아지며 검정색에 가까울수록 명도가 낮아지게 된다.

영상처리를 위한 색 모형은 크게 “RGB 모델”과 “HSL 모델”, 혹은 “HSV 모형”으로 분류된다. “RGB 모델”이 전통적인 영상처리모형이라고 한다면 “HSL 모델”과 “HSV 모형”은 “RGB 모형”의 대안책으로 개발된 모형들이다. “RGB 모델”에서의 “RGB”란 “red, green, blue”의 첫 자로 이루어진 두음어라고 소개하였다. 웹디자인과 같은 컴퓨터 그래픽(computer graphic: CG)에서는 모든 색을 “RGB”의 세 가지 색상을 조합하여 표현한다. “RGB 모델”의 색상환상에서는 세 가지 색깔이 서로 120도의 차이를 가지고 있으며 빛의 3원색을 모두 합하면 백색(white)이 된다. 이와는 대조적으로, “HSL 모델”에서 “HSV”는 “색상(hue), 채도(saturation), 밝기(lightness)”의 약자로 이루어진 두음어이며, “HSV 모델”의 “HSV”는 “색상(hue), 채도(saturation), 명도(value)”의 약자로 이루어진 컬러모델을 말한다. “RGB 모델”에서는 TV나 컴퓨터 모니터에 쓰인 색상처럼 인간이 지각할 수 있는 모든 색을 빨강, 초록, 파랑색을 혼합한 방식으로 설명하나, “HSL 모델”과 “HSV 모델”에서는 인간은 눈으로 들어온 색 자체를 지각하는 것이 아니라 특정 색이 갖는 색상, 채도, 밝기 등에 의해 지각한다고 주장한다. 이때 색상, 채도, 밝기 등을 색의 외형적 모수(color appearance parameters)라고 한다.

"HSL 모델"과 "HSV 모델"은 1970년대에 이르러 컴퓨터 그래픽 연구자들에 의해 인간이 색깔을 지각하는 시각적 지각과정을 RGB 모델보다 좀 더 과학적으로 설명하기 위한 목적으로 개발되었다. "HSL 모델"과 "HSV 모델"에서의 색상은 흰색을 가장 상위에 놓고 검정색을 가장 밑바닥에 배열한 방사성 슬라이스(radial slice)상에서 중앙의 축을 따라 흰색과 검정색 사이의 범위로 구분된다.

4) 색상 디자인 원칙

색상을 사용할 때는 디자인의 일반적인 원칙인 조화(harmony), 대비(contrast), 비례(proportion), 균형(balance) 법칙을 적용해야 하며 특히 색의 조화(harmony)와 대비(contrast)를 고려해서 디자인해야 한다.

색상의 조화는 두 가지 이상의 색을 조합하는 "배색과정"을 말한다. 배색된 색상의 차이는 이미지에 가장 큰 영향을 끼치게 된다. 색상환에서 두 가지 색상의 위치나 각도가 가까운 색들의 조합을 "색상조화(hue harmony)"라고 부른다. 색상조화는 색상의 차이가 크게 나지 않는 배색을 말한다. 이와는 반대로 색상대비란 색상의 차이가 큰 색상들을 배열시키는 배색과정을 말한다. 색상환에서 두 색상의 위치가 180도를 이루고 있는 경우를 "보색관계"라고 한다. 보색관계에 있는 색들은 색상대비가 가장 큰 배색이라고 할 수 있다.

6 시청각자료 디자인의 원칙(Tips for Using Audiovisuals)

시청각 자료를 프레젠테이션에 사용하는 가장 근본적인 이유는 메시지의 기억 때문이다. 시청각 자료란 시각과 청각을 동시에 자극하는 상징체계에 강조점을 두고 그림, 도표, 사진 등을 활용하여 정보를 전달하기 위한 매체를 말한다. 인지심리학의 발달로 "매체 하나로는 충분하지 않다!(One is not enough!)"는 이론이 대세를 이루게 되면서 스피치보다는 연설가의 음성언어와 시각적 자료를 함께 사용하는 프레젠테이션이 활성화되기 시작하였다.

시청각 자료의 교육적 특성으로는 즉시성, 다양성, 반복사용 가능성, 사실성 등을 들 수 있다. 우선, 시청각 자료는 제작 즉시 사용할 수 있는 즉시성의 효과를 가지고 있다. 시청각 자료는 내용의 표현방식에 있어서도 다양성을 갖는다. 즉, 정보 전달을 위한 표현 양식을 다양하게 조직할 수 있다. 일단 제작이 마무리되면 이를 반복적으로 사용할 수 있다는 장점을 갖는다. 즉, 녹화된 자료의 보관과 운용을 적절하게 유지한다면 언제든지 반복 활용이 가능하게 된다. 시청각 자료는 또한 사실성의 장점을 갖는데, 시각정보와 청각정보를 함께 제공할 경우, 시각자료만 제공하거나 청각자료만 제공할 때보다 높은 사실성을 제시할 수 있다.

비주얼 프레젠테이션을 위한 시청각자료의 선정에는 다음과 같은 요인들이 고려되어야 한다. 우선, 시청각자료는 전달하고자 하는 발표목적에 부합되는 내용으로 구성해야 한다. 이때 청중의 다양성을 고려하여 그들이 원하는 지적욕구를 자극하고 동기를 부여해 줄 수 있는 내용으로 구성해야 한다. 구체적으로 비주얼 프레젠테이션의 내용은 일상적이며 구체적인 어휘로 명료하게 표현해야 한다. 이를 위해서는 짧고 단순한 문장을 사용해야 하며, 초등학교 6학년 수준의 어휘를 사용하는 것이 통례이다. 또한 시각적 배치와 디자인에 있어 전체적인 디자인을 고려하여 글자체, 글씨크기, 여백, 그래픽, 삽화 등은 친근하면서도 추상적이지 않은 것이 좋다. 모든 프레젠테이션의 궁극적인 목적은 청중이 메시지를 수용하고 일상생활에서 실천할 수 있는 역량을 향상시키기 위한 것이기 때문이다.

그림, 도표, 다이아그램 등 텍스트를 시각자료로 전달해주는 것을 인포그래픽(infographic)이라고 한다. 이중에서 그림(figure)과 표(table)는 텍스트로 구성되어야 할 문서를 한눈에 보여주기 위한 대표적인 인포그래픽이라고 할 수 있다. 그림과 표를 사용하게 되면 많은 양의 데이터를 최소한도로 줄여서 간단명료하게 보여줄 수 있게 된다. 따라서 좋은 그림과 표를 선택하는 것은 시각적 프레젠테이션에 있어서 없어서는 안 될 필수과정이라고 할 수 있다. 모든 발표자들은 고품질의 그림이나 표를 개발하기 위해 충분한 시간과 노력을 투자해야 한다.

도표나 그림을 개발하기 위한 첫 번째 법칙은 단순성이다. 그래프에 담을 데이터의 내용은 청중이 쉽게 이해할 수 있도록 조직해야 한다. 하나의 그래픽에는 한 개 이상의 변수나 정보를 포함해서는 안 된다. 텍스트를 그림이나 도표로 제시하는 목적은 도표만 보면 텍스트의 내용을 읽지 않아도 이해할 수 있도록 하기 위함이다. 그러나 텍스트로도 간략하고 쉽게 이해될 수 있는 내용은 구태여 표나 도표로 나타낼 필요가 없다. 또한 텍스트와 도표를 중복해서 제시하는 것도 바람직하지 않다. 왜냐하면, 그림과 설명 자료를 원고 내에 함께 삽입할 경우, 인지구조에 과부하가 걸리기 때문이다.

시각자료를 작성할 때에는 주목성을 고려해야 한다. 주목성이란 특히 인간의 눈의 동선을 고려하여 레이아웃을 함으로서 청중의 주의를 집중시키는 것을 말한다. 일반적으로 인간의 시선은 좌측 상단에서 우측 하단 방향으로 무의식적으로 이동한다. 따라서 시각이 최초로 머무는 좌측 상단에 가장 중요한 내용이나 제목을 제시해야 하며 가장 중요하지 않은 내용은 우측 하단에 넣도록 해야 한다. 인간의 시선은 좌측 상단에서 우측 하단으로 흐르기보다는 매우 산만하게 움직이는 현상을 보이며, 우측 하단으로 내려가기 보다는 중간지점에서 흐지부지 흩어지는 경우가 대부분이라고 주장하는 이론가들도 있다. 이런 경우를 대비해서도 비주얼 프레젠테이션을 제작할 때는 청중에게 가장 먼저 봐야 할 곳을 지정해 주는 것이 중요하다. 즉, 가장 중요한 사항을 적은 위치를 강조함으로써 청중의 시선의 움직임을 유도하는 것이다.

시각적 자료들의 통일된 이미지 조성을 위해서는 레이아웃 스타일, 서체의 종류와 크기, 컬러 배색 등에 있어서 통일된 기준을 적용하여 각 슬라이드들이 분리되지 않고 하나의 집단적 구성으로 제시될 수 있도록 일관성을 유지해야 한다. 일관성이란 이미지에 대한 통일감을 말한다.

텍스트를 조직할 경우에는 문장의 정렬방식을 고려해야 한다. 문장의 정렬방식이란 가독성과 판독성을 기초로 전체적인 텍스트의 조화를 위한 배열 방식을 말한다. 문장의 정렬방식은 크게 왼쪽 정렬, 가운데 정렬, 오른쪽 정렬로 구분된다. 왼쪽 정렬이란 모든 텍스트를 왼쪽 기준선에 맞추고 오른쪽은 정렬되지 않은 방식을 말한다. 왼쪽 정렬방식은 대부분의 사람들이 사용하는 방식으로, 가독성이 가장 높은 정렬방식이기도 하다. 가운데 정렬이란 주로 제목이나 부제목이 2~3줄에 해당할 때 사용하는 방식으로 4줄 이상이 넘어갈 경우에는 가독성과 판독성이 떨어지므로 텍스트에는 사용하지 않는 것이 좋다. 왜냐하면 가운데 정렬방식이 텍스트의 외곽 이미지가 자연스럽고 리듬감을 준다는 장점을 가지고 있지만, 문장의 길이가 지나치게 다를 경우에는 왜곡 현상을 일으켜 안정감을 잃기 때문이다. 마지막으로 오른쪽 정렬은 독창적 이미지를 전달하기 위해 사용되는 방식이다. 그러나 오른쪽 정렬방식은 가독성과 판독성이 다른 정렬방식보다 제일 낮은 단점을 가지고 있다. 가독성과 판독성은 13장에서 자세하게 다루도록 한다.

시각자료를 통해 내용을 강조하는 방법에는 색, 크기, 글꼴, 일러스트, 애니메이션, 음향효과, 여백의 활용 등이 포함된다. 메시지의 내용을 강조하기 위해서는 대비색이나 명암을 조절하는 것이 좋다. 서체의 크기 또한 일반적인 텍스트에 쓰인 내용보다 큰 글씨나 작은 글씨로 균형을 깨뜨림으로써 강조의 효과를 보일 수 있다. 통상적이지 않은 파격적인 서체를 쓰게 되면 강조의 효과를 갖는다. 일러스트레이션이나 애니메이션 또한 청중의 주의를 집중시키는 효과가 있기 때문에 강조하기 위해 사용할 수 있다. 그러나 애니메이션을 지나치게 사용하게 되면 시각적 효과나 메시지 전달효과가 오히려 반감될 뿐 아니라 산만한 느낌을 주게 된다. 음향효과도 강조를 위해 매우 효과적으로 사용할 수 있는 방법이다. 시각자료를 전달할 때 이와 관련된 음향효과를 조합하면 이미지 전달의 상승효과를 보인다.

외래어를 적절히 사용하는 것도 메시지의 강조나 자료의 신빙성을 확보하는데 중요한 영향을 미친다고 한다. 대학을 진리탐구의 상아탑(ivory tower)이라고 부른다. 심리학 이론을 개발한 사람들은 미국이나 독일, 영국 등 거의 외국인들이다. 저자는 학생들이 심리학 과제발표를 하면서 외국의 이론을 소개할 때는 반드시 이론가와 이론의 원어명칭을 요구한다. 이처럼 똑같은 내용이라도 영문으로 표기하게 되면 내용의 신빙성이나 청중의 주목성을 높일 수 있게 된다.

로고(logo)란 상표나 브랜드의 이름, 혹은 상품을 시각적으로 디자인화한 상징(symbol)을 말한다. 최초의 로고는 주로 글자만을 사용해서 고안되었기 때문에 이를 로고서체(logotype), 혹은 말의 표시(wordmark)라고 불렀다. 그 후 점차 그림을 삽입하면서 로고에 사용되는 시각적 디자인의 범위가 확장되었다. 소비자들에게 특정상품을 알리기 위한 기업의 프레젠테이션에서는 매 슬라이드마다 우측 상단이나 우측 하단에 로고를 삽입하는 것이 좋다고 알려져 있다. 이렇게 할 경우, 청중은 로고의 반복적인 노출됨으로 인해 무의식적인 단순접촉효과를 경험하게 된다.

마지막으로 저자도 많이 사용하는 방법을 한 가지 소개하고자 한다. 이는 슬라이드 내의 핵심정보를 공백으로 제공한 후 청중의 궁금증을 유발시킨 상태에서 내용을 제시하는 방법이다. 예를 들어, 사람들이 공포를 느끼게 하는 요인 중 1순위라고 답하는 것은 "대중연설불안"이다. "대중연설불안"이 적힌 글상자 위를 배경색과 동일한 글상자로 가리면 화면에서 이 단어는 공백처럼 보인다. 이러한 상태에서 2위나 3위 등의 수치들을 학생들에게 보여주면서 1위는 과연 어떤 것일는지에 대한 질문을 한다. 학생들로부터 충분한 피드백을 받은 다음 대중연설불안을 가리고 있던 글상자를 "사용자 지정 애니메이션" 박스의 "끝내기"로 없애버리면 공백으로 있던 자리에 "대중연설불안"이라는 정답 글상자가 나타나는 것이다. 이러한 방법은 학생들의 주의를 집중시키고 핵심단어를 강조하는데 상당한 효과를 보인다.

Chapter 13

프레젠테이션의 디자인

1 개요

저자가 미국에서 교육공학을 공부할 때는 슬라이드를 이용한 프레젠테이션이 대세였다. 학생들은 도서관에서 슬라이드용 자료들을 찾은 후 카메라가 완벽하게 설치된 촬영실에 들어가 직접 사진을 찍는다. 그런 다음 촬영실 바로 옆방에 위치한 필름실에 맡기면 며칠 후 마이너스 필름(negative film)을 프레임(frame)에 끼운 슬라이드 세트를 받았다. 물론 유료였다. 학생들에게는 저렴한 가격이 제시되었지만, 수강하는 과목이 많을 경우에는 이 가격도 만만치 않다는 생각이 들었다. 기숙사에 들어와 슬라이드를 프레젠테이션 순서대로 트레이(tray)에 끼우는 작업을 하게 되는데, 하나라도 순서가 바뀌면 모든 슬라이드를 뺀 후 트레이에 다시 끼워놓는 작업을 몇 번이고 해야 했다. 파워포인트를 사용하면서 편집이나 슬라이드 순서를 마음대로 조정할 수 있다는 사실이 얼마나 행복하게 느껴지는지 모른다. 시간적으로도 매우 효율적이며 돈도 들지 않는다. 아마도 슬라이드를 한 번도 사용해 본 적이 없는 젊은 학생들은 저자의 이런 기분을 이해하지 못할 것이다. 이처럼 요즘은 컴퓨터를 활용한 소프트웨어가 상당히 발달되었기 때문에 프레젠테이션을 위한 비주얼 자료의 디자인이나 조직만 적절히 이루어진다면 기기를 활용하는 시간은 단축시킬 수 있다. 수정과 보완, 지속적인 업그레이드가 가능하다는 것이 컴퓨터를 활용한 슬라이드 제작의 장점이라고 할 수 있다. 프레젠테이션에 자주 활용되는 소프트웨어 프로그램은 다음과 같다.

2 프레젠테이션 디자인을 위한 소프트웨어

1) 파워포인트(PowerPoint)

마이크로소프트 파워포인트(Microsoft PowerPoint)는 마이크로소프트사의 마이크로소프트 오피스 시스템(Office System)에서 개발된 프레젠테이션 소프트웨어이다. 마이크로소프트사는 오피스 2003(Microsoft Office 2003) 제품부터 파워포인트의 정체성을 강조하기 위해 오피스 제품군의 구성요소로 개칭하였다. 그 결과, 파워포인트는 "마이크로소프트 파워포인트"에서 "마이크로소프트 오피스 파워포인트"라고 개칭되었다. 그러나 본 저서에서는 편의상 "파워포인트"라고 줄여서 사용하기로 한다.

파워포인트는 마이크로소프트 윈도우와 맥 OS(Mac Office System)는 물론 구글 모바일 운영체계인 안드로이드(Android) 운영 체제에서도 구동이 가능하도록 호환성이나 편의성이 뛰어나 한국은 물론 세계에서 가장 많이 사용되고 있다. 따라서 파워포인트는 대학교수의 학술대회나 대학생들의 과제발표는 물론 대부분의 기업에서의 대내외 발표에 사용되며 이력서 등의 표준문서로도 활용되고 있다.

파워포인트의 가장 뛰어난 장점으로는 다양한 서식을 이용하여 가독성이 높으면서도 깔끔하고 선명한 디자인을 만들 수 있다는 것이다. 즉 글상자를 자유롭게 이동시킬 수 있어 긴 문장이나 한 문장, 혹은 한 단어의 텍스트를 배열하는데 탁월한 기능을 가지고 있으며, 이미지나 동영상의 삽입이 용이하기 때문에 다양한 멀티미디어의 활용이 가능하다.

2) 키노트(Keynote)

키노트는 애플사의 경영주였던 잡스(Steve Jobs, 1955~2011)가 신제품을 소개할 때마다 사용하여 유명해진 프레젠테이션 프로그램이다. 키노트는 애플사의 매킨토시 오피스 프로그램인 아이워크(iWork)에 포함된 것으로, 아이워크(iWork)는 키노트, 넘버(Number), 페이지스(Pages)의 3가지로 구성되어 있다. 넘버는 엑셀과 동일한 스프레드시트(spread sheet) 기능을 하며, 페이지스는 한글이나 워드와 동일한 문서처리기(word processor)를 말한다.

키노트 프로그램은 40여 개가 넘는 다양한 키노트 테마와 템플릿을 통해 다양한 배경그림과 서체 유형을 제공하고 있다. 키노트 테마와 템플릿을 통해 도표나 차트, 그림 등의 인포그래픽(infographic) 스타일을 사용하여 프레젠테이션 제작을 용이하게 할 수 있다. 인포그래픽이란 정보(information)와 그래픽(graphics)을 합성한 용어로, 나열식 텍스트를 시각자료로 최소화하여 복잡한 정보를 신속 정확하게 설명하기 위한 시각적 표현을 말한다. 키노트 프로그램에서는 아이패드(iPad)에 장착된 애플 연필(apple pencil)을 사용해서 도표와 그림 등을 추가할 수 있기 때문에 슬라이드에 생동감을 더해줄 수 있다.

키노트는 다른 프레젠테이션 제작도구용 프로그램보다 애니메이션이나 장면전환 등 멀티미디어 효과가 탁월할 뿐만 아니라 아이폰, 아이튠스, 아이무비로부터 사진이나 음악, 영상을 삽입할 수 있는 미디어 브라우저를 포함하고 있어 소위 말하는 "아이라이프(iLife)"의 통합적 기능으로 자리 잡고 있다. 또한 애플사의 매킨토시 컴퓨터에서만 정상적으로 구동되던 키노트의 단점을 보완하여 최근에는 마이크로소프트사의 파워포인트와 공동협업이 가능하도록 많은 기능이 확장되었다. 그 결과, 키노트는 대부분의 파워포인트 기능이 지원되어 파워포인트 파일로도 문서저장이 될 수 있을 뿐만 아니라 파워포인트 문서를 키노트로 전환하여 편집도 가능하게 되었다.

3) 프레지(Prezi)

프레지(Prezi)는 헝가리 말로 "프레젠테이션(presentation)"이라는 뜻이다. 프레지는 2009년경 헝가리의 건축가 겸 시각예술가인 솜라이-피셔(Adam Somlai-Fischer, 1976~)가 최초로 선보인 프레젠테이션용 소프트웨어 프로그램이다. 원래 프레지란 2009년 솜러이-피셔, 할라시(Peter Halacsy), 알바이(Peter Arvai)가 헝가리 부다페스트에서 창립한 프레젠테이션 소프트웨어 프로그램 회사명이었다. 이 회사의 창립 멤버인 솜러이-피셔는 줌 전환효과를 가진 프레젠테이션 원형(zooming presentation prototype)을 최초로 개발하였으며, 할라시는 프레지 원형의 단점을 보완하여 이를 세계적인 프로그램으로 발전시켰다. 그 결과, 2012년 말 애플사와 협업으로 프레지 아이폰 앱(Prezi iPhone app)을 런칭하게 되었으며, 2018년까지 3억 회나 넘는 공공 프레젠테이션 발표에 사용되고 있다. 한국에서도 2012년 SBS 뉴스 프로그램에 프레지를 활용한 "뉴스 프레지"를 선보였으며, 현재는 마이크로소프트사의 파워포인트와 프레지를 병합한 프로그램들이 개발되고 있다.

프레지는 클라우드(cloud) 기반의 프레젠테이션 도구이다. 영어로 "구름"이라는 뜻의 "클라우드(cloud)"란 일종의 인터넷 상의 "저장 공간"을 일컫는 말이다. 인터넷상의 중앙 컴퓨터의 저장 공간은 인터넷이 작동되는 곳이라면 어느 곳이든지 마치 "구름"처럼 펼쳐있다고 해서 붙여진 이름이다. 강의시간에 발표할 자료를 집에 있는 개인 컴퓨터에서 작업한 후 작업한 컴퓨터에 저장하는 것이 아니라, 인터넷 상의 중앙컴퓨터인 "클라우드"에 저장하게 되면, 강의실에 연결되어있는 인터넷에 접속하여 자료를 열어 볼 수 있게 된다. 더불어 클라우드의 저장 공간은 개인 컴퓨터나 USB와 같은 저장매체와는 비교도 할 수 없을 정도로 광대하기 때문에 대용량의 동영상이나 사진, 문서파일의 저장에 매우 효과적이며 스마트폰을 통해서도 접속이 가능하다. 한마디로 예전에는 컴퓨터로 작성한 파일은 해당 컴퓨터나 USB와 같은 적은 용량의 이동성 저장 매체만을 사용했기 때문에 용량에 많은 제약점을 가지고 있었으나 하늘 위 구름에 저장하는 "클라우드 시대"로 접어들면서 인터넷만 가능하다면 언제 어디서든지 무제한적인 용량의 자료를 활용할 수 있게 된 것이다.

프레지는 인터넷이 연결되는 곳이라면 어디서나 프레젠테이션을 실행해낼 수 있다고 소개하였다. 그러나 프레지를 이용하기 위해서는 프레지 홈페이지(http://www.presi.com)에 회원 가입을 해야 한다. 회원 가입을 하게 되면 최초 100~500MB까지는 무료로 제공하지만 그 이상의 용량을 사용하기위해서는 유료로 전환해야 한다.

프레지의 특징으로는 줌 전환 인터페이스(Zooming User Interface: ZUI), 캔버스 개념, 끌어다 놓기(drag-and-drop) 기능의 3가지를 들 수 있다. 특히 줌 전환 인터페이스란 그래픽 유저 인터페이스(graphical user interface: GUI)의 일종으로, 한 장의 슬라이드를 보여주고 난 뒤 엔터키를 눌러야 다음 슬라이드가 화면에 나타는 기존의 순차적 제시방법과는 달리, 모든 내용을 한 장의 캔버스, 혹은 화이트보드 위에 펼쳐 놓은 듯이 작성한 후 줌 전환 효과(zooming effect)와 경로기능(path function)을 사용하여 중요한 내용을 줌인(zoom-in)하고 다음 장면을 위해 줌아웃(zoom-out)시키는 기법을 말한다. 줌 전환 인터페이스 기법을 사용하면 모든 슬라이드 자료가 하나의 캔버스 화면 위에서 물 흐르듯 자연스럽고 손쉽게 이동하며, 확대와 축소를 통해 화면이 이동하게 된다. 다음은 프레젠테이션 제작 도구 중 세계적으로 가장 많이 활용되고 있는 파워포인트의 디자인 기법에 대해서 설명하고자 한다.

3 파워포인트 디자인 원칙

파워포인트로 프레젠테이션을 위한 디자인을 할 경우에 고려해야할 원칙은 "1-5-7-7 법칙", "75-25 원칙", "KISS와 KILL 원칙", "KICC 법칙" 등이 있다.

1) 1-5-7-7 법칙과 75-25 법칙

"1-5-7-7 법칙"이란 슬라이드를 제작할 때 적용되는 가장 일반적인 원칙을 말한다. "1-5-7-7 법칙"의 "1"이란 한 장의 슬라이드에는 반드시 1개의 주제를 담아야 한다(only one idea per slide)는 것을 말한다. 강의 경력 30년을 넘기면서 수많은 교수와 학생들의 프레젠테이션을 접해왔던 저자의 경험에 비추어볼 때, 많은 교수들이 가장 기본적인 디자인 법칙을 정확히 파악하지 못하고 있다는 느낌을 지울 수 없다. 예를 들어, 한 교수가 작성한 슬라이드에는 정확하게 구분할 수 있는 전혀 다른 3개의 주제가 한 슬라이드 안에 들어있었다. 게다가 아주 작은 그림까지도 삽입되었으며, 서체의 종류도 가지각색이었다. 3개의 주제에 그림까지 집어넣었기 때문에 서체의 크기는 뒤에 앉은 학생들은 전혀 읽을 수 없을 정도로 작은 크기였다. 그 슬라이드를 보면서 저자는 미국에서 교육공학을 공부할 당시의 교수가 전한 내용이 떠올랐다. 그분은 "맨 뒤에 앉는 학생은 슬라이드에 적힌 작은 글씨를 보기 위해 온갖 노력을 해보다가 안 된다는 것을 아는 순간, 시선을 창밖으로 돌린다. 이 말은 교수가 잘못 만든 슬라이드로 인해 학생의 향학열이 말살되었다는 뜻이다. 교수가 학생의 자발적인 학구열을 꺾었다는 것은 교육현장에서는 있어서는 안 될 중범죄(felony)에 해당한다."라고 강조했다. 교수가 잘 못 만든 슬라이드로 인해 학생의 학구열이 말살된다면 이는 절대로 있어서는 안 될 일이다. 따라서 슬라이드를 제작하는 발표자는 발표자의 입장이 아니라 슬라이드를 보게 될 청중의 입장에서 슬라이드를 작성해야 한다. 일반적으로 프레젠테이션이 실행되는 장소는 그 넓이나 거리에 있어 1m도 되지 않는 컴퓨터 화면과의 거리와는 전혀 다르다. 따라서 슬라이드를 제작할 때는 넓은 장소에 앉은 사람들이 본다는 것을 감안해야 한다. 한 장의 슬라이드에 서 너 개의 주제를 담을 경우, 슬라이드 총 개수는 줄일 수 있을지 몰라도 주제 설명에는 혼선을 가져오게 된다.

두 번째 원칙은 프레젠테이션의 제목(title)은 다섯 단어 이하여야 한다는 것이다. 또한 한 슬라이드의 내용 중 슬라이드의 한 줄에는 최대 7단어여야 하며(maximum 7 words per line), 한 슬라이드는 7줄 이상을 넘기면 안 된다(7 point at most per slide). 대학교에서 전공 강의처럼 많은 내용을 다루어야 하는 경우에 "7－7 법칙"을 지키다보면 슬라이드의 총 매수가 기하급수적으로 늘어나게 된다. 이러한 경우에는 한 슬라이드에 7줄 이상의 내용을 담은 후 애니메이션 효과를 사용하여 메시지를 순차적으로 보여주면 된다. 즉, 애니메이션 효과를 활용하여 설명하지 않은 줄은 숨겨놓고 설명을 하기 위한 줄만 화면에 나타나도록 조정하는 것이다. 이렇게 하면 "1－5－7－7 법칙"을 준수하면서도 좀 더 많은 정보를 한 장의 슬라이드에 담을 수 있다.

"1－5－7－7 법칙"에서 다섯 자의 제목이나 일곱 단어의 한 줄 내용을 위해서는 프레젠테이션 메시지 내용은 반드시 개조식 압축구(compressed revised phrase)로 표현해야 한다. 개조식 압축 구에서 "구"란 한 개 이상의 단어로 이루어졌으나 완전한 문장의 기준을 충족시키지 못하는 단어들의 조합을 말하며, "개조식"란 메시지의 내용을 구성하는 완전한 문장을 압축구로 변경, 혹은 개조했다는 것을 의미한다.

일반적으로 서술형 문장이란 주어와 술부로 구성된다. 술부를 위해 주어의 행동이나 상태를 설명하기 위한 보어나 목적어가 온다. 모든 한글문장은 동사로 끝을 맺는다. 완전한 문장이 되기 위해서는 반드시 문장이 끝난다는 것을 알리는 마침표(., !, ?)를 찍어야 한다. 따라서 완전한 문장은 "~입니다." 혹은 "~이다."로 끝나게 되어있다. 그러나 간단명료함과 단순함을 제1원칙으로 하는 슬라이드는 중요한 핵심요점이나 단어만을 나열해야 하며, 따라서 완전한 문장이나 불필요한 조사, 마침표 등을 사용해서는 안 된다. 즉, 슬라이드는 주로 명사형 핵심 키워드(keyword)를 중심으로 간단한 구로 작성해야 하며, 명사를 사용할 수 없을 경우에는 "~함" 또는 "~임"이라는 동명사 구를 사용해야 한다.

슬라이드의 내용을 완전한 문장으로 서술하게 되면 문장의 길이는 물론 메시지의 내용이 길어지게 된다. 메시지의 내용이 길어지게 되면 청중은 내용을 읽느라 발표자의 설명을 놓치게 된다. 시청각 자료와 학습효과에 대한 많은 연구결과에 따르면, 사람들은 청각적 설명보다는 시각적 정보를 먼저 처리하게 되며, 청중의 시각적 처리 속도와 발표자의 설명 속도가 다르면 정확한 메시지 해독에 문제가 발생한다. 따라서 성공적인 프레젠테이션을 위해서는 긴 문장보다는 중요한 핵심단어로 구성하여야 하며, 자세한 내용은 추가적인 부언설명을 통해서 청중의 이해를 도와야 한다.

"75－25 원칙"이란 "여백을 위한 원칙"을 말한다. 한 장의 슬라이드의 총면적을 100으로 봤을 때 텍스트는 총면적의 75%를 차지해야 하며, 나머지 25%는 여백으로 남겨놓아야 한다. 충분한 여백의 미를 살린 프레젠테이션이야말로 가독성과 판독성을 극대화시킬 수 있게 된다. 이와 같이 함축적 표현이나 핵심 키워드를 사용하여 한 장의 슬라이드에 들어가는 글자의 양과 크기를 엄격히 제한해야 한다.

2) KISS와 KILL 법칙

"KISS와 KILL 법칙"은 모두 단어의 첫 자를 딴 두음어구로서 이를 설명하면 다음과 같다.

KISS: Keep it simple and short(슬라이드의 내용은 단순하고 짧게)

KILL: Keep it large and legible(슬라이드는 읽을 수 있는 크기로)

"KISS 법칙"이란 슬라이드를 간단하고 짧게 만들어야 한다는 원칙을 의미하며 "KILL 법칙"이란 글자의 가독성과 판독성을 고려하여 충분히 큰 글씨로 슬라이드를 작성해야 한다는 것을 의미한다. 그 외에 파워포인트를 제작하는 원칙으로는 "KICC 법칙"이 있는데, 이는 "Keep it clean and concise"의 약어로 슬라이드를 깔끔하고 깨끗하며 명료하게 유지해야 하는 원칙을 말한다. "KISS와 KILL 법칙"과 "KICC 법칙" 모두는 가독성(readability)과 판독성(legibility)을 기반으로 만들어진 법칙이라고 할 수 있다.

4 가독성과 판독성(Readability and Legibility)

가독성(readability)과 판독성(legibility)은 문서를 작성하기 위한 조판의 가장 기본적인 원칙이라고 할 수 있다. 시각커뮤니케이션 디자이너이며 조판컨설턴트(typographic consultant)로서 자신의 타이핑 스튜디오를 개설한 스트라이즈버(Ilene Strizver)는 2018년 발간한 "조판의 법칙: 전문적인 조판을 위한 디자이너의 가이드(Type Rules: The designer's guide to professional typography)"라는 책에서 서로 의미가 비슷해서 혼동하기 쉬운 조판 용어들 중 가장 대표적인 것으로 "readability"와 "legibility"를 들었다. 한국어로도 이 두 용어는 모두 "판독성"으로 번역이 되어 있으나, 엄밀히 분류하자면 "readability"는 "가독성", "legibility"는 판독성이라고 할 수 있다.

스트라이즈버는 가독성(readability)과 판독성(legibility)은 모두 특정글자들이 합쳐진 단어들을 읽기 위한 용이성(ease)과 명료성(clarity)에 있어서는 유사성을 갖지만, 근본적인 관점에서는 서로 다른 개념이라고 하였다. 이 두 개념의 가장 커다란 차이는 판독성이란 가독성을 구성하는 하나의 구성요인(Legibility is a component of readability)이라는 점이다. 즉 가독성은 판독성을 포함하는 조판방법(typesetting), 즉 서체의 정렬 방법을 말한다. 가독성과 판독성은 프레젠테이션을 디자인하는데 있어 매우 중요한 영향을 미치며, 서체(폰트, font), 조판(typesetting), 글자크기, 글자높이(x-height) 등 다양한 요인에 의해 영향을 받는다. 글자높이란 알파벳의 "b"나 "p"와 같이 위아래로 삐져나오지 않은 기본 글자인 "x, a, r, w" 등의 글자의 높이를 말한다.

1) 가독성(Readability)

위에서 판독성(legibility)은 가독성(readability)을 구성하는 하나의 구성성분이라고 하였다. 즉, 가독성이 프레젠테이션을 고안하는 디자이너에 의해 전적으로 통제되는 측면이라고 한다면, 판독성은 디자인의 결과로 산출된 최종 생산물이라고 할 수 있다. 판독성이 활자체(typeface)의 디자인이나 상형문자의 모양(shape of the glyphs)과 연관이 있는 개념이라고 한다면, 가독성(readability)은 이러한 폰트(서체, font)를 어떻게 정렬하여 조판을 해야만 모든 사람들이 잘 볼 수 있는가에 대한 종합적인 활용개념이라고 할 수 있다. 다른 말로 하면, 가독성이란 각종 서적이나 인터넷 상의 문서에 쓰인 단어, 구들을 얼마나 쉽게 읽을 수 있는가에 대한 개념을 말한다(how easy to read the text).

가독성은 서체의 투명성(transparency or invisibility of font), 활자크기(point size), 줄 간격(line spacing), 줄 길이(line length), 글자와 글자 간격(tracking), 대문자와 소문자의 사용, 글자 장식꼬리(kerning), 색의 대비(color contrast) 등 다양한 요인에 의해 영향을 받는다. 이를 구체적으로 설명하자면 다음과 같다.

(1) 서체의 투명성(Transparency or Invisibility)

서체란 폰트(font)나 글자체라고도 불린다. 서체란 동일한 스타일과 크기를 가진 글자들의 조합(a set of characters of the same style and size)을 말한다. 서체의 투명성(transparency)이란 텍스트의 내용을 전달하기 위한 서체의 평범성, 혹은 눈에 띄지 않는 정도(invisibility)를 말한다. 쉽게 말해서, 서체가 투명하다는 것은 서체가 튀지 않아야 한다는 뜻을 말한다. 프레젠테이션에 있어서 가장 중요한 점은 메시지의 내용이라고 할 수 있다. 서체가 지나치게 튀거나 두드러질 경우, 청중은 메시지의 내용보다는 서체 자체에 주목을 하게 된다. 서체에 눈길이 가게 되면 텍스트의 내용 전달에 방해를 가져오게 된다. 따라서 서체의 선택은 텍스트의 내용을 전달하는 기능 이상의 특이성을 가지고 있으면 안 된다. 학생들의 발표를 보다보면, 기울기를 가진 서체나 특이한 모양을 한 서체를 사용하는 경우를 자주 볼 수 있다. 이러한 슬라이드는 서체의 투명성 원칙을 위배한 것이라고 할 수 있다. 텍스트에 사용하는 서체는 지나치게 특이하거나 두드러진 특징을 가지고 있지 않아야 한다. 예를 들어, 텍스트에 쓰인 서체가 *비스듬히*

기울어져 있거나(swash), 뒤틀린 글씨, **지나치게 굵거나** 얇은 획, **길거나** 짧은 단어, **글자 중간이 목각에 의해 갈라져 있는 서체** 등과 같이 특이한 서체를 사용할 경우에는 가독성에 심각한 장애를 받게 된다.

(2) 활자의 크기(Type Size)

인쇄학에서 포인트(point)란 활자의 크기(type size)를 나타내는 단위이다. 활자의 크기, 즉 포인트가 작을수록 가독성이 감소한다. 따라서 노인이나 어린 아동, 혹은 시각장애를 가지고 있는 청중을 위한 텍스트의 글자 크기는 충분히 커야 한다. 이러한 이유 때문에 프레젠테이션 자료를 디자인하기 전에 청중에 대한 인구학적 배경을 파악하는 것은 매우 중요한 과정이라고 할 수 있다.

프레젠테이션을 위해 파워포인트를 사용할 경우 표지 제목은 44 포인트, 목차는 36 포인트 정도, 각 장의 슬라이드 제목은 28 포인트가 적당하다. 각 장의 슬라이드에 제시되는 내용, 즉 텍스트의 글자 크기는 24 포인트가 적당하며 강조를 해야 할 경우에는 글자 크기를 크게 조정해야 한다. 또한 한글과 영문을 혼합해서 사용할 경우에는 글꼴 간격에 주의해야 한다. 영문 서체의 글자 간격이 지나치게 넓은 경우에는 영문 서체를 다른 폰트로 대체해야 한다. 특히 이러한 경향은 파워포인트의 **견고딕체**를 사용할 때 일어나는데, **견고딕체**는 진한 글씨(bold letter)를 사용하지 않고도 뒷좌석에 앉은 청중이 선명하게 볼 수 있는 서체이다. 그러나 **견고딕체**로 영문을 쓸 경우에는 글자 사이의 간격이 지나치게 넓어진다. 또한 **견고딕체**의 따옴표("")를 사용할 경우에도 글자와 글자 사이의 간격이 지나치게 벌어진다. 이럴 경우, 영문은 밝은 고딕체로 쓰고 진한 글씨화하면 가독성을 높일 수 있게 된다.

(3) 줄 간격(Line Spacing)

줄 간격(line spacing)이란 "행간(leading)"을 말한다. 한 줄이 끝나고 다음 줄이 제시되는 줄 간격이 지나치게 좁으면 가독성에 심각한 장애가 발생한다. 줄 간격은 글자의 엑스 높이와 글자 크기, 서체의 디자인 등에 의해 영향을 받는다. 따라서 읽기의 용이함을 가장 중요한 원칙으로 삼는 프레젠테이션을 위해서는 가독성을 극대화시킬 수 있도록 줄 간격을 충분히 유지해야 한다. 특히 시력감퇴가 오는 노인들을 위한 프레젠테이션 슬라이드의 행간은 충분히 띄도록 유지해야 한다.

(4) 줄 길이(Line Length)

줄 길이(line length)란 "열 너비(column width)"를 말한다. 슬라이드 화면 상 한 줄의 길이가 지나치게 길거나 짧을 경우, 혹은 지나치게 많은 하이픈으로 연결된 단어를 사용할 경우에는 가독성에 부정적 영향을 미친다. 한 줄의 길이가 지나치게 길면 한 줄을 다 읽은 후 다음 줄로 연결하는데 어려움을 느끼게 된다. 이와는 반대로 한 줄의 길이가 지나치게 짧으면 문장이 구로 분해가 된다. 일반적으로 영어로 된 문서일 경우에는 한 줄당 45글자(letter)에서 최대 70자로 제한하는 것이 좋으며, 파워포인트의 경우에는 "1-5-7-7 법칙"에 의거하여 최대 7 단어(word)를 넘기지 않도록 하는 것이 가독성에 도움을 준다.

하이픈으로 연결된 단어들은 한 단어로 간주하는 것이 통상적이다. 또한 2~3단어를 조합하여 새로운 신조어를 만들 경우, 초기에는 하이픈으로 연결한 단어를 사용하지만, 점차 많은 사람들이 상용하여 일상적인 단어로 정착되면 하이픈이 없어지는 경향을 보인다. 예를 들어, 전자우편은 말 그대로 "electronic mail"을 그대로 번역한 단어이다. 그 후 많은 사람들이 전자우편을 우편으로 전달되는 메일처럼 상용하면서 "e-mail"로 축약되었다가 이제는 "email"로 정착되었다.

(5) 대문자와 소문자의 사용(Type Case and Small Letters)

영어의 경우, "case"란 대문자(capital letter)를 말한다. "LEGIBILITY IS A COMPONENT OF READABILITY."처럼 문장 전체를 대문자로 쓰거나 장문의 긴 텍스트를 모두 대문자(ALL CAPITAL SETTING)로 쓸 경우에는 가독성에 심각한 장애를 불러오게 된다. 왜냐하면 대문자는 소문자처럼 글자의 몸체에서 위나 아래로 올라가고 내려오는 부위(ascenders and descenders)가 없기 때문에 읽는데 있어 상당한 도전의식을 요구하기 때문이다. 이처럼 사람들은 위아래로 돌출된 부위를 가진 소문자 단어들을 훨씬 더 용이하게 읽도록 학습되어졌기 때문에 모든 글자가 동일한 엑스 높이를 가지고 있는 대문자의 사용은 주의해야 한다. 일반적으로 슬라이드의 제목이나 소제목에 영어를 넣을 경우에는 첫 자는 모두 대문자로 써야 하며, 텍스트에 쓰이는 영어단어는 고유명사를 제외하고는 모두 소문자를 쓰는 것이 통례이다.

(6) 트랙킹(Tracking)

트랙킹(tracking)이란 단어와 단어 사이의 간격을 의미한다. 트랙킹은 다시 글자와 글자 사이의 간격(letter spacing)과 단어와 단어 사이의 간격(word spacing)을 포함한다. 트랙킹의 표준은 "0"으로 규정되어있으며 이 기준에 따라 "마이너스 50"에서 "100"까지의 범위를 갖는다. 트랙킹이 "마이너스 50"이 되면, 단어와 단어 사이가 전혀 띄어져 있지 않아 무슨 단어인지를 파악할 수 없는 상태가 되며, "트랙킹 100"이란 글자 사이가 지나치게 넓어서 한 단어의 끝이 어디인지가 불명확해진다. 예를 들어, "단어와단어사이가전혀띄어져있지않은이문장" 은 "-50"으로 쓴 것이며, "글 자 사 이 가 지 나 치 게 넓 어 서 " 라는 구는 "트랙킹 100"으로 쓴 것이다.

(7) 글자 장식꼬리

글자의 장식꼬리란 이탤릭체 활자 "f"의 상단과 하단, 혹은 "y"의 하단처럼 글자의 몸체 밖으로 불거져 나온 부분을 말한다(project beyond the body).

(8) 색깔(Color) 혹은 대비(Contrast)

글자의 색(color)이나 색의 대비(contrast)는 배경색과 함께 글자를 사용할 때 중요하게 고려해야 하는 원칙이다. 배경색을 사용할 경우에는 글자와의 선명한 색 대비를 고려해야 한다. 실제로 저자가 인터넷 검색을 하다가 우연히 보게 된 파워포인트 중에는 짙은 청색의 배경에다 검정색 글씨로 쓴 텍스트가 있었다. 배경색이 지나치게 강하고 짙어서 텍스트를 전혀 읽을 수 없었다. 이러한 슬라이드가 인터넷에 버젓이 소개되어 있다는 사실을 이해할 수 없을 정도로 가독성을 전혀 느낄 수 없었다. 저자는 이 자료를 슬라이드 디자인의 가장 나쁜 예로 스피치와 프레젠테이션 과목을 수강하는 학생들에게 보여주고 있다.

가독성은 글자들을 어떻게 정렬하는가에 대한 개념으로 서체의 투명성, 활자크기, 줄 간격과 줄 길이, 트랙킹, 대문자와 소문자의 사용, 글자 장식꼬리, 색의 대비 등 다양한 요인에 의해 영향을 받는다. 가독성이 증가하면 판독성(legibility)도 따라서 증가하게 된다.

2) 판독성(Legibility)

판독성(legibility)은 가독성(readability)을 구성하는 하나의 요인이라고 하였다. 가독성(readability)이 다양한 서체(font)를 정렬하여 조판을 하는 종합적인 활용개념이라고 한다면, 판독성은 조판 디자인의 결과물이라고 할 수 있다. 구체적으로 판독성은 단어나 문장, 혹은 단락(paragraph) 등에 쓰인 개별글자(individual character)나 서체(typeface) 등을 인식하기 위한 용이함(ease)의 개념으로서 텍스트를 읽을 때 한 글자를 다른 글자와 구별할 수 있는 정도를 가리킨다.

판독성에 영향을 미치는 요인으로는 글자 높이(x-height), 글자 넓이(character width), 글자 무게(weight), 획 대조(stroke contrast), 서체의 공백(counters), 세리프 서체와 산세리프 서체(Serif and Sans-Serif type), 전반적인 디자인 특성(design traits) 등이 포함된다.

(1) 글자 높이(X-Height)

한글은 받침의 유무와 관계없이 모든 글자의 높이(x-height)가 동일하다. 그러나 영어의 소문자의 경우에는 "b"나 "p"와 같이 위아래로 삐져나온 글자들과 "x, a, r, w" 등과 같이 위아래 삐져나오지 않은 글자들로 조합되어 있다. 일반적으로 영어 알파벳의 글자 높이란 위아래로 삐져나오지 않은 글자들의 높이를 말한다.

글자 높이에 대한 기준을 한글 서체에 응용해 본다면, "**HY헤드라인M 서체**"는 "HY 바다L 서체"나 "휴먼 매직체"보다 글자 높이가 높다고 볼 수 있다. 일반적으로 글자의 높이가 높은 서체일수록 판독성이 좋아진다. 따라서 동일한 18포인트의 크기라고 하더라도 "**HY헤드라인M 서체**"는 "HY 바다L 서체"보다 판독성이 좋은 것이다.

(2) 글자 넓이(Character Width)

글자 넓이(character width)란 글자와 글자 사이의 폭을 말한다. "글자와 글자사이가 지나치게 폭이 좁거나", "글 자 와 글 자 사 이 가 지 나 치 게 폭 이 넓 은 경 우 " 에는 판독성에 심각한 영향을 미친다. 특히 많은 내용을 제시하는 교과서나 작은 신용카드 등에 글자 넓이가 지나치게 넓거나 좁을 경우에는 더 더욱 판독이 어렵다. 이와 동일한 맥락에서 넓은 장소에서 실행되는 프레젠테이션의 경우, 글자 넓이가 지나치게 좁거나 넓을 경우에는 뒷좌석에 앉는 사람이 텍스트를 읽기 위한 판독성에 부정적인 영향을 미친다.

(3) 글자의 무게(Weight)

글자의 무게(weight)란 글자가 지나치게 얇거나 두꺼운 정도를 말한다. 글자가 지나치게 무겁거나 가벼워도 판독이 어렵다. 예를 들어, 앞에서 언급한 "**HY헤드라인M 서체**"를 사용하거나 "굴림체처럼 지나치게 가벼운 서체"를 사용할 경우, 판독성에 부정적인 영향을 미친다. 특히 많은 청중을 대상으로 프레젠테이션 할 경우, 글자의 무게는 판독성에 매우 중요한 요인이 되는데, 저자의 오랜 경험의 결과, 파워포인트 슬라이드에는 "굴림체"나 "맑은 고딕체"보다는 "**견고딕체**"가 뒷좌석에 앉은 청중에게도 높은 판독성을 주는 가장 적합한 서체라고 할 수 있다.

(4) 획 대비(Stroke Contrast)

획 대비(stroke contrast)란 한 글자를 구성하는 획들의 진한 부분과 연한 부분의 비율적 대비를 말한다. **한 글자의 진한 획과 연한 획**이 지나치게 다를 경우에도 판독성에 나쁜 영향을 미치게 된다. 또한 획 대비가 지나치게 다른 글자를 인쇄할 경우에는 연한 획 부위는 인쇄되지 않을 수 있으며, 작은 글씨체로 읽거나 화상도가 낮은 환경에서는 연한 부위가 화면에 나타나지 않아 판독성에 부정적인 영향을 미친다.

(5) 서체의 공백(Counters)

서체의 공백(counters)이란 하나의 서체에 포함된 획을 제외한 공백(negative shape)을 말한다. 예를 들어, "**서체의**"라는 단어의 '**의**'의 경우, 동그라미 'O'의 획 속의 둥근 공백을 말한다. 활자의 획이 굵고 획 속의 공백이 적을수록 판독성에 부정적인 영향을 미친다. 특히 공백은 지나치게 굵은 글씨(heavy weight)의 서체가 아주 작은 글씨로 변경될 때 심각한 영향을 받는다. 굵은 획의 글씨가 작아짐으로 인해 동그라미 속의 공백이 없어지기 때문이다. 따라서 서체의 공백이 적은 글자는 텍스트 내용보다는 제목처럼 큰 글씨를 쓸 경우에 사용하는 것이 좋다.

(6) 세리프 서체와 산세리프 서체(Serif and Sans-Serif Typeface)

세리프(Serif typeface)란 네덜란드 말로 "선(line)"이나 "획(stroke)"이라는 뜻으로, 세리프 서체란 "글자나 기호의 끝부분에 삐침이 있는 서체"를 말한다. 이와는 반대로 산세리프(San－serif typeface)는 프랑스어로 "없음"이라는 뜻의 "sans－"와 "－sarif"가 조합된 단어로 "획의 삐침이 없는 글씨체"를 말한다. 획의 삐침을 가지고 있는 대표적인 세리프 폰트로는 **명조체**나 **궁서체**를 들 수 있으며 바탕체, **견명조**, 신명조 등도 세리프 폰트에 속한다. 산세리프 폰트는 주로 고딕체와 돋움체를 말하며 **견고딕체**, 맑은 고딕체, **HY헤드라인M** 서체, arial, times new roman 등을 포함한다.

전통적으로 세리프 서체는 공식적인 문서나 신문, 일반적인 서적에 사용되어 왔다. 그러나 '단순명료성'을 중시하는 프레젠테이션에는 획의 삐침이 없는 산세리프 서체를 권장한다. 산세리프 서체는 일반적으로 글자의 높이가 적당하며, 획의 넓이에도 변화(variation in stroke width)가 없기 때문에 프레젠테이션에 적합하다. 그렇다고 해서 프레젠테이션에 세리프 서체를 절대로 사용해서는 안 된다는 말은 아니다. 청중이 가장 잘 읽을 수 있고 이해할 수 있는 서체가 무엇인지를 판단하여 서체를 선택하는 것이 중요하다는 관점에서 권장한 아이디어라고 할 수 있다.

(7) 디자인의 특성(Design Trait)

디자인의 특성(design trait)이란 판독성을 높이기 위한 디자인의 간단명료함을 강조한 개념이다. 전반적인 서체의 형태(overall shapes)나 디자인 특성이 지나치게 튀거나(quirky) 예측 불가능한 방향으로 제시될 경우, 혹은 중요하지 않은 내용까지도 지나치게 세부적으로 설명하거나 장식이 많은 복잡한 디자인(fussy)으로 구성할 경우 판독성을 심각하게 훼손할 수 있다. 따라서 가장 좋은 방법은 길고 장황한 텍스트를 간단명료하고 짧은 디자인으로 전환하는 것이라고 할 수 있다.

가독성과 판독성에 대한 내용을 요약하자면, 텍스트에 사용할 수 있는 서체들이 매우 다양하게 개발되었지만, 이들이 모두 가독성이나 판독성에 긍정적인 효과를 주기위해 개발된 것은 아니라는 사실이다. 특히 많은 내용을 축약하여 간단명료하게 전달해야 하는 프레젠테이션 상황에서는 글자의 가독성이나 판독성 이외에도 청중의 이목을 끌 수 있는 다른 요소, 즉 메시지의 전달 기술, 시각적 자료의 조직, 느낌이나 정서의 전달방법 등 다양한 사항들도 함께 고려해야 한다.

5 슬라이드 작성의 원칙

슬라이드 작성을 위한 다양한 이론적 개념이나 원칙을 충분히 파악했다면, 이를 모두 종합하여 슬라이드 개발과 조직을 위한 원칙으로 활용해야 할 것이다. 발표자의 설명과 더불어 슬라이드와 같은 시각자료를 함께 사용하는 것은 청각자극 한 가지만 제공하는 경우보다 메시지 내용의 이해력이나 이를 장기기억에 저장하는 기억능력이 향상되기 때문이다. 청중의 학습을 효과적으로 유도하기 위해서는 교과서를 스캔해서 슬라이드 화면을 가득 채우거나, 강조를 한답시고 가지각색의 서체를 사용해서는 안 된다. 또한 중요하다는 생각에 기울인 서체를 사용하면 시각의 흐름을 방해한다. 슬라이드를 작성하는 기본원칙을 요약하면 다음과 같다.

1) 통일성의 법칙

한 개의 슬라이드에 사용하는 서체와 글자 크기는 2~3개로 제한해야 한다. 앞서 언급한 바와 같이, 동료교수의 슬라이드에는 한 장에 무료 4~5개의 다른 서체를 사용하고 있었으며, 더욱이 프레젠테이션에서는 지양해야 할 세리프 폰트를 기반으로 만들어졌었다. 한 장의 슬라이드 속 글자크기가 각각 다르거나 화면마다 달라질 경우에도 가독성과 판독성에 심각한 장애를 불러온다. 따라서 모든 슬라이드에 사용되는 소제목과 텍스트의 글자크기를 통일하여 단순함과 더불어 용이함을 제공해야 한다. 통상적으로 영문은 Times New Roman이나 Arial(Helvatica), 한글은 바탕체(명조체)나 고딕체(견고딕) 등 읽기 쉬운 산세리프 서체를 사용하면서 동일한 슬라이드 안에서는 같은 계열의 글자로 통일하도록 조직해야 한다. 장식체 문자는 가독성과 판독성에 부정적인 영향을 주기 때문에 예술 작품을 강조하는 프레젠테이션 이외의 발표에서는 지양해야 한다.

또한 한 화면에서 설명부분의 작은 글자가 다음 화면에서는 제목의 크기로 커진다거나 하면 청중은 어느 부분이 중요한 것인지 몰라 혼돈을 가져오게 된다. 따라서 같은 비중의 글자 크기는 전 화면에 걸쳐 같은 크기로 유지해야 한다.

2) 단순성의 법칙

"1-5-7-7법칙"에 의거하여 한 장의 슬라이드에는 하나의 주제, 최대 다섯 단어의 제목, 한 줄은 7단어 내외, 한 장의 슬라이드는 최대 7줄로 제한함으로써 단순함을 유지한다. 발표할 장소의 맨 뒷좌석에서도 슬라이드 내용을 명확하게 읽을 수 있게 하려면 이처럼 슬라이드의 조직을 간단명료하게 조직해야 한다. 한 장의 슬라이드를 7줄 정도로 배열하면 줄 간격도 적절하게 조절이 가능하게 되어 시각적으로도 보기에 편해진다. 또한 한 문장만 지나치게 길어서 마지막 단어가 새로운 줄로 넘어가지 않도록 글상자의 좌우 넓이를 조절해야 한다.

3) 압축 구의 사용 원칙

슬라이드에 들어가는 텍스트는 문장이 아닌 개조식 압축 구로 작성해야 한다. 개조식 압축 구란 완전한 문장이 아닌 단어들의 조합으로 핵심명사나 동명사 구를 말한다. 이는 시각정보와 청각정보를 동일한 속도로 제공하기 위한 방법이기도 하다. 따라서 슬라이드 화면을 잠시 응시만 하더라도 전체 내용이 한 눈에 들어올 수 있도록 간단명료하게 조직해야 하며, 청중의 시선은 부가적인 설명을 하는 발표자에게 집중되도록 해야 한다.

4) 서체 사용 원칙

기본적으로 단순명료함을 강조하는 프레젠테이션에서는 획의 삐침이 없는 산세리프 서체를 권장한다. 따라서 필기체(italic)와 같이 기교가 많이 가미된 서체나 기울어진 서체는 가독성이나 판독성에 심각한 장애를 불러온다.

밑줄이나 테두리의 사용도 절제해야 한다. 학생들의 프레젠테이션의 경우, 특정내용을 강조한다는 생각에 밑줄(underline)을 그은 상태의 단어들을 사용하는 경우를 많이 보게 된다. 밑줄 친 글자를 사용하면 글자들의 밑 부분이 밑줄에 포함되어 글자와 글자를 구별하기가 어려워진다. 이럴 경우에는 파워포인트의 그림상자에 있는 직선을 사용하여 "닭아내기"의 "왼쪽에서"로 지정하면 강조하고자 하는 글자 밑에 밑줄이 그어지는 효과를 충분히 나타낼 수 있다. 이때 직선의 색을 빨간색이나 푸른색으로 바꿀 경우, 강조의 의미를 나타낼 수 있게 된다.

영어를 사용할 경우에는 단어를 모두 대문자로 쓰지 않도록 주의한다. 앞서서 언급한 바와 같이, 영어를 모국어로 사용하는 사람들도 대문자로 메시지를 전달하는 것을 금기사항으로 여기고 있다.

5) 시각자료 사용 원칙

시각이론에 의하면, 시각자료를 청각자료와 함께 제공할 경우, 메시지 해석이나 이해는 물론, 정보를 장기적으로 기억하는 기억률에도 지대한 영향을 준다고 강조하였다. 또한 나열식 텍스트로 제공된 내용보다 이를 도표화시킨 시각적 화면으로 제공할 때 이해력이 증가하는 것으로 나타났다. 텍스트를 한 눈에 볼 수 있도록 도표나 다이어그램으로 제시하는 방법을 인포그래픽(infographics)이라고 한다. 인포그래픽은 시각적 정보와 설명적 기능을 조합한 자료이기 때문에 메시지 전달에 매우 효과적이다. 이를 좀더 구체적으로 살펴보면 다음과 같다.

(1) 인포그래픽의 사용 법칙

프레젠테이션을 위한 시각자료는 크게 인포그래픽(infographics)과 모션그래픽(motion graphics)

으로 구분된다. 인포그래픽(infographics)이란 정보(information)와 그래픽(graphics)을 합성한 말로, 청중의 집중도를 증가시키고 메시지의 전달효과를 극대화시키기 위한 목적으로 행해지는 정보나 자료, 지식의 시각적 표현을 말한다. 따라서 인포그래픽은 나열식 텍스트를 최소화하고 이미지화로 구성된 메시지를 전달함으로써 복잡한 정보를 신속 정확하게 설명할 수 있다는 장점을 가지고 있다. 인포그래픽의 종류에는 그림, 삽화, 클립아트, 그래프, 차트, 도형, 도표, 다이아그램, 흐름도(flow chart), 로고, 일러스트레이션, 달력 등 다양한 시각 자료들이 포함된다.

모션그래픽이란 움직임(motion)과 그래픽(graphics)을 합성한 말로, 인포그래픽이 정지된 그림이나 시각자료를 의미하는 것이라면, 모션그래픽은 움직임을 가진 시각자료를 말한다. 모션그래픽이란 애니메이션이나 비디오 영상 기술을 이용하여 다양한 움직임을 만들어내는 그래픽 기술을 말한다. 통상적으로 모션그래픽은 음향과 결합한 멀티미디어 프로젝트에 활용된다. 모션그래픽은 1970년에서 1980년대 출현한 MTV의 뮤직비디오에 활용되면서 알려지기 시작하였다. 현재는 영화와 광고 뿐 아니라 박람회나 전시장, 인터넷, 모바일, 전광판 등 광범위한 분야로 확대되고 있다. 모션그래픽 디자이너인 카일 쿠퍼(Kyle Cooper, 1962~)가 제작한 영화 "세븐(Seven)"의 오프닝 타이틀 시퀀스(opening title sequence)는 모션그래픽의 기념비적인 작품으로 회자되고 있다. 오프닝 타이틀 시퀀스는 줄여서 "인트로(intro)"라고도 불리는 것으로, 영화나 텔레비전의 제목, 제작자, 출연진들을 소개하기 위해 텍스트, 정지화면, 애니메이션, 그래픽, 움직이는 액션(live action), 음악 등을 조합한 비주얼 사운드의 모션그래픽 디자인을 말한다. 영화에 따라서는 타이틀 시퀀스가 콜드오픈(cold open) 뒤에 오기도 한다. 콜드오픈이란 영화를 시작하기 전 원작자, 감독, 제작사, 출연진 등의 소개 없이 곧 바로 영상이 시작되는 것을 말한다. 창의적인 디자인으로 구성된 모션그래픽은 화려하고 현란한 움직임으로 보는 사람들의 시선을 사로잡으며 시각적 즐거움과 더불어 정서적 카타르시스를 느끼게 해주는 효과를 가지고 있다.

도표를 활용할 때 주의사항으로는 입체형 도표 대신에 평면으로 이루어진 단순한 이차원적 그래프를 사용해야한다는 점이다. 그래프를 제시하는 일차적인 목적은 그래프의 형체나 모양이 아니라 그 속에 포함된 측정치나 비율의 제시이다. 그러나 입체형 그래프는 주변 테두리나 불필요한 면적들을 가지고 있기 때문에 청중의 시선을 분산시키게 된다. 따라서 인포그래픽을 활용할 경우에는 가장 기본적인 모형을 유지하는 것이 무엇보다도 중요하다. 또한 도표의 테두리가 지나치게 굵은 선으로 장식되어 있거나 독특한 형체로 둘러싸여 있을 경우에도 청중의 시선은 테두리 속의 내용이 아니라 테두리 자체로 집중된다. 이와 더불어 도표나 그림을 사용하는 목적은 메시지를 단순하게 전달하기 위한 것이므로 하나의 도표에 지나치게 많은 내용이 들어간 자료는 사용하지 않는 것이 바람직하다.

(2) 색상의 제한

비주얼 프레젠테이션에 있어서 한 장의 슬라이드에 사용하는 색은 3가지 이내로 제한해야 한다. 슬라이드를 처음 작성해보거나 경험이 부족한 초보자들은 화면을 화려하게 장식하기 위해 많은 색상을 쓰기 쉽다. 그러나 지나치게 많은 색을 사용하면 화려함에 시선이 현혹되어 정작 중요하게 전달해야 하는 내용은 색상에 가려진다. 프레젠테이션의 본질은 메시지의 전달이다. 따라서 색상은 내용을 전달하기 위한 보조적 기능에서 벗어나면 안 된다.

이와 더불어 슬라이드 화면마다 색을 바꾸는 것도 지양해야 한다. 한 슬라이드 당 3가지 색으로 제한했다고 하더라도 화면마다 색이 달라진다면 슬라이드가 통일성을 잃어 내용 전달의 연계성이 부족하게 된다. 슬라이드 내용 중 강조하고 싶은 부분은 글씨체의 크기를 변화시키거나 글씨의 색을 변화시킨다. 이렇게 함으로써 청중은 중요핵심 아이디어에 시선을 집중하게 된다.

인포그래픽이나 모션그래픽을 사용하여 시각적 정보를 제공하는데 있어 가장 중요한 원칙은 조화로움(harmony)과 통일성이라고 할 수 있다. 슬라이드 화면에 담은 내용은 전체적인 조화를 가지고 아름답게 배열되어야 한다. 화면의 상하좌우의 비율을 염두에 두고 내용을 배치해야 하며 전체 화면의 25%는 여백으로 남겨서 가독성과 판독성을 높여야 한다. 따라서 한 장의 슬라이드에 지나치게 여백이 많거나 한 쪽으로 치우쳐 있을 경우에는 무언가 미완성되었다는 인상을 주게 된다.

(3) 배경색의 선택

슬라이드의 배경색은 프레젠테이션 장소의 크기나 조명 상태에 따라 달라져야 한다. 일반적으로 발표장소가 넓을 경우에는 어두운 색을 배경으로 하는 것이 좋으며, 좁은 장소일 경우에는 밝은 색으로 배경을 구성하는 것이 바람직하다. 또한 발표장의 조명이 어두운 장소에서는 짙은 회색이나 짙은 파란색과 같이 명도가 낮은 색을 배경색으로 해야 하며, 밝은 곳에서는 밝은 노랑이나 밝은 회색, 혹은 밝은 파란색과 같이 명도가 높은 색이 배경색으로 알맞다.

이는 모두 인체의 시각반응을 통제하는 명반응(light reaction)과 암반응(dark reaction)을 최소화하여 시각적 피로함을 줄이기 위한 전략이라고 할 수 있다. 특히 조명이 밝은 장소더라도 배경색을 흰색으로 지정해서는 안 된다. 왜냐하면 명도가 높은 흰색에 적응하기 위해서는 인간의 시각반응이 달라지기 때문이다.

어두운 장소에서 밝은 장소로 나갈 때의 시각반응의 변화를 명반응이라고 한다. 명반응을 위해서는 눈으로 들어오는 빛을 차단하기 위해 동공이 수축한다. 일반적으로 밝은 곳에서는 눈으로 들어오는 빛을 차단하기 위해 동공의 지름이 약 3.5mm까지 줄어들게 되며, 어두운 곳에서는 최대한도로 빛을 받아들이기 위해서 8mm까지 확장된다. 밝은 장소에서는 이미 어느 정도의 명반응이 일어난 상태이다. 이때 흰색 배경의 슬라이드를 비추면, 인체에서는 밝은 색에 재적응을 하기 위해 2차적인 명반응이 일어나면서 동공이 수축된다. 동공수축이 갑자기 일어나면 이로 인해 망막이 과잉으로 자극되어 통증을 유발시킨다. 따라서 청중은 슬라이드 화면 가득히 흰색의 배경이 비쳐지면 눈의 부담을 피하기 위해 시선을 회피하게 된다. 청중의 시선이 화면에서 벗어나게 되면 슬라이드를 제공하는 일차적인 목적을 달성하기 어려워진다. 따라서 밝은 장소에서는 흰색 배경을 피해야 한다.

찾아보기

(ㅅ)

(ㅇ)

(ㅈ)

(ㅊ)

(ㅋ)

(ㅌ)

(ㅍ)

(ㅎ)

기타

이 QR코드를 스캔하면 「스피치와 프레젠테이션」의

참고문헌을 열람할 수 있습니다.

저자소개

김 명 혜

미국 오하이오 주 켄트주립대학(Kent State University) 박사학위 취득.
전공 교육학, 부전공 교육공학.
연세대학교 간호대학 학사, 연세대학교 대학원 간호학과 석사.
대구효성가톨릭대학교 의과대학 예방의학과 조교수.
現 경북대학교 간호대학 교수.

[저서]

간호심리학(2017). 서울: 나래출판사.
철학의 이해(2019). 서울: 박영story.

스피치와 프레젠테이션

초판발행 2020년 2월 20일
중판발행 2022년 2월 10일

지은이 김명혜
펴낸이 노 현

편 집 최은혜
기획/마케팅 손준호
표지디자인 이미연
제 작 고철민·조영환

펴낸곳 ㈜ 피와이메이트
서울특별시 금천구 가산디지털2로 53, 한라시그마밸리 210호(가산동)
등록 2014. 2. 12. 제2018-000080호
전 화 02)733-6771
f a x 02)736-4818
e-mail pys@pybook.co.kr
homepage www.pybook.co.kr
ISBN 979-11-6519-038-5 93170

정 가 20,000원

박영스토리는 박영사와 함께하는 브랜드입니다.